教育部人文社科重点研究基地重大项目
"我国广播电视公共服务体系目标与实施研究"
项目编号：05JJD860168

丛书主

U0690455

广播电视公共服务研究系列丛书

中国广播电视公共服务体系：目标与实践研究

胡正荣　李继东　主编

中国广播电视出版社
CHINA RADIO & TELEVISION PUBLISHING HOUSE

图书在版编目（CIP）数据

中国广播电视公共服务体系：目标与实践研究／胡正荣，李继东主编．—北京：中国广播电视出版社，2010.7

（广播电视公共服务研究系列丛书／胡正荣，李继东主编）

ISBN 978-7-5043-6188-2

Ⅰ.①中… Ⅱ.①胡…②李… Ⅲ.①广播工作—社会服务—研究—中国②电视工作—社会服务—研究—中国 Ⅳ.①G229.23

中国版本图书馆CIP数据核字（2010）第117741号

中国广播电视公共服务体系：目标与实践研究

胡正荣　李继东　主编

责任编辑	贺　明
封面设计	郭运娟
责任校对	张莲芳

出版发行	中国广播电视出版社
电　话	010－86093580　010－86093583
社　址	北京市西城区真武庙二条9号
邮政编码	100045
网　址	www.crtp.com.cn
电子信箱	crtp8@sina.com

经　销	全国各地新华书店
印　刷	涿州市京南印刷厂

开　本	740毫米×1000毫米　1/16
字　数	310(千)字
印　张	19
版　次	2010年7月第1版　2010年7月第1次印刷
印　数	3000册

书　号	ISBN 978-7-5043-6188-2
定　价	36.00元

总　序

胡正荣

　　2008 年、2009 年对于中国来说是具有重要历史节点意义的年份，改革开放 30 周年和建国 60 周年接踵而至，回首走过的这些岁月，中国经历了翻天覆地的变化、日新月异的进步，取得了举世瞩目的成就，体现在经济建设、文化和社会发展等各个方面，特别是在经济建设上塑造了世所公认的中国模式，构建和完善社会主义市场经济体制。放眼世界，中国改革开放的历程与开启于上个世纪八九十年代撒切尔－里根时代的具有全球性的商业化、市场化浪潮具有很多相似性，可以毫不夸张地说，从那时起人类步入了市场经济时代。而在 2008 年和 2009 年之交，一场席卷全球的经济危机，似乎给这种市场经济时代画了个句号，至少是一个大大的问号，自由市场价值与放松规制政策面对极度疲软的经济形势再度失语，人们重提"市场不是万能的"这一金科玉律。同样，推行了 30 年改革开放的中国在这场经济危机的裹挟下好像一夜之间又回到了一个似曾相识的时代。经济结构日益计划化，忘记市场化；社会结构日益人情化，远离规则化；文化环境日益盲目自信，忽视了自省性。在这种具有转折性的历史节点上，如何解决目前纷繁复杂的经济、社会等各个领域涌现的问题和推动整个社会的可持续发展成为焦点和首务。中国新闻传播业的改革与整体改革是同步的，从非核心业务与流通领域的大步伐地商业化、市场化和资本化，到近两年对尚未完全市场化的传媒业的反思与政策安排上的收紧，折射出同样的矛盾与问题。

一、社会公平与发展效率问题

　　中国的改革走到今天，整个社会的公平以及由公平带来的可持续发展问题，变得越来越突出了。进一步讲，中国所取得的经济成就没人能否定，发展的单向度成绩也是无可否认的，但是全向度和可持续发展的程度则存在着比较突出的问题。这其中除了自然环境保护与自然资源可持续利用等问题之外，主要是社会公正和平衡问题。可以说,社会公平问题可能成为中国现阶段面临的最大的一个问题。

首先,从历史发展的角度看,目前中国的发展还是强调效率优先,但公平应该更加优先,因为效益已优先了三十多年,现在到了如何去审视和解决社会的不公平这一问题,这关乎未来能否全面、协调和可持续发展等问题。过去曾经一度有许多人认为一经市场化就能推动资源配置合理化,中国式的市场化虽然在一定程度上促使了效率的提高,但其合理性、有效性和全面性却是有限的,或根本就没有解决这些问题。进一步讲,三十年来,中国经济持续高速增长,社会财富总额不断增长,城市化进程也日趋加快,但与此相伴的是财富或资本也迅速聚集到少数经济利益集团的手中,并与一些政治利益集团紧密媾和,由此,在社会资源配置过程中的主导推动力是传统的政治力量与新兴的国内经济力量及海外资本力量博弈与黏合的结果,并没有实现真正的市场化,这与中国社会治理理念和结构及意识形态有直接关系。而且,一旦市场化出现一些问题,就会很快回转到传统意识形态和经济理念上寻求补给,片面地扩大政府在经济领域的信用度。目前4万亿的巨额投资与煤炭资源等领域的国进民退就是一个明证,而实际上这些举措成败的关键在于是否能解决社会资源分配的不平等问题,或者是否能撬开不平衡的权力结构这块铁板,进而实现社会的全向度发展。从世界范围来看,一味地强调效率,无论是用"看不见之手"还是"看得见的手",都会出现很大的社会问题。撒切尔-里根时代的放松规制以及其后的第三条道路指引下的政府与市场双管齐下推动经济增长政策,都造成了资源配置的重复与浪费,加剧了社会不平等,直至近来全球性的经济危机。再到海外巨型企业乃至国家负债破产和重组,等等,都是人类历史上惨痛的教训,而需要警戒的是目前中国的一些制度设计和政策安排还在重蹈覆辙、盲目跟进。

其次,从转型国家的有关经验来看,在社会转型期矛盾的突发往往不是聚焦在经济上,而是在社会公平问题上。像一些东欧国家出现的社会矛盾激化等问题恰恰正是因社会不公平而带来的社会动荡与变乱。在不解决公平问题的前提下或没有将公平纳入到社会发展的首要价值中,经济增长会在一定程度上激化社会矛盾。也就是说,人们并不会因为社会总体"仓廪实"就能"知礼节",特别是当这个"富贵"忘记了公平,社会的稳定与可持续发展都会出现很大的问题。

再次,从中国的现实来看,近几年或者未来的5年到10年社会公平将是一个最核心或最极端的话题,可能成为制约发展的最大的一个瓶颈。这个问题若解决不了,可能好多问题就没有办法解决。由此,中央近年来的战略决策也是以解决社会不公平问题为核心的，强调公平正义，构建惠及全民的公共服务体系，以推动基本公共服务均等化和满足人民多样化的需求。

最后，从理论上来看，公平实质上就是一个社会资源分配的公正和均衡问题，至少意味着在一个社会中成员之间拥有平等的社会权利、合理的分配、均等的机会和公正的司法等。无论是在经济发展成果等的分配中还是在社会成员的心理感知上，如果收益差距过分悬殊、付出与收益相差甚远，即，社会资本、经济资本、文化资本和信息资本等所有资本分配得不公正和不均衡就会导致社会不公平问题，这不仅会影响个人动机和行为的积极性，更为重要的是影响社会稳定与可持续发展。实际上，不公平的根由是权力体系的不平等，因为拥有权力大小不一而造成资源分配的多寡，权力成为一个最大的资源分配力量，以至于形成了一种资源分配的权力哲学。而权力哲学最大的弊端在于社会资源分配的标准以及社会发展的目标不是以人为本而是以权力为本，这与现代社会的理想与目标是相左的，也与主张全面、协调和可持续发展的科学发展观及和谐社会的理念是背道而驰的。

二、传媒业的公平与多样化问题

就传媒业来说，近年来因资源配置格局的不均衡、不公正及其带来的问题也很突出，表现在以下几个方面：

首先是城乡之间的不均衡。城乡二元结构不仅仅体现在经济发展上和社会结构上，在传媒和信息资源的配置上同样是不平等的，广大农村无论是在基础设施、信息享有和传播等方面都与城市有较大的差距。

其次，中央与地方及东西部之间等区域之间的不均衡。由于行政级别、政策安排和地理环境等上不平等、不均衡，形成了中央级媒介与地方级媒介、东部媒介与西部媒介在传媒资源或信息资源配置上存在较大的差距。

再次，部门之间资源利益也不均衡。条块分割是中国传媒市场结构的典型结构，块的分割体现在前面所言的区域之间的差距。而条的分割则集中在管理层面上，即部门之间在资源配置上的差距。目前涉及信息传播领域的管理部门，有国家广播电影电视总局、新闻出版总署、文化部、工业和信息化部等，这些部门在社会资源的配置上是不平衡的。各个部门之间长久以来的纷争，其根由以及焦点问题都集中在资源占有与分配等的不均衡上。而这种纷争对于市场主体来说又是不公正的，同时也影响整个市场运作的效率。

第四，不同社会阶层之间的差距变得越来越突出。就各阶层话语权而言，不仅表现在不同阶层表达的渠道不一样，比如，为何互联网在中国会成为一个很有倾向性的,甚至形成不良舆论的地方?为何在网民的嬉笑怒骂的情感宣泄就能形成异乎寻常的网络事件甚至是一种强大的舆论力量?这与正常渠道宣泄不通畅有关系,更为重要的是不同社会阶层在传媒资源配置上的不公正和不均衡。

最后,"新""旧"媒介之间也是不平等。比如,对传统媒介的规制很严格,而无法应对新媒介出现的问题,目前管理机构有关互联网认知上着实无力,至今现行有关规定基本上没有办法来有效处理网络等新媒介问题,对虚拟空间出现的问题没有相应的法律依据。一言以蔽之,就传媒而言同样这些不公平现象是资源配置不合理、不公正、不平衡带来的结果,就是资源占有不平等问题,其实也就是权利结构不平等的问题。进一步讲,社会资源分配及其方式的不合理已经在媒体凸显得一览无余了。

实际上,传媒业在市场化过程中,因为一味强调效率而导致诸多问题,在世界上早已有先例。比如撒切尔-里根时代的英美就是如此,当时的英美所推行的体制政策很像现在的中国。撒切尔-里根推行放松规制和私有化政策,效率虽然提高了,但资源大幅度浪费,比如因电信、广电可以互相渗透,重复建网现象很多,而多元化的声音和公平的舆论却大幅度减少与降低。实际上就出现了这样一个问题,效率貌似提高了资源配置的合理性,但却造成大量的资源浪费与意识形态话语单一,不同社会阶层、利益群体之间的公平性、多样性丧失掉了。由此,到20世纪90年代中期随着媒介融合时代的到来,英美国家在制度安排和政策制定上开始反思单纯强调效率所带来的问题,反思市场机制这只无形之手。目前中国传媒业似乎正在重蹈覆辙。

所以中国媒介的改革和经济社会的改革是一样的,也到了一个把公平放在首位的时候了。

三、制度理念与制度安排

社会和传媒不公平问题实际上折射出目前制度现实存在诸多不尽如人意的现象和不合理的问题,而制度现实中表现出的问题,肯定是制度安排上的缺陷导致的,制度安排上的不足又与制度理念的偏差直接关联。没有一个社会是完美社会,有问题非常正常,但重要的是对待问题的态度与解决问题的价值理念及策略。也就是说在制度理念上是否把公平和多样性置于首位,是否将不同利益之间的平衡与和谐放在第一位,是解决社会资源分配不平等、权力结构的不合理与纠结等问题关键所在。传媒制度理念与安排也要关注公平、多样化,以满足人们信息需求的多样化与适应多元化的社会结构。这也是我们这套丛书所希冀的,即通过我们的研究能给中国传媒制度设计以一点点启示,特别是在制度理念以一点点冲击。

研究当今广播电视公共服务问题是一项极为复杂的系统工程,而且背后的制度安排和理念更是广泛而深刻,因此,我们从理论与实践、历史和现实两组维度和海内外两种视角,运用传播学、政治学、经济学、社会学、政策学、传播政治经济学等多种方法论,采用点面结合、文献研究、文本分析、实地调研、深度访谈等多种方法研究了广播电视公共服务的理论与实践问题、政策变迁与安排问题、公共广播电视收入模式问题、中国广播电视公共服务体系、德国公法广播电视等核心问题,还对北京城市低保家庭的媒介使用及大众传媒对其的影响与中国电视娱乐产业中的公共利益问题进行了探讨,力求构筑一个多角度、多层次、多侧面、全向度研究广播电视公共服务的框架与体系。

广播电视公共服务的基本内涵与理论扎根于一般性的公共利益、公共服务内涵与理论,而公共利益、公共服务的实现要靠公共政策,同时政策理念、安排与实施深受政治经济思潮的影响,而广播电视公共服务理论具有时代性与现实性、地域性与普适性、理论性与操作性等多重属性,由此,《公共利益、公共服务、公共政策与广播电视》一书集中剖析了20世纪以来世界政治经济思潮变迁以及公共利益、公共服务、公共政策与广播电视公共服务核心概念和理论,并对中国广播电视公共服务理论进行了初步的研究,旨在初步构建当代广播电视公共服务理论研究基本框架与体系;政策安排与资金来源是广播电视公共服务的两大核心和焦点问题,关系到公共服务的基本游戏规则和生存基础以及治理结构等问题,《广播电视公共服务政策研究——以中英美为例》一书以目前世界上三种具有代表性的广播电视体制下公共服务政策问题为研究对象,探讨了中、英、美三种广播电视体制模式下公共服务政策变迁及其价值基础、政策现实、政策问题、发展趋势,剖析了政策安排背后的公平、效率等价值基础、制度困境深层次问题;《公共广播收入模式研究》一书探讨了英、德、加拿大和日本具有代表性的公共广播的收入模式,着重分析了执照费这一收入模式的变迁历程、现状和问题,并探索了公共广播收入模式发展趋势。

《中国广播电视公共服务体系:目标与实践研究》一书对中国广播电视公共服务体系问题进行全方位的分析与探讨,着重讨论了中国广播电视公共服务体系的内涵、目标和实践问题以及政府施政理念与制度基础,并对北京市广播电视公共服务体系建设问题进行了个案研究,以期在制度理念和安排上对广播电视公共服务体系建构和完善有所见地,并提出了一些建设性的策略。中国广播电视公共服务体系的建构需要借鉴"他山之石",通过对英美国家以及台湾地区的公共广播电视的个案研究，分析这些国家和地区公共广播电视实践及其背后的制度安排和制度理念。德国是除英国之外西欧公共广播电视极具代表性的国家，其体制模式、治理结构等方面都有可资借鉴和可供研究之处，特别是在二元体制模式下德国公法广播电视的现状和发展趋势，对于研究广播电视公共服务具有很强的现实针对性和理论价值，由此拓展到德国公共领域建构等政治民主进程中的社会参与等问题，《德国公法广播电视：基础、分析与展望》就这些问题进行了深入阐述，作者 Jens Lucht 博士是苏黎世大学（Universyty of Zurich）公共领域与社会研究中心的负责人（Project Leader，Center For Research on the Public Sphere and Society）。

广播电视公共服务问题关乎整个传播业乃至全社会，涉及到与产业发展的关系、政治和社会影响，特别是有关弱势群体等信息传播权利问题等。《焦虑与希望：对北京城市贫困群体的传播社会学研究》一书基于芝加哥学派等批判理论的角度和民族志的方法论，运用深度访谈、观察方法等方法，对北京市区享受最低生活保障的贫困家庭进行个案研究，探索贫困者的脑海世界景象，分析大众传播在这个过程中扮演的角色和起到的作用。从一个侧面展示了北京地区贫困群体的大众传媒特别是广播电视公共服务供给现状和存在的问题，并提出了构建公益性社区媒介、增加贫困者的形象素材来源、提供社群交流的机会选取等提高媒介公共服务能力建设性意见。娱乐是电视的一大功能，也是公共服务的重要范畴之一，BBC 首任总裁 John Reith 在 20 世纪初就指出娱乐是公共广播的三大任务之一。当今，娱乐节目在广播电视节目中比重及其所带来的经济效益都是极为显著的，因此，从娱乐节目生产的角度探讨电视娱乐产业中公共利益诉求和商业利益牟求的关系问题，不失为一种研究广播电视公共服务重要视角之一，《中国电视娱乐产业研究——一种生产者的视角》一书就是从电视综艺娱乐节目的生产者的角度分析和阐述了这些问题。

在媒介融合、经济全球化和政治多极化的今天，在社会阶层、价值理念日趋多元化和多样化的社会语境下，保持学术研究的自由和独立是至关重要的，不过绝不能将此理解为或倒退到"躲进小楼成一统"的境界与时代，而是要更加包容和开放，营造丰富多样的意见环境，激荡思想的火花，方能接近真理。《广播电视公共服务与产业发展研究》是一部汇集国内外研究广播电视公共服务的相关专家学者有关言论的论文集，旨在展示更为多样而广阔、深入而新鲜的广播电视公共服务和产业发展及其关系的讨论。

目　　录

前　言

　　经过三十多年的改革与发展，而今中国步入了一个全向度发展的新时期，这不仅仅体现在广播电视业要全面、协调和可持续发展，更体现在制度理念上要将公平置于首位。关注公平及由其带来的可持续发展问题是现阶段或未来相当长的一段时间中国广播电视公共服务体系建构的首要问题，也是本书讨论的主要问题。广播电视公共服务体系建构是一个系统工程，其背后的制度安排和理念更加复杂而深刻，同时目前中国广播电视公共服务体系尚处于建构的过程中，研究这个话题具有很强的实践性，也就是说研究中国广播电视公共服务体系更多的是对政策变迁、现实运作等实践的经验总结与参照国际通行模式的审视和探索，本书将广播电视公共服务体系的实施问题聚焦在实践上，通过分析已经或正在实施的公共服务政策或工程，归纳出实施中具有普遍性的问题和规律。

　　从理论研究上看，广播电视公共服务体系等概念在我国尚属于新概念和新的研究话题，目前大多数研究集中在对海外有关理论、实践的介绍上，对国内问题的研究多聚焦在诸如"村村通"工程、对农节目等实务的总结和分析上，常流于就事论事。本书不仅梳理了国内外广播电视公共服务理论和实践，更为重要的是分析影响理论应用和实践运作的政策安排问题，进而剖析其背后的制度理念变革等问题，并将此拓展到政治、经济和社会制度等更为深层次的问题，探讨和分析了中国政府施政理念、制度设计以及西方发达国家制度理念或思潮变化对于公共利益内涵和政策理念的诠释。

　　从历史和现实看，目前中国广播电视公共服务建设正处在由政府主导下"村村通"等工程建设，逐步向体系构建和完善阶段发展时期，而且有关公共服务体系建设的研究也较为零散。本书不仅考察了公共服务机构治理结构等微观问题、相关的政策安排体系等中观问题，还探讨了公共服务产权制度、财政制度和规制体系等宏观问题。

从研究框架和方法上看,现阶段中国广播电视公共服务及其体系研究基于全向度发展这一目标,坚持将公平视为首要制度理念,由此构成公共利益、公共服务和公共政策以及制度理念、制度安排及其关系基本概念体系,公共服务体系、政策体系和制度体系以及公共服务理论与实践研究框架,制度研究、系统论和政策文本研究等方法论体系。

本书是集体智慧的结晶,全书由"中国广播电视公共服务体系目标与实践研究"和"境外广播电视公共服务理论与实践研究"两大部分组成。第一部分共5章,在探讨了中国政府施政理念、广播电视制度及政策变迁的基础上,着重分析和讨论了中国广播电视公共服务及其公共服务体系的内涵和目标以及实践与政策安排问题,并对北京市广播电视公共服务体系建设问题进行了个案研究,以期在制度理念和安排上对广播电视公共服务体系建构和完善有所见地,并提出了一些建设性的策略。其中,"第一章 中国政府施政理念、广播电视制度及政策变迁"由吴海荣撰写,"第二章 中国广播电视公共服务的内涵与现状"由王维佳撰写,"第三章 中国广播电视公共服务体系的建构"由李舒、姜晓丹撰写,"第四章 构建中国广播影视公共服务体系的实践与政策研究"由唐晓芬撰写,"第五章 北京市广播电视公共服务体系与标准建设研究"由胡智锋、杨乘虎撰写。第二部分共3章,通过对英美国家以及台湾地区的公共广播的概括分析与个案研究,探索和分析这些国家和地区在制度安排以及背后的制度理念及其对公共广播电视电视政策安排与实践的关系。其中,"第六章 英美等世界主要国家公共广播电视的理念与实践概述"由张志华撰写,"第七章 美国明尼苏达公共广播研究"由李继东撰写,"第八章 台湾地区公共电视政策变迁与问题研究"由刘新传撰写。全书由李继东统稿,胡正荣审定并撰写"总序"。

第 一 部 分

中国广播电视公共服务体系
目标与实践研究

第 一 章

中国政府施政理念、
广播电视制度及政策变迁

第一节 施政理念与广播电视制度

一、执政理念和施政理念的概念

执政理念是马克思主义党建学说的一个基本范畴，是执政的理论前提，提高执政能力首先要有正确的执政理念。

关于执政理念概念的定义主要有以下几种不同的表述：

第一种认为执政理念就是执政的指导思想，其核心是价值取向。"执政理念是一个执政党全部执政活动的价值取向，是一个执政党对执政的宗旨、目的和任务以及为了实现这一任务而制定和实施的执政方针、执政手段等方面的总体认识和把握。"①

第二种观点认为，执政理念是指导执政党治国活动的基本观念，是执政理想、执政准则、执政思路的集中体现，是执政党围绕执政目标所确立的基本理论原则和行为准则。

第三种观点是对上述其中观点的综合表达，认为执政理念是执政党以执政宗旨为核心的一整套执政观的价值判断，是关于执政理想、执政准则、执政思路的深层次的理性认识，是对以执政宗旨为核心的一整套价值判断在观念形态上

---

① 程伟礼、石冬旭：《执政理念创新：执政能力建设的灵魂工程》，《文汇报》2004 年 8 月 9 日。

参照以上几种主要观点我们可以把它的定义归纳为:执政理念其实质是"执政主体对其执政活动理性认识和价值取向,属于执政活动意识形态层面核心观念,是产生执政纲领、方略、政策以及工作思路的思想基础,是执政活动的思想指导和执政能力的思想基础"①。

先进的执政理念是对执政活动特别是执政规律的正确认识和反映,是执政党价值取向符合时代发展要求的集中体现。执政理念及其内容的强调和明确既是我党建设和执政的理论前提,也是时代发展的需要,因此,它与中国共产党的历史是一脉相承的,而且又有着新的丰富的时代内涵,是党根据所处的各个历史时期的具体情况而形成并随着时代条件的变化不断与时俱进的,不断调适自己,培养、强化和创新施政理念,提高执政能力和水平。五十多年来,中国共产党的执政理念是一个不断创新和发展的过程。

而施政理念概念则是属于国家行政范畴,其主体是政府,是执政党的执政理念在其政府行政行为中的思想体现,具体说是政府治国活动的基本观念和价值取向,是产生施政方针、路线、政策以及工作思路的思想基础。

政党的执政理念和政府的施政理念是密切相关的,政党成为执政党后,其执政理念随之转变成为政府的施政理念,政府的施政理念是党的执政理念在政治行政领域的反映,它是随着党的执政理念变化而变化的,也是一个不断发展和创新的过程。

二、制度和广播电视媒介制度的概念

"制度"一词,古今中外有着很多的定义和解释,不同流派学者也有不同的论述,既然我们要研究广播电视媒介制度,所以首先必须对本文中提的制度这一概念范畴做出界定。

在《说文解字》里对制度本义的解释是,"制"有"决断"、"裁断"的意思,"度"则是以人体为法(标准)而理物之长短。而我们后来所经常提的"制度"这一词则多是它的引申义。②

我们所表述的"制度"概念,从大到小层次划分,大致可以分为三种类型:一是意识形态意义上的制度,比如"封建制度"、"资本主义制度"、"社会主义制度"等,用英文标注为"regime";另一种是指社会在整体上或某一特定领域中所

---

① 宋刚峰、章国英:《论中国共产党的执政理念》,《党建研究》2004 年第 5 期。
② 刘斌:《中国广播产业制度创新》,中国传媒大学出版社 2005 年版,第 12 页。

有规则的集合,英文标注为"institutions";最后一种制度概念,是组织规范意义层面的制度,也就是某个组织的内部规章制度、组织规则等,英文标注是"rules and regulation"。而本书所要用到的"制度"定义就是第二种,即指社会在整体上或某一特定领域中所有规则的集合。

在这里,不得不提到西方新制度经济学代表任务道格拉斯·C.诺斯,他认为:"制度是一个社会的游戏规则,或者更正式地说是人类设计的、构建人们相互行为的约束条件。它们由正式规则(成文法、普通法、规章)、非正式规则(习俗、行为准则和自我约束的行为规范)以及两者的执行特征组成。"①

本文主要是引用胡正荣对"广播电视制度"的定义:广播电视制度是由政治制度决定的,但归根到底是由经济制度决定的,是在一定历史条件下,由广播电视所有权、广播电视基本性质、广播电视基本目标等方面构成的规范体系。而"广播电视体制"是"广播电视制度"的具体表现和实现形式,是指在既定的广播电视制度范围内,广播电视系统内部生产关系即广播电视系统内部所属单位责权利的配置和划分,以及按照这种划分所设置的机构和所形成组织与规范。②

基于胡正荣关于"广播电视制度"概念的界定,广播电视媒介制度内涵变得相当的广泛,笔者把其大体划分为宏观制度和微观制度(体制)两方面:宏观制度包括广电媒介性质定位、结构格局制度、行政管理制度、调控手段制度、产业经营制度等;微观制度(体制)包括广电媒介内部组织结构制度、节目制播制度、人事制度、财务制度等。本文将在两个层面来探讨中国广播电视媒介制度变迁问题,其中,主要放在宏观层面问题的探讨上。

第二节　新中国成立后政府施政理念与广播电视制度的建立

一、新中国成立后政府的施政理念:探索中国自己的建设社会主义道路

新中国成立以后,特别是社会主义改造基本完成后,以毛泽东为核心的中国共产党的第一代领导集体以苏联的经验为鉴戒,积极探索中国自己的建设社

① 转引自孙宽平主编:《转轨、规制与制度选择》,社会科学文献出版社2004年版。

② 胡正荣:《中国广播电视发展战略》,北京广播学院出版社2003年8月版,第123–124页。

会主义的道路。

1956 年,毛泽东发表《论十大关系》,强调建设社会主义的基本方针,就是要把国内外一切积极因素调动起来,为社会主义事业服务。1957 年,毛泽东又发表《关于正确处理人民内部矛盾的问题》,指出社会主义社会的基本矛盾仍然是生产关系和生产力之间的矛盾、上层建筑和经济基础之间的矛盾;认为建设社会主义的根本任务已经由解放生产力变为在新的生产关系下面保护和发展生产力;提出了严格区分和正确处理两类不同性质的矛盾,团结全国各族人民发展经济和文化,建设社会主义强大国家的战略思想。

毛泽东在这一时期还提出了许多关于中国社会主义建设的重要观点,涉及政治、经济、文化、国防、外交等各个方面。

这样,新中国在建立社会主义基本制度的基础上,开始全面进行大规模建设,建立起独立的比较完整的工业体系和国民经济体系。为社会主义现代化建设奠定了重要的物质技术基础,而且积累了在中国这样的社会生产力水平十分落后的东方大国进行社会主义建设的重要经验。

但是 1957 年后,在"左倾"错误思想的影响下,政府的施政理念发生了根本变化。1957 年"反右"斗争扩大化,1958 年"大跃进"、"人民公社"化运动;1959 年的"反右倾";1966 年的"文化大革命"运动等,都体现了这一阶段政府的施政理念发生了根本扭曲,其核心是"以阶级斗争为纲",搞"无产阶级专政运动",人民政府的职能遭到严重的破坏,全国各级政府机构在无序群众运动中完全处于瘫痪状态,并严重影响到人民政府组织生产、发展经济的政府职能,给新中国发展带来很大的灾难。

二、新中国成立后广播电视制度的建立

新中国广播电视的建立和发展同样以"建设社会主义"为核心价值规范。毛泽东 1957 年 6 月 14 日就报纸本质有这样一番话:"在社会主义国家,报纸是社会主义经济即在公有制基础上计划经济通过新闻手段的反映,和资本主义国家报纸是无政府状态的和集团竞争的经济通过新闻手段的反映不相同。"[①]这一谈话精神实际也是对当时广播电视媒介的要求。也因此,1950 年 3 月 29 日至 4 月 16 日,时任广播事业局副局长的梅益在《人民广播事业概括》在中就说,人民广播事业独有的特点是"以其广播为广大人民服务"[②]。中国共产党在解放战

---

① 转引自甘惜分:《新闻学大辞典》,河南人民出版社 1993 年版,第 4 页。
② 赵玉明主编:《中国广播电视通史》,中国传媒大学出版社 2006 年版,第 195 页。

争时期和中国解放后从国民党手中接管过来的广播电台和改造的私营广播电台,以及后来各地党和政府新办的广播电台均被冠以"人民"的头衔①。

（一）广播电视的政治地位、性质与职能

新中国广播电视发端于中国共产党1940年12月30日开始播音的延安新华广播电台。从创办到1949年迁往北平初期,延安新华广播电台由新华社直接管理,其编辑部是新华社下属的口语广播部门,所用稿件由新华社供给②。邓炘炘将其运作的基本模式概括为:

直接隶属于党的领导,附属于新华社;

明确宣传党的方针、政策,指导和反映党的工作和群众工作;

新闻工作者从作为党的工作者的基本原则出发,为党和人民服务。③

这样一种运作模式集中体现了中国共产党在"全心全意为人民服务"价值观指导下对广播电台政治地位、性质和职能的认识和基本理念。随着中国共产党在全国范围的节节胜利,当新中国成立时,中国共产党的广播随着新政权力量进入全国广大地区和各大城市,其运行模式也扩大成为新中国广播事业的标准和范式。

随着全国形势的稳定,对广播电台的职能要求有所拓展,1950年2月27日政务院新闻总署召开京津新闻工作会议,会议的意见是:"广播电台应以发布新闻、社会教育及文化娱乐为主。"④

其后发轫于20世纪50年代的中国电视业同样也遵循了广播宏观管理的基本规范。

可以说,中国广播电视是作为中国共产党的新闻和宣传工作的重要部门而发挥作用的。

但从50年代中期起,受"左"的指导思想的影响,对广播的性质、职能和作用的认识发生了偏差,先后提出了"广播是阶级斗争的工具"、"广播是无产阶级专政的工具"等观点;"文革"中,林彪、"四人帮"更进一步把广播电视当作对人民群众实行"全面专政的工具",用来鼓吹"文化大革命",煽动阶级斗争,造成

① 1949年6月30日,中央广播事业管理处发出对各地广播电台暂行管理办法,规定各地广播电台一律统称为各地人民广播电台。参见《中国广播电视年鉴》(1986),中国广播电视出版社1987年版,第1083页。

② 徐光春主编:《中华人民共和国广播电视史》,中国广播电视出版社2003年版,第2页。

③ 邓炘炘:《动力与困窘:中国广播体制改革研究》,中国经济出版社2006年版,第19页。

④ 赵玉明主编:《中国广播电视通史》,中国传媒大学出版社2006年版,第194页。

无穷的祸害。

(二)广播电视的所有制形式

基于关于广播电视的基本理念,中国共产党对广播电视的所有制形式,财经制度以及行政管理体制上进行了相应的安排和探索。

在完成对国民党广播电台的接收后,中华人民共和国成立初期广播领域呈现公营和私营电台并存的格局,例如1949年5月上海解放时,尚有私营电台23座,经登记审核后,准许其中22家电台继续播音。[1]

而对于广播电台的所有制形式,1948年11月,中共中央发出《对新解放城市中原有之广播电台及其人员的政策决定》明确规定:"新中国之广播事业,应归国家经营,禁止私人经营。在确定国营时,对某些私人经营之广播电台及其器材,可由国家付给适当之代价购买之。"[2]

因此,从50年代初政府对私营电台开始进行社会主义改造。截至1953年前后,中国内地的广播事业已全部实现了国家经营。[3] 其后发展的电视事业也由国家经营。

而在广播电视的格局安排上,从50年代一直到1982年逐步形成了四级办广播(中央、省、市三级办无线广播,县办有线广播)、两级(中央、省)办电视、分级覆盖的局面。[4]

(三)广播电视的财经制度

新中国成立后,随着国民经济恢复任务的完成,国家财政逐步完成从战时到平时、从农村到城市、从供给财政到建设财政的战略转变。

这样,国家对广播电视等事业单位和行政机关在经费方面开始实行预决算管理,基本上采取"统收统支"的形式。[5] 也就是说,广播电视享受国家财政的全额拨款,不需要进行成本核算,也不用上缴利润和税金。

而在从业人员收入分配方面,从1949年到1955年国家交替或分别执行了供给制、计件工资、工资分、包干制、工资制等并存的分配制度。

---

[1] 徐光春主编:《中华人民共和国广播电视史》,中国广播电视出版社2003年版,第20页。

[2] 转引自徐光春主编:《中华人民共和国广播电视史》,中国广播电视出版社2003年版,第19页。

[3] 徐光春主编:《中华人民共和国广播电视史》,中国广播电视出版社2003年版,第21页。

[4] 同上书,第324页。

[5] 左春台、宋新中主编:《中国社会主义财政简史》,中国财政经济出版社1988年版,第136页和第483页。

为改变混乱不合理的工资状况,国家决定从 1956 年 4 月 1 日起进行全国统一的工资制度改革,企业、事业和国家机关一律实行新的工资标准。

这次工资制度改革的主要内容首先是取消工资分,实行直接货币工资标准,在统一的职务等级工资制的基础上,将全国分为 11 个工资区,并按行业特点制定了数十种工资标准和若干不同的等级。

针对执行中存在的问题,对广播电视执行的这种财务制度也有一些细微调整,但这些调整均未产生重大影响。这种状况一直延续至上世纪 80 年代初期。

(四)广播电视的行政管理体制①

中华人民共和国中央人民政府成立后,1949 年 6 月 5 日原直属中共中央宣传部领导的中央广播事业处改组为广播事业局,直属中央人民政府政务院新闻总署领导。1952 年 2 月新闻总署撤销后,广播事业局改由政务院文化教育委员会直接领导,宣传业务则由中共中央宣传部领导。1954 年 11 月,广播事业局成为国务院直属机构之一,技术、行政业务由国务院第二办公室领导,宣传业务仍由中共中央宣传部领导。1967 年,广播事业局改称为中央广播事业局,列为中共中央直属部门。

关于广播事业局和地方广播部门的关系,国务院在 1955 年 9 月 12 日发出的《关于地方人民广播电台管理办法的规定》中指出:"各省、自治区、直辖市、省辖市人民广播电台为各省、自治区、直辖市、省辖市人民委员会的直属机构,受各该级人民委员会及广播事业局的领导。"

对这一时期的管理体制,胡正荣将其特点概括为"条块结合,以条为主"②。

新中国成立初期,各省级人民政府均没有设专门的广播管理机构,各地的人民广播电台负责领导和管理所在地区的广播事业和广播工业。1955 年以后,随着农村广播网的建立和迅速发展,地方人民广播电台难以继续承担越来越繁重的管理任务。1956 年 2 月 20 日,国务院发出《关于农村广播网管理机构和领导关系的通知》。《通知》除规定广播事业局设一相应机构负责全国农村广播网建设外,各省、自治区、直辖市人民委员会可设立广播管理局获处,负责全省(包括城市郊区)农村广播网的建设,并管理省属市的人民广播电台。根据规定,地方广播管理局(处)在业务上受中央的广播事业局的领导。

其后出现的电视事业也遵循了这样一种管理体制模式。

---

① 本处关于广播电视机构及其职能变化的相关资料均参见徐光春主编:《中华人民共和国广播电视史》,中国广播电视出版社 2003 年版,第 11 - 13 页。

② 胡正荣主编:《中国广播电视发展战略》,北京广播学院出版社 2003 年版。

这样,从1957年到1981年,广播电视依然保留了"条块结合"的特点,但是逐步从"以条为主"过渡到"以块为主",尽管期间还经历了一些曲折。

新中国广播电视制度的确立是在构建新中国广播电视体系的历史进程中逐步完成的,它的确立反过来又推动和保障了新中国广播电视事业的进一步发展。

据1979年统计,对国内的无线广播,已建成中央和地方各级广播电台99座,发射台和转播台502座,调频台99座。对外广播已办有38种外国语言节目,以及对华侨、华人广播的普通话和4种方言节目。电视台全国有38座,1千瓦以上的电视发射台和电视转播台238座,小功率(50瓦以下)电视差转台2000多座。全国2300多个县、旗、市都建立了农村有线广播站。①

第三节 改革开放以来中国政府施政理念的演变

一、建设有中国特色的社会主义(邓小平)

以邓小平为核心的党第二代领导集体全面系统地回答了"什么是社会主义,怎样建设社会主义"这样一个基本问题展开,其理论成果是"邓小平理论",这一历史时期我国政府施政理念是:建设有中国特色的社会主义。

1978年举行的党的十一届三中全会,是一次具有划时代意义的重要会议,会议的中心议题是把国家政府的工作重点转移到社会主义现代化建设上来。全会确立了解放思想、实事求是的思想路线,批判了"两个凡是"的错误方针,重新确立了中国共产党的正确的政治路线,全会做出了改革开放的重大决策,中国由此进入了一个新的历史时期。

我国政府在全面总结历史正反两方面经验教训的基础上,根据中国的现实及国际形势的发展变化,在"以经济建设为中心"这一理念的指导下,对执政规律进行了探索和总结,在以下几个重点问题上取得了根本性的突破:

一是在政府的主要任务及工作重心问题上,抛弃了"以阶级斗争为纲",提出了政府在社会主义初级阶段的主要任务是解放和发展生产力,发展是硬道理,坚持以经济建设为中心,发展社会主义民主、健全社会主义法制和建设两个文明的任务。

二是根据世界和平与发展为主题的时代特征和国家建设的新要求,提出政

---

① 赵玉明主编:《中国广播电视通史》,中国传媒大学出版社2006年版,第344页。

府要能够更加适合新的历史时期的需要,确定了领导全国人民进行社会主义物质文明和精神文明建设的目标。

三是提出了政府的各项政策和工作必须以人民拥护不拥护、赞成不赞成、高兴不高兴、答应不答应为衡量标准。

四是提出必须理顺党和政府之间的关系,强调党的领导主要是政治、思想和组织的领导,党要在宪法和法律的范围内活动,提出要改革党的领导制度,要实行党政分开,揭开了转变党的领导方式和执政方式的序幕。

1990—1992 年邓小平在视察深圳等几个经济特区的时候发表了一系列讲话,为改革开放进一步发展扫除思想上的障碍,其中涉及一系列重要问题:

(一)关于社会主义本质问题的论述。"社会主义的本质,是解放生产力,发展生产力,消灭剥削,消除两极分化,最终达到共同富裕。"[1]

(二)关于计划经济与市场经济问题争议。"计划经济不等于社会主义,资本主义也有计划;市场经济不等于资本主义,社会主义也有市场。计划和市场都是经济手段。"[2]

(三)通过改革解放生产力问题。"革命是解放生产力,改革也是解放生产力。"[3]

(四)关于进一步解放思想的问题。"改革开放胆子要大一些,敢于试验,不能像小脚女人一样。看准了,就大胆地试,大胆地闯。"[4]

邓小平南方视察的这些谈话,解决了困扰人们思想,阻碍改革开放事业进一步向更深更广发展的一系列重要问题,首先,对社会主义的本质进行了科学界定,明确了解放生产力,发展生产力的本质任务;其次,邓小平对于市场经济的理解和关于社会主义市场经济的构想,引导人们走出了将计划经济与社会主义相等同的认识误区,破除了思想上的障碍;最后,提出改革是为了解放生产力,发出了进一步解放思想的伟大号召。

邓小平南方视察的谈话其实是为国家政府下一步的发展战略指明了方向,预示着中国即将步入加快改革开放和市场经济建设的新阶段,为中国政府进一步解放思想,加大改革力度扫除了思想上的障碍。

---

[1] 《在武昌、深圳、珠海、上海等地的谈话要点》,《邓小平文选》,第 3 卷,人民出版社 1993 年版,第 370 页。

[2] 同上。

[3] 同上。

[4] 同上。

二、"三个代表"重要思想(江泽民)

面对新的时代背景和现实条件,以江泽民为核心的第三代中央领导集体,全面总结党的历史经验,认识到现阶段国家政府主要任务是继续积极推进改革开放和发展社会主义市场经济,创造性地提出了"三个代表"重要思想,作为政府在新的历史时期的施政理念。

1992 年 10 月召开的中共十四大会上,江泽民作了题为《加快改革开放现代化建设步伐,夺取有中国特色社会主义事业的更大胜利》的报告。报告总结了十一届三中全会以来 14 年的实践经验,决定抓住机遇,加快发展;确定我国经济体制改革的目标是建立社会主义市场经济体制;提出用邓小平建设有中国特色社会主义理论武装全党。

稍后举行的十四届三中全会,通过了《中共中央关于建立社会主义市场经济体制若干问题的决定》,具体制定了建立社会主义市场经济体制的基本框架,提出了需要改革的各个领域的任务。大会明确了政府在新阶段的工作中心是建立社会主义市场经济体制。这一重大决策具有非同寻常的现实意义和历史意义,标志中国的改革开放进入到一个新的阶段。

中国政府在改革开放和经济建设的发展中,积累了相当丰富的宝贵经验,随着改革向纵深发展,越来越体会到传统计划经济体制的种种弊端,这种僵硬的经济体制模式严重扼杀了生产者和经营者的积极性,越来越成为经济进一步发展的障碍。正是在这样一种情况下,国家政府在新阶段的工作中心将会是建立社会主义市场经济体制。市场经济体制的确立,将会拓展中国社会主义的发展道路,进一步解放生产力。在市场经济体制下,市场成为配置资源的主要手段,企业成为市场经营的主体。在充分发挥市场作用的基础上,国有企业才能从根本上转换经营机制,才能适应市场经济体制的要求,建立产权明晰、职权明确、政企分开、管理科学的现代企业制度。

1997 年 9 月党的十五大对社会主义初级阶段的所有制理论进行了创新和发展,第一次系统阐述了公有制实现形式多样化的理论,肯定非公有制经济是社会主义市场经济的重要组成部分,并提出了政府要在 2000 年底初步建立起社会主义市场经济体制的目标。

2000 年 2 月,江泽民在广东考察时,首次提出"三个代表"重要思想:"我们党之所以赢得人民的拥护,是因为我们党作为中国工人阶级的先锋队,在革命、建设、改革的各个历史时期,总是代表着中国先进生产力的发展要求,代表着中国先进文化的前进方向,代表着中国广大人民的根本利益,并通过制定正确的路线方针政策,为实现国家和人民的根本利益而不懈奋斗。"①

"三个代表"重要思想具有相当丰富的内涵:

(一)代表先进生产力的发展要求体现了历史唯物论对人类社会发展规律的深刻揭示。生产力是推动人类社会进步的决定性力量,只有符合和代表先进生产力的发展要求,才能促进人类社会的进步和发展。

(二)代表先进文化的前进方向体现了社会主义建设规律对人们思想水平和文化素质的能动要求。跨越资本主义制度,走社会主义道路必须充分发挥人们在建设实践中的能动性,把以德治国和依法治国紧密结合起来,实现物质文明和精神文明的双丰收。

(三)代表广大人民的根本利益体现了共产党执政规律的本质要求。共产党从小到大,由弱变强,团结和带领中国人民取得革命和建设的一个又一个胜利,其根本原因就在于它是中国广大人民利益的忠实代表。

这一时期,随着社会主义市场经济体制的初步确立,政府职能开始转变,明确提出政府的一个基本职能是"提供公共服务"。

《中华人民共和国国民经济和社会发展第十个五年计划纲要》对这一职能如此表述:"政府配置资源的重点要逐步转向为全社会提供充足优质的公共产品和服务。主要是促进教育发展,加强基础研究和重大应用研究,健全社会保障体系,完善公共基础设施,发展公共事业,保护国土资源,加强生态建设和环境保护,维护社会治安,确保国家安全等。"

可以说,中国建设广播电视公共服务体系的思想在此时开始酝酿萌芽。

三、以人为本、全面协调可持续的科学发展观(胡锦涛)

在党的十六大报告中,我们党明确地提出并阐述了社会主义政治文明的概念,强调发展社会主义民主政治、建设社会主义政治文明,是全面建设小康社会的重要目标。在党的十六届三中全会上,我们党又进一步提出了"坚持以人为本,树立全面、协调、可持续的发展观,促进经济社会和人的全面发展",成为我们国家政府在新的历史时期施政理念。

2004年3月8日,胡锦涛在参加十届全国人大二次会议辽宁代表团讨论时,在讲话中指出,坚持以人为本,是坚持立党为公、执政为民的必然要求。我

---

① 《求实》1990年第3期。

们党在全部执政活动中，都要把维护和实现广大人民的根本利益作为一切工作的出发点和落脚点。坚持以人为本，要从人民群众最现实、最关心、最直接的问题抓起。

2004年3月10日，胡锦涛在中央人口资源环境工作座谈会上发表讲话，就坚持科学的发展观进行了全面论述。他指出："坚持科学发展观，就是要坚持以人为本，全面、协调、可持续的发展观。坚持以人为本，就是要以实现人的全面发展为目标，从人民群众的根本的利益出发谋发展、促发展。全面发展，就是要以经济建设为中心，全面推进经济、政治、文化建设，实现经济发展和社会全面进步。协调发展，就是要统筹城乡发展、统筹区域发展、统筹经济社会发展、统筹人与自然和谐发展、统筹国内发展和对外开放，推进生产力和生产关系、经济基础和上层建筑相协调，推进经济、政治、文化建设的各个环节、各个方面相协调。可持续发展，就是要保证一代接一代地持续发展。"①

以胡锦涛同志为总书记的新一届中央领导集体提出的科学发展观，坚持以人为本，把中国政府的施政理念发展到了一个新的阶段，同时坚持以人为本，促进经济社会和人的全面发展，也标志着中国政府依据时代的发展，与时俱进，确立了适应新时代要求的施政目标。

政府工作确立以人为本的基本理念，意味着要将"以人为本"作为政府管理的出发点和落脚点。按照以人为本的要求，政府工作就要围绕实现人民的权利和利益，满足群众的需要，促进人的全面发展来进行。政府的一切行为应当坚持以人为主体，以人为前提，以人为动力，以人为目的。和谐社会最终追求的是对人的终极关怀，即实现人的幸福。

我们政府提出的以人为本的政治理念，是建立在对现阶段中国社会主义建设事业的基本矛盾和现实需要进行科学分析基础之上的，因而有着十分具体的思想内涵，它既包括从现实的角度最大限度地满足人民群众日益增长的物质文化需要，切实保障人民群众的经济、政治和文化权益，让发展的成果惠及全体人民，同时又着眼于人的全面发展，致力于维护和发展中华民族和全体中国人民的长远利益和根本利益。

这一时期对政府职能转变提出了更加注重履行社会管理和公共服务职能的要求。中国建设广播电视公共服务体系的思想基础逐步夯实。

---

① 《人民日报》2004年3月11日。

第四节　改革开放以来不同施政理念阶段的新闻指导思想

新闻工作历来是党和政府十分重视的一项工作，不同阶段的施政理念，必然对其新闻工作指导思想产生重大影响。

一、邓小平的新闻思想

从20世纪70年代末至90年代初，邓小平提出建设有中国特色的社会主义理论，推动了党的新闻思想发展到一个全新的阶段。围绕党的工作中心的转移，邓小平先后提出了新时期新闻宣传工作的指导思想，他的关于新闻工作的一系列重要论述成为丰富和发展党的新闻思想的重要理论指南，形成了邓小平新闻思想。

它是邓小平根据改革开放和社会主义现代化建设新时期我国经济、政治、文化和社会发展的需要，对新闻事业的社会地位、政治使命、传播功能、工作原则和工作方法的理论概括，是指导我国新闻事业更好地为社会主义服务、为人民服务、为当前改革开放和现代化建设的工作大局服务的思想指南。

邓小平新闻思想主要涉及新闻宣传的地位、新闻宣传的作用、新闻工作的原则、新闻工作者的队伍建设等几个方面。

（一）新闻宣传工作的地位

邓小平同志历来重视新闻工作，强调新闻工作的重要性，我国进入改革开放、社会主义现代化建设新时期后，经常在多个场合反复强调包括新闻宣传在内的思想战线的工作对整个国家的经济发展和政治稳定的重要作用。

1980年12月，他在中共中央工作会议上所作的《贯彻调整方针，保证安定团结》的讲话中，强调指出加强思想政治工作，改善宣传工作，是巩固安定团结的政治局面的一项极端重要的任务。

最能代表和体现邓小平关于新时期新闻工作重要作用的论述，是他1980年1月在《目前的形势和任务》的报告中提出的"思想中心"说，他提出："要使我们党的报刊成为全国安定团结的思想上的中心。报刊、广播、电视都要把促进安定团结，提高青年的社会主义觉悟，作为自己的一项经常性的基本的任务。"①

---

① 《目前的形势和任务》，《邓小平文选》，第2卷，北京：人民出版社1994年版，第255页。

（二）新闻宣传工作的作用

邓小平指出，新闻宣传工作在党的事业中起着十分重要的作用，主要表现在：

首先是宣传马列主义、毛泽东思想。无论是在战争时期还是和平时期，这项任务是任何时候都不能忽视的，要教育我们的人民，尤其是青年，要有理想，要树立马克思主义信念。

其次是要为改革开放创造良好的舆论环境。我们的新闻宣传要引导人民群众正确认识改革开放的必要性，破除思想上障碍，让发展的观念深入人心，同时要加强对外宣传，在世界上树立中国和平形象，为中国改革开放事业创造良好的国内外舆论环境。

最后是实施舆论监督，推进社会主义民主和法制建设。邓小平强调，党必须接受人民群众的监督，报刊新闻就是其中一条比较有效的渠道方式，只有自觉接受人民群众监督，加强党群联系，才能赢得人民群众的衷心拥护和爱戴，同时，实施舆论监督，也是推进社会主义民主和法制建设必然要求。

（三）新闻宣传工作的原则

首先，新闻宣传工作必须坚持党性原则。中国共产党是中国社会主义事业的领导核心，中国共产党的领导是中国社会主义事业取得成功和胜利的根本保障。我国新闻事业作为党所领导的社会主义事业的重要组成部分之一，应当毫无例外地自觉坚持党性原则，这是党历来所倡导的，也是党始终强调的新闻工作的政治原则和宣传纪律。

1980 年 1 月，邓小平针对当时由于受"四人帮"流毒影响，党内存在的无政府主义思潮、新出现的形形色色的自由主义思潮以及一些报刊上的不负责任的进行宣传报道和开展新闻批评的现象，明确提出了党报党刊的职责"党报党刊一定要无条件地宣传党的主张"①。

邓小平指出："对党的工作中的缺点和错误，党员当然有权利进行批评，但是这种批评应该是建设性的批评，应该提出积极的改进意见。"②宣传工作必须合乎党的原则，遵循党的决定，只有坚决保持党的统一和战斗力才能完成各项任务。

其次，新闻宣传工作必须坚持实事求是的原则。邓小平指出："解放思想，

---

① 《目前的形势和任务》，《邓小平文选》，第 2 卷，北京：人民出版社 1994 年版，第 272 页。

② 同上。

就是使思想和实际相符合,使主观和客观相符合,就是实事求是。"①

新闻工作,其本质是通过对新近发生的或正在发生的具有特定价值的事实加以报道,来反映社会生活。坚持实事求是的思想路线,新闻才能正确地反映社会生活,发挥其积极作用;违背实事求是的思想路线,就会错误地反映社会生活,从而对人们形成误导。

（四）新闻工作者的队伍建设

邓小平对包括新闻工作者在内的思想战线上的工作同志提出了很高的素质要求,高度评价新闻工作者肩负的历史使命,指出"思想战线上的战士,都应当是人类灵魂工程师"②。

邓小平要求包括新闻工作者在内的思想宣传工作者,牢牢树立共产主义世界观,熟悉马克思主义基本理论,加强工作的原则性、系统性、预见性和创造性。还要求新闻宣传工作者不断增强自己在政治、业务方面的修养和实际工作的锻炼。要具有虚心学习、认真探讨的态度,要放下架子,虚心向人民群众求教,倾听人民群众的意见。

二、江泽民的新闻思想

从20世纪90年代初,邓小平南方谈话发表至党的十六大召开之前,这是改革开放以来中共新闻思想发展的第二阶段。

在这一阶段,江泽民在高举邓小平理论伟大旗帜,领导全国各族人民全面建设中国特色社会主义事业,逐步形成"三个代表"重要思想的历史进程中,运用马克思主义新闻观,对改革开放、社会主义市场经济新形势下新闻工作,做出深刻的理论阐述,形成具有鲜明时代特征的新闻思想。

江泽民新闻思想是"三个代表"重要思想的有机组成部分,是"三个代表"重要思想在新闻领域的具体体现,内容十分丰富,简单梳理如下:

（一）关于新闻事业性质、地位、作用、任务的论述

江泽民同志1989年在新闻工作研讨班上的讲话,开宗明义谈的就是新闻工作的性质、地位、作用、任务问题。他指出:"我们党历来非常重视新闻工作。始终认为,我们国家的报纸、广播、电视等是党、政府和人民的喉舌。这既说明

---

① 《贯彻调整方针,保证安定团结》,《邓小平文选》,第2卷,北京:人民出版社1994年版,第364页。

② 《党在组织战线和思想战线上的迫切任务》,《邓小平文选》,第3卷,北京:人民出版社1993年版,第40页。

中国广播电视公共服务体系：目标与实践研究

了新闻工作的性质,又说明了它在党和国家工作中的极其重要的地位和作用。"①

关于新闻工作的任务,江泽民也曾有过精辟的概括。1994年在全国宣传思想工作会议讲话中指出:"我们的宣传工作,必须以科学的理论武装人,以正确的舆论引导人,以高尚的精神塑造人,以优秀的作品鼓舞人。"②

2000年江泽民在给中央人民广播电台创建60周年批示中,第一次明确提出"两个传"思想,即"让党和国家的声音传入千家万户,让中国的声音传向世界各地"。③

(二)关于新闻工作的指导思想和基本方针的论述

江泽民同志反复强调我们的新闻事业必须坚持以马克思列宁主义、毛泽东思想、邓小平理论和"三个代表"重要思想为指导。1989年,他就明确指出:"要用马克思主义和社会主义思想去指导理论、宣传、教育、新闻、出版、文学艺术等部门的工作,去占领思想文化阵地和舆论阵地。"④1994年,他在全国宣传思想工作会议讲话中指出:"邓小平同志建设有中国特色社会主义的理论是全党各项工作的根本指导方针。宣传思想战线必须牢牢地把握这一根本方针,用以指导自己的全部工作。"⑤2000年,他又在中央思想政治工作会议上提出:"加强和改进党的思想政治工作,必须全面贯彻落实'三个代表'的要求,这是党团结和带领人民建设有中国特色社会主义的长期战略方针。"⑥

基本方针是我们党的新闻工作的准则和方向,它回答和解决的是为什么办新闻事业和为谁服务的问题。1989年,江泽民同志在全国新闻工作研讨班讲话中指出:"社会主义的新闻事业同社会主义的文学、艺术、出版等事业一样,虽然各有自己的特点和具体发展规律,但是它们作为意识形态领域的组成部分,都要为社会主义服务,为人民服务。尽管服务的具体形式、内容、方法不尽相同,

---

① 《十三大以来重要文献选编》(中),北京:人民出版社,1991年10月版第766页。

② 《十四大以来重要文献汇编》(上),北京:人民出版社1996年2月版,第647-648页。

③ 《中国广播电视年鉴》,北京:北京广播学院出版社2001年,第30页。

④ 《十三大以来重要文献汇编》(中),北京:人民出版社1991年10月版,第726-727页。

⑤ 《十四大以来重要文献汇编》(上),北京:人民出版社1996年2月版,第650-651页。

⑥ 《中央思想政治工作会议学习读本》,北京:学习出版社2000年版,第2页。

但都必须遵循这个基本方针。"①1996年,他在视察人民日报社时又强调:"新闻舆论工作要紧紧围绕经济建设这个中心,服从、服务于全党全国工作的大局。这在任何时候都不能模糊,不能动摇。"②

（三）关于坚持正确舆论导向和提高舆论引导水平的论述

江泽民同志十分强调坚持正确舆论导向的极端重要性,在强调坚持正确舆论导向的同时,也指出要努力提高舆论引导水平。

1994年,他在全国宣传思想工作会议上说:"舆论导向正确,人心凝聚,精神振奋;舆论导向失误,后果严重。正反两方面的经验告诉我们,引导舆论,至关重要。"③1996年,他在视察人民日报社时更是把舆论导向提到一个新的理论和认识高度来强调:"历史经验反复证明,舆论导向正确与否,对于我们党的成长、壮大,对于人民政权的建立、巩固,对于人民的团结和国家的繁荣富强,具有重要作用。舆论导向正确,是党和人民之福;舆论导向错误,是党和人民之祸。"④

（四）新闻传媒必须坚持经济效益与社会效益的统一

在市场经济条件下,新闻传媒由原先的单纯具有意识形态属性,到既有意识形态属性又有产业属性,我们的新闻传媒必须正确处理社会效益和经济效益的关系,实现社会效益与经济效益的统一。

在此情况下,中央要求:"坚持把社会效益放在首位,在这个基本前提下实现经济效益和社会效益的统一。随着社会主义市场经济的发展,精神产品的生产流通同市场运行一般规律的联系愈益紧密,确实也有经济效益的问题。经济效益好,有助于宣传文化事业的发展。同时也要看到,精神产品又具有不同于物质产品的特殊属性,它的价值实现形式更重要的表现在社会效益上。"⑤这段论述有三点值得重视:一是注意到了市场对精神产品生产的作用;二是肯定了经济效益于宣传文化事业发展的意义;三是涉及了精神产品生产流通与市场一般规律的联系。

---

① 《十三大以来重要文献汇编》(中),北京:人民出版社1991年10月版,第768-769页。

② 《新闻出版报》1996年10月23日。

③ 《十四大以来重要文献汇编》(上),北京:人民出版社1996年2月版,第653-654页。

④ 人民日报社编:《以正确的舆论引导人——学习江泽民总书记视察人民日报社的重要讲话》,人民日报出版社1996年版。

⑤ 同上。

三、中共"十六大"后新一届中央领导集体的新闻思想

党的"十六大"以后，以胡锦涛同志为总书记的新一届中央领导集体高举邓小平理论和"三个代表"重要思想伟大旗帜，认真贯彻落实"十六大"精神，坚持与时俱进，领导全国各族人民为全面建设小康社会而努力奋斗。

在这一新的历史进程中，新一届中央领导集体高度重视新闻宣传工作，做了一系列重要论述，初步形成了以"三贴近"和同时发展发展文化产业与文化事业为核心的新闻思想。

这一时期的新闻思想是党和国家政府以人为本、全面协调可持续的科学发展观施政理念在新闻宣传工作中的思想体现。其内涵十分丰富，简单概括为以下几个方面：

（一）坚持"三贴近"原则必须把握正确舆论导向

在新闻工作中，必须要坚持正确的舆论导向，把握正确的舆论导向是坚持"三贴近"原则的前提条件，必须摆在新闻工作首要位置。舆论导向正确，是党和人民之福；舆论导向错误，是党和人民之祸。只有牢牢把握正确的舆论导向，新闻工作才能为社会的稳定作出应有贡献，而这正是进行现代化建设所不可缺少的条件。

党的"十六大"以来，我们党的重大决议、重要文件在论及新闻工作时，总是把坚持正确的舆论导向放在十分重要的位置加以强调。

胡锦涛在每一次关于新闻宣传工作的论述中都始终突出强调必须牢牢把握正确的舆论导向。2003 年 3 月 28 日，他在主持中央政治局会议，研究进步改进会议和领导同志活动的新闻报道，提出要求："新闻单位要坚持正确的舆论导向，大力宣传党的理论路线方针政策，多报道对工作有指导意义、群众关心的内容，力求准确、鲜明、生动，努力使新闻报道贴近实际、贴近群众、贴近生活，更好地为人民服务、为社会主义服务、为党和国家工作大局服务。"①在这里，中央明确提出了把坚持正确舆论导向作为坚持"三贴近"原则的前提。

（二）在新闻工作中将人民群众放到重要位置上

以人为本的施政理念，必然要求在宣传思想工作包括新闻工作中实行"三贴近"原则，其实质就是在新闻工作中要把人民群众放到重要位置，反映人民群众的心声。

---

① 《中国新闻年鉴》，北京：中国传媒大学出版社 2004 年版，第 1－3 页。

2003 年 1 月召开的全国宣传部长会议上,李长春在题为《从"三贴近"入手改进和加强宣传思想工作》的讲话中指出:"要把体现党的意志同反映人民群众的心声统一起来,把思想性、指导性和可读性结合起来,多用群众的语言,多联系群众身边的事例,多采用群众喜闻乐见的形式,多报道有实在内容、有新闻价值的事情。"①

这其实就是要求我们的新闻工作要深入到改革开放和现代化建设的第一线,把目光投向基层,多关注人民群众生产生活,关注有关国计民生的热点问题,反映群众呼声,实行正确的舆论监督,有效地指导实践工作的开展,正确引导社会舆论。要多听群众意见,多创品牌栏目,办出自己的特色和风格,增强吸引力,提高竞争力,既能在市场上占有一席之地,又能在群众中产生巨大的影响力。

(三)加强和完善党对新闻宣传工作的领导

新一届中央领导集体十分重视加强党对新闻宣传工作的领导,《中共中央关于加强党的执政能力建设的决定》对新闻事业及新闻事业管理提出了如下要求:"牢牢把握舆论导向,正确引导社会舆论。坚持党管媒体的原则,增强引导舆论的本领,掌握舆论工作的主动权。坚持团结稳定鼓劲、正面宣传为主,引导新闻媒体增强政治意识、大局意识和社会责任感,进一步改进报刊、广播、电视的宣传,把体现党的主张和反映人民心声统一起来,增强吸引力、感染力。重视对社会热点问题的引导,积极开展舆论监督,完善新闻发布制度和重大突发事件新闻报道快速反应机制。"②

胡锦涛在全国宣传思想工作会议上也强调,一定要切实加强和改善党对宣传思想工作的领导。他指出:"党管宣传、党管意识形态,是我们党在长期实践中形成的重要原则和制度,是坚持党的领导的一个重要方面,必须始终牢牢坚持,任何时候都不能动摇。"③

在同一篇讲话中,他还强调了加强党的领导必须尊重宣传思想工作客观规律,积极探索宣传思想工作的规律,提出:"用时代的要求来审视宣传思想工作,用发展的眼光来研究宣传思想工作,以改革的精神来推动宣传思想工作……科学地认识和把握新形势下宣传思想工作的特点和规律,形成新思路,探索新办

① 《中国新闻年鉴》,北京:中国传媒大学出版社 2004 年版,第 12 页。
② 《保持共产党员先进性教育读本》,北京:人民出版社 2005 年 5 月版,第 70 页。
③ 《中国新闻年鉴》,北京:中国传媒出版社 2004 年版,第 3-4 页。

法,开辟新途径,取得新成效。"①

（四）重视加强新闻队伍的建设

胡锦涛对新闻工作队伍建设十分重视,他在全国宣传思想工作会议上强调:"要高度重视和切实加强宣传思想工作队伍的建设,为做好工作提供坚强的组织保证。"②

他还在党的十六届四中全会第一次会议上提出,要在全国宣传文化系统开展"四个一批"人才的选拔工作,组织开展"三项学习教育"活动,推进人才队伍的建设。

2003年9月,李长春在同中央党校新闻媒体总编辑、台长学习"三个代表"重要思想、进行马克思主义新闻观教育培训班第一期学员座谈时强调:"要切实加强新闻队伍的思想建设、组织建设和作风建设,广泛开展'三个代表'重要思想教育,广泛开展马克思主义新闻观的教育,广泛开展新闻职业道德教育,建设一支政治强、业务精、纪律严、作风正的高素质新闻队伍。"③

（五）积极展开文化体制改革,建立公共文化服务体系

党的"十六大"明确提出,要"按照一手抓繁荣,一手抓管理的方针,健全文化体系,完善文化市场管理机制,为繁荣社会主义文化创造良好的社会环境"④。

在这一认识的基础上,胡锦涛总书记要求宣传思想工作适应发展社会主义市场经济、深化文化体制改革和中国加入世贸组织的新形势,体现出中共新一届中央领导集体的开阔视野和思路。

"十六大"在我们党代表大会历史上第一次明确提出要大力发展文化产业,强调:"发展文化产业是市场经济条件下繁荣社会主义文化、满足人民群众精神文化需求的重要途径。"⑤"十六大"还对我国的文化事业发展进行了全面部署,首次把积极发展文化产业与发展文化事业并列提出。

温家宝总理在2006年在政府工作报告中,首次明确提出要"完善公共文化服务体系",2007年又提出"着眼于满足人民群众文化需求,保障人民文化权益,逐步建立覆盖全社会的公共文化服务体系",2008年进一步提出"加大政府投入力度,加快构建覆盖全社会的公共文化服务体系"。

----

① 《中国新闻年鉴》,北京:中国传媒出版社2004年版,第3-4页。
② 同上。
③ 《人民日报》2003年9月24日。
④ 《十六大报告辅导读本》,北京:人民出版社2002年11月版,第37页。
⑤ 同上。

在这样的背景下,中国广播电视公共服务体系的建设已经呼之欲出。

第五节 改革开放以来广播电视制度与政策变迁

改革开放以来中国广播电视制度与政策的变迁的改革,可以分为两个阶段:第一阶段从20世纪80年代到90年代初期,其着眼点在于围绕两个文明建设,迅速建立起一个以宣传工作为中心的比较完备全面的广播电视制度体系;第二阶段从90年代初中期起至现在,把注意力转向从计划体制下的广播电视制度向适应社会主义市场经济体制的广播电视制度逐步转变上。

一、广播电视制度改革第一个阶段:围绕两个文明建设,建立以宣传工作为中心的广播电视制度体系

广播电视制度的改革起步是从总结建国30年来正反两个方面的经验着手的。1980年10月中央广播事业局召开第十次全国广播工作会议,会议通过对历史经验的总结,统一了对广播电视性质的认识。会议否定了"广播是阶级斗争的工具"、"广播是无产阶级专政的工具"等观点,认为"我们的广播电视是受党领导的、具有无产阶级性的新闻舆论工具,是对人民群众进行宣传教育的工具","无条件地为党和人民的利益服务,是我们广播电视宣传的唯一宗旨"。

1981年11月16日,中共中央书记处会议在听取关于广播电视工作的汇报时指出:"广播电视是教育、鼓舞全党、全军和全国各族人民,建设社会主义物质文明、精神文明的最强大的现代化工具,这就是广播电视工作的根本性质和任务。"1983年10月中共中央[1983]37号文件中,重申了这一规定,并在后面加上了"也是党和政府联系群众的最有效的工具之一"。

为了完成上述任务,广播电视行业迅速展开行动,到90年代初期建构起一个全国性的广播电视服务系统,这一系统在制度方面最大的特点是形成了"政事融合"的机构模式,"统分结合"的全国管理模式,四级混合覆盖的格局部署,同时也形成与之相适应管理手段体系、经费来源制度和人事管理制度。

(一)形成政事融合的机构模式和统分结合的全国行政管理模式

1977年,中央广播事业局划归国务院领导,宣传业务归中共中央宣传部领导。

1980年5月4日,国务院向各省、自治区、直辖市批转了中央广播事业局的请示报告,同意继续实行以地方同级政府为主的双重领导的办法,中央广播事

业局对省、自治区、直辖市广播电视的宣传任务有指导任务,在事业建设上有领导任务。

1982年,国务院所属部委实行机构改革,决定把中央广播事业局改为中华人民共和国广播电视部,该年5月4日,宣布成立广播电视部,撤销中央广播事业局,为国务院组成部门。之后,各省、自治区、直辖市广播事业局,也陆续改为广播电视厅或广播电视局。

1983年,第十一次全国广播电视工作会议在北京召开,在管理体制方面,会议明确提出:各级广播电视机构具有新闻宣传机关和事业管理机关双重性质和职能,中心工作是宣传;各级广播电视机构之间实行上级广播电视部门和同级党委、政府双重领导,以同级党委、政府领导为主的管理体制。上述原则,也适用于省、自治区、直辖市广播电视厅(局)与省辖市、县广播事业局之间的关系。

会议还指出,根据广播电视机构的特点,广播电视内部实行总编辑制度、总工程师制度、秘书长制度"三位一体"的领导体制。省级广播电视厅(局)可根据这个精神,对领导体制进行必要的改革。

由于这次会议还提出了"四级办"的事业发展方针,相应地广播电视行政管理实际也逐渐形成了中央、省、市(地区)、县乃至乡的多级体制。

1986年1月20日,第六届全国人民代表大会常务委员会第十四次会议审议通过了《关于广播电视部改为广播电影电视部的决定》。对电影和电视事业实行统一领导后,电影局由原属文化部成建制地划归广播电影电视部领导。

80年代,有线电视在全国崛起,1990年11月2日,国务院批准《有线电视管理暂行办法》,授权广播电影电视部和各省、自治区、直辖市的广播电视行政部门归口管理有线电视。

(二)形成"四级办"的结构格局

1983年,第十一次全国广播电视工作会议决定改变以往四级办广播、两级办电视、分级覆盖的做法,推出四级办广播电视、四级覆盖的方针(习惯称作"四级办")。

"四级办"方针规定,今后除了中央和省一级办广播电台、电视台外,凡是具备条件的省辖市、县,都可以根据当地的需要和可能开办广播电台和电视台。市、县的主要任务是转播中央、省的广播、电视节目,有条件的也可以播送自办节目,共同覆盖各该市、县。边远省、自治区的地区,如有需要和可能,也可以办广播、办电视,参加四级混合覆盖。

1988年10月上旬召开的全国广播电视厅局长会议,进一步完善"四级办"

方针,提出,今后一个时期,地区、县级市和县一级,一般不再建电视台。同时还明确一个问题,广播电台、电视台只能由广播电视部门集中来办,不能由其他部门、其他系统来办,也不能民办,更不能与外资合办。

(三)管理手段由行政管理向法治管理过渡

改革开放之初,中国对广播电视的管理,主要是依据各个时期的方针、政策,通过党组织发布指示、命令等各种行政手段来进行,无法可依、无章可循的现象较为突出。

1983年,第十一次全国广播电视工作会议针对这一状况,提出要加强立法工作,并规定,拟订或发布关于广播电视事业的法规、条例、制度和标准,是广播电视部除宣传工作外的主要管理职责之一。

根据国务院部署,1986年1月,广播电影电视部对"七五"期间本部门立法工作的指导思想、目标和具体项目进行了规划;同月成立了法规领导小组,在部政策研究室(后改为政策法规司)下设法规处,组织领导全系统的法制工作。同年4月,广电部下发了《广播电影电视部关于立法工作的若干规定》(试行),进一步明确了上述各机构法制工作的职责、法规草拟和报批程序。随后部属各有关单位也成立了法规领导小组和法规、规章起草小组,各省、自治区、直辖市广播电视厅(局)也成立了法制处或法制工作小组,有一位负责同志抓法制建设,另有专职或兼职的法制工作人员,从而为广播电视系统法制工作的开展提供了组织保障。

1986年5月,广播电影电视部开始着手制定"七五"(1986—1990)期间的立法工作计划。经广泛征求意见,论证、修改于,同年9月上报国务院法制局。计划把广播影视系统的法规分为三个层次:全国人大颁布的法律,国务院颁布的行政法规和广播电影电视部颁布的规章。根据这一计划,"七五"期间,由广电部拟出草案,上报国务院审议,需经全国人大常委会制定公布的法律有《广播电视法》和《电影法》两件;由广电部拟出草案,需经国务院制定公布的行政法规有16件;由广电部制定颁布的规章有25件。

此后三年,广电部完成了三个行政法规,以及包括广播电视、电影、音像、计划财务、技术、外事、劳动人事、安全保密等内容的部颁规章66个和规范性文件13个。

《广播电视法》是同宪法相衔接、代表国家意志、实现党和政府对广播电视全面领导和管理的大法,是广播电视法规体系的核心。为保证这一法律规范的严肃性和科学性,自1986年开始,广播电影电视部就组织专人进行调研,次年拟出了《广播电视法》初稿,之后又多次召开会议,认真研讨,至1991年已拟出第六稿,拟于1992年初上报国务院。但此后由于广播电影电视部认为制定《广播电视法》的条件还不成熟,如与邮电等部门的工作关系还没有理顺、《新闻法》还没有出台等,因此,可以先从制定具体的行政法规入手。这样,《广播电视法》的出台便自然延期了。

"七五"期间,各省、自治区、直辖市根据本地需求,由地方人大、政府或广播影视部门制定了一百多个地方性广播影视法规和规章。

在立法同时,广播电影电视部法制机构对新中国成立以来颁布的广播电视法规、规章和规范性文件进行整理。大部分被认定继续有效,少数自行失效和废止。各省级广播电视厅(局)也进行了这项工作。此后,法规清理工作在广播电视系统逐步形成制度化。

(四)财务制度"统收统支"转为实行"预算包干",探索多渠道、多层次、多形式筹集资金

随着改革开放的展开,传统"统收统支"形式的预算管理财经制度弊端日益暴露,为此,国家开始进行财务制度改革。1980年1月,中共中央、国务院发出《关于节约非生产性开支,反对浪费的通知》,其中明确规定:(一)从1980年起,国家对文教、卫生、科学、体育等事业单位和行政机关试行"预算包干"办法,节余留用,增收归己,以调动努力增收节支,提高资金使用效果的积极性。(二)一切有条件组织收入的事业单位,都要积极挖掘潜力,从扩大服务项目中,合理地组织收入,以解决经费不足的问题,促进事业的发展。①

在这样的背景下,1983年,第十一次全国广播电视工作会议提出了"提高经济效益,广为开辟财源,以补充国家拨款不足"的政策。

此时广告开始在广播电视媒介中崭露头角。上海电视台在1979年1月28日播出了新中国电视史上第一条商业广告——1分30秒的《参桂补酒》,同年广东电视台也播出了第一条收费商业广告。② 1979年11月,中共中央宣传部批准新闻单位承办广告。从此,广告经营收入逐渐成为广播电视媒介资金收入主要来源。

(五)广播电视媒介人事制度的变迁

改革开放以后,随着广播电视事业的发展,广播电视系统对人事制度进行

---

① 参见左春台、宋新中主编:《中国社会主义财政简史》,中国财政经济出版社1988年版,第136页和第483页。

② 郭镇之:《中国电视史》,北京:文化艺术出版社1995年版,第14页。

了一系列探索性的改革,取得了较好的效果。

1. 干部管理体制的改革

广播电视系统的干部管理制度,1983年之前一直沿用过去老的一套。广播电视部(中央广播事业局)对各直属单位的人事工作实行直接管理,干部的录用、调配、任免、奖惩等一切权力都集中在部一级。各省级广播电视机构对其直属单位的干部,也同样是集中管理。

1983年广播电视部根据中央干部管理体制改革的精神,在1983年底下放了科级以下干部的管理权限。1984年9月,又下放了处级干部的管理权限。各省、自治区、直辖市从1984年开始,逐步把处级干部的管理权限下放到广播电视厅(局),各厅(局)把科级以下的干部管理权限下放到广播电台、电视台等厅(局)直属事业单位。这样,中央和省两级广播电视机构,基本上实现了依次管到下一级干部的新的管理体制。

2. 干部任用制度的改革

第十一次全国广播电视工作会议指出,在领导干部选拔任用方面,应采取如下改革措施:废除领导干部职务终身制,建立领导干部任期制。随着改革的不断深化,广播电视系统形成了任命制、任期制、聘任制、民主选举等多种形式并存的干部任用制度。

3. 录用制度的改革

中央和地方广播电视部门,一般是通过以下三个渠道补充人员:一是国家分配的高等院校和中专学校的毕业生;二是军队转业干部;三是从社会零星调进。

第十一次全国广播电视工作会议指出:"改进录用制度,实行国家分配与自行招聘相结合,并逐步扩大招聘人员的比例;实行正式工与合同工并存,逐步扩大合同工的比例;坚持用人的条件和标准,实行先考试后录用、先培训后工作、先试用后转正的用人制度。"

在这个方针指导下,广播电视系统进行了改革干部录用制度的探索,广播电视系统录用的合同制职工逐年增多。

4. 开展专业技术职务评聘工作,对专业干部实行科学管理

"文化大革命"结束后,中央决定恢复技术职称制度,并且将50年代的技术职务任命制改为技术职称评定制。

根据中央的规定,广播电影电视部结合实际开展了专业技术职务评聘工作。地方广播电视部门结合各自的实际情况,开展了这一工作。

首批专业技术职务评聘工作结束后，各级广播电视部门建立了专业技术人员聘期考核和续聘工作制度，并且切实做好补充评聘工作，专业技术职务评聘工作从此纳入日常工作范围。

二、广播电视制度第二阶段改革：探索建立适应市场经济的制度体系

进入 90 年代，随着建设有中国特色社会主义实践的逐步展开和社会主义市场经济体制的逐步确立，广播电视如何适应市场经济成为一个时代的重大课题。

首先摆在广播电视行业从业人员面前的是对广播电视性质的再认识。

这种再认识的过程需要追溯到 80 年代对广播电视的经济属性的认同。

1983 年，第十一次全国广播电视工作会议在北京召开，会议提出一条"提高经济效益，广为开辟财源，以补充国家拨款不足"的经济政策，与此同时和稍后还出台了其他一些相关的政策，这为广播电视开展有关经营活动提供了政策依据。

90 年代初，广播电视的产业属性有了明确定位。1992 年 6 月，中央和国务院发布《关于加快发展第三产业的决定》，明确指出"广播电视"属于第三产业。文件还指出："以产业为方向，建立充满活力的第三产业自我发展机制，现有大部分福利型、公益型和事业型第三产业要逐步向经营型转变。"

1996 年，江泽民在视察人民日报社时指出："人民日报社的同志在集中精力办好报纸的同时，要努力搞好经营和管理。"之后，中央电视台明确提出：1997 年要积极发展第三产业，使产业经营收入成为中央电视台事业的重要经济来源。

1999 年 9 月，国务院 82 号文件，规定有线电视网台分离，有线电视网络专门从事传输经营，并进行产业化改造。

党的"十六大"提出了改革文化体制，发展社会主义文化产业的任务。为此，李长春指出，要坚持一手抓公益性文化事业、一手抓经营性文化产业，做到两手抓、两加强，推动社会主义文化全面协调发展。[①]

2006 年 1 月，国家广播电影电视总局局长王太华在全国广播影视局长会议讲话中则指出："广播影视又有公益性事业、经营性产业之分。"

广播电视经济属性、产业属性的认识和深化，带动广播电视逐步开展适应

---

① 李长春：《落实科学发展观　推进文化体制改革》。http://culture.people.com.cn/GB/22219/4256430.html。

市场经济的制度变革。

（一）机构改革：从管办结合向管办分离过渡，强化公共服务职能

1998 年 3 月 10 日，第九届全国人民代表大会常务委员会第一次全体会议审议通过了《国务院机构改革方案》，为推进政治体制改革迈出了重大步伐。根据《改革方案》和《国务院关于机构设置的通知》，广播电影电视部改组为国家广播电影电视总局，列入为国务院直属机构序列，为国务院主管广播电视宣传和广播电影电视事业的直属机构。

同时，国家广播电影电视总局相关职能进行了调整：划出的职能是，将原广播电影电视部广播电视传送网的统筹规划与行业管理、组织制定广播电视传送网络的技术体制与标准的职能交给信息产业部。划入的职能是，把音像制品和广播电视节目分开，将用于广播电台、电视台播出的广播电视节目的进口管理职能，由新闻出版署交给国家广播电影电视总局。转变的职能是，将广播电视节目的交流、交换和交易职能，交给直属事业单位。①

2002 年国家广播电影电视总局提出要转变职能，各级广播影视行政管理部门要按照政事职能分开、转变职能、加强管理的要求，尽快实现由管办结合向管办分离转变，把主要精力和工作重点放在对广播影视的依法监督管理、促进繁荣发展上。

2004 年 12 月在全国广播影视工作会议上，国家广电总局提出要由又管又办向以管为主转变，由主要管理直属单位向管理系统和社会转变。要积极探索建立"党委领导、政府行政管理、行业自律、企业依法运营"的广播影视新体制。

2004 年时任国家广电总局局长的徐光春提出要建立三个体系，即公共服务体系、市场运行体系和政府监管体系这三个体系②。

2005 年进一步提出，积极推进管办分离、政事政企分开、局台分开、转变政府职能，强化广播影视行政管理部门把握导向、宏观规划与调控、公共服务主导和市场监管等管理职能。

同时深化事业单位内部机制改革，积极推进电台、电视台等事业单位劳动人事、收入分配和社会保障三项制度改革，加强财务成本核算和收支管理，实行全员聘用制度，建立激励和约束机制。在频道频率专业化改革的基础上，实行频道频率化管理。

---

① 赵玉明主编：《中国广播电视通史》，中国传媒大学出版社 2006 年版，第 442 页。
② 徐光春：《中国广播影视的改革与创新》，作家出版社 2006 年版，第 232 页。

(二)停止四级办台,向两级办台过渡

1996 年 12 月,中央办公厅、国务院办公厅发布了《关于加强新闻出版广播电视业管理的通知》(简称"两办"37 号文件)。通知要求县级播出机构进行合并、调整,地区及地区所在市(县)不分设播出机构,企事业有线电视台改站,市辖区不设播出机构等。这次治理工作完成以后,广播电视格局发生以下变化。一是县级广播电视走出了各台分设的结构模式,步入多台合一、局台合一的新体制。二是打破了县对乡站条块结合为主的管理模式,形成了县乡一体互动的格局。

1999 年,国家广播电影电视总局根据国办([1999]82 号)文件,提出地(市)县广播电视播出机构职能转变,有线电视网、台分离,有线台和无线台合并、停止四级办台等重大举措,这是广播电视体制改革中一项跨世纪工程。改革的目标和基本框架是:除省会城市和计划单列市外,地(市)县播出机构逐步转为主要转播中央和省级台的广播电视节目;职能调整完成后,广播电视系统实行中央和省(区、市)两级管理体制,地(市)、县以下实行省(区、市)垂直管理。地(市)县广播电视局予以保留,继续实施监管职能;地(市)县广电局可视其实力情况,在完成转播中央台和省台节目的前提下,保留一定时间段,自办播出当地的新闻和科教、农业、法制等专题性节目以及有地方特色的文艺节目。

文件确立了中国广播电视新两级管理格局。新两级管理格局一方面大幅度减少了广电机构,精简了管理层级,提高了管理效率;另一方面又为广电的产业功能的实现开辟了新的空间。

(三)广播电视立法步伐加速,向运用法律、经济、行政等综合管理手段转变

1995 年随着广播影视事业的加速发展,广播电影电视部也加快了立法步伐,这年先后颁布的行政性和规范性文件有十多件。但是它们仍然只是对广播影视某一方面的工作进行了规范,还不能规范整个广播影视工作,形势呼唤一部全面规范广播电视业的法律或法规出台。经过努力,1997 年 8 月 11 日,国务院发布了《广播电视管理条例》,第一次以行政法规的形式,对我国的广播电视活动进行全面规范。

《广播电视管理条例》的出台,是中国广播电视事业法制化进程中的一件大事,标志着中国政府对广播电视业的管理,已经由过去以人治为特征的经验式、行政化管理方式,向着以法制化、规章化为特征的现代科学管理方式的转变。

此后,国家广电总局抓紧了《条例》配套法规的制定,仅 1999 年,广电总局与相关部门联合发布的行政规章和规范性文件有 28 件,2000 年达三十多件。

2004年12月在全国广播影视工作会议上,在涉及政府部门管理手段转变时提出:要由主要以行政手段管理向运用法律、经济、行政等综合管理手段转变。

(四)财务管理逐步推行企业化管理

1993年,广播电视行业的财经制度进一步调整,这年1993年9月19日,广电部和财政部联合召开了新中国成立后的第一次"全国广播电视财务管理工作会议"(简称"长沙会议")。这次会议强调,要加大宏观调控力度,集中财力办大事;要鼓励推行财政包干管理办法,调动部门单位多渠道筹集资金发展事业;要鼓励事业单位在增加收入的同时实行综合财务计划管理,进一步强化广播电视财务管理改革,有条件的单位实行由全额预算管理向差额预算管理、由差额预算管理向自收自支管理、由自收自支管理向企业化管理过渡,而不改变事业的性质。

会议同时强调,在社会主义市场经济体制下,财政拨款仍然是发展广播电视事业的主渠道;广播电视系统的收入纳入预算内管理,视同财政拨款,免交所得税和"两金"("能源交通重点建设资金"和"预算调节基金")。

这次会议表明:广播电视系统财务管理工作,已逐步打破了计划经济条件下形成的单纯财政供给型的传统观念,初步树立了市场经济条件下经营管理的理财观念;逐步打破了重预算、轻管理的观念,开始树立了保证社会效益的同时讲求经济效益的观念;进一步打破了"等、靠、要"国家拨款,给多少钱办多少事的观念,树立了多渠道、多层次、多形式筹集资金发展广播电视事业的观念。

此后,全国广播电视系统加强了包括经营创收管理在内的财务管理改革,财务改革给各部门的改革如人事制度、分配制度、奖励制度等方面的改革,都不同程度地起了带动作用。

1999年7月,国家广电总局在上海召开了全国广播影视系统内部管理改革会议。会议明确提出:要逐步建立起一套适应市场经济体制的,以事业单位内部成本核算为主要内容的内部财务管理制度。1999年广电总局还提出逐步在广播电台、电视台推行企业化的管理和运作模式。

(五)广电行政机关实行公务员制度,事业单位实行聘用制为核心的基本用人制度

1995年随着国家公务员制度的全面实施,广播电影电视部部机关开始参加人事部统一组织的中央国家机关公开考试录用公务员的工作,并顺利完成了公务员过渡考核工作,地方各级广播电视部门也抓紧进行了这一工作。

同年,广电部同意中央电视台对调入人员一律实行聘用制,由台与被聘用

人员签订聘用协议,档案交由广播影视人才中心管理。部直属单位和地方各级广播电视制作机构也采取和推广了这种做法,并有创新和发展。

1999 年进行了以考核、聘用、持证上岗等为主要内容的用人制度改革,进一步建立了竞争激励机制,促进了人才的合理流动。

2000 年国家广电总局提出逐步实行事业单位以聘用制为核心的基本用人制度。

2000 年国家广电总局提出要转变人事管理方式,变身份管理为岗位管理,按需设岗,按岗聘用,竞争上岗。

2005 年国家广电总局提出积极推进电台、电视台等事业单位劳动人事、收入分配和社会保障三项制度改革,实行全员聘用制度,建立激励和约束机制。

(六)广播电视媒介集团化制度的探索

从 20 世纪 90 年代后半期开始,中国开始着力组建大型广电集团,这是中国传媒业改革发展道路的一个重要变化,对中国广电业走向和发展产生深远的影响。

1999 年 9 月,国务院办公厅转发了信息产业部和国家广电总局《关于加强广播电视有线网络建设管理的意见》,除了提出网台分离、电视与广播、有线与无线合并等内容外,还第一次明确提出在省、自治区直辖市组建包括广播电台和电视台在内的广播电视集团。2000 年 8 月在兰州召开的全国广电局局长座谈会上,明确提出了要组建中国广电业的"航空母舰"和"联合舰队",集团化工作得到了大力推进。

1999 年 6 月,中国成立了第一家广播电视集团——无锡广播电视集团,是将有线和无线两家电视台合并,下辖的宜兴、江阴、锡山三市和郊区的电视台,经过整合组建的。针对原来机构林立,频道节目重复陈旧等问题,实行统一管理,把原来各部门合并为新闻、广播、社教、文艺、技术、编排等 8 个中心,分别建立起 8 家公司进行产业化经营。

2000 年 12 月 27 日,中国第一家省级广播影视集团——湖南广播影视集团成立,并提出了"六分开"原则,即政事政企分开、宣传经营逐步分开、制作播出分开(新闻、广告除外)、创作之作也制作生产分开、经营性国有资产与非经营性国有资产分开、有线的网台分开。主要是以广播影视为主,依托广播、电影、电视、报刊、网站等多种媒体,兼营广告、网络、会展、投资、房地产和影视摄制基地等相关产业。

2001 年,下发的《中央宣传部国家广电总局新闻出版总署关于深化新闻出版广播影视业改革的若干意见》中，明确提出了在下一阶段的工作中把积极推进集团化建设作为广电业改革工作的重点，并就改革的指导思想、方针原则、目标任务、组建方式、组织领导等内容都做了具体的规定，进行了全面的部署。

2001年4月20日，上海文化广播影视集团正式挂牌成立，该集团是以广播、电影、电视、网络、报刊为主业，兼营其他相关产业的大型广播影视集团。它拥有3家电视台、4家报纸、16家演出机构，大大小小近70家公司，总资产超过100亿元。

2001年12月6日，中国广播影视集团正式挂牌成立，这是中国目前为止最大的新闻集团，总资产达到200亿元左右。集团由中央电视台、中央人民广播电台、中国国际广播电台、中国电影集团公司、中国广播电视传输网络有限责任公司和中国广播电视互联网站6家中央级传媒，加上一些科研院所、艺术团体、新闻出版、企业公司等组成。

除此之外，江苏、天津、山东、广东、四川等各省市、直辖市也纷纷成立了自己的广电集团。到目前为止，全国批准成立的广电集团和广播电视总台共有18家之多，不仅在很大程度上改变了中国广电业的格局，也必将对中国广电业的改革和发展产生深远的影响。

然而，2004年底，国家广电总局表示，今后不再批准组建事业性质广电集团，原因是作为喉舌性质的电台、电视台组建的事业性质的广电集团，容易与社会上一般理解的产业集团的概念相混淆。今后只允许组建事业性质的广播电视台或总台，以前成立的事业性质的广电集团要尽快剥离内部经营性资产，组建产业经营公司或集团公司，进入市场开展产业经营，也可以将集团改为总台，在总台内部进行事业产业分开运营的改革。[①]

第六节　中国广播电视制度变迁目的与效果研究

一、广播电视制度第一阶段改革效果与问题

在广播电视媒介制度改革的第一个阶段，"条块结合，以块为主"的行政管理体制、"四级办"的格局部署、各级广播电视机构具有新闻宣传机关和事业管

---

①　赵实：《认真贯彻党的十六大和十六届三中、四中全会精神全面推进广播影视改革与发展——在全国广播影视工作会议上的报告》(2004年12月21日)，国家广播电影电视总局网站，http://www.sarft.gov.cn。

理机关双重性质和职能的认定对刚刚从"文革"浩劫中走出来的中国广播电视事业的迅速发展和普及起到了重大的推动作用。

这样一种制度安排具有这样一些优点：

1. 有利于实现这一时期广播电视机构的中心工作

广播电视是教育、鼓舞全党、全军和全国各族人民建设社会主义物质文明、精神文明的最强大的现代化工具，也是党和政府联系群众的最有效的工具之一。这是这一时期对广播电视工作的根本性质和任务的认识。

因此，宣传工作是当时各级广播电视机构的中心工作，宣传工作的改革也是当时广播电视事业改革的重点。这就要求广播电视系统能够做到政令通达，反应迅速，资源配置便捷，信息传播覆盖广泛。

显然，"政事融合"的机构模式，"统分结合"的全国管理模式、四级混合覆盖的格局部署是当时最有利于宣传工作迅速有效展开的制度选择。

实践也证明了这一点。广播电视新闻性节目面貌不久就发生了很大的变化：时效性明显提高，信息量和报道面大为扩大，报道的题材和形式有所突破。同时，体现舆论引导和舆论监督的深度报道和批评性报道，在广播电视中经常出现，受到社会各界和广大受众的关注。广播电视的社会教育性节目、文艺性节目、服务性节目都不断创新，有了显著改进，涌现一大批深得受众喜爱的名牌节目和栏目。

2. 有利于发挥地方政府能动性，调动地方资源，快速推进中国广电事业建设

中国地域辽阔，地形复杂，由中央和省两级实现广播电视全国覆盖十分困难，特别是资金需求过大，而当时的中央和省级财力不胜负担。

随着改革和建设的不断发展，广播电视发展面临的国内形势发生了很大变化，这表现在：

国家实行计划、财政体制"分灶吃饭"和财政包干后，地方自主权扩大，机动财力增加，自筹资金增多，投资发展广播电视事业的积极性提高了。

农村实行联产承包责任制后，农村经济有所发展，农民生活有所改善，听广播、看电视的要求越来越迫切，发展农村广播，尤其是发展电视的必要性、可能性大大增加。

中央决定以经济发达的城市为中心，逐步实现市领导县的体制。这一体制改革，激发了中等城市办广播电视的积极性。

正是在这一新的形势下，广播电视部推出了四级办广播电视、四级混合覆盖的方针。

实践证明，这一方针推出后，从1983年到1987年这五年，是新中国成立以

来广播电视事业发展最快、形势最好的时期。

随着改革开放的深入和社会主义市场经济体制的初步确立,原有广播电视制度安排已经不能适应形势的变化,其弊端日益暴露出来,这表现在:

1. 广播电视发展出现散、滥、乱现象

随着广播电视的迅速发展,一些地方在经济利益的驱动下,乱开频道,乱播滥放格调不高的影视录像片,有的有线电视台还擅自接收境外卫星电视节目;进口影视节目也存在审查不严的现象;社会上出现了争抢建立有线电视网、乱开播出前端,甚至随意开办广播电台、电视台的问题;有些地方电台、电视台对应以转播中央和省的广播电视节目为主的规定执行不力。

这些问题的治理依靠以往制度有一定效果,但是渐显力不从心。

2. 不利于广播电视产业的快速发展

在社会主义市场经济的发展过程中,广播电视的产业属性逐渐被认可,广播电视产业兴起和初步形成。到 2000 年,全国广播电视全年广告收入达到了 239.8 亿元;电视剧市场也初步形成;部分地方广播电视机构还尝试开展资本运营。

党的"十六大"明确提出要积极发展包括广播影视在内的文化产业,强调发展文化产业,是繁荣社会主义文化、满足人民群众精神文化需求的重要途径。此外,发展文化产业还是国民经济结构调整的一项重大战略任务,也是应对境外文化产品、文化资本和文化价值观念的涌入所带来挑战的需要。

因此,大力推进广播影视产业更快更好地发展,争取在较短的时间内把中国广播影视产业做强做大是大势所趋。

而原有的制度往往导致经营主体不明,混淆行政管理和经营管理之间的界限。此外,产业发展所追求的规模经济和范围经济由于受到行政区划的限制难以得到实现。

3. 难以适应高新信息技术的发展

进入 90 年代,高新信息技术在中国得到广泛的运用和发展,特别是网络技术、数字技术的发展,使得手机电视、网络视频、移动电视、楼宇电视、电子杂志等新形态的广播电视服务不断涌现。以高新信息技术支撑的新的广播电视服务在节目制作、传输模式、覆盖范围、商业模式上都有很多不同于传统广播电视的地方。另一方面,高新信息技术的发展也推动媒介向融合化的趋势发展,其他传统大众媒介对于提供广播电视服务跃跃欲试。

这些发展对原有的广播电视宣传管理、行业管理和行政管理方式提出了挑战。

4. 不适应对外开放竞争新态势

随着中国对外开放的深入,尤其是加入世界贸易组织后,电影、音像已经部分地、有限度地对外开放,境外广播影视服务供应商已经有条件地进入中国局部地区,他们通过合资、合办节目、节目制作公司、媒介购买公司、有线传输公司、网络公司等多种方式渗透进入中国大陆参与市场竞争。2000年,STAR TV网络的ES-PN体育台、STAR Sports的两个体育频道,Channel[V]音乐台、国家地理频道、凤凰卫视中文台、电影台等频道在中国地区通过灵活多样的联播方式和广大中国观众见面①。到2001年,仅在有线电视业务上进入的外资就有23亿之多②。

在境外文化产品、文化资本和文化价值观念涌入背景下,如何在世界贸易组织框架下管理好境外广播电视服务供应商是对原有广播电视制度提出的新的课题。

5. 管理效能不高

广播电视部门在内部管理中,不讲资源合理配置,不讲成本核算,不讲投入产出比,忽视经济效益的现象很普遍,并因此造成的工作效率低、投资效益低、活力不足的问题也日益显露。

而在人事管理中,不同程度存在人浮于事,人员能进不能出,能上不能下,分配大锅饭,效率低下的现象。

二、广播电视制度第二阶段改革效果与问题

针对上述弊端,中国广播电视制度在90年代初中期拉开了改革开放以来第二次变革。这种变革在1993年以前基本是反应式的,社会出现什么问题,在制度上则相应地做出一些微调。1993年随着国家建设社会主义市场经济的改革目标确立,中国广播电视制度改革的目标也逐渐清晰,这就是建立适应社会主义市场经济体制的广播电视制度。随后广播电视制度改革的步伐明显加快,力度明显加大,并在某些方面取得了突破性进展。

确立积极探索建立"党委领导、政府行政管理、行业自律、企业依法运营"的广播影视新体制改革目标。

广播影视行政管理机关由又管又办向以管为主转变,由主要管理直属单位向管理系统和社会转变,同时强化广播影视行政管理部门把握导向、宏观规划与调控、公共服务主导和市场监管等管理职能。2005年初步理清了管与办、政府与企事业单位的关系。

---

① 据《中国经济时报》2000年12月18日报道。

② 《23亿外资可能被清理》,《21世纪经济报道》,2001年4月9日。

广播电视由"四级办"的格局转变为新两级管理格局。

以《广播电视管理条例》出台为契机,政府管理手段由主要以行政手段管理向运用法律、经济、行政等综合管理手段逐步转变。

同时深化事业单位内部机制改革,积极推进电台、电视台等事业单位劳动人事、收入分配和社会保障三项制度改革,加强财务成本核算和收支管理,实行全员聘用制度,建立激励和约束机制。在频道频率专业化改革的基础上,实行频道频率化管理。

在这样一个制度转变过程中,中国广播影视工作的宣传能力得到了进一步加强,同时事业和产业也都有了一个迅猛的发展。

广播电视人口覆盖率是显示广播电视发展规模和进展的重要指标,可以作为观察广播电视历史情况的切入点之一。根据国家广电总局的统计,广播电视覆盖率的历史发展情况十多年来持续变化,参见表1-1、表1-2。

表1-1　1990—2003年全国电视综合覆盖情况[①]

年度	综合覆盖人口 （万人）	综合覆盖率 （%）
1990 年	88,566.73	79.40
1991 年	91,233.87	80.50
1992 年	93,205.57	81.30
1993 年	95,369.68	82.38
1994 年	97,266.34	83.40
1995 年	99,584.10	84.51
1996 年	102,508.80	86.22
1997 年	105,359.55	87.68
1998 年	107,794.74	89.01
1999 年	111,830.97	91.60
2000 年	115,525.55	93.65
2001 年	117,477.85	94.18
2002 年	118,914.44	94.61
2003 年	120,432.53	94.94

①　资料来源:国家广播电影电视总局网站,http://www.sarft.gov.cn。

表1-2 1990—2003年全国广播综合覆盖情况①

年度	综合覆盖人口 （万人）	综合覆盖率 （%）
1990 年	83,324.12	74.70
1991 年	85,000.50	75.00
1992 年	86,670.86	75.60
1993 年	88,435.18	76.39
1994 年	90,420.38	77.53
1995 年	92,843.85	78.79
1996 年	100,213.98	84.29
1997 年	103,356.73	86.02
1998 年	106,893.63	88.26
1999 年	110,522.38	90.53
2000 年	114,012.16	92.47
2001 年	115,913.63	92.92
2002 年	116,906.82	93.34
2003 年	118,359.92	93.72

表1-1和表1-2综合显示,自1990年起,广播电视人口综合覆盖率的增长呈现稳定上升的趋势,电视人口综合覆盖率从1990年的79.40%水平增到2003年的94.94%,提高了近16个百分点;广播人口综合覆盖率从1990年的74.70%水平增到2003年的93.72%,来提高了19个百分点。

截止到2009年底,中国共开办广播电台251座,电视台272座,广播电视台2087座,教育电视台44座,广播人口综合覆盖率96.31%,电视人口综合覆盖率97.23%,全国有线电视用户预计1.74亿户,数字电视用户达6199万户,付费电视用户705万户,经常听广播、看电视的受众均超过12亿人,中国已经成为世界上广播电视规模最大的国家。

全国广播电视节目每周(天)播出情况是广播电视发展规模和进展的另外一个重要指标,也可以作为观察广播电视历史情况的切入点之一。根据国家广电总局的统计,广播电视节目每周(天)播出情况十多年来变化,参见表1-3。

① 资料来源:国家广播电影电视总局网站,http://www.sarft.gov.cn。

表 1-3 1990—2003 年全国广播电视节目平均每周(天)播出情况①

年度	平均每周电视播出时间(小时)	平均每天电台播音时间(小时)
1990 年	22,298	6,298
1991 年	23,815	7,125
1992 年	26,432	8,112
1993 年	34,407	10,363
1994 年	39,879	12,374
1995 年	46,916	13,736
1996 年	55,519	14,677
1997 年	59,892	16,132
1998 年	66,961	16,753
1999 年	76,469	17,987
2000 年	83,373	20,317
2001 年	183,898	21,623
2002 年	210,540	22,627
2003 年	192,495	26,489

表 1-3 显示,自 1990 年起,广播电视广播电视节目每周(天)播出情况的增长呈现稳定上升的趋势,平均每周电视播出时间从 1990 年的 22,298 小时增到 2003 年的 192,495 小时,提高了近 9 倍,平均每天电台播音时间从 1990 年的 6,298 小时增到 2003 年的 26,489 小时,提高了 4 倍以上。

据统计,到 2008 年年底中国各级广播电台共开办公共广播节目 2643 套,全年制作广播节目 649.40 万小时;中国各级电视台共开办公共电视节目 1356 套(不包括县级电视节目套数),全年制作电视节目 264.19 万小时,全年生产电视剧 502 部,共 15801 集,制作国产动画片 249 部,13.1 万分钟,全年创作生产故事片 406 部,全国农村电影放映场次 700 万场,观众达到 16 亿多人次。②

广播影视技术手段全面改进升级。广播电视节目的采制、播出等各个环节,正在从传统的模拟技术向现代的数字技术过渡和转换,城市有线电视数字化和电影数字化均已取得突破性进展,有线电视数字化的整体转换正在一些大

---

① 资料来源:国家广播电影电视总局网站,http://www.sarft.gov.cn。
② 同上。

中城市和有的省区全面推进,有线电视网络整合和改造升级已经在部分省、自治区、直辖市实施,中国已经形成有线、无线、微波、卫星等传输手段相结合的庞大的广播电视传输覆盖网。

截止 2010 年 1 月底,全国有线数字电视用户达到 6635.9 万户,新增有线电视用户从城市向农村延伸,东部地区有线电视县乡联网、乡村联网成为有线电视发展的新趋势。

广播影视产业初步形成了以国有为主导、多种所有制共同参与的新格局。广播影视节目交易流通进一步活跃,市场体系进一步完善。广播电视收入持续稳定增长。2009 年全国广播电视总收入 1665 亿元,比 2008 年增加 82 亿元,增长 5.18%。全国广播电视实际创收收入预计 1467 亿元,比 2008 年增加 116 亿元,增长 8.59%。全国广播电视广告收入预计 752 亿元,比 2008 年增加 50.17 亿元,增长 7.15%。全国有线电视可视费收入预计 269 亿元,比 2008 年增加 19 亿元,增长 7.61%。全国付费数字电视收入 25.42 亿元,比 2008 年增加 11.21 亿元,增长 78.89%。①

中国的广播电视行业现在依然存在一些很突出的问题,主要表现在以下几个方面:

(一)内容服务不能满足人民群众日益增长精神文化需求

进入新世纪新阶段,人民群众的生活水平已基本实现由温饱向小康的转变,对文化的需求日益增长并出现明显的变化,选择范围大大扩展,消费能力大大增强,鉴赏水平大大提高,而当前广播影视产品无论数量上还是质量上都远不能满足人民群众精神生活迅速增长的需求,特别是在适应传媒分众化、满足群众多样化、个性化的需求上还有很大差距。只有不断满足人民群众的精神文化需求,广播电视的社会效益和经济效益才能实现。为了满足人民群众的需求,就必须增加人民群众喜闻乐见节目总量、提高节目质量、提高收听收视率、赢得观众、赢得市场,才能取得良好的经济效益。

发展广电产业不仅是国家经济发展的必然要求,也是广电自身发展必然的要求。但是我们从来强调,无论是发展广播影视事业,还是发展广播影视产业,都应该把社会效益放在第一位,经济效益放在第二位,如果经济效益与社会效益发生矛盾,必须让位于社会效益。

(二)区域产业发展失衡

我们从总收入上可以看出,东部、中部、西部之间的差别很大,以 2006 年为

---

① 资料来源:国家广播电影电视总局网站,http://www.sarft.gov.cn。

例,东部地区的收入是 532 亿,占 48%;中部地区是 221 亿,占 20.2%;西部地区是 155 亿,占 14%;另外还有中央直属的广电单位是占 189.8 亿,17%。显然中西部,特别是西部占的比例太小。比如青海省全年广电总收入只有 1.46 亿,这只相当于浙江省一个县级经济强市的广电收入,像浙江诸暨的广电收入差不多相当于一个青海省的广电收入,这个差距非常大。

(三)城乡发展失衡

农村广电发展严重滞后,主要表现在:农村广电基础设施落后,设备陈旧老化,无线覆盖效果滑坡,有线广播和固定影院基本瘫痪;覆盖"盲区"仍然存在,通过无线收看电视的地区,收看质量不稳定,能够看到的节目套数很少,远远满足不了农民群众的迫切需求。

加强农村广播影视公共服务建设是建设社会主义新农村的重要内容,更是中国广播影视事业建设和发展的重中之重,解决广大农民群众听好广播、看好电视、电影是广播影视系统义不容辞的责任。从 1998 年以来,国家广电总局会同国家发改委、财政部大力推进广播电视"村村通"工程和农村电影放映工程,已经取得明显成效,基本解决了全国 11.7 万个通电行政村和 8.6 万个 50 户以上已通电自然村共 9700 万农村群众收听收看广播电视的问题,同时,解决了部分地区农村看电影的问题。但是从总体上看,在今后相当一个时期,仍然应当把广播影视的发展重点放在农村,切实加大对农村的财力和政策倾斜,全面推进农村广电基础设施建设,包括要继续推进已经进行多年的"西新工程"、"村村通"工程和农村电影放映工程建设,推进有线电视向广大农村地区延伸,从根本上解决广大农民群众听广播、看电视、看电影的问题。与此同时,应当推进县对乡的广播电视垂直管理,建立农村广播电视有效运行的长效机制,逐步构建起农村广播影视公共服务体系。

(四)产业结构不合理

由于广播电视是高科技武装起来的事业,需要巨资的投入,除了需要各级财政的投入以外,也需要利用可以利用的资源发展广电产业,增强广电实力,促进广电事业的发展。

目前发展产业的收入主要靠广告收入和有线电视维护收视费的收入,这样一个结构带来两个问题,第一个问题,就是滥播广告和低俗节目不断出现,特别是一些地方的广告太多太滥。再一个是依靠网络有线电视的收入,市县级广电系统主要依赖网络有线电视的收入。特别是基层广电,是它的生命线所在,它的收入、它的维持和发展主要靠网络有线电视的收入,这样形成一种利益关系,客观上阻碍了有线电视网络的整合。

（五）内容服务只处于半市场化

从总体上看,现在各级广播电视节目的生产还基本上自制自播的节目市场,真正完全意义上的节目市场还没有形成。比如说像电视剧,这是比较典型的,电视剧进入市场交易比别的节目都要高。但是电视剧产业市场存在失衡的现象,比如说目前的电视剧生产数量不少,但是能播出的数量少,出现了一个供大于求的现象。但是实质上优质的电视剧还是偏少,平庸之剧比较多。传统的电视渠道是与广告相联系的,电视剧产品对电视的依附度比较大。现在,电视剧的市场价值50%体现在电视广告方面。所以电视剧市场的经济分配比例,现在播出方占80% ~90% ,制作方只占10% ~20% ,这个比例是不合理的,这就导致了制播双方在节目交易中的地位是处于事实上的不平等现象。

（六）机构改革遭遇瓶颈

从1999年中国第一家广播电视集团成立,到2004年底国家广电总局不再批准组建事业性的广电集团为止,在这四年集团化改革探索过程中,在很多方面进行了有益的探索,在部分领域取得了一定的进展,是广播电视业对于自身行业状况和问题进行的改革尝试。但是在改革过程中,不仅没有达到改革预期效果,还出现了很多新的问题:广电集团化改革预期目标是要改变现行体制下长期存在的"管办不分,政企不分,政事不分"的问题。但是整合后的广电集团,并没有从本质上解决这些问题,反而加重了行政系统、事业单位和企业经济实体的重叠关系,广电集团化所要改革的对象,"三位一体"的矛盾依然存在,没有得到突破性的解决,与改革的初衷"政事分开、政企分开"相去甚远。原来的局台矛盾转移为改革后的局团矛盾,两者间的关系依然没有理顺。从集团内部来看,机构设立行政色彩还是很重,管理机构设置与现代企业制度相差甚远。

从根本上看,无处不在、无时不有地制约中国广播电视媒介发展的关键点,仍旧是"媒介制度",一个国家的传媒是否有竞争力和活力很大程度取决于国家所制定的媒介制度,而政府与媒介的关系即是其核心问题。

综观中国广播电视媒介变迁轨迹,我们可以清楚地看出,国家政府施政理念和新闻指导思想在其变迁过程中的重要影响和推动作用,这也是和我们长期历史条件下形成的政府和媒介的特殊关系决定的。这就使得中国广播电视媒介制度变迁打上具有中国特色的烙印,具有自己一些明显的特点,总结如下:

一、坚持广播电视媒介政治属性前提下的产业化制度改革

中国的社会主义政治体制,决定了广播电视媒介作为党、政府和人民的喉舌和宣传工具的特殊地位,广播电视媒介具有事业性质。党几代领导集体在不同场合一再重申和论述中国广播电视媒介这一政治属性,多次强调广播电视媒介是鼓舞全党、全军和全国各族建设社会主义物质文明、精神文明的强大现代化工具,是党和政府于人民群众联系最有效的途径之一,在正确引导舆论中发挥重要作用。

改革开放以后,社会主义经济体制被确立,并在改革中不断向纵深发展,广播电视媒介对经济力量的影响日益明显,正是在这样一个历史条件下,广播电视媒介的经济属性开始得到重视和研究。人们逐渐认识到,广播电视媒介本身也是市场经济领域中一个很重要的经济主体。

正是基于这种认识,政府提出了中国广播电视媒介具有二重性质,实行"事业单位性质,企业化管理"的管理制度。事业性质就是指媒介为国家所有,中国传媒业单位是事业单位,所谓事业单位最重要的特征就是置于国家机关直接领导之下;企业化管理就是广播电视媒介除了要承担事业单位的义务,又要像企业那样进行市场运作。

中国政府对于广播电视媒介产业化改革并不是一帆风顺的,也是经历一个历史过程的。

其中,1983 年在北京召开的第十一次全国广播电视工作会议,是广电媒介发展史上具有里程碑意义的会议,会上首次提出了"广开财源,提高经济效益"的方针。1993 年中共中央、国务院在《关于加快发展第三产业的决定》中将广播电视正式列入第三产业。1999 年国务院的 82 号文件明确提出了广播电视的产业性质和走集团化道路的策略。

2001 年 8 月中共中央宣传部、国家广播电视电影总局、新闻出版总署下发了《关于深化新闻出版广播影视业改革的若干意见》(中办 17 号文件),这是中国政府全方位深化媒介改革的一个重要文件。在这个文件的基础上,国家广播电视电影总局先后下发了有关集团化、媒介融资、跨地区经营等方面规制的文件多达 15 个。

2003 年中共中央办公厅 21 号文件提出了要全面深化文化产业体制改革,之后国家广播电影电视总局下发了《关于促进广播影视产业发展的意见》,新闻出版总署下发了《新闻出版体制改革试点工作实施方案》等文件,昭示着中国媒

介制度变革步入了一个新的阶段。

二、由政府主导和推进的渐进式改革

由于中国广播电视媒介的特殊二重性质,为了维护政治、社会的稳定,中国政府对中国广播电视媒介的改革采取的是一种由政府主导和推进的渐进式改革。

从改革开放以来中国广播电视媒介制度变迁实际状况来看,在总体上是由政府作为主体进行制度选择和制度变革,政府从始至终扮演着"制度决定者"的角色。

实行这种改革方式,有利于维护整个社会的和谐与稳定,确保整个改革进程高效和有序,保证改革的成效和可控性,防止改革出现道路上的偏差。

我们还可以看到,广播电视媒介制度改革总是先局限在某些媒介中试行,然后再在全国范围内推广,这种改革方式在某种程度上降低了改革风险,保证了整个改革过程的成效和稳健。

我们可以看到,传媒的体制改革存在着三个利益主体:一是以上级主管部门为代表的政府,二是作为一个独立经济体的媒介单位自己,三是媒介单位内部普通职工。在尽量不损害三个利益主体的前提下,寻找最佳的的改革方式,既大刀阔斧的推行改革,又调节好改革涉及利益主体的自身利益,以确保改革能够有效顺利进行,这些都是政府制定制度改革方式时必须考虑的重要问题。

总而言之,党和国家政府作为广播电视媒介制度改革的掌控者和制定者,应该考虑如何更好地从大多数人的利益出发,充分满足人民群众对信息传播和舆论监督的利益诉求,同时要协调改革涉及的各个主体的合理利益,为新制度的推行提供较为充分制度安排和更有效地实施系统,使广大人民群众能够从广播电视媒介制度改革中受益,这也是符合我们党和政府一贯的施政理念的。

三、政府因素和经济因素相结合

中国广播电视媒介制度变迁过程中,政府因素始终是决定媒介管理制度的根本力量,经济因素则不断推动着媒介管理制度尤其是内部运营管理制度的变革,呈现出政府因素和经济因素相互影响、相互作用的现象,构成了中国广播电视媒介制度变迁的一个重要特色。

在广播电视媒介制度改革之初,中国选择的是"自上而下"的政府主导制度变革方式。这个阶段的广播电视媒介制度改革带有浓厚的计划经济色彩,政府直接决定媒介机构的多少,而不是通过市场竞争进行自然地优化组合;格局上政府直接撮合具有行政区域化的媒介集团,管理上实行行政权与经营权一体化。

一是1983年中共中央[1983]37号文件确定了"四级办广播、四级办电视、四级混合覆盖"的事业建设体制,形成了行政区域化的广播电视发展格局。报刊、图书出版发行行业也相应地进行了条块分割式的规划与建设。

二是1996年中共中央办公厅、国务院办公厅的《关于加强新闻出版广播电视业管理的通知》,1997年广播电影电视部的《关于贯彻落实中办、国办〈关于加强新闻出版广播电视业管理的通知〉的方案》以及《关于县(市)广播电视播出机构合并的意见》。这三个文件提出了"三台合一、局台合一"的广播电视机构合并模式,但这次调整只限于在同一个县(市)内将广播电台、电视台及有线电视台合并为一个实体——广播电视台,在此基础上再将县(市)广播电视局与广播电视台合并。

三是1999年国务院办公厅批准了信息产业部、国家广播电影电视总局的《关于加强广播电视有线网络建设管理的意见》,即国务院办公厅82号文件。该文件提出了"四级变两级"的广播电视改革体制,即在三台合一的基础上,推进地(市)、省级无线电视台和有线电视台的合并。同时提出在省、自治区、直辖市组建包括广播电台、电视台在内的广播电视集团。

随着广播电视媒介制度改革的深入,中国广播电视媒介开始拥有了一定的经营自主权,能够通过生产经营活动参与国民收入的形成和分配,初步形成利益独立的经济主体地位初步形成,他们有较强的利益动机和行为,一旦认识到新制度安排具有潜在收益时,就会积极主动地寻求制度创新和改革,寻求自身的经济利益。

2001年8月中共中央宣传部、国家广播电影电视总局、新闻出版总署下发了《关于深化新闻出版广播影视业改革的若干意见》(中办17号文件),这是中国政府全方位深化媒介改革的一个重要文件。

提出要以资本和业务为纽带,组建多媒体兼营和跨地区经营的媒介集团,从而打破了政府命令式的市场运作模式与行政区域化的发展格局。突破了资本运作壁垒,媒介集团可在新闻出版广播影视系统内部通过融资、银行贷款、买方借贷、股份等形式募集资金。广播电视传输网络公司的股份制改造、电视剧的制作、图书发行机构等在确保国有控股的情况下,可以吸纳国外和国内非国有资金,从而放宽了市场准入,扩大了社会资本和外资进入中国媒介的领域。

从以上内容中可以看出,政府的市场主体角色开始转变为政策与规制的制定者与监督者,广播电视媒介机构的市场主体性开始显现。这就必然导致广播电视媒介作为一个经济实体对自身利益的追求,这也极大激发它们寻求改革和突破的积极性和创造性,必然会在一定程度上对政府制定媒介制度施加一定的影响。

总之,综观我国广播电视媒介制度变迁轨迹,可以看出,其实质是政治、经济这两大因素在广播电视媒介制度变迁过程中发挥各自的作用,是政治和经济两股力量博弈的结果。

在这个博弈过程中,政治的力量始终是出于主导作用的,经济力量属于相对从属的地位,但是我们也应该看到,随着改革开放进一步发展,市场经济体制进一步完善,经济因素重要作用越来越凸显,发挥越来越重要的影响作用。

所以,重视政治因素的主导作用,同时发挥经济因素的推动作用,应当是我们研究广播电视媒介制度变迁一个很重要的思路。

回溯新中国成立以来近60年广播电视制度改革的艰辛探索,这是一个不断适应人民群众广播电视文化需求的过程,是体现不同历史时期政府施政理念的过程,也是广播电视不断取得发展的过程。

建设适应社会主义市场经济的广播电视制度的工作目前还在进行之中,其中建立具有中国特色的广播电视公共服务体系就是这一进程必不可少的一个环节。这一体系的建构与实施,以及这一体系与广播电视市场体系如何相得益彰,将成为一段时间里广播电视制度的重点和难点。

我们相信,本着以人为本、全面协调可持续的科学发展观,按照中央的规定和部署,积极稳妥地把每个环节的工作做深做细,中国广播电视制度改革的工作一定能够顺利完成并不断深化创新,中国广播电视也将迎接新一轮的大发展。

第 二 章

中国广播电视公共服务的内涵与现状

第一节 中国经济改革、政治变化与文化社会的现状分析

2005 年 2 月 19 日,在全国省部级主要领导干部专题研讨班上,中共中央总书记胡锦涛全面阐述了构建社会主义和谐社会的主张。这是继两年前召开的中共十六届四中全会后,中共中央对加强党的执政能力建设主要任务的一次集中的探讨和总结。胡锦涛在讲话中指出:"……必须正确认识和妥善处理人民内部矛盾和其他社会矛盾,协调好各个方面的利益关系,不断在发展的基础上满足人民群众日益增长的物质文化需要,保证人民群众共享改革发展的成果;必须抓紧解决人民群众生产生活中的突出问题和困难,夯实党执政的阶级基础和群众基础,保持党同人民群众的血肉联系……"① 2006 年 10 月,中共十六届六中全会上通过了《中共中央关于构建社会主义和谐社会若干重大问题的决定》。一年之后的中共"十七大"上,"科学发展观"、"和谐社会"等新理念被正式写入党章。与此同时,"改善民生"、"扭转收入分配差距扩大趋势"、"生态文明"、"共建共享"等关键词不断出现在"十七大"的报告当中。② 这些以"和谐社会"为代表的新的执政理念反映出在改革的"关键时期",曾经领导了无产阶级革命的中国共产党对近三十年市场经济改革后中国面临的一系列新的经济、政治、社会和文化问题的深刻认识和对当前执政任务的清晰判断。正像普兰尼所提出

---

① 胡锦涛:《在省部级主要领导干部提高构建社会主义和谐社会能力专题研讨班上的讲话》,2005 年 2 月 19 日。

② "盘点中共十七大:关键词、新提法引强烈关注",《新京报》2007 年 10 月 24 日,引自 http://news.xinhuanet.com/politics/2007－10/23/content_6927084.htm。

的市场经济发展中的"双重运动"（Double Movement）所描绘的那样，现代国家在推动市场化变革的同时，也承担着保护受到市场化侵害的社会的任务。①

同样经历了三十多年市场化改革洗礼的中国的传播业，不仅是在大的社会舆论环境中构建和谐社会的关键力量，同时自身也面临着"和谐"的问题。在传播业改革中出现的包括商业化与社会责任，市场运作与所有制结构等在内的一系列问题有待逐步解决。特别是市场化改革带来的不同地区间、不同社会阶层间和不同意识形态间的巨大变化不断向大众传播系统提出一个日益重要的问题，即在有中国特色的社会主义体系下，在构建和谐社会的过程中，如何公正地分配传播资源，如何完善社会主义传播业的公共服务职能。这些问题的回答，有赖于我们对市场化改革中的中国社会的细致入微的分析，有赖于我们对有权利享有社会主义公有媒介之公共服务的人群的全面了解。这些分析和了解既包括长期历史环境下形成的国情状况也包括伴随市场化改革而出现的一些新的变化。下文中，我们将带着谁是中国广播电视公共服务对象？什么外在因素在影响中国的广播电视公共服务这样两个问题，来分析中国的基本社会经济文化状况。

一、认识中国社会与广播电视公共服务的对象：文化与社会的视角

无论是从中国多样的地理状况、还是庞大的人口数量，或者各异的民族文化来看，媒介的公共服务都面临着一个极其巨大而复杂的社会体系。如果要在保持多样性和传统文化生机活力的前提下，促进各个社会群体内部和各个社会群体之间的公共传播，就必须对这一复杂的社会体系有一个清晰的认识。从多样的社会构成结构来看，"中国更像是一个大洲，而不仅是一个国家"②。当我们讨论任何中国问题，特别是讨论如何用公共媒介服务广大中国公民这类问题时，在将"中国"和"中国人"作为一个身份认同的整体的同时，我们也应该从人类文化学的视角耐心地分析这一服务对象群体内部的构成状况。

对中国这样一个古老的国家来说，西面的高山、东面的大海、北面的沙漠、南面的丛林这些自然地理环境为其在历史上构筑了一个相对独立的发展区域。然而其内部地理环境、气候条件和人口分布的多样性又深深地影响着各个不同

---

① Polanyi, K. (2001). *The Great Transformation: Political and Economic Origins Of our Time*. Boston. MA: Beacon Press. p. 130.

② Cheek, Timothy. (2006). *Living with Reform*. London: Zed books Ltd. p. 13.

地区和各个不同民族的经济和文化生活。近代以来,当中国逐渐走上现代化道路之后,不同地区不同人群之间的传播往来日益密切,然而传统的生活习惯和身份认同仍然深深地影响着他们。可以说地区和人口的多样性是中国广播电视公共服务这一艰巨任务能否顺利开展的重要决定因素。

从土地和人口构成来看,在中国国土上生活着占世界五分之一,总数达到近 13 亿的人口。然而,数量庞大的人口在地理分布上并不平均。中国的平均人口密度是每平方公里 622 人,东部沿海地区的人口密度则是这一平均数的三倍,达到每平方公里 1800 人。而西部的人口密度则是平均数的十分之一,每平方公里的人口数只有 60 人。① 在这片面积巨大的土地上,由于地理环境和气候的不同,各个地区的经济和文化生活也有着明显区别。如何因地制宜地发展各地的媒介公共服务事业,特别是根据地方具体情况的不同合理分配传播资源是中国广播电视公共服务事业面临的一个重要问题。

“中国人”这一群体的多样性不仅仅包括社会经济地位等社会性差异,还包括方言、生活习惯、宗教信仰、地区身份认同等文化上的差异。从地理上划分,中国首先可以被分成南北两个部分,即以温暖潮湿和种植稻谷为主的南部地区和四季温度冷热分明,气候相对干燥,以种植小麦为主的北方地区。这种地理和气候上的区别造成了北方居民和南方居民在生活方式上的众多差异。在中国的西部高原地区,这种南北差异则被海拔高度所掩盖。相似的地理环境以及与少数民族之间的文化互动塑造了这一带居民独特的文化生活习惯。自西向东,从青藏高原到中西部海拔稍低的高原再到华北平原、东北平原,直至东部沿海地区,随着海拔高度的不断降低,人口密度逐渐增加,工商业逐渐发达,人们的生活方式和社会阶层的构成状况也呈多样性分布。

从语言上来看,虽然普通话已经在中国大范围地推广和普及,但是各种方言文化圈的存在仍然是媒介公共服务需要考虑的一个重要问题。这些方言的存在一方面给以口语为主要符号的广播电视传播制造了一定的困难,另一方面,方言也是地方身份认同和文化多样性的象征,本身与公共服务的理念并不冲突。因此,如何妥善解决传播语言上的问题成为中国广播电视公共服务的一个有特点的问题。

从生活习性来看,无论在大众媒介中,还是日常生活中,不同区域文化圈中的人们相互之间的刻板印象仍然在不断再现和强化。这也在某种程度上反映

① Benewick, Robert and Donald Stephanie.（2005）. *The State of China Atlas*. Berkeley：University of California Press，p. 24. Data are for 2002.

出中国区域文化多样性的现实。通过广播电视的公共服务我们一方面要维系好作为中国国民整体的共同身份,加强爱国主义教育,促进不同社会群体之间的沟通和理解;另一方面也要考虑如何更好地体现不同区域文化的特点。

从宗教信仰来看,佛教、道教、伊斯兰教和基督教作为中国政府官方承认的四大宗教在国内都存在大量教徒和信众。各种宗教在一定历史环境下产生和引进,也不断地与现实的社会与政治发生互动。如何妥善处理好敏感的宗教问题是构建和谐社会的重要任务,也自然成为广播电视公共服务的题中之意。

不同生态环境所造成的生产与生活上的多样性只是"中国人"这一群体复杂性的一个方面。另一个在市场化环境下往往被传播研究者忽略的问题是民族与民族文化的多样性。中国五十多个少数民族的人口总量已经接近一个亿。这一亿人口除了有着"中国人"这一共同的身份之外,还拥有属于自己民族的身份认同和文化习俗。对于构建和谐社会来说,如何通过大众传播媒介,特别是覆盖人群更加广泛的广播电视媒介来服务各个少数民族的人民群众,同时构建各个少数民族之间,少数民族与汉族之间的和谐关系是一个有着深远意义的工作。

还有一个横跨区域、民族、城乡、宗教的问题我们不能忽视,那就是性别问题。从总体上来看,改革开放以来,中国妇女的社会经济地位,特别是城市中产阶级妇女的地位得到了显著提高。但是也有一些中国学学者的研究显示,对于中国部分农村妇女和城市中下阶层妇女来说,改革前后的社会地位不仅没有明显改善,甚至有下降的趋势。[①]农村封建父权制的复苏,血汗工厂里的女性农民工和城市街头广告与大众媒介中对妇女形象的物化和商品化等等都是我们需要正视的现实。

二、认识中国社会与广播电视公共服务的对象:政治经济的视角

文化、社会阶层和社会群体等都是在历史变迁中逐渐形成的。当我们分析某一历史时期的社会时,既要了解这个社会中处于静态的既成状态和结构,又要将这种状态和结构放在历史的发展变化中去认识。当然,要认识历史,就不能离开对权力关系的分析,就不能离开对结构和结构中代理者之互动的分析。我们不能假设市场这只"看不见的手"在没有权力的真空中发挥作用,更不敢妄

---

① Lee, Ching Kwan. (1988). *Gender and the South China Miracle*: *Two Worlds of Factory Women*. Berkeley: University of California Press; Jacka, Tamara. (2005). *Rural Women in Urban China*: *Gender*, *Migration and Social Change*. Armonk, NY: M. E. Sharpe.

言社会结构中的任何个体和群体不会对历史的变迁发生影响。由此,我们力求在梳理事实的基础上,为分析作为中国公共传播的主人和服务对象的社会群体的变迁和现实状况做一个参照,为进一步剖析变革背后的权力关系以及由此带来的对公共服务的影响设立一个框架。

三十多年来的中国,"改革""开放"与稍晚出现的"市场"成为社会变迁最重要的关键词。这不仅仅是意识形态和执政理念上的变化,而是实实在在影响了十几亿中国人的命运和这个仍然坚持社会主义称谓的国家的政治经济结构的庞大社会运动。20世纪70年代末,带着确保政治上稳定,经济上富强的急迫心情,党中央的领导人开始了"摸着石头过河"的试验性的改革。这场改革肇始于社会精英群体内部的意识形态变革和组织变革,随着"拨乱反正","解放思想,实事求是,团结一致向前看","清理三种人"等原则和行动的展开,以及"对越自卫反击战"和一系列外交活动所带来的政府的合法性的增强和中美关系的改善,中国政治和文化精英,特别是知识分子群体逐渐认可和支持了新的治国理念,从而为之后的"改革开放"铺平了道路。

经济改革首先开始于农村。在非私有化的前提下"去集体化"(decollectivization)的逻辑成为农村改革的特点。但是,正如 Cheek 所言,改革初期,在中央政府内部就通过何种途径使国家富强还没有达成充分一致的情况下,改革过程中的每一步举措和政策都是中国社会各个群体不断尝试和互动的结果。[①]在这一点上,早期的农村经济改革最为典型。开始于少数乡镇的"包产到户"在中央政府默许的情况下,迅速被全国各地农村生产单位效仿,最后形成了"家庭联产承包责任制"的农村经济改革政策。在这一新政施行的初期,由于全国政治形势稳定,长期以来农业科技进步的积累和物资相对短缺的经济状况,农村经济得到了较快发展,农民生活条件得到了明显改善,全国粮食供应逐渐稳定,为改革的进一步推进奠定了基础。

然而,随着社会经济的发展和农业技术的不断进步,现代化农业对规模经济和范围经济的需求逐渐与"包产到户"、"包干到户"的高成本的分散生产状态相矛盾。此时,农村经济发展遇到了一个瓶颈,一方面,20世纪90年代以来市场化改革的总体形势和舆论环境使得农业生产很难退回到公社集体生产的状态(实际上,如南街村等少数地区由于保留了集体化的规模经济反而显示出对现代农业生产更高的适应能力);另一方面,中国拥有占人口绝大多数的农民

---

① Cheek, Timothy. (2006). *Living with Reform*. London: Zed books Ltd. p. 61.

的现实和土地革命的光荣历史也决定了另一种形成规模经济的方式——农村土地私有化的不可行性。实际上，庞大的农民数量一直是中国历史上由土地兼并造成农民失业，从而引发社会动荡的重要原因。

这一农村改革的两难状况由于城市经济的迅速发展，以及由此引发的对"农村剩余劳动力"的大量需求而得到一定的缓解。然而中国农村特殊结构性问题的存在很难经得起经济形势的变动。这将是未来我国经济与社会改革的一个重点和难点。

农村改革是一个经济问题，也是一个社会问题。在市场化环境下，与小农经济生产方式相近的家庭承包生产使得农村社群逐渐出现"原子化"（atomization）的趋势。由此带来的过度个人主义，功利主义，环境问题，治安问题，封建父权制的抬头甚至是欺骗行为成为农业市场化无法回避的负面结果。1994年开始施行的"分税制"改革又将原本作为公共服务和管理机构的乡镇地方政府部分地变为市场经营性单位，在某种程度上也引发了农村上下级官员之间，农民与地方官员之间的各种利益矛盾。

随着近年来农村税费改革的逐渐推广、中央政府解决环境问题的决心不断增强以及社会各界对城市农民工和广大农民生产生活问题的不断重视，"三农"问题得到了有效缓解。随着"构建社会主义和谐社会"的理念逐渐深入人心，如何利用公共财政和各种公共事业加强对农村和农民的公共服务，建设好"社会主义新农村"对改革开放和社会稳定都具有深远的意义。

中国城市改革在时间上要比农村改革稍晚，而且从改革的方式来看也与农村改革的中央与地方互动的推进方式不同，主要是政府政策主导。而且，与较短时间内确定了"家庭联产承包责任制"的农村改革相比，城市改革的过程则经历了更长的波折和困难。

中国城市改革的首要问题就是如何从"计划"转向"市场"。其中的关键是在一个几十年间没有商品市场的国家，如何在经济安全的前提下引入市场价格机制。为解决这一难题，在城市改革初期，中国实行了"价格双规制"的策略。即国家指令性计划的产品仍然按国家规定价格统一调拨，而企业在完成计划的前提下可以自销部分产品，其价格由市场决定。这一改革策略推动了价格形成机制的转换，逐渐将市场机制引入企业的生产与交换过程。从实际效果看，也在一定程度上促进了中国工业原料和成品的生产。

然而，这一改革的社会成本也是无法忽视的，甚至间接地引发了一系列政治问题。在经济短缺的环境下，计划价格与市场价格相差悬殊，部分企业领导人和行政官员借机搞权钱交易,大发横财。经过几年的"双轨制"改革,20 世纪80 年代末期,中国出现了一次较为严重的通货膨胀,成为引发短期社会动荡的重要原因。

1992 年,中共"十四大"通过提出"社会主义市场经济"这一建立在"有中国特色社会主义"理论基础上的理念,进一步确立了改革的合法性,并加快了市场化的步伐。1998 年 3 月,第九届全国人民代表大会上,中央政府进行了换届选举,并由新一届政府继续推进一系列深化市场改革的计划,其中包括在前期"抓大放小"的基础上对大型国有企业进行股份制改造,政府机构精简并提高公务员工资待遇;住房商品化改革;医疗保险改革进一步推进;金融调控和货币政策改革;削减教育、科研、卫生福利经费;教育产业化;放弃农产品的价格支持政策和建立全国粮食市场,等等。这些新的改革政策对我国社会阶层构成和各个社会阶层群众的生存状况产生了巨大影响。也成为"和谐社会"理念提出后,社会舆论争论的焦点。

与此同时,中国对外资开放的力度进一步增强。汽车、信息通讯、零售业等新兴产业市场已大幅度向外资开放,一些具有战略意义的产业领域,如航空设备、精密仪器、医疗设备、工程机械等,其主要设备与技术也大多依赖进口。加入世界贸易组织以后,金融业,钢铁产业,农业等也将逐渐加大向外资开放的力度。外资的涌入不仅仅是一个经济问题,还深刻地影响着中国的社会和文化发展。在知识分子们对外资是否在蚕食中国经济主导权进行争议的同时,我们也需关注面对商场里琳琅满目的"选择"而醉心不已的城市中产阶级消费者和那些在外资血汗工厂里饱受艰辛的流动工人等不同社会群体的生存状况。

对于公共服务的研究来说,在梳理政治经济变革的基础上,我们还应该把关注的焦点放在经历了这场变革,并作为这场变革结果的社会群体上。

Madsen 认为,经历了一场深刻市场化改革的中国社会可以被视为一个相互间保持微弱联系和不稳定平衡关系的三个世界。即分布在我国广大农村的,仍然以户口制度、亲族和父权制为纽带的所谓"第三世界中国";分布在城市中,包括仍然部分保留"单位"体系的国有企事业单位和各种政府机构在内的"社会主义中国";主要分布在沿海城市,以商品市场和制造业产品出口为主的"新兴产业化中国"。①

① Madsen, Richard. (2003). *One country, three systems: state – society relations in post – Jiang China. in China after Jiang.* eds. Gang Lin and Xiaobo Hu. Stanford, CA: Stanford University Press, pp. 91 – 114.

这三个世界之间的联系之所以微弱和易于破裂,原因是联系这三个世界的纽带并不是一个理性的制度体系,而是往来三个世界之间的个体们,是关系微妙的政府和市场中的个体,是在城市中碰运气的大量农村劳动力,是被各种社会阶层所分化的城市家庭。关键的问题不仅是这些不同的人群缺少一个共享的、可依赖的规则体系对他们的行为进行引导和保护,更重要的是他们必须在差异悬殊的文化和习性(habitus)[①]中穿行,即在农村的父权亲族价值体系,在广泛存在的党政体系,在个人主义盛行的新城市生活中穿行。

回到我们这一节讨论的开头部分。随着"和谐社会"和"科学发展观"等理念的提出,中共中央解决各种社会矛盾的决心已然十分坚定。但是更关键的是这些来自高层的意识形态为创造一个更具活力和想象力的社会思潮创造了空间,为知识分子深入地思考市场、国家和公共服务创造了机遇。在传播领域内,特别是与广大群众社会文化生活密切相关的广播电视传播领域内,我们同样面临着在新的舆论环境中如何完善公共的体制,创造"和谐社会"的问题。

第二节　中国广播电视体制研究

进行任何行业的体制研究,都无法回避对国家角色的探讨。作为社会控制重要手段的传播业的规制,更是与国家在社会主义市场经济中发挥的作用息息相关。前文提到,三十多年来的中国,"改革""开放"与稍晚出现的"市场"成为社会变迁最重要的关键词。与此相适应,在传播领域内,20世纪70年代末的中国不仅开始将市场关系植入范围甚广的传播产业和生产过程中,而且不断寻求与跨国资本以及相伴而生的消费文化"接轨"。[②]然而,需要指出的是,市场化和"接轨"虽然是三十年来媒介改革的事实,但却并不是这一改革过程的完整逻辑。如何解释改革过程中广播电视体制的变与不变? 在此我们引用三种对事实判断基本相同,但是对事实的解释略有差异的观点:

首先,Lin Chun认为,"理解中国式社会主义的最佳途径莫过于将其看作一个不断寻求通过自己独特发展路径以形成其独有形态的现代化工程,它总是有

---

① Bourdieu, Pierre. (1986). *The Forms of Capital. in Handbook of Theory and Research for the Sociology of Education* eds. John G. Richardson. NY: Greenwood Press, , pp. 241-258.

② Zhao, Yuezhi. (2007). *Neoliberal Strategies, Socialist Legacies: Communication and State Transformation in China. in Global Communications: Toward a Transcultural Political Economy*. eds. Paula Chakravartty and Yuezhi Zhao. Lanham, MD: Rowman & Littlefield. p. 23.

意识地拒绝效仿其他可能的发展模式"①的确,在中国的现代化之路上,国家既拒绝了拉美式的依附发展,也拒绝了苏联式的官僚社会主义,改革开放后,在坚持四项基本原则的前提下,也并没有全盘接受西方的资本主义现代化模式。但是 Lin Chun 用社会主义传统(socialism legacy)来解释这一过程,似乎缺少了对意识形态变化背后的权力关系的更加现实和细致的分析。

其次,借用福柯的"治理术"(governmentality)这一概念,② Ong 将类似于中国的市场化改革看作是"政治理性"或"治理技巧"的运用。由此产生了"作为例外的新自由主义"("neoliberalism as exception")和"新自由主义的例外"("exceptions to neoliberalism")这一对共生命题。③"作为例外的新自由主义"使得国家可以循序渐进而变化多端地行使它的主权,以使特定的人群和地区屈从于新自由主义的逻辑,与全球市场进行互动。与此同时,"新自由主义的例外"在政治决策中的调用又可以"将特定人群和地区排除于新自由主义的逻辑和选择之外",④以此保护社会的安全网络或者解除各种形式的政治保护。如果我们将"新自由主义"换成更加中性的"市场化"便可以发现,中国广播电视体制的变革与这种对"治理术"运用的描述高度吻合。然而,Ong 对施展这一"治理术"的国家本身性质的理解由于缺少了阶级分析的视角,又略显模糊。

最后,作为历史学家的 Cheek 由于对推动变革的主体进行了分析,不仅比较准确地描述了事实,也提供了一个更有说服力的解释。他认为,为防止"乱"的出现,后毛泽东时代执政集体的改革路线首要地是围绕"稳定"这个中心,改革初期的一系列政策也都是着眼释放社会生产力,改变贫困状况,将社会的力量引导到经济发展的轨道上,从而为"稳定"服务。⑤90 年代后,虽然社会精英团体的构成和"发展"的目的都变得更为复杂,但是"发展"不能冲破"稳定"的底线,"市场化"不能冲破中国共产党从民族解放和社会主义革命中建立的合法性,这些仍然是党中央领导集体的共识。这一分析,似乎为"社会主义传统"和"治理术"的出现提供了更为有力的解释。

① Lin, Chun. (2006). *The transformation of Chinese socialism*. Durham, N. C. and London: Duke University Press. p. 1.

② Foucault, Michel. (2000). *Governmentality*. In Power, Vol. 3 of Essential Works of Foucault, ed. J. Faubion, 1954 – 1984.

③ Ong, Aihwa. (2006). *Neoliberalism as exception*. Durham, N. C.: Duke University Press. p. 3.

④ Ibid.

⑤ Cheek, Timothy. (2006). *Living with Reform*. London: Zed books Ltd. p. 57.

带着这样的认识框架,下文中,借鉴 Ong 的概念,我们将从"作为例外的市场化"和"市场化的例外"两个方面来分析中国广播电视体制改革中的变和不变。

一、"作为例外的市场化":新自由主义之路?

从 20 世纪 80 年代开始的广播电视市场化改革不仅对中国的媒介生态变化产生了巨大的影响,而且直接影响到整个社会的文化生活,甚至培养了一种几年前还曾经在中国社会中被广为批判的价值观。然而,反过来看,这种广播电视市场化的出现和广播电视体制的变革也是在广义的社会文化环境和政治环境的影响下完成的。

广播电视"市场化"最重要的体现是体制上的变化。市场理性对自由竞争、企业家精神和生产领域相对自主性的推崇使得国家对广播电视的完全资助和全权管理成为改革要解决的首要问题。从 20 世纪 70 年代末开始,中国政府开始允许媒介刊播广告,并逐渐减少对广播电台和电视台的拨款。随着中国改革开放后经济的快速发展和媒介管理自主性的加强,广播电视广告收入迅速增加,逐渐代替行政拨款,成为电台和电视台的主要收入来源。在作为市场主体的广播电视机构盈利前景逐渐明朗并急需扩大产业规模的情况下,政府开始有限度地放开内容市场,允许非国有资本进入非政治新闻类的广播电视节目生产和交易领域,甚至开始允许一些跨国媒介机构的频道在国内部分地区落地。经过 20 年的积累,到 20 世纪 90 年代末,中国的广播电视产业出现了一派繁荣的局面:电视台的制作部门和各种民营资本的制作公司大量雇用文化劳工,广播电视节目的数量和技术质量快速提高,节目交易日益频繁,种类繁多的频道不断涌现,广告收入迅速膨胀,一个在中国前所未有、规模巨大的文化商品市场开始出现。世纪之交,虽然中国的广播电视行业面临着广告营业额增长率下降和新媒体技术的冲击等难题,但仍然是公认的"暴利行业"。

体制变革的重要结果集中体现在广播电视内容领域。如果借用马尔库塞"虚假需求"(false needs)的概念,①那么这种内容上的变化可以看作是不断在节目内容和样式上挖掘能够刺激这种"虚假需求"并培养一种消费文化的因素。因此,与其说市场化前后的广播电视内容是由"意识形态化"的内容转向

---

① Marcuse, Herbert. (1964). *One dimensional man : studies in the ideology of advanced industrial society.* Boston : Beacon Press. p. 244.

"非意识形态化"的内容,不如说是一个逐渐用一种意识形态代替另一种意识形态,从而酝酿和准备着创造出一个不同于市场化之前的新型社会的过程。

历经三十多年的变化,广播电视节目在表面上来看最主要的特征就是内容的"娱乐化"和类型的"多样化",而隐藏在这些现象背后的逻辑则是市场理性的普遍运用和文化的大规模商品化:种类繁多的娱乐节目遍地开花;在海外获得市场成功的广播电视节目被大批复制;倡导"公民意识"和"市民社会"的"新闻商品"不断"贴近民生";"娱乐频道"、"影视频道"、"音乐频道"在频道专业化大旗下成批涌现;令人眼花缭乱的国际名牌在广告和影视节目内此起彼伏;"古装剧"、"言情剧"、"家庭伦理剧"、"青春偶像剧"不断调试着"受众"的口味……正像消费者们在大商场里长时间面对琳琅满目的"虚假需求"时会略感疲乏,当前的市场研究者们仍然在批评中国广播电视节目缺乏创新、内容贫乏。但是,至少这种"百花齐放"的景象在30年前、20年前甚至是10年前都是"广大消费者"不敢想象的。

在城市中产阶级醉心于丰富多彩的选择时,曾经是大众媒介各种故事主角的工人和农民不仅在广播电视中逐渐失去"声音",甚至逐渐失去"形象"。即使偶然露面,也是以"弱势群体"这一公认的身份出现。原因似乎不难解释,在市场理性的标准下,"受众"这种商品的价值大小自然要由"看不见的手"来决定。然而中国广播电视受众市场与众不同的特殊难题是——"滞销商品"的数量实在太多……

如果单纯从上述现象来看,中国的广播电视体制似乎正走在一条彻底拥抱市场原则的道路上。但是上述市场化的变革仅仅是这一行业现状的一个方面。这也是我们将其称作"作为例外的市场化"的原因。要探究中国广播电视体制的全景,还必须展现这一体制没有发生变化的一面,即"市场化的例外"。

二、"市场化的例外":社会主义传统?

中国广播电视市场化改革过程中最让市场研究者和自由主义者们感到困惑,甚至略为嫌恶的是从改革之前继承下来的一套宣传管理体系。正像本节开头部分对中国改革策略的分析一样,确保社会稳定,特别是舆论安全的任务给中国整个传播体系的市场化改革留下了一个作为"市场化的例外"的巨大的处女地。无论从产权和资本化的角度来看,还是从媒介宣传管理的"意识形态"和指导原则角度来看,这种所谓"一元体制,二元运作"的规制体系都无法与真正的媒介市场化画上等号。

　　海内外传播学者对这一套宣传管理体系的研究已经是汗牛充栋，因此在这部分当中我们不再赘述这种"市场化的例外"本身，而是在假定中国广播电视业发展的市场化逻辑成立的基础上反观这些"例外"对市场发展的若干影响。

　　从市场竞争结构来看，由于条块分割的市场竞争格局仍然存在，致使中国广播电视媒介总量虽然大得惊人，但是集中程度却低得惊人，媒介分布极为分散，难以形成经济学家们所推崇的"规模经济"。举例来说，2005 年各地广播电视机构收入排在全国前四位的中央直属单位、广东省、上海市和浙江省占全国年总收入的百分比也只分别达到 19.4%、9.4%、8.8% 和 6.6%。①造成媒介集约化程度低的主要原因是中国历时 30 年的媒介市场化仍然没有打破媒介行政区域化的格局，使得媒介无法按照市场规律进行跨地域的兼并和整合。这种状况充分体现了 Harvey（2003）所称的"领土逻辑"（the logic of territory）和"资本逻辑"（logic of capital）之间的矛盾。②地方财政分权的制度，广播电视媒介的国有产权性质和各级广播电视机构承载的政治宣传职能是造成这一局面的主要原因。

　　从市场竞争类型来看，微观经济学按照市场竞争程度将市场划分为三种类型，即完全竞争、不完全竞争（即，垄断竞争和寡头垄断）以及垄断，而新制度经济学学者则认为在单纯市场分析的基础上应该引进产权结构这一变量才能把握不同类型市场的本质特征。有学者按照这两种分类方式的综合将转轨中的中国市场划分为完全的政府垄断市场、国有企业主导的垄断竞争市场、国有企业占主导地位的竞争市场和一般竞争市场四种历时形态。按照不同类型市场的特征来看，中国的媒介市场仍然属于完全的政府垄断市场。首先，完全的政府垄断与完全垄断不同，后者在一个特定产业中只有一个企业，而前者在一个产业中则可能有若干家企业，但是这些企业只有一个所有者，即国家或政府。从中国媒介的所有制结构来看，非公资本只能进入非新闻宣传类的项目，甚至只被局限在广告、发行等经营性业务上。因此，电台和电视台作为核心资源仍然牢牢掌握在政府手中。其次，完全的政府垄断企业在受政府控制方面具有高度的统一性，因而它们的行为也具有高度的一致性。与传统计划经济时期的媒介相比较，完全政府垄断型市场中的媒介增加了一些相互间的竞争，自身独立利益也有所增加，但是，就最本质的调节方式和手段而言，对媒介产业的管理和

---

　　①　国家广电总局统计信息，"2005 年全国广播电视总收入情况"，国家广播电影电视总局网站 http://gdtj. chinasarft. gov. cn/Tiaomu. aspx？DocId=373 2006 年 4 月 16 日。

　　②　Harvey, David. (2003). *The new imperialism.* London：Verso. pp. 26−27.

规制主要仍然是诉诸行政的条条或块块的协调和向导。中国媒介的市场竞争结构、媒介总量、市场准入等都完全受制于政府的规制政策的变化，这也证明了中国媒介市场完全政府垄断的特征。

由以上分析可见，中国的广播电视市场化过程本身存在很多难以逾越的"障碍"。但是问题是，随着产业和市场的不断壮大，这些"障碍"的解决是否只是一个时间问题？这里，特别值得注意的是，与许多新自由主义知识分子的想象刚好相反，随着中国加入世界贸易组织、媒介产业的规模进一步扩大，特别是新媒体技术的发展，广播电视作为宣传管理体系一部分的作用不但没有被削弱，反而是不断被强化。其集中表现是广播电视管理机构的不断增加，管理范围的不断扩大，管理方式的渐趋多样和对资本准入的限制更加严格。如果政府对所有媒介系统进行管理的逻辑是一致的话，那么近年来国家对互联网等新媒体强化管理也从一个侧面印证了"市场化的例外"这一逻辑在发挥重要的作用。

总之，单纯地从市场化的逻辑或者单纯地从"市场化之例外"的逻辑来分析中国的广播电视体制都无法掌握这一复杂体系的全景。中国广播电视体制正是在这一对看似相互矛盾的力量博弈过程中形成和展现的。本节的目的是为分析中国广播电视公共服务体系设立一个外在的参照系。关于中国广播电视体制更加重要的问题，即市场化和 Lin Chun 所说的"社会主义传统"如何在同一套体制中同时发挥作用，其背后的发展逻辑是什么，将留待进一步研究和探讨。

第三节　广播电视公共服务的含义

Aggens 尝言："单一的公共并不存在，不同层面上的公共存在于不同的利益和权力中。"[①] 这一经典的关于"公共"概念的探讨蕴含了深刻的辩证思维。它给那些试图寻找普世的"公共"含义的知识分子提出了一个重要的告诫。

当然，政策的制定者和行业的管理者们更加关心的是如何在现有框架下构建一个更合理的广播电视公共服务体系。但是，作为研究者，在探讨具体社会

---

① Aggens, L. (1983). *Identifying different levels of public interest in participation. Fort Belvoir*, VA: *The Institute for Water Resources*, U. S. *Army Corps of Engineers*. p. 189. 原文是："There is no single public, but different levels of public based on differing levels of interest and ability."

环境下媒介公共服务的含义、目标和可行性之前,我们有责任在自己书写的文字中给"公共服务"与"公共广播电视"的概念一个更加全面和辩证的分析。因此,这一节内容中对"含义"的探讨就有了以下两层任务:首先,如何在一个更加宽广的人类社会传播的角度来认识"公共"和"公共广播电视";其次,在官方的广播电视公共服务框架下,在媒介政策的话语体系中来理解广播电视公共服务,并且在中国的具体环境中,探讨广播电视公共服务阶段性的,可操作性的含义。

一、从"公共领域"到"公共服务"

要探讨媒介公共服务的含义我们就不能绕开一个近年来在中国知识界甚为流行的政治理论,即德国人哈贝马斯提出的"公共领域"。实际上,正是全世界官方公共广播电视几十年的实践,和以"公共领域"为代表的政治理论激发了中国传播研究者们关于公共广播电视体制和公共广播电视服务的想象。然而,有趣的是,热心于借助这一概念构造一个公共的"市民社会"的知识分子却大多忘记了这位号称法兰克福学派传人的老者在"公共领域"之前还加了"资产阶级"(Bourgeois)一词。

诚然,哈贝马斯并没有否认,甚至清楚地揭露了资产阶级公共领域的阶级褊狭。①而且,与法兰克福学派对市场逻辑与人类文化传播的矛盾的揭示一脉相承,哈贝马斯的"公共领域"本身是蕴含了深刻辩证思维的批判理论,但是如果不加思考地接受和运用这一概念,甚至干脆剥离前提、为我所用,则恰恰违背了批判的精神。

首先,在哈贝马斯的论述中,"公共"(public)与"私人"(private)的二分法既限制了辩证思维的想象空间,也因其父权式的批判而给女性主义者留下了再批判的余地。② 正像 Dahlgren 所言:"这一民主理论的普世性和平等性不但被阶级分析所瓦解,而且被性别分析所颠覆。"③

---

① Habermas, Jürgen. Translated by Thomas Burger with the assistance of Frederick Lawrence. (1989). *The structural transformation of the public sphere : an inquiry into a category of Bourgeois society*. Cambridge, Mass. : MIT Press ; Cambridge, England : Polity Press.

② Fraser, Nancy. (1991). *What's Critical about Critical Theory The Case of Habermas and Gender. New German Critique*. No. 35, Special Issue on Jurgen Habermas (Spring - Summer, 1985), pp. 97 - 131.

③ Dahlgren, Peter. (1991). *Introduction. In Communication and citizenship : journalism and the public sphere in the new media age*. edited by Peter Dahlgren and Colin Sparks. London ; New York : Routledge. pp. 1 - 24.

其次，具体到传播领域，在集中诠释资产阶级公共领域及其结构转型的过程中，这一理论也留下了一个巨大的盲点，即忽视了任何另类人类社会传播的存在和以另类逻辑重新构造人类传播体系可能性。尤其忽视了在"结构转型"前后都普遍存在着的平民的(plebeian)、大众的(popular)、非正式(非官方)的(informal)或者对抗性的(oppositional)公共领域及其发展的可能性。①

如果促进公共服务的真正目的是推动社会民主和促进传播公正和正义议程的实现；是无褊狭地为各种利益团体，各种政治意见提供一个表达的空间，并尽可能全面、公正地展现正在发生的历史。那么我们对公共广播电视服务的理解就必须借鉴并超越"公共领域"所能提供的想象空间。

首先，经历了剑桥学派和维也纳学派的著名争论和全世界范围内新自由主义经济改革的浪潮，"公共"的概念之所以从世纪之交开始重新受到重视，正是因为哈耶克式的，由"自由市场"到"自由民主"这一看似极合逻辑的猜想被几十年传播业变革的现实击得粉碎。正像哈贝马斯所描述的"结构转型"的影响一样，当今世界传播体系的民主议题日益受到信息私有化和商品化所带来的困扰。当垄断了全球性媒介资源的"电子群兽"们肆意塑造政治议程时，当好莱坞及其在世界各地的翻版不断强化"娱乐"背后的意识形态时，当"富媒体，穷民主"不再只是知识界的警醒，而成为各种另类媒介运动的口号时，人们不断考虑用一种不同于"看不见的手"的媒介制度来实现民主的可行性。于是，要求政府和社会公益团体在传播领域发挥更大作用的呼声开始出现，对 BBC、CBC、PBS等经历新自由主义浪潮而幸存的，西方发达资本主义国家的所谓"公共广播机构"的研究开始成为传播学的热门领域。

其次，作为资产阶级公共领域当代翻版的 BBC 们同样由于其显而易见的阶级褊狭，对特定社会群体话语的视而不见，传播议程和立场的局限性和"你传我受"的传统方式而接受着来自知识界的不断质疑。(Barsamian 2001, Mazepa 2007)一种更为"激进"和辩证的公共传播思想正在不断挑战传统的公共广播电视服务理念。这种思想认为，传统的公共服务理念"将政府和社会机构看作是服务的提供者，而将公众看作是情愿而不加质疑地消费这种服务，并通过投票、

① Dahlgren, Peter. (1991). *Introduction. In Communication and citizenship : journalism and the public sphere in the new media age.* edited by Peter Dahlgren and Colin Sparks. London ; New York : Routledge. pp. 1 – 24.

视听率和购买行为来表达其满意度的公共服务的接受者"①。与此不同,真正的公共传播应该是一种"参与模式",所谓的"服务"应该是为真正的传播和文化的形成创造条件的一种社会机制。②在理论上,这种公共传播思想建立在参与式民主理念和道德哲学的基础上,对突破资产阶级公共领域和政治理论的局限作出了重要贡献;在实践中,各种社会自发的(如 alternative media 的社会运动)和政府促成的(如委内瑞拉等国的媒介政策③)参与式传播证明了一种另类公共传播的可行性。

当然,这种公共传播思想无可置疑的"彻底性"和"激进性"使其在一定程度上被排斥于主流学术话语之外,但是,忽视这种思想的存在则等于放弃社会理论的想象力和学术研究的严肃性,等于放弃了对当前研究合法性的思考和在更宽广的层面上理解广播电视公共服务含义的机会。

二、媒介政策话语体系中的广播电视公共服务

暂且放下另类的公共传播理念不谈,即便单从官方的公共广播电视体系和媒介政策的话语体系来分析,也很难找到一个广播电视公共服务的标准定义。Syvertsen 通过对欧洲媒介公共服务政策变迁的研究发现,不但定义公共服务的各种尝试常常相互矛盾,而且定义也随着不同的国家和不同的时代发生明显的变化。④这一现象正说明了试图将"公共服务"理念普世化所遇到的困境。总结以往相关文献的内容,Syvertsen 将官方公共广播的含义大概分成三个类别,⑤同时也是三种定义官方公共服务的取向,在这里我们简单列举,作为借鉴:

第一种取向是从公用事业,或者公共基础设施的角度来定义公共广播服务。这是一种从"技术—经济"的角度对公共服务作出的解释。其关注的重点

---

① Mazepa, Patricia. (2007). *Democracy of, in and through communication*: *struggles around public service in Canada in the first half of the twentieth century*. *The journal of policy, regulation and strategy for telecommunications*. Volume 9, Numbers 2–3, pp. 45–56(12)

② Ibid.

③ Duffy, Robert and Everton, Robert. (2008). *Media, Democracy, and the State in Venezuela's "Bolivarian Revolution"*. *In Global Communications*: *Toward a Transcultural Political Economy*. edited by Paula Chakravartty and Yuezhi Zhao. Lanham : Rowman & Littlefield Publishers, Inc.

④ Syvertsen, T. (1999). *The Many Uses of the "Public Service" Concept*. in: Nordicom Review, 20(1):5–12.

⑤ Ibid.

62

是政府所能够提供的,用于广播电视公共服务的各种基础设施,如有线网络、发射器材和接收设备等等。从这个角度来看,衡量公共广播电视服务质量的标准主要是信号质量、覆盖范围、运作效率等等。

第二种取向是从内容和价值观的角度来定义广播电视公共服务。这种视角是以"公共领域"的理论为基础,将公共广播电视的职能看作是保证全体社会成员都能够获取其所需的信息和知识以行使其公民权利和责任。正像前文所探讨的,这种相对独立于国家和市场的非商业、非官方的理念是资产阶级公共领域的当代翻版。在实践中,"这一理念常常成为拥有特许权和财政支持的广播电视机构要求保留垄断地位和避免市场竞争的武器。"①

第三种取向是从传统的自由主义理念和对市场调节的充分信任出发,将"公共"等同于"受众",即将公共服务看作是对每一个媒介个体消费者的服务。与社群主义理念(communitarianism)强调政治参与刚好相反,以这种取向来看,广播电视的首要任务是满足个体消费者的利益和偏好,而不是满足作为一个整体的公民的政治需要。

以上三种理解广播电视公共服务的方式和解决方案虽然追求的目标是相似的,但是实际的效果却各不相同,甚至有时与独立、平等、共享等公共服务的基本原则背道而驰。总结起来,虽然三种取向都有自己的市场(在中国国内也是如此),也都有各自不同的政治立场和世界观,所以,对它们进行评价是一件非常困难的事情。在这里,我们尝试将这几种取向与理解公共服务的基本角度和普遍原则进行对照,希望能够提供一个更加全面的理解广播电视公共服务含义的参照。

首先,从产权意义上来理解公共。官方的公共广播电视作为一种制度化的存在与产权的界定有着直接的关系。新制度经济学、政治理论和法理学等社会科学都不约而同地在既定社会制度的框架下将财产权利划分为公共产权(common property rights)、私人产权(private property rights)和国有产权(state property rights)。单纯从这些概念所涵盖的范畴来看,理想的公共广播电视应该属于公共产权。从以往媒介研究领域关于公共广播电视的研究来看,也大都用财产权利的界定来划分不同的传播制度。然而,着眼现实,产权的界定实际上是一个不断交易的过程,因此,在真实的人类社会中并不存在绝对的私人、公共和国有。在某些情况下私人产权可以提供公共服务,比如大量的私人基金会、私人

---

① Syvertsen, T. (1999). *The Many Uses of the "Public Service" Concept.* in: Nordicom Review, 20(1):5–12.

中国广播电视公共服务体系:目标与实践研究

63

提供的公园等公共设施；同样公共产权也可以为私人占用，比如公共走廊被用来堆放私人物品，各种寻租现象等等；而国有产权即带有公共性质也带有部分私人性质，可以提供公共服务，但也具有明显的排他性。因此，产权意义上的公共广播电视作为一个抽象概念和制度安排的理念有其存在和被探讨的价值，但并不是决定公共广播电视性质的唯一标准。

第二，平等意义上的公共。全体公民平等共享应该是公共服务的题中之意。在国有体制下，政府作为公民名义上的代理人承担对广播电视的管理，就有义务保障公民平等地享受广播电视服务。从中国目前的现实情况来看，达到平等意义上的公共广播电视服务主要存在两个方面的困难：一方面，市场化使媒介从业者在某种程度上将具有完整权利的公民变为消费者，由此带来一系列基于人口统计学的所谓"受众细分"方式，在这一过程中公共服务的体系实际上被消解，取而代之的是平等的公众享受公共服务的不平等。另一方面，长期形成的地方财政分权制度使得广播电视系统的财权和事权过度下放，市场化到来后，这种制度安排带来了地区间广播电视事业发展的严重失衡，富裕地区和贫困地区的公民同等享用公共信息服务的权利得不到保障。

第三，公益性和社会责任意义上的公共。公益性和社会责任主要与广播电视节目内容相关。在媒介研究领域，公共广播电视是与高格调、非商业、重视文化教育和信息服务等节目内容特征联系在一起的。从这个角度来看，各种嵌入式广告的出现；广播电视节目的整体娱乐化、低俗化；高品质科学教育节目、信息服务节目和文艺节目的渐趋低迷等现象使中国当前的广播电视节目内容与公共广播电视体系的标准存在很大差距。类似现象大量出现在中国广播电视节目中，各种案例不胜枚举。

第四，公共意识、公共文化。近百年来，在中国知识界，制度（体制）决定论的话语一直处于主导地位。无论制度还是体制对社会进程及我们的个人生活的影响显然都是十分重要的。但是，这种话语本身否认"人是具有见地或反思能力的行动者"的认识。这种否认常常导致学术研究的误区。虽然我们还不十分清楚"行动"或"行动者"（Action or Actor or Agent）与结构（Structure）之间的动态关系，但起码我们可以说制度是人创造出来的。媒介和传播的作用正是在结构或制度与个人互动的过程中体现出来的。因此，在探讨媒介公共服务的含义时，不应该忽略传播主体的思想、态度和行为，特别是不应忽视其公共服务意识的构建，这些要素是有公共意识的媒介文化得以形成的基础。

以上列举的各种关于"公共"、"公共服务"和"广播电视公共服务"的理解都是在既定社会制度的框架下，从官方社会政策和媒介政策的话语体系中提炼出来的观点。必须指出的是，这些原则和定义只是本项研究得以顺利展开的一个前提框架和现存媒介体制中媒介政策得以制定和实施的一个参照。在世界范围内，公共服务理念与体系尚处于不断摸索和完善之中，以上列举的各种对公共服务的理解都有各自的市场。所以，问题的关键不是我们能否给出一个完整的、标准的"广播电视公共服务"的概念，而是我们在什么样的理论高度、知识框架和政治意识形态的立场上来看待这些概念。

第四节　中国广播电视公共服务的现状

构建公共服务型政府、更好地提供公共服务，并建立与社会主义市场经济相适应的、能够促成社会经济协调发展的公共服务体制，既是一项创造性的新事业，也是中国改革与发展进程在当前阶段的迫切要求。党的"十七大"报告明确提出了"覆盖全社会的公共文化服务体系基本建立"的目标，并对新的历史条件下的文化大发展、大繁荣提出了新的要求。由此可见，构建公共文化服务体系，是我国文化战线当前和今后一个时期着力考虑的一项重头戏。

从 2003 年推行文化体制改革以来，广播电视等文化业沿着公益性事业和经营性产业分类发展的方向开始改革和创新，广播电视公共服务的理念逐渐明朗化。从"十一五"规划和近年来中央陆续出台的有关文件来看，加强农村和边远地区的基础设施建设、维护并提高公共服务的质量和水平是中国广播电视公共服务建设的重点，尤其自 2006 年伊始，"村村通"广播电视、"西新工程"、农村电影放映遂成为广播电视业的重头戏。事实上，这些加强广播电视公共服务的重点工程在中国早已有之，但上升到构建公共文化服务体系的发展战略高度却发端于近两年。目前，中国广播电视公共服务体系的现状主要体现为以下五个方面。

一、在政策上，公共文化服务体系开启，广播电视覆盖重点工程稳步推进

2006 年，不仅是中国"十一五"规划的起步之年，也是大力建构和完善中国公共文化服务体系的开篇之年。这一年，全国广电系统全面贯彻落实科学发展观和构建社会主义和谐社会的重大战略思想，深化文化体制改革，以重点项目

为依托,以扩大公共服务覆盖面、提高公共服务水平为目的,加大投入,创新体制机制,全面推进公共广播电视事业稳步向前。

事实上,在 2006 年明确提出构建公共文化服务体系的目标并非突发奇想,而是中国构建社会主义和谐社会的重要内容之一。目前,中国人均生产总值从 1000 美元向 3000 美元过渡,处于这个发展的关口给中国的经济社会发展带来了机遇,同时,由于中国政治、经济和文化体制正在经历创新与变革,因此,发展过程中的各类矛盾如社会发展不平衡、资源配置不够合理等相继凸显也会为社会前进带来挑战。鉴于此,中国现阶段当务之急是要解决好一个核心问题:如何使构建一个和谐稳定的社会,为政治、经济和文化的发展创造一个良好的社会大环境。为此,中央出台了一系列文件,将构建和谐社会的任务提上重要议程:2004 年,党的十六届四中全会通过了《中共中央关于加强党的执政能力建设的决定》,首次完整的提出了"构建社会主义和谐社会"的概念;2005 年 2 月 19 日,胡锦涛总书记在中央党校省部级主要领导干部"提高构建社会主义和谐社会能力专题研讨班"上发表讲话,全面、深入地阐述了构建社会主义和谐社会的深刻内涵和主要任务,强调深刻认识构建和谐社会的重大意义;2006 年 3 月,十届全国人大四次会议通过的"十一五"规划纲要,具体部署了今后 5 年建设和谐社会的主要任务;2006 年 10 月,十六届六中全会审议通过了《中共中央关于构建社会主义和谐社会若干重大问题的决定》,提出了构建社会主义和谐社会的九大目标、六大原则及五方面具体部署。其中,加强社会主义文化建设、逐步形成覆盖全社会的比较完备的公共文化服务体系不仅成为"十一五"规划和十六届六中全会的重要内容之一,也是实现构建社会主义和谐社会目标的重要一环。

2007 年,全国广电系统从中国国情和实际出发,按照国务院办公厅发布的《关于进一步做好新时期广播电视村村通工作的通知》(国发办〔2006〕79 号)要求,遵循公共服务均等化的原则,努力构建覆盖城乡的广播电视公共服务体系。事实上,覆盖是公共广播电视事业的重点,多年来我国不断加大投入,推动广电行业基础设施的建设,并将覆盖的重点放在农村和少数民族地区。经过这几年加大实施广播电视"村村通"、"西新"等重点工程的力量,中国对覆盖工作的功能有了新的认识,广播电视覆盖不再只是一项技术性的工作,而承载着确保中央政令畅通、将党和政府的声音传入千家万户、构建公共文化服务体系、维护人民群众基本文化权益的重要职责。为了更有针对性的推进覆盖工作的有效展开,中国将广播电视覆盖服务分为义务性的公共服务、公益性的有偿服务以及个性化的市场服务三类,分别制定不同政策:义务性的公共服务以无线覆盖为主,主要由政府买单;公益性的有偿服务以有线电视为主,主要由政府给予政策扶持;个性化的市场服务由市场定价、政府监管。按照这种分类方式,中国明确了广播电视发展的层次性,针对不同的服务类型调整了政策,形成了公共服务和产业发展两条思路,使公共服务有了明确的财政基础,因此,广播电视"村村通"、"西新"等重点加强广播电视服务的发展工程取得了很大突破,大大改进了农村及西部地区的广播电视基础设备建设,受到了社会各界的好评和支持,因而被老百姓称为"德政工程"、"民心工程"。随着国家在"十一五"规划中加大对公共文化服务的财政投入,"村村通"及"西新工程"将从更大程度上推动农村及西部地区的物质文明和精神文明建设,构建覆盖城乡、东西部协调发展的公共广播电视服务体系。

二、在制度上,政府管理职能转变,公共服务意识不断增强

从所有制结构上来看,中国的广播电视事业属于典型的国有体制。虽然近年来随着媒介资本化的发展,媒介的非意识形态业务开始有条件的吸纳非国有资本,但媒介的核心业务仍然是公有产权。这样一种制度安排决定了广大人民群众是广播电视机构的实际所有者,党和政府代表人民来管理电视事业,因此,毫无疑问,广播电视的一个重要宗旨是为人民群众提供他们所需要的公共性的信息服务。为此,广播电视管理的决策者们必须考虑如何设计和执行一定的制度安排来保证人民群众平等享受广播电视公共服务,保证广播电视节目的公益性和社会效益,以及提高广播电视工作者和受众的公共意识。

从历史的角度来看,中国的广播电视媒介经历了不同的社会形态,并在不同程度上推动了广播电视事业的发展。20世纪80年代改革开放初期,在"解放思想、实事求是"和"以经济建设为中心"的指导方针下,从中央到地方都实行了广播电视改革,这一时期的改革主要是回归新闻本位,确立了广播电视传播以"新闻立台"、广播电视新闻以经济宣传为中心的指导思路,同时注重探索广播电视行业自身的特点和规律,使广播电视媒介走出文革时期"工具论"的阴影,而成为广大人民群众看眼开世界的平台。随着市场经济体制改革的深入,90年代的广播电视体制改革走向产业化发展之路,为了提高收听率和收视率,实现广播电视媒介"事业化单位、企业化管理",广播电视的传播模式由过去单向度的传者本位转变为互动的传者/受众本位,传播媒介在坚守喉舌论角色的同时,日益被视为党和群众之间上情下达、下情上达的沟通桥梁。进入21世纪后,随

着广电集团的成立,广播电视媒介在适应市场经济改革过程中作为营利性企业的角色受到争议,公益性服务受到商业化力量的侵蚀,鉴于此,区分不同广播电视媒介的性质,使媒介的公共服务与产业化发展并行不悖,成为当下广播电视改革的一项重要内容。

随着广播电视社会形态和功能的不断变化,国家广播电影电视总局作为广播电视行业的行政主管部门,也在经历角色的转变。为了按照政企分开、政事分开、管办分离的基本思路落实中央关于政府职能转变的要求,广电总局明确其事业单位的职能,加快岗位职责的制定和相关制度的建立,实现了由管系统向管社会、由管脚下向管天下的角色转变,提高了政府部门履行公共服务职能的能力。

第一,通过政策管理,明确了新的发展目标。自 2003 年以胡锦涛为核心的新一届政府成立以来,中国政府改革的思路逐渐明晰。党的"十六大"第一次把政府职能归结为四项内容:经济调节、市场监管、社会管理和公共服务。2006 年1 月 6 日,在全国贯彻实施《中华人民共和国行政许可法》工作会议上,温家宝总理要求:"继续改进经济调节和市场监管方式,更加重视履行社会管理和公共服务职能,各级政府要把财力物力等公共资源更多地向社会管理和公共服务倾斜,各级领导干部的精力要更多地放在推进社会发展和解决人民生活问题上。"这是自中共十六届三中全会明确指出"要完善政府社会管理和公共服务职能,为全面建设小康社会提供强有力的体制保障"之后,对加快政府职能转变提出的更高要求。今年年初,党的"十七大"报告更是从全面推进改革、深入贯彻落实科学发展观、发展中国特色社会主义的战略高度明确提出要加快行政管理体制改革,努力建设服务型政府,并明确提出"覆盖全社会的公共文化服务体系基本建立"的发展目标。

第二,通过依法管理,广播电视的监管工作被纳入法制化轨道。依法加强广播电视管理,既是做好广播电视改革、发展工作的必然要求,也是转变政府职能、坚持依法行政的必然要求,其基本目标是维护广播电视正常秩序、促进广播电视健康发展。目前,国家有关部门正在抓紧制定出台《广播影视传输保障法》、《信息网络传播视听节目管理暂行条例》、《广播电台电视台播放作品付酬条例》,修订《卫星电视广播地面接收设施管理规定》等,以期将广播电视的监管工作导入法制化轨道。

第三,通过社会管理,确保了广播电视行业健康有序的发展。从某种程度上说,社会管理是管"硬件",其目的是将机构设置、设施安装等行业运营纳入法制轨道,有效控制重要环节,促进行业有序发展,保证公共服务及时到位。实现的途径主要有两种:其一为颁布行政许可和年检,允许广播电视台、有线广播电视站、广播电视节目制作经营等单位的设立,允许接收卫星传输电视节目、卫星地面接收设施安装、广播电视节目传送等业务的展开并对其进行监督检查,对网上传播视听节目进行审核,并对广播电视设备器材入网进行认定和年检;其二为指导地方广播电视相关业务的开展,并对其进行指导和管理。

第四,通过专项调研和课题研究,更有针对性的指导了广播电视公共服务实践的开展。实践离不开理论的指导,近年来,针对广播电视改革及公共服务问题,广电总局发展研究中心和部分省级广电局的研究机构进行了专题研究,在深入调研的基础上,从健全农村广播电视公共服务体系的角度,提出了创新农村广播电视公共服务制度安排的对策及实行县乡广电垂直管理建议的政策,有效推动了广播电视公共服务实践的开展。

第五,通过建立覆盖城乡及平衡东西部地区的广播电视公共服务体系,更好地满足了群众不断增长的精神文化需求。公共服务不仅是政府的基本职责,也是政府安身立命之本。多年来,党和国家十分重视广播电视公共服务,在基本实现城市有效覆盖的同时,先后组织实施了"村村通"、"西新"等工程,初步建立了覆盖全社会的公共服务体系。为了落实广播电视覆盖重点工程政策的实施,国务院办公厅在《关于进一步做好新时期广播电视"村村通"工作的通知》(国发办〔2006〕79号)中明确了中央及地方各级政府在构建广播电视公共服务体系中的责任分工,并要求将"村村通"工作做到"五纳入":即纳入各级政府工作的重要议事日程,纳入当地经济社会发展和社会主义新农村建设的总体规划,纳入公共财政支出预算,纳入扶贫攻坚计划,纳入干部考核内容。"五纳入"的提出,标志着中国广播电视"村村通"工作已从部门行为上升为政府行为,从工程建设上升为农村公共文化服务体系建设的新阶段。[①]

总之,政府通过统筹城市与农村,协调西部与东部地区,区分模拟与数字技术,综合利用无线、有线、卫星等多种手段,加快了构建覆盖城乡、东西部地区协调发展的广播电视公共服务体系的步伐,通过不断提高政府公共服务的意识、质量和水平,切实保障了全体人民群众基本的公共文化权益。

---

① 张海涛:《努力构建覆盖城市的广播影视公共服务体系》,《中国广播电视学刊》。

三、在技术上,数字化新技术推广步伐加快,安全播出水平不断提高

新中国成立后,经过几代人的艰苦创业,中国已形成规模庞大的广播电视节目制作、播出、发射、传输、覆盖、接收等基础设施体系,建成了中央与地方、城市与农村、国内与国外相结合,无线、有线、卫星、互联网等多种技术手段并用,模拟与数字并存的多层次、现代化的世界上覆盖人口最多的广播电视综合网络,广播电视用户数和电视机、收音机社会拥有量居世界首位,已成为广播电视大国。近年来,各级政府和广电部门又进一步加大了对广播电视基础设施建设的投入,以期进一步巩固和加强无线电技术成为中国广电行业实施公共服务、丰富人民精神文化生活的重要技术根基。

除了基础设施建设,日益更新的现代电子技术为广播电视技术的快速升级换代提供了基础和手段。一方面,在巩固加强无线技术覆盖的基础上,30年来,有线电视、卫星广播等新型传输手段不断涌现,尤其是数字技术的兴起,使广播电视技术更新的速度逐年加快,从而形成共缆传输、共同入户的有线广播电视网及由有线广播、调频广播、微波站、卫星地面接收站及互联网等多种手段组成的广播电视覆盖网,为拓展延伸广播电视公共服务触及的范围及更新公共服务手段奠定了物质基础。另一方面,为了在市场竞争中走在前列且提高公共服务的质量及水平,改革开放以来,中央及地方广播电视台不断引进新的制作手段和设备,如:电子新闻采访设备、电子现场节目制作设备、卫星新闻采集及传送系统等,这不仅提高了节目的时效性、扩充了频道资源,而且现场直播、电话连接等高科技手段的运用,大大丰富了节目的内容形式,提高了节目质量,更好地发挥了广播电视服务群众、服务社会的功能。

在见证了新中国成立以来我国广播电视技术的突飞猛进后,人们不禁会问,能促进公共服务的广播电视技术的未来发展趋势如何? 对此,有人用六句话来形容,即"数字风暴席卷全球"、"网络媒体咄咄逼人"、"卫星应用方兴未艾"、"无线接入前景广阔"、"智能技术日渐成熟"、"信息革命翻天覆地",简而言之,就是数字化、网络化、智能化和信息化。事实上,在数字技术刚刚兴起时,各国的公共媒体就面临着数字技术的挑战:即在继续依靠非商业化财源的条件下,如何确保节目的多样性;如何利用数字及网络技术为社会公众提高更好的服务。因此,随着数字技术在中国的推广,有社会言论曾一度担心数字化技术

会消解广播电视公共服务的职能。但是,国家广播电影电视总局指出,无线电视数字化后,公共服务的属性不会改变。由于世界各国在推进地面电视数字化的进程中,都采用数字与模拟电视同步播出的方式,保证公民能够普遍接收到广播电视节目,因此,中国在推进地面电视数字化的过程中,同样将保证现有模拟电视的有效覆盖,采用同播方式来实现现有无线节目的数字播出,在保证公共服务的前提下,兼顾公交移动电视,同时在大中城市无线播出高清晰度电视节目,提高公共服务的数量、质量和水平。

2007 年,广播电视数字化在全球范围内得到认可,并形成由规划到政策和标准制定、直至政府全力推动、各个环节连锁推进的局面,从而成为广播电视数字化全球化之年。时至 2008 年,距离美、英等发达国家全面停止模拟广播的最终期限已不足 5 年,很多国家广播电视数字化将全面启动,进入技术引进、标准制定以及市场推广的关键时期,因而,2008 年将成为全球广播电视数字化的攻坚之年。为了加快与国际数字化技术接轨的步伐,广电总局将加快广播电视数字化进程、推动广播电视由模拟向数字转换作为全国广电系统的重要任务,在推广播有线电视数字化的同时,正在着手建立无线数字广播电视公共服务体系和运营体系。今年以来,随着中央电视台在北京地区正式开播符合国标的地面数字电视信号,国标地面数字电视的普及推进进入快车道。事实上,通过几年的探索实践,中国对数字化的认识已从技术层面、业务层面上升到行业层面、社会层面和国家层面,推进广播电视数字化不仅是全国广电系统的重要工作,也成为构建公共服务型政府、加强国家信息文化建设的重要组成部分。在"十一五"发展规划的设计蓝图下,通过统筹多种传输手段、统筹城市与农村,中国广播电视数字化经过了从有线切入、卫星和地面逐步推进的"三步走"战略,在先试点后推广的原则指导下,广播电视数字化发展初见成效。

第一,从试点开始起步,在全国大中城市推广有线电视数字化。2003 年,中国启动有线电视数字化,目前已从点向面上发展、从东部向中西部延伸,取得了明显成绩:其一,经过 4 年的发展,初步建成了由节目平台、传输平台、服务平台、监管平台构成的有线数字电视技术新体系。其二,探索出了有线电视数字化整体转换模式,初步走出了一条符合中国国情的有线电视数字化发展的路子。所有试点单位都建立了有线数字电视技术平台,18 个城市和省区召开了物价听证会,青岛、佛山、杭州、深圳、绵阳、梧州、南阳等城市已完成整体转换,进入了开展多种业务、拓展服务领域的新阶段,大连、太原、广西、广东、重庆、天津、上海、云南、四川、遵义、厦门、泉州等地区正大力推进整体转换。其三,广电总局已批准建立了三家全国性付费频道集成运营机构,批准了138套数字付费节目(付费电视121套、付费广播17套),已开播了107套(付费电视94套、付费广播13套),数字付费电视稳步发展。其四,按照"以信息化推动数字化,以数字化促进信息化"的总体思路,各地有线数字电视不断开发信息服务内容,为用户提供丰富的电子政务、文化教育、生活信息、电视商务、娱乐游戏等多种信息服务,使家家户户的电视机变成了家庭多媒体信息终端,为党和政府联系群众提供了新的桥梁纽带,推动了城市信息化和社会信息化进程。其五,国家广电总局出台了一系列推进数字化的技术、节目、运营以及产业政策、标准规范和管理法规,争取了有利的资费和财税政策,为促进和规范有线数字电视发展创造了良好的政策环境。鉴于以上成果,广电总局将不再审批有线电视数字化试点,而开始在全国范围全面推开有线电视数字化。

第二,启动了地面数字电视,加快了广播电视台的数字化和网络化。2006年8月,中国颁布地面数字电视广播传输标准(GB20600 – 2006),随后广电总局编制了十多项配套标准,研究确定了国标应用的主要工作模式和实施方案。2008年1月1日,北京地区开始播出数字高清晰度和数字标准清晰度电视节目,这标志着中国地面电视数字化转换工作的正式启动。2008年北京奥运会期间,中国采用地面数字电视国标播出奥运体育节目,北京、天津、上海、沈阳、青岛、秦皇岛等6个奥运城市和广东省的广州市、深圳市在奥运期间开播地面高清电视节目。另外,为了推动广播电台、电视台的数字化、网络化发展进程,广电总局在全国12个电台和20个电视台建立了实验基地,通过转变传播的生产方式和再造台内的业务流程,有效推动了台内节目制播的互联互通和资源共享,为中国广播电台、电视台从单一传统业务模式向为多种终端提供多种业务模式转变提供了有力的技术支撑。

第三,网络媒体的兴起,使网络广播、网络电视与传统广播电视有机融合。不用电视机,只用一台连接互联网的电脑,就可以在"国际在线"、"中国广播网"、"央视国际"等站点上收听广播、收看电视,利用类似PPLIVE等网络电视播放软件,甚至可以从几百个频道资源中自由点击收看电视节目或滚动播出的专题栏目。与此同时,IP电视、通信方式手机电视等新媒体业务也发展迅速。目前,广电总局批准了190家互联网站从事视听节目传播业务;批准了中央电视台、上海文广集团、南方传媒集团和杭州广电集团与电信部门合作,开展IP电视业务;批准了中央三台、上海文广集团在全国范围内开展通信方式的手机电视业务,批准北京、广东等省级电视台在本地开展通信方式的手机电视业务。①

第四,直播卫星技术的完成和产业化发展趋势,为广播电视公共服务提供了技术保障。直播卫星是扩大广播电视覆盖、实现城乡基本公共服务均等化、提高"村村通"水平最经济有效的手段。根据国家对卫星直播的安全要求,有关单位在广电总局的组织下研发了具有自主知识产权、达到国际先进水平的新一代先进卫星传输技术(ABS-S),并在此基础上确定了中国卫星直播技术标准。与此同时,国内多家企业已成功研制开发了基于 ABS-S 技术的芯片和接收机,具备了规模生产的能力。同时,直播卫星村村通平台正在建设,已从技术和产业化方面为开展卫星直播村村通业务做好了准备。直播卫星的启用将从技术上根本解决听广播看电视难的问题。

为了增强广播电视行业发展的内驱力及长效性,除了加快新技术的推广应用,把最新科技成果迅速转化成广播电视的生产力之外,还要从技术层面规范传播秩序,确保安全播出,通过建立健全的广播电视安全播出应急指挥体系,加强组织与协调,保证人民群众稳定的收听收看广播电视节目。

从国际形势来看,西方敌对势力从没有停止利用广播电视对中国进行西化和渗透。目前,美国之音、自由亚洲电台、英国 BBC、达赖电台、法轮功电台在中国共设有 31 个转播台,每天使用普通话和 5 种中国方言、174 个频率对中国播出 62 小时 35 分钟,同时在中国上空的 419 个卫星电视频道中,其中仅美国就有104 个。2002 年以来,境外敌对势力更是有预谋、有组织、持续疯狂的对中国广电传输覆盖系统进行了高达 400 多次的攻击破坏,因此,反西化、反分化、反渗透、反破坏是广播电视安全播出工作面临的一项长期且艰巨的任务。在这方面,中国广电系统近年来取得了很大突破:首先,调整了安全播出的工作思路,由过去的结果管理、局部管理转变为过程管理和全系统的综合管理。其次,各级广电部门成立了安全播出调度指挥机构,建立完善了监测手段和健全的应急预案,初步形成了反应快捷、指挥有力、调度灵活、令行禁止的覆盖全国的调度指挥和管理机制。再次,2007 年国家加大投入,发射了两颗广播电视专用卫星,实施了新中国成立以来最大的全国转星调整工作,完成了所有节目转星、地球站上行并发和 2000 多万个卫星接收设施的调整任务,从而加强了无线、有线监测网、预警发布系统及卫星上行站的基础设施建设,提高了卫星上行实力和快

---

① 张颖洁:《网络新媒体遭遇"中国式成长"》,《通信信息报》2008 年 4 月 30 日。

速反应能力,从技术上根本解决了卫星节目的安全传输问题。最后,加大了广播电视"走出去"工程的实施力度,加大了中国广播电视节目在海外的覆盖落地,增强了国际舆论影响力,逐步改变了国际舆论西强我弱的局面。

四、在内容上,公共产品和服务繁荣丰富,创作质量不断提高

是否提供公共产品与服务,这是媒介的功能定位;如何提供公共产品与服务,这是媒介的制度设计;提供何种公共产品与服务,这是媒介的内容。说到底,媒介只是载体,内容才是媒介的灵魂所在。

经过五十多年的发展,中国的广播电视节目已经形成了比较完整的内容体系,尤其是改革开放以后,不断与国际广播电视业接轨,产生了一大批符合观众需要,丰富多彩,各式各样的电视节目。由于不同类型的节目所承担的职能、发挥的作用、发展的方向不尽相同。所以,要探讨如何通过改善广播电视节目内容来加强公共服务水平的问题,就必须分别讨论不同类型的广播电视节目的公共服务功能。以内容类型为标准,可将中国广播电视节目分为以下几种:(1)新闻类节目:包括消息类电视新闻栏目、专题类电视新闻节目、电视新闻现场直播等类型;(2)服务类节目:包括综合杂志类服务节目、旅游节目、电视气象节目、医疗保健节目、房产家居节目、导视节目等类型;(3)社教类节目:包括电视教学节目、电视纪录片、公益广告和各种针对青少年人群的科教节目;(4)文艺类节目:包括综艺晚会、文艺专题和音乐、舞蹈、文学、美术等专题节目;(5)电视剧:包括电视连续剧、电视短剧、电视电影等。值得注意的是,新闻类节目由于提供各种新闻信息并加以分析评价,所以对舆论影响较大,是主体性的公共服务形式;其他四种类型广播电视节目的功能主要体现在如何制作健康向上的内容,如何提供高质量的公共服务上。

(一)新闻类节目与公共服务

广播电视新闻节目具有电波媒介的技术特点和新闻节目的内容特点,这两方面的特点使得这类节目在公共服务中的优势非常明显:首先,广播电视新闻具有无与伦比的时效性,可以将各种重要的事实报道、决策信息第一时间传达给广大受众;其次,广播电视新闻报道具有丰富多样的传播符号和传播方式,可以达到较好的传播效果;第三,观众的多层次参与,保证了群众性原则的实现,也保证了公共服务原则落到实处;第四,多种多样的广播电视新闻报道方式,如深度报道、追踪报道、连续报道、系列报道、新闻谈话等,保证公共服务在多个层面立体化的展现在观众面前。

广播电视新闻消息是综合利用文字、图像、音响等符号,用相对简短的形式,向公众提供新近或正在发生的,有知晓意义的新闻信息的节目类型。近年来中国消息类广播电视新闻栏目的快速发展主要体现在两个方面:首先是综合性的新闻栏目逐渐丰富,在数量和质量上都有很大进步。1993 年开始,中央电视台一套节目通过增设整点新闻使新闻播出从每天 4 次增加到每天 12 次,随后的几年中又陆续推出了一些大型的综合性新闻栏目,包括《世界报道》、《新闻30 分》、《现在播报》、《早新闻》、《国际时讯》、《晚间新闻》、《体育新闻》、《午夜新闻》等等。2003 年,中央电视台新闻频道正式开播,真正实现了新闻的滚动播出,实效性、快节奏、大信息量开始成为综合性电视新闻栏目追求的目标。与此同时,地方电视台也开始积极探索新闻栏目的改革,除转播中央电视台《新闻联播》和本省的综合新闻外,大都自办了早间、午间和晚间各个时段、风格定位不同的新闻栏目。其次是各种专业新闻栏目开始出现。伴随从中央到地方的频道专业化浪潮,中国广播电视节目的专业化程度开始提高。随着一系列专业频道的设立,《中国财经报道》、《中国房产报道》、《体育新闻》、《中国电影报道》、《农业新闻》、《军事报道》等针对专门受众群体的节目开始大量出现。这些节目不仅提供了专业信息,还注重了在节目制作上的风格化、灵活性和个性化。

广播电视新闻专题是"对新闻事实作比较详尽而有深度的报道。专题报道的题材多数是新近发生发现的具有典型意义的人和事。它以较为详细、系统的解释、分析,比较深入完整地反映新闻典型的发生发展过程"①。从 20 世纪 90 年代开始,伴随着《焦点访谈》、《新闻调查》等类似节目的出现,广播电视新闻专题这一新的节目形式开始引起人们注意。巨大的信息容量、深入的调查分析、典型的人物、事件使得新闻专题节目的舆论影响力不断提高。怎样结合专题类新闻节目的特点,利用专题类新闻节目的优势改善舆论环境、加强新闻事业的指导性和群众性,成为广播电视公共服务的一项重要课题。

从 20 世纪 90 年代开始,现场直播已成为中国电视新闻报道的重要手段。一方面,直播将潜在的电子媒介传播优势发挥到了极致,使信息传播的空间障碍减少到近乎为零,在技术层面上与广播电视新闻的发展逻辑一拍即合;另一方面,无远弗届的区域内,难以计数的人们在同一时间关注正在发生的事件的进展,也带给新闻从业者们对舆论和影响力的无限遐想。因此,从"九七回归"到三峡截流,从攀登珠峰到抗击"非典",从伊战硝烟到"神六"升天,广播电视

---

① 赵玉明主编:《广播电视简明辞典》,北京:中国广播电视出版社 1989 年 8 月版,第75 页。

新闻没有错过任何一次用直播展现历史的机会。

（二）服务类节目与公共服务

广播电视服务节目指的是"以实用性内容为主,直接为观众日常生活、学习、工作服务的电视节目。这类节目通过传播信息、解答问题和反映群众呼声、帮助受众解决日常生活、工作和学习中的各种实际问题,为社会提供直接、具体的服务。节目注重实用价值,力求满足现实生活中的各种服务需求"①。经过几十年的发展,中国广播电视服务类节目已经形成了众多类型,每一种节目类型用不同的节目内容和相应的节目形式服务于观众的不同需求,因而在公共服务中也具有不同的特点。从大的角度看,广播电视服务类节目可以分成两种类型,即综合类和专业类。

综合类的广播电视服务节目以杂志性节目为主。这些节目大多以若干小的专业板块构成,主要为普通观众提供衣食住行等全方位的服务。当代我国的杂志性服务节目以其内容的综合性、贴近性和风格的生活化、时尚化成为广播电视服务类节目中的主流。从发展趋势来看,这类节目越来越注重包装设计的个性化和节奏的紧凑性,很多节目大量运用情景再现等拍摄手段配以平民化的解说和主持评述。典型的综合类广播电视服务节目有《生活》、《为您服务》等。

专业类广播电视服务节目是广播电视市场化改革的产物。从 20 世纪 90年代开始,随着传媒业受众市场的细分化,一批服务于群众生活和业余爱好各个领域的节目开始出现。从内容上来分,这类节目主要包括以下几种:(1)介绍旅游信息、播放风光片,融知识性、趣味性和审美性于一体的旅游节目。影响较大的电视旅游节目有中央电视台的《体验中国》、《走进香格里拉》、《正大综艺》、上海卫视的《假日上海》、江苏台的《勇者胜》、旅游卫视的引进节目《玩转地球》、《急速前进》等。目前这类节目中已经出现大量游戏性、益智性和娱乐性的元素,以期更好地吸引和服务观众。(2)将气象科学与电视手段完美结合,提供大信息量全方位气象服务的电视气象节目。比较典型的气象节目有中央电视台的《天气预报》、《天气·资讯》、《今日气象》、湖南台的《星气象》、南京台的《气象新感觉》等。目前这类节目在服务观众日常生活的基础上呈现出两个发展方向,一是向科普知识的方向发展,像 CCTV－10 的《今日气象》就在向气象科普专题片、纪录片的方向靠拢;二是出现了娱乐化的倾向,《星气象》、《气象新

---

① 赵玉明、王福顺主编:《广播电视辞典》,北京:中国传媒大学出版社 1999 年 10 月版。

感觉》等节目开始在主持人、音乐、图像、动画等方面动脑筋,以期让气象节目提供服务信息的同时更加吸引观众。(3)介绍医学常识、提供疾病预防和健康知识的医疗保健类节目。随着我国群众生活水平的提高,其医疗保健意识逐渐增强,对各种医疗保健信息的需求开始增加。在这样的背景下,各级各地电视台都开始常识开办医疗保健类节目。其中较有代表性的包括中央电视台的《健康之路》、《大话养生》、《中华医药》、中国教育电视台的《健康新时尚》、北京电视台的《专家门诊》、山东电视台的《电视门诊》等。(4)介绍饮食文化和家庭烹饪知识的美食厨艺节目。这类节目注意实际操作知识和饮食文化、健康知识的介绍,通常会营造温馨、时尚的节目气氛,并且逐渐添加趣味性、娱乐性的元素。典型的美食厨艺节目有中央台的《天天饮食》、北京台的《食全食美》、重庆台的《食在中国》、上海台的《洋厨房》等。(5)介绍置业安居信息,提供房屋装修、装饰指导信息,服务于年轻创业人群的房产家居类节目。这类节目一方面提供各种房地产和置业的信息,一方面介绍如何布置房屋,以实用性和时尚气息吸引观众,近年来出现的家居节目还逐渐加入了游戏互动的元素。房产家居类有代表性的节目包括天津台的《百姓家居》、云南台的《房市直通车》、福建台的《房产报告》、中央台的《交换空间》等。(6)为农民提供农业科技知识和农村生活各种服务的农民节目也是广播电视服务类节目中的重要组成部分。在广大农村,农民们接触先进的生产、生活信息相对困难,而广播电视恰好可以利用电子传播的优势将农民最需要的信息传播过去,其传播的最主要、最有效的形式就是专门的广播电视服务类节目。服务农村节目的典型代表是中央电视台的《金土地》节目。各个地方台也都有专门的广播电视栏目承担这项有意义的工作。

当前中国的广播电视服务类节目已经展现出了实用性、科学性、生活化、平民化和互动性等特征。从内容上看,各种服务节目能够切实贴近群众的生活和工作需要,在生活中寻找节目线索,为广大电视观众提供各种帮助和信息指导,已经成为群众的好帮手和生活中的一部分,这一点体现了中国广播电视公共服务中贴近群众、贴近生活的特点。从形式上看,各种生活化、平民化风格节目的出现具有时代气息,符合观众接受心理,特别是其中加入的一些趣味性和互动性的元素使得观众在获得实用信息的同时放松身心,达到非常好的传播效果。从服务的对象来看,中国各个阶层、各个领域的群众都有需要、也有权利享受广播电视带来的各种服务。特别是在媒介市场化环境下,妇女、儿童、老年人、农民等群体能否充分接触有价值的信息,利用广播电视为自己服务成为公共服务工作需要加以重视的重要问题。

（三）社教类节目与公共服务

从广义上理解,社教节目是与新闻节目、文艺节目相并列的,中国广播电视节目的三大板块之一,它不仅仅包括各种以科学教育为主要内容的节目,还包括其他与知识普及有关的节目类型,如各种信息服务类节目和益智类、竞猜类节目等。这类节目"熔思想性、知识性、科学性、艺术性、趣味性、时宜性、娱乐性、欣赏性于一炉,是目前广播电视节目中,栏目较多、每天播出时间较长、比较重大的一个节目群"①。本文所讨论的广播电视社教节目主要是狭义上的社教节目,概括地说,是利用各种广播电视表现手段向人们提供私人生活以外的各领域科学文化知识,并宣传科学思想、科学价值观的节目类型。

传播科学文化知识是大众媒介重要的功能之一,而广播电视媒介本身具有丰富的表现能力和高效的传播能力,正是科教知识传播的理想途径。从中国创办广播电视事业的时代开始,社教节目就一直是广播电视节目中的重要力量。最初的广播电视社教节目偏重科技知识的一般性和概貌性介绍,多以纪录片的形式在电视中播出。到了20世纪90年代以后,广播电视社教节目在质与量上都有明显提高。广播电视台开始注意以贴近观众生活,符合观众认知水平和认知习惯的方式制作和播出各种内容和体裁的社教节目,并在节目中添加各种趣味性元素,如《科技博览》、《探索·发现》等节目都创造了很好的收视率成绩,且社会美誉度较高。中国社教类节目的真正繁荣与广播电视频道专业化时代的到来密不可分,从中央到地方各种专业化的科学、社教类频道的出现,中国教育电视台的上星等,给社教类节目的发展带来了广阔的新空间,使得观众们有了固定的通过广播电视吸收科学文化知识的平台。

社教节目发展到今天主要形成了四种类型:(1)广播电视教学节目;(2)广播电视纪录片和专题片;(3)公益广告;(4)针对儿童和青少年的各种益智和科普节目。普及科学文化知识本身就是具有公共服务职能的广播电视机构的一项非常重要的宣传任务,在科教兴国成为中国基本国策的历史条件下,为群众创造一个沟通知识、接近科学教育的平台,更是电视机构责无旁贷的使命,因此,社教类节目在公共服务中的作用体现在如下几个方面:首先,利用电视媒体图文、声像并茂的传播优势在广大群众中传播科学文化知识,集中体现了中国广播电视公共服务的职能和全心全意为人民服务的宗旨。其次,社教类节目可以很好地配合党和政府的各项方针政策,用科学的事实和详细的分析加强方针

---

① 杨伟光主编:《中国电视论纲》,北京:中国广播电视出版社1998年8月版,第173页。

政策的说服力,降低政策在社会上执行的成本。第三,社教类节目以科学知识为后盾,以科学实证的事实为论据,对于激浊扬清、弘扬社会正气也会起到非常重要的作用。第四,制作精良的社教类节目不但可以向公众传播科学文化知识,还可以带给观众美的享受和对健康生活的感悟。最后,科教兴国是中国的一项重要国策,而科学教育不应该仅仅是科学文化知识的传播,更重要的是要让全民族、全社会接纳科学的精神、科学的思想和科学的价值观。在广播电视公共服务过程中,社教节目可以在传播知识的同时用各种手段感染观众、吸引观众,为社会营造文明、和谐、健康的氛围,对提高群众的综合素质和加强社会主义精神文明建设都将起到重要的作用。

(四)文艺类节目与公共服务

广播电视文艺节目是以歌舞、曲艺、文学、美术等各种传统艺术形式为创作素材,运用电视独特的表现手段进行二次创作,并通过电波或数字技术进行传播,带给观众艺术审美享受的广播电视节目类型。虽然广播电视文艺节目的制作目的和制作手段都大致相同,但还是在漫长的发展过程中形成了内容、形态、风格各异的节目类型,从节目制作和播出的形态上对电视文艺节目进行划分大致可以分成综合文艺晚会和专题类电视文艺节目两大类。

综合文艺晚会指的是在文艺演出现场用广播电视直播或录播的各种技术手段,以主持人串联的形式,制作融各种艺术门类为一体,艺术性、娱乐性兼备的广播电视文艺节目。按照各种综艺晚会的主题特点,可将综艺晚会分成节庆、纪念日晚会,专题文艺晚会和电视综艺栏目三种。广播电视文艺是一种充分体现了广播电视媒介优势和社会影响力的节目类型。通过广播电视的传播,原本"居庙堂之高"才可以获得的艺术审美享受开始进入广大人民群众的生活之中,这种优势使广播电视文艺在公共服务领域内占据着重要的位置。一方面,优秀的广播电视文艺节目为各种门类的艺术形式提供了更加广阔,更有影响力的舞台,从而繁荣了中国文艺事业的发展,对于建设精神文明、构建和谐社会有着重要的意义。另一方面,广播电视文艺节目对提高国民文化素质和文化品位,促进传统文化的传播有着重要意义。

(五)电视剧与公共服务

"电视剧是融合了文字、戏剧、电影的诸多表现手法,运用电子传播的技术手段,以家庭传播为其主要特征的一种崭新的综合艺术样式"①,它"是为电视

---

① 赵玉明、王福顺:《中外广播电视百科全书》,北京:中国广播电视出版社1995年1月版,第158页。

台播映而编写、录制的戏剧"①。

经过几十年的发展,当前中国电视剧无论从题材上还是从形式上都已经形成了比较完备的类型。如从电视剧的制播形式上看,我国的电视剧已经形成了电视短剧、电视单本剧和电视连续剧三种类型。按题材来分,当前我国电视剧的热播题材主要包括以下几种:(1)主旋律题材电视剧:主要包括歌颂先进人物和事迹的电视剧(如《任长霞》、《生命烈火》、《西部警察》等);军旅题材的电视剧(如《和平年代》、《红十字方队》等);红色经典历史剧(如《林海雪原》、《红色娘子军》等)。(2)涉案题材电视剧:近年来,随着中国市场化水平不断提高,社会上的各种丑恶现象、道德问题也越来越引人关注。各种刑侦、反黑、反腐、监狱题材的电视剧也越来越受到观众喜爱。(3)青春偶像剧:受到日韩影视作品的影响,针对年轻人群的青春偶像剧也在努力开拓电视剧市场。(4)家庭伦理剧:从《渴望》开始,以讲述小人物、小事件和家庭亲情、爱情关系为主要内容的家庭伦理剧就开始成为观众最喜爱的电视剧类型之一。2000年以后,《空镜子》、《至爱亲朋》、《婆婆》等电视剧的播出又使这类电视剧成为收视的热点。(5)古装电视剧:古装电视剧包括各种历史剧、武侠剧和古代文学作品的改编剧等。各类不同电视剧不仅丰富了荧屏,也充实了人们的精神生活,满足了各类人群的多元文化生活需求。

五、在人员上,队伍专业化水平不断提高,人才发展环境得以优化

人是广播电视运行的血液,是最活跃和最具创造力的第一资源,也是推动广播电视发展、提高公共服务质量及水平的第一推动力。随着广播电视数字技术、网络技术以及视听新媒体业务的快速发展,加快建设一支规模适宜、素质优良、结构合理、分布均衡的人才队伍显得尤为重要。

中国广播电视行业的人员了经过几十年的发展,尤其自改革开放以来,人才队伍发生了很大转变:其一,过去,广播电视行业在人员聘用及待遇上非常讲求资历,新闻单位有很多经验丰富的老记者,如今,35岁以下人员占近总人数一半,通过向社会公开招聘年轻的新闻工作者,广播电视行业人员整体的平均年龄向年轻化方向倾斜。其二,随着全国许多高校相继成立新闻与传播专业,专业的新闻人才不断增多,在岗位构成上,各类专业技术人员占50%以上,更多的新闻工作者成为科班出身,具备了专业化的背景知识及采写技能。其三,加强

---

① 中国社会科院语言研究所词典编辑室编:《现代汉语词典》,北京:商务印书馆1997年5月版,第285页。

了记者证和记者站的管理,以期防止因市场化的负面影响而导致新闻质量的下滑。由于新闻记者的工作性质常涉及重要的公共利益而备受社会瞩目,因此,为了规范新闻记者的行为,提高新闻报道的质量,从 2003 年 11 月起开始,全国各新闻机构陆续向符合换发条件的新闻采编人员发放新版的新闻记者证。到 2005 年 1 月底,经审核发放的新版记者证已达 146541 件,其中,报纸和新闻性期刊领取新版记者证的有 7 万多人,电台和电视台有 6 万多人,通讯社约有 2000 人。这次记者证的换发,是对记者证的制作、发放、审核、管理等进行了一系列重大变革。与此同时,新出台的《新闻记者证管理办法》及《报社记者站管理办法》于 2005 年 3 月 1 日开始实施,至此,旧版记者证一律作废,今后每 5 年进行一次换发新闻记者证的工作。其四,编辑记者、播音主持人资格考试和执业资格注册工作的规范展开有效促进了广播电视人才队伍的专业化建设。全国首次广播电视编辑记者、播音员主持人资格考试于 2005 年年底举行,这次考试向全社会开放,即只要符合要求,任何人都可以参加。我国记者资格证书分为初级、中级、高级,逐步代替现行的职业职称评定,对目前的从业人员将给予 5 年的过渡期。今后,依法设立的广播电视节目制作、播出机构未取得执业资格的人员,必须通过广播电视编辑记者、播音员主持人资格考试,取得相应的资格考试合格证,并通过所在单位向省级广播电视行政部门申请注册,才能从事采访编辑和播音主持工作。其五,为了推行广播电视公共服务工作的展开,各级广电部门认真开展"村村通"、"西新"、"安全播出"、"走出去"等工程专业人才培训,有力配合并促进了广播电视重点工程的深入。其六,近几年,国家相继出台了《公务员法》、《深化干部人事制度纲要》、《党政领导干部竞争上岗暂行规定》等法律法规,领导干部竞争上岗力度不断加强,聘任管理改革进一步推进。在广电系统,以推行聘用制和岗位管制度为重点,深化事业单位人事制度、收入分配制度等各项改革取得初步成效,人才工作机制不断完善。

第五节　中国广播电视公共服务存在的问题

无数的报告及报告中的数据都证明了,中国广播电视事业的发展取得了很大成就,尤其自改革开放以来,在市场经济体制下,产业化的发展定位使广播电视事业的前进有了内在的驱动力,并为公共服务提供了更多资金、技术、人员上的支持。但是,广播电视公共服务在现实中还存在种种无法绕道回避的问题。

一、在管理体制上，多头管理造成管办不分、政事合一、企事合一的局面

中国的广播电视管理体制始于新中国成立之初，完善于20世纪80年代。1983年，中共中央发出《关于批转广播电视部党组〈关于广播电视工作的汇报提纲〉的通知》（〔1983〕37号），随后逐步形成了"四级办广播、四级办电视、四级混合覆盖"的方针，确立了"四级办台、四级管理"的新体制，即中央、省（自治区、直辖市）、市（地、州）、县（市）四级办广播、四级办电视和四级广电行政部门管理广电事业的体制，并在广播电视机构的性质问题上，提出了"双重职能"的思想，即中央和地方各级广播电视机构既是新闻宣传机关，又是事业机关，中心工作是宣传，形成了新闻宣传、事业建设和行业管理"三位一体"的完全行政性的管理体制。这种管理格局是计划经济模式下的产物，曾富有成效地保障了作为公共服务机构的广播电视事业的顺利发展，但是，随着市场经济体制改革的深入，特别是加入WTO以后，传统管理模式的弊端逐渐突显：一方面，由于中国广播电视的管理来自于同级政府、同级党委和上一级行政管理部门，三者首先关心的管理问题分别是创收、宣传和电视覆盖率，三头管理不仅难以形成管理合力，而且管理与被管理关系错位，造成政府定位不清、角色不明、职能混淆，无法有效对广播电视行业进行管理并实现公共利益的最大化。另一方面，管办不分、政事合一、企事合一，政府既是"裁判员"，又是"运动员"，出台的政策措施往往保护本级利益，损害下级利益，使得行政管理缺乏公正性、权威性和有效性。

为了克服传统管理模式的弊端，党的"十六大"以来，行政管理体制改革和文化体制改革被提到党和国家重要议事日程，其改革的整体思路表现为三个方面：第一，理清党政事企的关系，即明确各级党委宣传部门、广播电视行政主管部门、广播电台电视台和广播电视企业四者各自的定位和职能。具体而言，中央和地方各级党委宣传部门，是同级党委的职能部门，代表党委对辖区广播电视宣传工作实行政治领导，不直接操办和管理广播电视宣传的业务工作；中央和地方广电行政部门，是同级政府主管广播电视工作的行政主管部门，受同级党委和政府的领导，履行政府的依法行政职能，对辖区的广播电视业进行归口管理；各级广播电台、电视台或广播电视总台、事业性质广电集团，是组织实施广播电视宣传工作的事业法人单位，宣传上应接受同级党委宣传部门的领导和指导，行政上应接受同级广电行政部门的领导和管理，搞好事业建设、安全播出

和公共服务;中央和地方广播电视企业单位,是广播电视产业的经营实体,应对出资人负责,同时接受广电行政部门的行业管理,致力于广播电视产业经营开发。第二,逐步实行"三个分开",即政企分开、政事分开和管办分开,转变政府职能,将属于政府的职能回归到广播电视行政部门;将属于企事业单位和中介机构、社会组织的职能移交到相关企事业单位和中介机构社会组织。广播电视行政部门要从"广播电视主管部门"向"主管广播电视行业的部门"转变,从管系统向管行业转变,并且强化"管"的职能,改善"管"的手段。第三,构建公共服务、市场运营、政府监管及中介社会服务四大体系,明确作为公共性质的广播电视媒介和商业性质的广播电视媒介之间的关联,将竞争机制引入广电公共服务领域,实现公共服务单一主体向多元主体过渡,形成公共服务多元互动的局面。

事实上,市场改革在打破僵化的管理体制、促进公共服务灵活样和多样性的同时,也使公共服务理念在平等方面遭遇挑战:一方面,计划经济和工业化建设时代为解决交易费用过高而形成的地方财政分权制度使得广播电视系统的财权和事权过度下放,市场化以来后,这种制度安排带来了地区间广播电视事业发展的严重失衡,富裕地区和贫困地区的公民同等享用公共信息服务的权利得不到保障。另一方面,作为阅听人且具有完整权利的公民变为消费者,由此带来一系列基于人口统计学的所谓"受众细分"方式,在这一过程中公共服务体系被逐渐消解,市场经济改革下营利的动力在一定程度上超过了公共服务非营利的目标,这使公共服务的节目内容在数量和质量上有所下降,或者沾染上部分商业化的色彩。

二、在技术结构上,条块分割的格局造成城乡网络分布不平衡,无线覆盖率下滑

中国的广播电视网是建立在"条块结合,以块为主,分级管理"的宏观管理体制和"四级办"事业发展方针基础上的,这种管理体制和发展方针在促进中国广播电视事业飞速发展的同时,也形成了条块分割、地区封锁、地方保护、行政壁垒的广播电视事业格局,造成了又散又滥、重复投资、重复建设、无序竞争的局面,而且在不少地方,网络的分割是以区县甚至更小的范围为单位的,城乡发展不平衡,城市平均入户率为 60% ,而农村仅为 12% 。[①]

---

① 蔡文忠:《我国广播电视公共服务体系的现状分析》,《福建广播电视大学学报》2007年第 2 期。

为了转变广播电视发展中"重城市、轻农村"的偏向,加强广播电视公共服务的职能,解决农村地区收听广播收看电视难的问题。虽然"村村通"工程取得了很大成效,广播电视在城乡之间发布不平衡的状况得到一定改善,但由于"村村通"工程重盲区,而对其他90%以上农村人口的无线覆盖重视不够,导致无线覆盖率下滑,这非常不利于广播电视公共服务在全国的展开。原因在于,无线不仅是广播电视覆盖的最初方式和主要手段,也是广播电视事业发展及各级政府为人民群众提供公共文化服务的重要组成部分。虽然国务院下发通知,要求"村村通"工程采取无线、卫星、有线等多种建设方式,但由于我国农村占据了全国三分之二的人口,地理形势非常复杂,各地区经济文化发展水平参差不齐,因此,对于广大农村地区而言,无线仍是听广播和收看电视的主要方式。

事实上,有线与无线各有各的定位。通过无线,人们打开收音机、电视机就能免费听到广播、看到电视,不能因为有线网络在城市的大力推广,就忽视无线覆盖的扩展,尤其是在农村地区,更不能因为有些富裕地区看上了有线电视,就停播无线电视,无线覆盖在农村具有不可替代的作用。另外,需要强调指出一点,无论是普及基本的无线覆盖,还是加快数字技术的应用推广,只有技术上的传播和接受可能性是远远不够的,技术本身的进步和覆盖范围的扩大并不是保证公共服务水平和质量的充分必要条件。不过,由于受技术决定论的思维定势影响,有些广播电视管理者把技术覆盖和技术进步本身当作公共服务的主要任务,从而忽视了公共服务的其他方面。这些年来在广播电视公共服务中提出了"村村通"、"新农村"、"数字化"、"全面覆盖"等概念,对于解决偏远地区居民的基本收视问题作出了很大的贡献。但是,更重要的是利用这些技术平台我们给当地群众提供的是什么样的节目内容,是否适合当地人的生活,是否有利于基层宣传工作开展和群众对媒介的参与,是否有利于促进中国政治民主化建设,等等,因此,在硬件水平为提高公共服务职能搭建了工具平台的"快车道"后,技术进步必须与宏观的管理体制、微观的服务内容等其他方面相结合,才能发挥技术服务于公共的目标。

三、在内容上,节目走向庸俗化、娱乐化、同质化,虚假、低俗广告泛滥

改革后的广播电视业取得了巨大发展,不仅广播电视行业的专业化水平有了很大提高,频道数量、节目资源及内容形式都有了明显改善。尤其自1998年以来,"村村通"、"新农村"、"数字化"、"全面覆盖"等概念在广播电视工作中的

提出,对于解决农村偏远地区居民的基本收听收视问题作出了很大贡献。但值得注意的是,对于奉行均等化原则的广播电视公共服务来说,只在技术层面做到全面普及和覆盖是远远不够的,更重要的是这些技术平台背后传递的内容。通过综合利用无线、有线、卫星等多种手段,中国的广播电视节目虽然不断丰富多元,但身处市场经济体制改革进程之中,内容发展方面仍然存在一些问题。

第一,节目品位低俗化、泛娱乐化现象严重。20 世纪 90 年代以来,随着中国传播业市场化、娱乐化潮流的蓬勃兴起,节目形式和内容呈现"软"化倾向,甚至新闻节目也向"软新闻"靠拢,在人们惊呼节目比以前更灵活、更好看之际,低俗化现象伴随而生,成为市场化、娱乐化潮流变异后的产物。事实上,节目内容多一些娱乐成分本无可厚非,但市场化条件下为追求高额的市场份额,吸引更多听众和观众,娱乐化走向极端成为"泛娱乐"后,就为低俗化现象的泛滥打开了大门,尼尔·波兹曼的"娱乐至死"名言就是对这种现象最悲观的预言。如果说,非娱乐性节目呈现出泛娱乐化的倾向,那么有些娱乐节目本身更是消解了"娱乐"本身的积极意义而走向庸俗化,成为刺激收视以谋取金钱的商品,这主要表现为七个方面:以"性"为看点,狂打擦边球;以残忍为噱头,发掘人性之恶;极尽窥探之能事,挖掘公众人物隐私;以恶搞、整人娱乐观众;颠覆传统,挑战道德,发掘"丑闻"、"丑态";以奇装怪行、言语无忌吸引眼球;以高额大奖刺激观众收看,宣扬日、韩享乐方式。由此可见,如今的娱乐节目"思想淡出对话,内容淡出形式,感性驱逐理性,夸张取代真实,搞笑胜过幽默,表象打败内涵,形而上的关怀让位于形而下的自娱自乐",娱乐传播"繁华"的背后是思想和艺术的"贫乏"①。究其原因,主要是在广播电视体制改革过程中没有明确广播电视台的社会属性和商业属性。有些媒体只重视经济效益,不考虑或很少考虑社会效益,甚至忘记了中国新闻媒体的根本任务所在,在改革过程,当广播电视台适应市场经济体制转型而走向商业化、企业化运作之后,高利润的引诱及确保市场地位,一些广播电视台并始极尽所能追求"眼球效应",通过市场调查和受众反馈机制了解受众的口味和兴趣,经济利益的诱惑超越了社会效益的责任。

第二,节目形式、内容同质化现象愈演愈烈。求变求新,不墨守成规,使创意当道,这是广播电视在提供公共服务时内容多样化的表现。但是,当下却存在一个悖论:当许多观众打开电视机,用遥控器在几十个甚至一百多个电视频道间不断跳动时,人们看到的是:一部电视剧在多个频道不同进度的播出,一种

① 《文化工业下的新闻娱乐之舞》,《青年记者》2007－01－26。

形式的谈话或娱乐节目在多个频道看到相似的面孔，一位节目主持人的风格可以在多个频道看到类似的模仿。因此，当频道越来越多、节目看似越来越丰富的同时，无内容可看却成为了人们的困惑。究其原因，主要是广播电视节目多而不精，雷同趋势明显，节目形式和内容的克隆化现象非常严重。例如，《超级女声》、《加油！好男儿》、《舞林大会》相继推出后，跟风现象随即出现，导致一时间荧屏充斥着与其类似的各种选秀节目，观众应接不暇而产生审美疲劳。

第三，节目评估唯收视率马首是瞻。广播电视产业化和市场化之后，收视率的高低与广告收入的高低成正比，这直接关系着广播电视台的经济效益。为此，很多广播电视台实行末位淘汰制，很多节目不得不为收视率而使出浑身解数，甚至降格以求迎合观众口味，娱乐节目的品格下降，节目制作人员的敬业精神、社会责任感、传媒的整体道德水准整体下降，广播电视行业弥漫着一种浮躁之气，从而导致上述所说的节目低俗化、娱乐化、同质化的问题。出现这种现象的一个根本原因在于，没有认识到中国广播电视业的特殊属性，片面追求收视率等短期经济利益而忽视了社会效益。与西方大多数国家广播电视体制不同的是，中国的广播电视台并非一个单一的企业属性，它还承担着党的喉舌及服务公众的责任，因此广播电视台的核心业务并没有向市场力量放开，它还必须承担为广大的人民群众提供高尚有益的精神食粮这一使命。因此，收视率等市场化评估机制的引入是为了更好地了解受众的心理和精神需求，发挥广播电视机构的公共服务职能，为人民群众提供更多更好的节目内容，而不是作为捕获受众注意力从而扩大市场份额、赢得更多利润的工具。

第四，大量虚假节目涌现。在广播电视传播的过程中，过度娱乐化的制造者简单追求娱乐效果，而将某些虚假的信息传递给大众。如在某些电视谈话节目中，许多谈话现场踊跃发言的人都是事先安排好的"话托儿"；许多电视晚会为了保证不出岔子，就事先将演员的节目录好，唱歌的只用在台上拿着麦克风对口型；而有难度的节目则通过现场镜头的切换造出一种现场的感觉，实际上播放的也是事先录制好的录像。这是欺骗观众，损害媒体公信力的焚林而猎的做法。与此同时，在现代娱乐业商业化操作的大背景下，很多明星为了炒作自己，和一些媒体共谋，利用绯闻来扩大自己的影响力，这样的节目对青少年的教育导向会带来巨大的负面作用。虚假节目的盛行带来的直接后果就是观众对媒体产生怀疑，而要重拾这种信任媒体必须要付出更大的努力。

第五，虚假、低俗广告泛滥。如今的广播电视节目中，除了栏目内容外，还有很大一块是为广播电视台提供主要收入来源的广告。在信息时代的今天，真实、健康、清晰、明白的广告内容可以为受众提供更多有用的资讯，但在现实生活中，为了追求商业利润，经营者在广告中对其商品或服务进行不实宣传，以及经营虚假广告的事件屡有发生。所谓虚假广告，是指广告内容是虚假的或者是容易引人误解的：一种是商品宣传的内容与商品的客观事实不符，另一种是指可能使宣传对象或受宣传影响的人对商品的真实情况产生错误的联想，从而影响其购买决策的商品宣传，这类广告的内容往往夸大失实，语意模糊，令人误解。除了虚假广告外，广告内容低俗化现象也日益严重。许多民众反映，走在街上，满目充斥着性病、人流、癌症之类的车身及户外广告；回家打开电视，扑面而来的是减肥、治疗狐臭等广告画面；拿起报纸，是各种医疗、药品广告的"软新闻"。这些虚假、低俗广告打着"公共服务"的旗子为广告商和自身的赢利开路，大大降低了广播电视媒介的品格，媒介公共服务的性质名不副实。

针对上述问题，国家主管部分近年来通过颁布各类法规文件，加强对节目内容和广告内容的监督，力求净化声屏、荧屏。

在广播电视节目内容的管理上，为遏制内容庸俗化、泛娱乐化之风，2007年4月，国家广播电影电视总局先后下发了《关于加强和改进广播电视法制宣传工作的意见》《关于进一步加强和改进综艺娱乐节目的意见》等文件，开展了以选秀、涉性等节目为治理重点的抵制低俗之风专项行动，取得积极效果。近年，广电总局制定并不断完善的《广播电视节目监管细则》，对广播电视节目低俗化的表现形态、惩戒方式等作了操作性较强的规定，同时，针对频道频率、节目栏目运营、管理过程中存在的突出问题，研究建立退出机制，通过撤销其频道频率许可证或停播其节目栏目等措施，加大对违规者的处罚力度。另外，在出台了收听收看、诚勉谈话、批示反馈和通报批评等制度的基础上，广电总局又建立了群众投诉反馈机制，24小时开通5部录音举报电话和网络举报，设立整改、警告、停播三级处罚机制和定期提示机制。

在广告内容的管理上，2006年2月，国家工商总局发出开展医疗广告专项整治的通知，严厉查处发布虚假、以新闻形式发布、利用患者或者专家和医生的名义做证明，夸大疗效，宣传保证治愈，以及利用健康专题节（栏）目发布违法医疗广告的行为。2006年7月，工商总局再发出整治药品、保健食品的通知，集中整治社会公众人物以患者、消费者、专家的名义和形象作证明的行为；保健食品广告宣传治疗作用的行为；药品广告不明显标注通用名称的行为。2006年8月1日起，国家广告总局和工商总局禁播丰胸、减肥、增高、药品、医疗器械五类电视购物节目。2006年11月1日起，新闻出版总署和国家工商总局明令禁止所有报刊发布包含性病、癌症、人工流产等12类内容的医疗广告或格调低下广告,禁止刊载含有淫秽、迷信、色情内容广告等。2007年,广电总局派出5个由职能管理部门、纪检监察部门联合组成的检查组,对部分省、地市、县播出机构广告播放情况实地督察,当场停播了一些播出机构的违法药品广告及医疗咨询节目。同时,注重正面引导,组织录制了240多条思想性强,制作精良的广播电视公益广告,在全国300多家电台、电视台累计播放2万余次。与此同时,针对近年来一些播出机构涉医、涉药不良广告有所抬头的现象,广电总局先后下发了《关于进一步加强广播电视广告播放管理工作的通知》、《关于重申广播电视广告播放管理有关规定的通知》,对虚假违法、内容不良、格调低下的涉医、涉药广告及节目开展了专项治理,通过治理,广告播放管理秩序明显好转,群众投诉率下降65.8%。另外,2008年4月份,广电总局利用广电科技发展的新成果,建立了覆盖全国的监听监看系统,对全国413个地市以上1372套电视节目和104个地市广播节目的广告播放情况进行轮番的监听监看,发现问题及时录制下载,这扭转了过去靠人工监听监看"听不到、看不见、跟不上、抓不着、查不了"的被动局面。

四、在人员上,地区分布不平衡、人才结构不合理,新闻教育质量有待优化

在西方,新闻记者常被人称为"无冕之王",意思是说,记者享有凌驾于社会之上的特殊地位,是监督政府、守望社会的公器担当者。在中国,新闻记者从计划经济体制下的喉舌转为市场经济体制下兼具喉舌地位与公共利益代表者的角色。自2000年确定将每年的11月8日定为记者日以来,新闻工作者的地位得到社会的广泛认可。但是,目前中国新闻人员队伍建设中存在种种问题,在一定程度上制约了广播电视服务公众、服务社会职能的展开。

第一,囿于全国各地经济文化发展水平不同,新闻队伍的地区分布呈现不平衡的发展态势,这主要表现在:经济发达地区新闻队伍越来越壮大且呈饱和趋势,而经济不发达地区尤其是西部和少数民族聚集地新闻队伍人数较少,同时,新闻人才呈两种流动态势:孔雀东南飞和孔雀向北飞,即新闻人才向东南沿海地区流动和向中国政治文化中心流动。事实上,越是经济不发达的地区,尤其是农村地区和西部地区,越是需要广播电视媒介的公共服务,以便得到更多资讯,促进本地区政治、经济、文化的发展。为此,国家广电总局在《广播影视"十一五"人才规划纲要》中指出,在加强新时期广播电视"村村通"工程、"西新

工程"等社会主义新农村广播电视公共服务体系建设的过程中,要加强对县、乡镇广播电视人才的培养,加大经费投入,加强人员培训,建设一支素质高、业务强、乐于奉献的农村广播电视人才队伍。与此同时,西部地区广播电视单位要积极创造良好的用人机制和环境,稳定和用好现有人才,重视人才开发,积极引进急需人才,调整人才布局,加大人才培养力度;进一步加强对西部地区人才工作的支持,在培训项目、经费上向西部地区尤其是西部少数民族地区倾斜;采取灵活多样的人才柔性流动措施,鼓励和支持发达地区人才向西部流动;进一步做好对口支援新疆、西藏及其他边远、欠发达地区的工作。

第二,在广播电视媒介的用人制度上,近年来的一个明显趋势就是节目制作人员的多层次化。广播电视台节目制作的骨干人员虽然仍然是在岗的正式职工,但是适应广播电视制作规模的扩大,越来越多的聘用制员工和临时工进入了广播电视制作队伍中。由于这些聘用人员多数是经过考核上岗的,因此具备一定的竞争力,一方面给广播电视制作带来了新的思路,新的气息,另一方面也给在岗人员带来了竞争的压力和进取的动力。但是与此同时,制作人员的多层次化也给广播电视公共服务带来了很多新的问题。由于各层次工作人员的政治素养、工作责任心的不同,使得内部的人员管理复杂化。而且,不同层次的员工互相攀比,加上短时间内工资制度得不到合理改革,使得部分制作人员的工作积极性被破坏,也可能影响整个制作团队的工作气氛。另外,制作人员的多层次,也带来了人员流动性的增加,对统筹安排并稳步展开广播电视节目的公共服务工作非常不利。在这种情况下,广播电视公共服务的人员管理工作需着重解决以下问题:一方面,如果保留现有用人制度多层次化的局面不变,应该引入公平竞争的考核机制,将所有广播电视制作者的责、权、利明确规定下来,防止管理的随意性,确保节目制作和播出安全的责任落实到具体的岗位。另一方面,尽快改革工资制度和用人制度,由岗位终身制、聘用制、临时用工等多种用人制度的混合体向全员聘用制过渡,以便使广播电视台的人事管理进一步规范化。

第三,新闻从业人员的职业道德建设和公共服务意识有待提高。人民网曾做过一项"你眼中的媒体"的调查,有36%的被调查者表示,对中国新闻道德现状"不太满意"或"非常不满意";有70%的人认为记者最应该提高的是"职业道德水平"。①造成人们对媒体信任度下降的主要原因在于,在中国广播电视工作

---

① 《拜金虚假低俗,媒体面临"信任危机"》,人民网,http://opinion. people. com. cn/GB/70241/5335371. html. 2007－01－27.

者的队伍中,部分从业者置群众精神文化需求、信息需求和知情权、参与权于不顾,一味追逐耸人听闻、娱乐化、庸俗化的新闻焦点,有甚者更滥用媒介权力谋取私利,产生新闻寻租现象。这些行为虽然数量不多,但是产生了非常恶劣的社会影响,对中国广播电视的公信力和公共服务工作都造成了很大破坏。

第四,新闻人才结构不合理,占主体的采编人员相对饱和,缺乏掌握新技术的高层次人才、懂得经营和管理的知识复合型人才以及精通外语的国际性人才。首先,传统广播电视媒体的主要任务是采、编、播、控,实用型的业务人才是广播电视行业队伍的主角,由于掌握这些业务并非难事,因此,业务人才进入广电行业的门槛较低,民间流传着"一流人才进报业,二流人才进电台,三流人才在电视台"的说法。但是,随着现代技术尤其是数字化对广播行业带来的挑战,单一的业务人才已不能满足广电行业发展的需求,那些掌握广电科技发展新技术如数字技术、网络技术、卫星技术等高层次人才以及高水平的采编播人员成为需求缺口。其次,随着市场经济体制改革步伐的加快,广电行业在保证公共服务的前提下,需要参与市场竞争,深通经营管理方面的复合型人才遂成为广电行业捕获的目标。最后,随着网络技术、卫星技术的发展,广播电视业开始转向跨行政区域、跨媒体经营,并开始走出国门、走向世界,精通外语的国际性人才成为市场需求。

第五,新闻教育在急剧膨胀中与实践脱节。在20世纪80年代,新闻传播类专业只在一些特大城市的重点综合性院校中才设有,到20世纪90年代,新闻传播类专业在全国各地高校迅速铺开,进入21世纪以后,这种情况愈演愈烈,新闻传播类专业不仅在一些理工类、师范类、财经类、政法类、农业类、体育类院校遍地开花,也在一些地级城市院校纷纷涌现。新闻学类专业点"超常规"发展造成新闻传播类专业的毕业生供大于求,再加上有些专业性媒体本着"新闻无学"的偏见,更愿意招收中文、法学、经济学等具备其他专业学科知识而非单一新闻知识背景的学生,于是就造成了新闻传播类专业的毕业生数量多但质量不高的尴尬局面。另外,有些新闻单位反映,新闻学毕业的学生不会写新闻,造成这种现象的主要原因在于,新闻教育基本都是在课堂的书本中完成的,有些老师或教授甚至自身都没有在新闻实践的经验,尽管有的学校设置了相应的课时鼓励学生外出实习,但学生参与社会实践的质与量还有待提高。

第 三 章

中国广播电视公共服务体系的建构

伴随着中国广电的数字化进程,有关管理部门提出要建立适应数字电视产业链的新体制、新机制,要严格遵循公共服务与市场服务的各自规律和规则,建立确保政令畅通的公共服务体系、促进产业大发展的市场服务体系和确保健康有序和可持续发展的政府监管体系的"三个体系"。[①] 几年来,广播电视产业的一面得到了较大的发展,而公共服务体系的建立却显得相对迟缓。科学研究中有一种重要的方法叫作"目标——手段"法,即首先要明确目标,然后再围绕这一目标寻求实现目标的具体手段,其优势在于,可以有效地避免无的放矢、重复劳动,提高实现目标的效率。尽管造成中国广播电视公共服务体系建设缓慢这一现象的原因是多方面的,但是多年来广电改革进程中各项政策措施表现出的摇摆、不系统的特征提醒我们,"明确目标"仍是建立中国广播电视公共服务体系的首要而关键的一环。

第一节　中国广播电视公共服务体系的目标

如今,文化与经济、政治的交融程度不断加深,与科学技术的结合更加紧密,已经成为国家核心竞争力的重要因素。要想在激烈的国际竞争中占据主动,必须在壮大经济实力的同时,采取有力措施加强文化建设,努力形成与经济发展相适应的文化优势。中国"软实力"建设的现状并不令人乐观。长期以来,中国重经济发展、轻社会发展,形成了经济发展与社会发展"一条腿长,一条腿短"的不协调现象。与经济领域取得的突破性进展相比,中国公

---

① http://info.broadcast.hc360.com/HTML/001/001/34058.htm

共文化服务能力还比较低,文化产业的总体规模还不大,文化产品的国际竞争力还不强,文化贸易存在着严重逆差。世界上许多国家纷纷调整发展思路,把提升文化软实力作为重要发展战略。中国也认识到了加强文化建设、提高国家文化软实力的极端重要性,党的"十七大"对兴起社会主义文化建设新高潮、推动社会主义文化大发展大繁荣作出了全面部署,明确提出要建设社会主义核心价值体系,增强社会主义意识形态的吸引力和凝聚力;建设和谐文化,培育文明风尚;弘扬中华文化,建设中华民族共有精神家园……要深化文化体制改革,完善扶持公益性文化事业、发展文化产业、鼓励文化创新的政策,营造有利于出精品、出人才、出效益的环境。坚持把发展公益性文化事业作为保障人民基本文化权益的主要途径,加大投入力度,加强社区和乡村文化设施建设……①这意味着未来一段时间内,公共服务体系的建设将成为广播电视工作的重点。

当前中国在广播电视公共服务方面存在着一些亟待解决的问题,如广播电视公共服务产品有效供给不足、广播电视公共服务的投入严重不足、广播电视公共服务和产品分配不均衡、公众对广播电视公共产品的需求表达机制缺失、部分公共产品的提供方式过分市场化,等等。这些与现阶段国家构建和谐社会的发展目标极不协调。种种现实问题要求我们必须加快广播电视体制改革,在和谐社会理论的指导下,以文化大发展大繁荣为目标,借鉴国际经验,同时根据中国的具体国情和广播电视领域改革发展的重点、难点,建立一个与社会主义市场经济和精神文明建设要求相适应、高效而又覆盖全社会的广播电视公共服务体系。

中国广播电视公共服务体系作为社会公共服务体系的重要组成部分,其目标就是建立由政府进行宏观管理,以相应的媒介体制和媒介规制体系为保障,由广播电视公共服务机构向全体公民平等提供均等、优质的广播电视公共产品和服务,以满足广大人民群众基本的广播电视收听收看需求的社会服务体系。

这一体系要求我们必须提高广播电视公共服务能力,繁荣广播电视公共产品,因为只有这样才能够实现好、维护好、发展好广大人民群众的基本文化权益,最大限度地满足人民群众日益增长的精神文化需求。

---

① 胡锦涛《高举中国特色社会主义伟大旗帜 为夺取全面建设小康社会新胜利而奋斗——在中国共产党第十七次全国代表大会上的报告》,2007 年 10 月 15 日。

第二节 中国广播电视公共服务体系的结构

一、中国广播电视公共服务体系的结构

商业广播和公共广播都面对观众(audience),区别在于,商业广播的观众是消费者(consumer),而公共广播的观众则是公民(citizen)。构建广播电视公共服务体系,必须要认识到这一根本性的差异,并从这一根本性的差异出发,勾画出广播电视公共服务体系的基本结构。

政府作为规则制定者在广播电视公共服务体系的构建中扮演重要角色,应立足于按照机构改革和规范化管理的要求,转向间接的、社会化的宏观调控、依法管制。政府的主要工作不是直接参与媒介活动,而是建立一整套符合中国媒介发展要求的媒介制度,明确媒介产权,保证资金来源,并通过多层次的规制系统来监控广播电视公共服务机构的各项活动,确保为广大人民均等提供优质的公共内容与服务。基于此,中国广播电视公共服务体系的结构大致如图 3-1 所示:

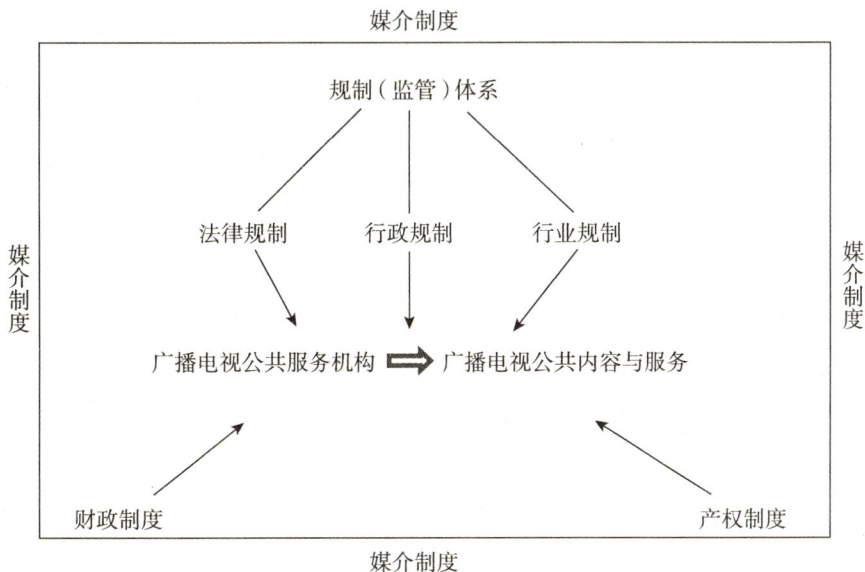

图 3-1 中国广播电视公共服务体系结构图

媒介制度是一个整体的框架,广播电视的所有活动都在这个大的框架下进行,按照媒介制度所确立的规则进行生产和服务。媒介制度从宏观上调控媒介活动,对整个媒介行业的发展起推动或阻碍作用。

"制度提供了人类相互影响的框架,它们建立了构成一个社会,或确切地说一种经济秩序的合作与竞争关系。""制度是一系列被制定出来的规则、守法秩序和行为道德、伦理规范,它旨在约束主体福利或效用最大化利益的个人行为。"①也就是说,制度的根本作用在于通过对个人与组织行为的激励与约束,防止个人与组织在选择行为中的损人利己倾向,从而形成一定的社会秩序。制度的有效性在于是否能够有效激励、约束个人与组织的行为。制度一旦形成,往往具有稳定性,社会易变而制度不易变,于是形成变革的社会与稳定的制度之间的矛盾。因此,当社会要变革、要发展,必须先对已有的制度进行改革,即制度创新。

媒介制度是社会制度的一个重要分支,是一种与媒介生产经营等行为有关的社会、政治及经济行为,包括法律秩序、制度安排以及风俗习惯和意识形态等。也可以理解为,与媒介生产经营等经济政策行为有关的具体行为集的规范体系。我们可以粗略地将媒介制度分为:决定媒介行业根本性质的制度,主要指由媒介的产权、所有权、基本性质等规定组成的制度;一般性正式制度,涉及有关媒介行为的法律、法规、组织机构与各种条文;非正式制度,主要是一些非正式的行事惯例、业内的习惯和约定等。一个国家的传媒是否有竞争力和活力,很大程度上取决于媒介制度。从战略的高度,中国的媒介制度必须创新改革,其中主要几个关键点是产权制度、财政制度和规制体系。

二、中国广播电视公共服务体系的具体组成

在上述框架中,中国广播电视公共服务体系主要由以下几部分组成:

1. 产权制度

不解决产权问题,广播电视改革就无从谈起,更不要说提供公共服务了。

产权是一种权力束,也就是所有权、使用权与收入权、转让权等多种权利的组合,是规定人们相互关系的一组基础性社会规则,产权限定了交换中个人的责任、义务界限,非常清楚地界定了人们对未来的预期收益。总的来说,产权就是一个由于人对物的关系而形成的人与人的关系。

---

① ［美］道格拉斯·C. 诺思:《经济史中的结构与变迁》,上海:上海三联书店、上海人民出版社 1994 年版,第 8 页。

在中国,广播电视属于国家所有,由国家代表人民占有生产资料,并在经济活动中成为全民所有制的唯一表现形式。在这种所有制中,政府代表国家占有与行使产权,因而从某种角度来说国家所有制实际上就是政府所有制,政府是决策主体,并由政府委任经营者。在这种情况下,政府既是管理者又是所有者,同时又是广播电台生产经营的决策者,国家所有的财产虽然有明确规定,却是一种虚拟的。这种产权只是一种排他性的公共产权(外来者禁止入),因而不能起到排他性产权那样的作用。因此,必须明确广播电视的产权制度,对产权的归属关系中各种权能归属给出明确的边界。

2. 财政制度

完善有效的财政制度是广播电视公共服务的物质保障,能够有力地支持广播电视公共机构的各项活动。而且,广播电视行业其他方面的改革,也离不开财政制度的保障与支撑。

公共财政是在市场经济条件下国家提供公共产品或服务的分配活动或分配关系,是满足社会公共需要的政府收支模式或财政运行机制模式。公共财政制度的实质是为了满足社会公共需求,弥补市场机制在提供公共产品、维持宏观经济稳定和促进社会财富在公平分配方面的失灵。媒介财政制度是公共财政制度的一个重要组成部分。

在公共广播历史较长的欧洲,公共媒介机构通常是通过一个简化的公共捐助系统而获得资助,如政府收取纳税人缴纳的收音机、电视机执照费,再把公共资金统一拨给受委托经营的媒介机构。这样做的目的是使广电从业人员同政党、公司等权势集团的利益相隔绝。中国的媒介财政制度从最初的依靠政府全额拨款,到20世纪80年代以后的自收自支、自负盈亏,再到现在的尝试利用各种途径进行资本融资,仍然处于不断地探索过程中。问题在于,公共服务和商业服务往往由同一个媒介组织提供,其间经济关系交错复杂,这必然在公共内容的提供上带来一些问题。因此,应借鉴外国公共广播电视的有关经验,结合中国的基本国情,把建立一套行之有效的公共广播电视财政制度作为一个重大课题,认真研究解决之道。

3. 规制体系

在市场经济越来越发达的今天,市场调节已经无法使广播电视的商业服务和公共服务平衡发展,媒介规制体系的介入则可以一定程度上保证公平竞争,维护公共利益。

一般认为,规制就是在市场经济条件下,政府为矫正和改善市场机制内在的问题通过行政、立法、暂行条例等手段对经济活动的一种干预行为。其目的就是为了矫正市场失灵、保护公共利益,使市场机制在资源配置与提高经济效益上发挥作用。

也可以从监管的角度来理解规制体系,因为实施规制的目的就是发挥好监管作用。广义上的监管是指监管者"运用公共权力制定和实施规则和标准",以干预各种行为主体的经济和社会活动,包括产品和服务的价格、质量、进入和退出等经济性内容以及安全、健康、卫生、环境保护等社会性内容。监管是克服自然垄断、信息不对称、外部性以及解决公平性问题的重要手段。公共服务监管是指行政部门运用公共权力制定和实施规则与标准,以约束独立运营的公共服务机构,以确保公共服务的提供效率和公平。

在市场经济和媒介产业最为发达的美国,媒介的生存与发展也不完全决定于市场调节,而是在国家制定的"游戏规则"下运行,即媒介规制体系。中国由计划经济体制向现代市场经济体制转型,由高度集中的公有制形式向多元所有制经济发展,国家或政府不再对国民经济进行直接控制,而是在一定的规制体系的框架下依法对国民经济实行间接的干预和管理,保持宏观经济运行的稳定和发展,维持市场经济秩序和社会公平。三十多年来,中国广播电视业发展迅速,但是规制体系的发展却十分缓慢。

一个完整的媒介规制体系主要包括三个方面,即法律规制体系、行政规制体系和行业规制体系。

法律的规制处于最高的层面,它通过媒介法律的制定,明确媒介市场各种行为人的法律地位,对行政规制和自律规制的权限和方式作出规定,并对行政规制机构和自律规制机构的行为进行司法审查,对它们的不当行为进行司法纠正。法律规制大致决定了一国媒介行业的规制基本结构,具有决定性的意义。

法律是由国家制定或认可,依靠国家强制推行的社会规范体系,它具有强制性、稳定性和广泛性的特点。大众传媒法规是国家制定的有关大众传媒工作的法律、法令、条例、决定、规则等法律文件的总称,是大众传媒运作过程中必须遵守的行为准则。在我国传媒领域,法规这把"利器"的供给明显不足,表现在:缺乏透明的法律框架;相关法律体系不健全;现行大部分与媒介相关的法规基本属于行政管理范围;调整大众传媒活动中权利义务关系的专门法律规章则尚未出台,等等。

第二个层面是政府行政规制。行政规制的引入是为了弥补法律不完备以及法庭被动执法的不足。行政规制引入的条件是损害行为的后果相当严重且规制者能对损害行为的类别加以一定的区分和预测。

媒介法律一般都授予行政规制机构较多的行政立法权。同时,行政规制可以被授予广泛的主动执法权力,这些权力包括对违规违法事件主动进行调查的权力、主动对违规违法行为发出禁止令的权力,控制市场准入的权力,监督行为人各种市场活动的权力,进行行政处罚的权力等。行政规制通常在两个方向上展开:一是对媒介市场的自律性组织实施规制,二是对媒介市场的各种行为人实施直接的规制,对违规行为进行预防、禁止、处罚。

第三个层面是行业规制,也称为自律规制和伦理规制。自律性规制之所以必要,是因为行政法规具有内在的不完备性,且自律规制具有的柔性和弹性可以弥补行政规制的刚性和强制性造成的不足,从而在某些规制范围内比行政规制拥有优势。自律规制还是市场参与者表达愿望和建议的重要渠道,可以在规制中发挥民主自治的作用。

在西方,行业自律性规制经过几十年的发展已经占用重要地位。中国的公共广播电视必须对国家、社会和公众承担责任和义务,如维护国家安全、提倡高尚的社会道德、提高公众教育水平、加强各民族相互认同、给予未成年人积极向上的引导,保证多元文化,等等。

媒介规制体系通常是由法律规制、行政规制、自律规制共同构成的一个结构化整体。在媒介规制体系中,各个组成部分有着自己独特的功能和作用,它们相互补充又相互制约,共同形成媒介市场的规制结构。

4. 广播电视公共服务机构

广播电视公共服务机构是指面向全体公民,专门提供广播电视公共产品和服务,满足广大人民群众公共文化需求的机构。它作为公共服务提供的主体,受产权制度、财政制度和规制体系的制约和规范。

20世纪80年代"事业化单位,企业化管理"的定位,一定程度上使媒介摆脱了经营管理上的意识形态束缚。但是,"事业化单位,企业化管理"并不是一个目标的终点,而只是达到某种目标的一个手段和过程。随着市场化、产业化的深入,作为政府宣传部门和事业单位追求社会利益最大化与作为企业集团追求经济利益最大化的矛盾越来越严重,造成媒介在发展过程中的身份不明和目标定位不清,"政事不分、政企不分、事企不分",成为媒介发展的瓶颈。

因此,有必要对原有的广播电视机构进行改革,将经营性企业从公共事业中剥离出来。新的媒介体系中,具有事业单位属性的是广播电视公共服务机构,除担任所有广播电视节目的播出任务外,仍保留部分节目制作班底,制作公共广播电视节目。广播电视公共服务机构还可以进一步进行结构性调整,由传统的金字塔形的层次结构演变为网络型组织结构,在产权明晰的条件下,实现跨媒介、跨地区、跨行业的网络交叉式结构布局。

5. 广播电视公共服务与内容

服务与内容是广播电视公共服务体系最终产出的公共品,它向所有公民平等提供。

公共品一般由政府提供,无偿服务于大众并从整体上影响公众,而不管其中任何个人是否愿意消费。公共品是具有非竞争性和非排他性的物品。所谓非竞争性是指对于某一物品或服务,消费者人数的增加并不对生产成本产生影响。所谓非排他性是指对某一物品或服务,某一消费者消费时并不同时排斥其他消费者消费,或者即使是能排斥,但排斥的成本或代价太高以致得不偿失。显然,广播电视节目并不会因为收听(观看)的人数多了而增加制作成本,也不会因为一个听众(观众)的消费使得其他人都不能再消费。因此,广播电视服务与内容具有公共品的性质。

公共广播应提供优质且多样性的服务,满足现代社会中所有群体(不论其权力、地位或影响)的需要。但是,完全由政府提供公共物品往往效率不高,再加上技术进步等因素的变化,使得私人部门的引入变得必要和可行。中国的广播电视公共服务与内容也主要由政府组织广播电视机构提供,但同时可以考虑由依法经营的企业实体、媒介集团和其他社会制作机构的节目作为补充和竞争。

第三节 中国广播电视公共服务体系的内涵

在中国广播电视公共服务体系的建构和发展过程中,上述各个组成部分也相应地要对各自的定位和功能作出调整,以满足为公众提供优质公共服务和内容的目标。

一、建设公共服务型政府

1. 现行媒介制度中的政府错位及其弊端

中国现行的媒介制度是在计划经济体制下建立起来的,在所有制结构上实行单一的国家所有,现实中实行"二元运作";在管理体制上科层制、部门制错综交织,主管人员的权威性也在管理中发挥重要作用。这种媒介制度的突出特点是行政手段包揽一切,政府同时担当所有者、经营者、管理者等多重角色与职能。于是出现了国家事业职能扩大化和政事不分的局面,广播电视业内部缺乏自我发展、自我约束的动力、活力与压力,生产服务效率低下。

随着社会主义市场经济改革的不断深入,中国正处于经济与社会全面转型的重要关口,这是一个更为深刻、更为复杂的改革发展新阶段。社会阶层的变动、经济格局的变化、利益结构的调整等,已经很现实地摆在我们面前。我们正在向现代、开放、民主的社会转型,这样的社会期待对现存的媒介体制进行改革,建立新型的媒介制度。

在建立新型媒介制度中,政府发挥着关键性的作用。广播电视公共服务体系的建设主体是政府,政府转型对于中国而言尤其重要。政府在历史发展的不同时期具有不同的功能,在不同的经济发展模式下,政府的结构与功能也不尽相同。在传统的计划经济时代,政府主导一切,按照计划、指令规范经济行为;改革开放后,国家逐渐走上了渐进式的改革发展道路,市场经济体制逐步建立。从政府财政投入的特征看,中国还属于经济建设型的"全能"政府,在政府功能发挥上存在两个严重的误区:一是政府长期作为经济发展的主体力量起主导作用,这也是当前政府过度干预经济,实现政府职能转变困难的根本原因;二是不恰当地把本应由政府或政府为主提供的某些公共产品,如社会保障、农村公共卫生,推向市场,推向社会,这又导致了中国政府的越位、错位与缺位现象的普遍存在。

无数事实证明,一个全能的、无限的政府往往是低效甚至无效的政府。"全能政府"在传媒领域表现出"错位"在三十多年的改革过程中几乎从未停止过,也给传媒改革造成了众多无法短时解决的难题。

这首先体现在中国媒介活动是按国家的行政系统组织进行的,即所谓的"多头管理"、"归口管理"。各个主管部门的组织范围和管辖权限把传媒分割成相互封闭的庞杂的条条块块,任何两个媒介机构之间的经济联系都必须得到他们各自主管上级部门的批准。从国家级来看,党的中央宣传部门负责宣传内容和舆论导向,新闻出版署负责报刊和音像图书的出版管理,广电总局负责广播电影电视事业的管理,教育部负责教育电视管理,外宣办(国务院新闻办)负责对外宣传和互联网宣传管理,文化部负责文化娱乐业管理,信息产业部、国家工商行政管理局负责相关产业的行政管理。省地县也大致参照上述模式按行政区划多头管理,分别在各自的系统内办报办台,实行大而全小而全的准封闭式发展和管理。由于中国媒介同党政部门一样有行政级别,不同的行政级别对应了不同的政治地位,这就在传媒领域造成了责权不明,各部门都在管而事实上都没有管起来,什么都管却什么都没管到位的问题。各监管部门不能用一个声音说话便很难营造一个可预期的、稳定的法制环境,也无法形成一个规范的规制体系,部门之间重复立法和过多的政策安排也削弱了政府部门的权威性。不同政府部门的人往往在做相同的工作,造成了国家行政资源的浪费,降低了行政效率。

"多头管理"还容易导致部门利益冲突严重,权力部门化、部门利益化、利益法定化更加突出,一些部门利益已经凌驾于公众利益、甚至国家利益之上,从而导致一些公共政策制定的成本高、周期长,执行的效率低、内耗严重,最终将侵害公共利益。

"全能政府"的另一个弊端是容易滋生官僚主义。当政府更多的是作为经济主体而非管理者的身份出现在市场经济活动中时,就等于给政府工作人员某些特权。而政府工作人员也是经纪人,对成本、收益的计算指导着他的行为。他们的行为目标同整个社会福利最大化目标未必一致,甚至有可能发生冲突,因此政治活动主体往往是在为自己服务的前提下服务社会。例如媒介寻租。媒介寻租即某些对资源拥有垄断占用权的媒介以手中的公共权利谋取利益。直接的政治分配扰乱有序的市场秩序的程度越强,即政府直接干预经济活动的范围越广,滋生寻租现象的可能性和寻租的规模就越大。中国媒介的国有产权提供的公共区域很大,致使媒介生产经营活动的交易成本加大,于是人们会发现通过某种特权或关系获取公共区域的利益要比从事媒介生产经营活动更加有利可图。而且,"全能政府"的理念强化了行政权力的权威性,也就是说经济效益的好坏不如行政权力大小更有用,这就为拥有行政权力的人提供了设置租金的可能性。

这些都严重影响了政府在提供和推动提供公共服务方面发挥作用。因此必须要给政府职能进行明确定位,改变传统行政管理不合理的制度安排,探索政府管理模式,使其尽快实现从全能的经济建设型政府向有限的服务型的政府职能转变。

2. 公共服务型政府的特征与内涵

近年来,以公共管理和公共服务理论为理论基础,提高公共服务水平已成为许多国家行政改革的重要取向,如美国的政府创新运动、英国的公共服务宪章运动、韩国的亲民服务运动等,其目标指向均是构建新型公共服务体系。在中国,加快政府职能转变,建立公共服务型政府,是树立和落实科学发展观、完善社会主义市场经济体制的必然要求。在 2004 年的"两会"上,温家宝总理提出要在 10 年内将中国建设成可问责法制政府的目标。可问责法制政府首先是一个有限政府,只有政府的权力受到限制,才谈得上可问责问题。同年 7 月 1 日,打造有限政府的良方终于开出——《行政许可法》开始实施。《行政许可法》在公共权力和公民权利之间筑起了一道"防火墙":"通过下列方式能够予以规范的,可以不设行政许可:(一)公民、法人或者其他组织能够自主决定的;(二)市场竞争机制能够有效调节的;(三)行业组织或者中介机构能够自律管理的;(四)行政机关采用事后监督等其他行政管理方式能够解决的。"这部具有里程碑意义的法律的核心意义是界定政府的行政权限,保障公民权利,打造一个适应市场经济的有限政府。2008 年 5 月 1 日起施行的《政府信息公开条例》则规定,行政机关对符合下列基本要求之一的四类政府信息应当主动公开:涉及公民、法人或者其他组织切身利益的;需要社会公众广泛知晓或者参与的;反映本行政机关机构设置、职能、办事程序等情况的;其他依照法律、法规和国家有关规定应当主动公开的。对于县级以上各级人民政府及其部门,条例要求其在各自职责范围内确定主动公开政府信息具体内容的同时,重点公开下列政府信息:行政法规、规章和规范性文件;国民经济和社会发展规划、专项规划、区域规划及相关政策;国民经济和社会发展统计信息;财政预算、决算报告;行政事业性收费的项目、依据、标准;政府集中采购项目的目录、标准及实施情况;行政许可的事项、依据、条件、数量、程序、期限以及申请行政许可需要提交的全部材料目录及办理情况;重大建设项目的批准和实施情况;扶贫、教育、医疗、社会保障、促进就业等方面的政策、措施及其实施情况;突发公共事件的应急预案、预警信息及应对情况;环境保护、公共卫生、安全生产、食品药品、产品质量的监督检查情况。可以说,《行政许可法》《政府信息公开条例》是政府的一场自我革命,是法治建设的一场革命,更是中国社会开始摆脱几千年的权力控制型社会,向有限政府、向公民权利自主型社会转变的一次革命。

党的十六届六中全会明确提出要"建设服务型政府,强化社会管理和公共服务职能"。2007 年召开党的"十七大",第一次把服务型政府写到了报告里,明确提出要加快行政管理体制改革,建设服务型政府。具体指出要抓紧制定行政管理体制改革总体方案,着力转变职能、理顺关系、优化结构、提高效能,形成"权责一致、分工合理、决策科学、执行顺畅、监督有力"的行政管理体制;加快推进政企分开、政资分开、政事分开、政府与市场中介组织分开,规范行政行为,加强行政执法部门建设,减少和规范行政审批,减少政府对微观经济运行的干预。

"十七大"把建设服务型政府确立为当前和今后一个时期继续推进行政管理体制改革的基本目标和方向。

所谓公共服务型政府,就是满足社会公共需求,提供充足优质公共产品与公共服务的现代政府。公共服务型政府有五个基本特征:第一,政府的作用集中于公共领域。政府的职能主要是提供公共产品与公共服务,政府财政资源主要向公共产品和公共服务领域投入。第二,政府管理的基本哲学是实现社会正义,政府的主要职能是实现和保障社会公正。第三,政府是公共利益的鲜明代表,政府应当是为市场主体和全社会服务的公共管理者和公共服务者,体现和代表着最广大人民群众的根本利益,因而,政府不应该扮演直接从事商业与企业活动的"经纪人"角色,政府不能成为垄断经济资源与经济权力的部门利益集团。第四,政府权力是有限权力,政府只是社会治理主体中的一个管理主体,一个平等的、协商性的主体,社会治理主体还包括非政府组织、企业等等,这些公共管理主体一道构成社会权力网络。因而,政府、非政府组织、企业共同参与社会治理与公共产品的提供。第五,现代政府是法治政府。政府具有提供公共产品与公共服务的法定义务,必须通过合法的行政程序积极履行公共服务职能,接受来自权力机关、非政府组织和人民群众的监督。①

当今世界的竞争,不仅仅是经济的竞争,而且是政府效能的竞争、政府管理水平的竞争。建立现代化的政府体系,与建立现代化的市场体系、企业体系同样重要。在中国,公共服务型政府有着丰富和深刻的内涵,它的本质要求,就是坚持一切从人民群众的根本利益和现实需求出发,全心全意为人民群众服务。具体而言,包括以下几个方面:首先,公共服务型政府是以公民为中心的政府;其次,公共服务型政府是职能有限的政府;第三,公共服务型政府是行政行为有效的政府;第四,公共服务型政府是法治政府;第五,公共服务型政府是责任政府;第六,公共服务型政府是民主参与的政府。从构建社会主义和谐社会的要求看,就是要以解决民生问题为根本着眼点和目的,在发展经济的基础上,大力发展社会事业和公共事业,为人民群众提供更多更好的公共产品和公共服务,切实维护社会公正、社会秩序和社会稳定。可以说,公共服务型政府的构建,不仅是政府管理体制上的改革,更是政府理念上的改革,它具有行政学意义,更具有政治学意义。实现这一转变不仅关系到政府内部的行政体制,还涉及了政府与市场、社会的关系。

---

① 李军鹏:《公共服务型政府》,北京:北京大学出版社2004年版,第197-198页。

3. 政府转型的障碍分析

目前,仍存在一些因素影响着向公共服务型政府的转型,主要包括以下三个方面:

一是传统的政府管理体制具有内在刚性,存在路径依赖问题。换句话说,制度变迁的过程存在一种规模报酬递增与自我强化机制,所以一个社会的初始制度选择决定着这个社会制度变迁的路径趋向与变迁速率。当一个社会选择了某种制度时,在规模报酬递增机制下制度会沿着既定的方向不断获得自我强化,其结果既可能进入良性制度变迁的境界,也可能被锁定在一种无效率的制度状态之中。中国传统的政府管理体制是适应计划经济时代的需要建立起的全能政府,社会的自主能力很弱,在管理意识、职能空间、组织机构、工作方式等等都有着很大的惰性。

二是社会功能不全,政府难以与社会形成张力平衡。政府和社会的关系平衡是和谐社会政府的理想状态。适度地放权于社会是政府转型的一个重要内容,但实现的前提是公民社会的成长和成熟,以及市场机制的建立和完善,这需要一个较长的历史过程。从中国政府和社会关系的历史演进来看,政府和社会之间的地位和力量是不对等的,社会资源集中于政府机构手中,因此有人指出中国从未孕育出"市民社会"。政府与社会之间关系演进和变迁,取决于两个维度,一是政府层面,主要指政府管理体制;另一个就是社会层面,即社会整合。对我国来说,当前的状况是政府掌握的资源还是太多,而社会由于长期历史上的原因表现出功能不全。政府如何选择和平衡二者矛盾,社会如何寻求自己的位置,发挥自己的作用,将影响政府管理体制改革的进程。

三是政府角色存在悖论。政府是改革者还是被改革者?由于政府及官员在改革中所扮演的重要角色,政府利益的导向作用对改革造成了巨大影响。政府是行政改革的设计者、组织者、实施者和推动者,但同时改革的对象和客体是政府本身,或者是与政府利益有着千丝万缕联系的其他组织或个人。换句话说,对于政府来说,一方面,它得运用权威推行现代化改革,另一方面又得适时地建立一种新的控制体系,这就意味着自己削弱自己的权威。走向"有限的"政府,其难度可见一斑。

以上分析提醒我们,从计划经济时期的全能型政府向市场经济条件下的有限政府转变,从经济型政府向公共服务型政府转变,涉及划分政府与社会的界限、放权市场组织、授权公民社会组织以及用市场机制取代政府官僚机制等一系列问题。总的看来,政府职能转变的一个明显取向是主张政府从某些领域或过程中退出。

　　然而,实事求是地说,就现阶段的中国来说,政府没有不该管的事情,或者说,在任何领域或过程中,如果缺少了政府,其结果是不堪设想的。因此说,政府必须退出,但退出是有必要的前提的:一是社会上有承载政府所退出功能的载体;二是政府对这些载体的表现(包括其运行的过程和结果)具有有效的监控和评估手段。信息不对称不只是市场中才存在的问题,在政府与各种市场和社会组织的关系中也是一个普遍的现象。只有政府解决了这一问题,使各种组织的运行和结果透明化、规范化,才可以退出,否则便是政府缺位。西方发达国家强调放权和多元化,在很大程度上是因为各种经济和社会组织的运行具备了这些条件,同时也因为在政府之外存在着制衡组织行为和保护个人利益的机制。目前,中国的市场经济虽然有了显著的发展,但市场的秩序和规则等尚未完全建立和完善起来;而公民社会组织更是处于萌芽状态,不仅远未形成任何制衡的作用,对人民利益的保护作用也非常有限。在这种情况下,政府不仅面临规范和培育社会组织的任务,还需要在各种组织与公民个人的交互行为中承担起维护公平和公正的角色。因此,从战略发展的高度着眼,有必要"以公共服务为导向,以规制治理为手段",在此,规制和服务是一种手段和目的的关系。换句话说,可以先将"规制——服务型"政府作为过渡,强调以完善和加强规制为主要措施的政府管理,同时,也不排斥必要的政府统治行为的目标范式,其目的是为了实现政府职能的最终转变。

二、明晰媒介产权

1. "产权"与"国有"的再认识

　　"产权"是中国三十多年媒介改革始终回避的一个问题。在推进媒介公共政策变迁的进路上,必须明确两个关键概念:第一,何为"产权";第二,何为"国有"。

　　关于产权的定义,国内目前存在着不同的认识,试归类分析之。

　　第一类观点把产权视为关于财产的权利,并进而将其归结为所有权。这种认识是把所有权的内涵拓宽,以广义的所有权概念来解释产权,并把产权的根本归结为狭义的所有权,即把人对资产的占有隶属关系视为产权的基础和核心。

　　第二类观点认为,产权区别于所有权,产权比所有权内容广泛且包含所有权在内。持这种观点的学者通常从中国企业改革的实践出发,认为产权是远比所有权更为复杂、具体、丰富的概念。解释中国企业产权关系,不能只是研究所有权,或只研究所有者的占有、使用、收益、处分权利便能够解决问题,产权不仅包括所有者对财产各方面权利关系,而且包含一系列并非严格意义上的所有者对资产的权利关系,其复杂性在于如何界定各方面的权利。

第三类观点认为,产权有别于所有权,但产权是所有权运动体系中特定条件下的一组权利,包含在广义所有权范畴之中。即,产权可以做广义和狭义之分。广义的产权包括所有权和支配权,狭义的产权是指在市场交易中对财产的支配权,本质上是与生产相联系的对资产的支配权及相应的责任约束。所有权的要害在于明确资产的归属,狭义的产权则是所有权在市场交易中采取的运动方式。这种观点是在市场经济条件下探讨所有权与产权、经营权的区别与联系。

出现上述认识上的分歧,"这主要是因为马克思关于所有权广义与狭义,尤其是关于所有权所能结构的思想被国内学术界的主流所继承,而且在相当大程度上关于产权(以所有权替代产权)概念的分歧源于对马克思所有权内容理解上的分歧。"[①]

"国有"概念在国内也存在两种不同的理解。

第一种是从政治经济学的角度、所有制的角度来诠释"国有",国有就是全民所有。马克思、恩格斯在其著作中述及未来社会的所有制时,只使用"公有"和"社会所有"这两个概念来表达同一含义,并没有出现过"全民所有"和"全民所有制"。在前苏联和中国成为经济常用语的"全民所有制","是全体社会成员共同占有生产资料和生产成果的一种社会主义公有制形式,但是由于社会成员尚未占有全部生产资料等多种原因,全民所有制是不完全、不成熟的全社会所有制。现阶段的全民所有制采取国家所有制的形式","公有、社会所有、全民所有、国家所有等不同用语之间,就是这样画上了等号"。[②]

第二种是从法学的角度、所有权的角度来认识"国有","国有"就是政府所有。无论是马克思主义创始人的全民所有、国家所有,还是马克思主义继承人那里的全民所有、国家所有,在现阶段只能具体为政府所有。

显而易见,第一种"国有"侧重于生产关系,即生产资料所有者与劳动者的关系;第二种"国有",侧重于产权关系,即出资人对企业的占有关系。本文支持第二种观点,认为社会主义国有资产产权即社会主义国家享有所有权的资产,是国家以国有资产所有权为基础,由投资行为产生的资产运用权力。

---

① 刘伟:《经济改革与发展的产权制度解释》,北京:首都经贸大学出版社 2000 年版,第 18 页。

② 《"国有"辨析》,《中国发展研究——国务院发展研究中心研究报告选(98 版)》,第 282 页。

中国三十多年来的媒介改革始终没有触及产权问题的原因固然很复杂,但对于"产权"内涵理解上的局限或偏离,给推进媒介产权改革形成了很大的认识障碍,是产权不清问题的认识根源。长期以来,人们普遍将产权等同于狭义的所有权,认为媒介为国家所有,产权就不能"隶属"于"某个人"。中国媒介目前普遍存在的产权不清问题就在于由于国有资产的"所有者虚位",即媒介没有人格化的、责任心强的利益主体代表,媒介作为国有资产其所有权与媒介法人财产权之间的关系模糊。事实上,产权是一种排他性的权利,这种权利必须是可以平等交易的,因此,产权是构成市场机制的基础和运动内容,否则便没有市场经济。同时,产权是一组权利束,无论这一权利束内部的结构如何,产权都不能简单等同于狭义所有权(即隶属权)。产权则是以财产所有权①为基础,由投资行为产生的资产权利,一般分私有产权和公有产权两类。社会主义国有资产产权即社会主义国家享有所有权的资产,是国家以国有资产所有权为基础,由投资行为产生的资产运用权力。这样理解"产权"有助于把我们从媒介产权不清的境地解放出来,有利于解决媒介集团被直接赋予行政执法功能和政府管理部门被卷入到业务和利益竞争之中的问题。

2. 推进产权改革,保障公共服务

媒介制度的实质就是一种生产关系的反映,它是随着社会生产力的发展不断完善和改变的,不能设想一种媒介制度建立以后将永远适应媒介生产力发展的要求,一定要根据媒介生产力发展的要求不断地调整和改革媒介产业制度,进而促进媒介产业的发展。因此,建立新型的媒介产业制度要有一个过程,应根据解放思想、因地制宜、实事求是、与时俱进的原则有计划地、分步骤地建立有中国特色的媒介制度。

目前世界范围内的媒介体制特别是广播电视制度主要有以下几种类型(如图 3－2):国营型②、公营型③、商营型④、国营型＋商营型、公营型＋商营型

---

① 财产所有权是一种民事权利,"是指所有人依法对自己的财产享有占有、使用、收益和处分的权利",详见《民法通则》第 71 条。

② 国营型即媒介为国家所有的部门,以国家拨款为主要经济来源,基本不做广告,保证不受商业利益侵蚀。原苏联的媒介体制是此类体制的代表。

③ 公营型即媒介为公共财产,以视听费为主要收入来源,辅之极少的广告收入,从而保证该体制中的媒介能够独立于政府和商业企业,为公共利益服务。英国的 BBC 为这类体制的代表。

④ 商营型即媒介为私营企业,完全以商业广告收入为经济来源,追逐利润是其本性。美国几大主要广播公司都是这类体制的代表。

和国营型＋外资（合资或独资）型。其中，前三者属于单一体制，后三者属于双轨制。

大众传媒主要体制	国营型	单一体制
	公营型	
	商营型	
	公营型＋商营型	双轨体制
	国营型＋商营型	
	国营型＋外资（合资或独资）型	

图3-2　各国大众传媒业的主要体制

　　媒介制度的一项主要内容是媒介的产权制度。中国的广播电视属于国家所有制，效仿原来的苏联模式，讲究宣传功能，是一种政府垄断控制的模式，在世界上尤其是第三世界国家中具有广泛的代表性。这种体制在产权上的特点便是，媒介的产权由国家代表全体人民所有，所有权完全属于国有。在这种所有制中，政府代表国家占有与行使产权，因而从某种角度来说国家所有制实际上就是政府所有制，政府是决策主体，并由政府委任经营者。也就是说，政府既是管理者又是所有者，同时又是电台、电视台生产经营的决策者。这种单一的国有产权，导致政府主导的单边治理结构，进而导致广播电视机构活动的行政化和半行政化取向以及不规范的法人治理，最终严重影响了广播电视机构的活动效率。

　　事实上，世界各国对大众传媒的规制中，政治的逻辑、市场的逻辑或经济的逻辑、文化教育的逻辑三种因素始终在相互博弈。政治的逻辑围绕媒介、政府和受众三者间的权利与义务关系展开，市场的逻辑或经济的逻辑围绕如何争取消费者、建立自由的媒介市场展开，文化教育的逻辑着重于文化、意义和社会权利的批判性考察，这些因素相互补充又相互激荡。而在中国，由于媒介传播业的特殊性，对大众传媒性质的认识实际也有多个视角：从政党政府角度看是喉舌，从社会系统运作角度看是媒体，从信息经济形态角度看是产业。这恰恰与上述三种逻辑大体相对应。就此，笔者认为，目前广播电视业实现由国营型向"国营型＋商营型"的转变比较符合中国国情。换句话说，由"政、事、企"三部分组成媒介体系,政府、事业、企业各司其职、各生其效,完成传媒领域政府监管、公益服务、市场运作的不同使命。

广播电视业的产权改革自世纪初开始逐步深入。首先是围绕企、事转制展开,2000 年 8 月全国广电厅局长会议提出"股份制改革"、"多媒体兼并"、"跨地区经营",初显中国传媒股份制改革的迹象。"十六大"和十六届三中全会上,党中央明确提出"要建立归属明晰、权责明确、保护严格、流转顺畅的现代产权制度"、深化文化体制改革、加快文化事业和文化产业协调发展。2003 年中共中央办公厅 21 号文件提出了要全面深化文化产业体制改革,之后国家广播电影电视总局下发了《关于促进广播影视产业发展的意见》,新闻出版总署下发了《新闻出版体制改革试点工作实施方案》等文件,其中最重要的一点即将媒业按属性的不同分为公益性事业和经营性产业两类,将除新闻宣传以外的社会服务类、大众娱乐类节目和专业报刊出版等经营性资源从现在的事业体制中分离出来,按现代产权和企业制度组建公司,实行所有权与经营权分离,并推进经营性资源的区域整合和跨地区经营。2004 年 2 月,国家广电总局颁布《关于促进广播影视产业发展的意见》,规定广播电视可以将经营性资产从事业体制中剥离出来,面向市场成立公司,与事业部分分别管理、分别运营;允许各类所有制机构作为经营主体进入除新闻宣传之外的广播电视节目制作业;在确保控股的前提下,电视台可以进行股份制改造,条件成熟的可以批准上市融资。在 2004 年12 月举行的全国广播影视工作会议上,国家广电总局明确表示:今后不再批准组建事业性质的广电集团,原因是作为喉舌性质的电台、电视台组建的事业性质的广电集团,容易与社会上一般理解的产业集团的概念相混淆。广电总局今后只允许组建事业性质的广播电视台或总台,此前已经成立的事业性质的广电集团,如果要继续保留事业性质,可以将集团改为总台,把经营性资产剥离组建新的产业经营公司或集团公司。2005 年上半年,剥离和组建新的产业经营公司或集团公司的工作逐步推开,上海、北京、南京、浙江等地都已经开始将广电集团、广电总台或电台、电视台中可经营的资产剥离出来组建公司,其中既有节目制作经营公司,也有频道经营公司。2006 年制定的《国家"十一五"时期文化发展规划纲要》则明确提出要加快国有文化企业公司制改造,要"以创新体制、转换机制、面向市场、壮大实力为重点,按照现代企业制度的要求,加快国有文化企业的公司制改造,完善法人治理结构。推进产权制度改革,实行投资主体多元化,使国有和国有控股的文化企业真正成为自主经营、自我约束、自我发展的市场主体。加快国有文化企业的股份制改造,2010 年前国有独资文化企业基本完成规范的公司制改造,推出一批主业突出、核心竞争力强的上市文化公司"①。

公共广播电视作为一种制度化的存在与产权的界定有着直接的关系。新制度经济学、政治理论和法理学等学科都不约而同地将财产权利划分为公共产权(common property rights)、私人产权(private property rights)和国有产权(state property rights)。单纯从这些概念所涵盖的范畴来看,理想的公共广播电视应该属于公共产权。从以往媒介研究领域关于公共广播电视的研究来看,也大都用财产权利的界定来划分不同的传播制度。然而,现实社会中经常可以看到的是私人产权可以提供公共服务,公共产权也可以为私人占用,因此,产权意义上的公共广播电视公共广播电视服务与产品的唯一提供者。事实也证明了这一点:明确非公有资本进入文化产业的政策,调动了全社会参与文化建设的积极性,经过多年的建设,目前,"以公有制为主体、多种所有制共同发展的文化产业格局已初步形成。"②

取得承认广播电视领域部分产权"非公有"的突破后,我们面临两个亟须解决的问题:

第一,《国家"十一五"时期文化发展规划纲要》明确提出,要"规范国有文化事业单位的转制,加强对文化事业单位剥离企业的监管,合理确定产权归属,明确出资人权利,建立资产经营责任制,努力形成一批坚持社会主义先进文化前进方向、有较强自主创新能力和市场竞争能力的文化企业与企业集团。"③可见,即便是企业性质的文化机构,国家也对其提供的服务和产品的性质有所要求。具体到广播电视领域,其可经营部分主要是指节目、广告、技术、信息等,产权改革将它们从广播电视机构中剥离出来,转制重组,使其成为面向市场自主经营、自负盈亏、依法纳税的企业性公司,与其他企业一样,进行市场化运作;电台、电视台的新闻类节目、频道所有权、资产控股权、节目播出权则保留在事业主体内部。那么,政府如何发挥管理和服务的职能,让不同性质的媒介机构都能在提供公共服务与产品上发挥各自应有作用,就成为产权改革实施过程中的一个关键点。

第二,现阶段中国文化发展水平与全面建设小康社会的目标和进程还不相适应,文化体制机制与完善社会主义市场经济体制、进一步扩大对外开放的形势还不相适应,文化产品和服务的数量、质量、品种与人民群众日益增长的精神

① 《国家"十一五"时期文化发展规划纲要》。

② 同上。

③ 同上。

文化需求还不相适应,文化产品的国际竞争力还不强。要推动文化创新,增强"软实力",保障公共服务的数量、质量和公平性,必须要解决财政来源的问题,同时建立起包括公共预算制度、公共审计制度等一系列相关制度。如何为不实施企业化运营,承担公共服务任务的广播电视机构提供必要的资金支持,则成为建构公共广播电视服务体系的一个难点。

三、建立完善有效的财政制度

1. 完善公共财政体制框架,调整公共财政支出结构

一般说来,建立公共财政就是为了满足全社会对公共服务的需求,并在此基础上建立起政府的治理制度安排。公共财政出现的前提是市场失灵,在市场失灵情况下,政府以政权组织的角色,依据政权力量,在全社会进行以市场失效为范围,以执行国家的公共管理为职能,以为市场提供公共服务为目的的一种政府分配行为。公共财政的提出明确了财政支出必须以公共支出为目标。公共支出必须保证国家机构正常运行,对市场失灵情况下的各类社会事业提供必要的财力支持,为各类公共服务提供必要的资金支持,对各类公益性或非营利性项目提供必要的财政援助。公共财政具有公共性和非市场营利性两个基本特征,其收支活动主要通过公共预算来实现,包括:经费预算和公共投资预算。从某种意义上说,公共财政是市场经济发展的必然结果。

财政支出结构是指各类财政支出占总支出的比重,也称财政支出构成。财政支出结构直接关系到政府动员社会资源的程度,财政支出结构对市场经济运行的影响可能比财政支出规模的影响更大。一国财政支出结构的现状及其变化,表明了该国政府正在履行的重点职能以及变化趋势。在中国建设公共服务型政府的过程中,公共财政支出的结构也要做出重大的改革。公共服务型政府和公共财政密不可分,因为公共财政支出结构反映着政府职能结构的变化。满足社会公共需求是公共财政的首要目标和工作核心。

目前中国的公共支出格局还带有很浓厚的"建设财政"的特点,公共支出被大量地运用于政府没有比较优势的用途上,过多地进入那些本应由市场力量发挥主要作用的领域,特别是竞争性和营利性的经济领域。人们通常将经济的高速增长视为推动发展的关键动力。然而,实践证明,增长质量较低的经济增长过程本身并不必然会自动推进一个社会中所有人的福利。近年来政府的财政资源大多用于经济建设领域,而用于社会公共事业领域如生态环境、劳动就业、社会保障、公共卫生和文化教育等领域则明显不足,导致政府提供的公共产品

与经济社会发展和人民需求有相当大的距离。综观世界各国政府改革发展与职能演变的历史过程,基本的规律是首先从以经济服务为主,逐步扩展到以社会性公共服务为主,最后社会性的公共服务便成为政府公共服务的主要内容。与此相适应,在公共服务的支出结构中,经济性支出比重逐渐下降,而社会性服务支出逐渐上升。因此,中国政府公共资金支出优化重点就是要由传统的经济建设服务领域,迅速转向社会公共服务领域。

为满足不断增长的公共服务需求,政府应建立公共支出的保障机制:一方面,应按照精简、统一、效能的原则,推进政府机构改革,减少财政供养人员和基本支出;另一方面,应按照建立公共财政框架的要求,收缩项目支出范围,从竞争性领域退出,重点保证提供公共产品和公共服务的必要支出。同时,适当借鉴西方国家通过PFI①等方式筹集公共服务资金的成功经验,通过合同外包、服务采购、市场竞争等形式,引导民间资本投资公共服务项目,以弥补政府公共支出的不足。

2. 拓宽渠道,确保资金来源

新中国广播电视最初属于事业单位事业管理,所需经费完全由国家财政拨款。1978年开始逐步实行"事业单位,企业化管理"后,政府对媒体的资金投入从财政包干到逐年递减,最后发展到媒体以自负盈亏为主,省级以上新闻媒体大多已停止财政拨款,实行自收自支,自负盈亏。这样,不仅政府摆脱了经济包袱,减轻了财政负担,而且广播电视还创造了数量相当客观的利润,成为政府财政的一项来源。

但是随着社会改革的深入推进,社会矛盾日益凸显,这种财政制度的悖论也渐渐体现出来。广播电视机构的公益事业属性要求它们承担起公共服务的

---

① 20世纪90年代以来,英国政府改变传统的公共部门集权管理方式,推进公共部门的权力向民间转移,私营部门通过竞争招标承担公共事务,在公共服务资金筹措和运营上,形成了以私营部门筹资为主、多样化运营、低成本高质量的公共产品供给模式,这一模式被称为"私人筹资创议"(Private Finance Initiative,PFI)。PFI的基本内涵是:最大限度地运用私人部门的专业技术、筹资能力和运营管理能力,通过招投标等市场化的竞争机制,将公共服务项目的设计、资金筹措、建设和运营转移到私人部门,公共部门负责制定政策和计划,并购买私人部门提供的产品和服务。PFI不同于传统的公共投资,政府无须投资建设或购买公共设施等固定资产,而是购买固定资产产出的公共服务。由于私人部门在设计、筹资、建设、运营各个环节的参与、合作,政府既减轻了筹资压力,又在一定程度上转移了设计、运营和财务等方面的风险。PFI也不同于完全的民营化,政府对公共事业发展的整体规制和对具体建设项目的计划仍然是私人部门参与公共服务项目的外在约束。

职能,推进公共产品的生产和公共服务的提供,不断满足人民群众日益增长的公共消费需求,服务多元化的利益群体。但自收自支的财政制度却使得所有这些需要自身的经济利益作为保障。而且,中国的广播电视盈利模式比较单一,对广告收入的依赖性很大。近年来全国广电系统总收入中,广告收入占到一半左右,也就是说,中国的广播电视机构很大程度上是依靠"销售受众"来保证其资金来源。我们知道,媒介业与众不同,它具有"双重市场"。广播电视机构创造了两种商品:第一种是内容,即广播电视节目;第二种便是受众,听众观众所消费的节目内容构成了第二种有价值盈利的产品,在这种情况下,接近受众的途径可以被包装和定价,然后销售给广告客户。依赖于广告收入,依赖于"销售受众",这与广播电视机构行使社会公共服务职能无疑存在着矛盾。近年来,一些广播电视节目中也确实出现了一味追求经济利益而忽视社会公共利益的倾向。

因此,必须确立新的广播电视财政制度,拓宽资金渠道,形成多元的收入模式。可经营部分从广播电视机构中剥离出来组建为现代公司后,广播电视公共服务机构为了确保公共利益,就不能依靠广告收入,而是应当借鉴世界公共广播电视的收入模式,探索能够确保资金来源,又不对实行公共服务职能构成威胁的财政制度。

目前中国正在形成三个层次的财富分配体制:第一层次分配以市场分配、劳动取得报酬为主,目的是提高效率。第二层次分配是以国家财政税收及其再分配为主,实施国家的社会福利和社会保障,目的是促进社会公平,也就是我们通常所说的建立和完善公共财政。第三层次分配是社会慈善活动。慈善事业就是动员社会力量进行社会救济和从事公益活动,是包括社会保障制度建设在内的社会建设的重要组成部分,包括对贫穷、处于困境和劣势人群的救济,促进教育科学技术发展,建设公共建筑、纪念建筑物,减轻政府负担。如果说第二次分配是第一次分配的补充,即政府弥补市场不足,那么第三次分配则是第二次分配的补充,即社会捐赠弥补政府之不足。社会发展资源基本上来源于第二次分配和第三次分配,公共广播电视也大致如此。

广播电视公共产品和服务利用民族的共同文化资源为基础,继承和弘扬本民族共同的文化精神,客观地影响着民族整体的生存和发展。而且,这类产品一旦被大众认可就有了外部性,成为社会共同的文化财富。因此,政府理所应当在提供广播电视产品中起到主导作用,为广播电视公共产品和服务的生产和播出提供一些拨款。同时,作为广播电视公共产品和服务享受者的受众,也应当缴纳少量的费用,这样既可以为政府拨款减轻负担,更主要的是可以避免浪费。当然,对于对特殊人群(如贫困家庭、弱势群体)可以实施费用减免。目前国家对广播电视公共服务的投入在总量上还十分有限,在使用结构上也存在着不合理的局面:国家投入的大量资金在相当程度上是用来"养人",而在广播电视基础设施建设和广播电视公共产品供给上的资金则相对不足。这提醒我们公共财政的支出必须加强管理,提高财政资金效率。同时还要深化财政支出管理体制改革,加强财政监督机制等的配套机制的建设。

另外,社会捐助可以成为公共广播电视机构的重要财源之一。通过非营利性的社会团体和国家机关对公共广播电视机构的捐赠,在缴纳企业所得税和个人所得税前准予全额扣除;对于企业捐助,也应采取一些鼓励措施,如公开表彰他们的捐助,或者将他们纳入机构的管理层。但同时必须想办法减少"搭便车问题",企业捐助必须受限于电视台的基本规范,不得促销特定商品或服务、不与节目题材有任何关联或暗示、不参与任何节目制播过程等,这样才能避免伴随经费而来的干预。而社会个人捐助也可以被广泛吸引,公共广播电视机构可以与提供捐助的个人建立"会员"之类的联系,为这些人提供一些优惠或是参与节目制作的讨论等等。既能为公共广播电视机构提供资金,又可以汇集来自民间的力量,成为公共广播电视在民间的重要基础。

动员社会资源推动公共广播电视事业,可以走出单纯依靠政府发展的圈子。国际经验表明,社会捐赠的确可以弥补政府公共财政之不足。通常,在发达国家慈善包括捐赠财物,也包括提供志愿服务,所以慈善精神和志愿精神通常是联系在一起的。这样,也就构成了慈善主体的多元化,不仅有以公司、企业为组织形式的捐赠,也有个人的捐赠;不仅有富人的捐赠,也有普通公众的捐赠;捐赠的方式不仅包括钱物,还包括时间和知识。公共广播电视在服务提供和内容生产方面需要大量的智力因素,志愿服务应作为财务捐助以外的一种重要补充大力提倡。

要拓宽公共广播电视的资金来源,必须要明确一个理念:公共广播电视机构属于事业单位,即非营利,但非营利不等于不赢利,而是不以营利为目的。国外的非营利机构大多是赢利的,只是不由私人营利,所得的利润用于本身的持续运转和扩大生产。因此,公共广播电视机构可以在满足公众基本的广播电视节目需求后,开展多层次、多元化的业务。如就电视媒介本身来说,从最初的单一传输节目,发展到付费电视、视频点播、包月视频点播、高速互联网接入、有线电视电话、交互式服务、高清晰电视等多种业务并存是必然的趋势。公共广播电视可以充分利用本身的节目内容资源,将节目资源进行多次开发和利用。如将节目内容存档,整合成为二次新闻产品,开拓出新的市场。一些具有全国性意义的新闻节目完全可以面向全国电视市场进行发行,有的还可以积极面向海外市场。首先要实现供应链的连接。从内容的选择到最后电视产品的形成都要形成一个完整的过程,不同的生产环节由不同的专业机构来完成,创作由内容创作者或内容供应商来完成,电视台可以进行节目的包装和打包,发行和渠道交给内容运营商,负责发行和流通。

四、健全多层次的规制体系,充分发挥监管的作用

1. 媒介规制体系改革应遵循的原则

计划经济时代对广播电视的规制观念十分落后,只讲宣传,不讲效益,只顾投入,不计产出,广播电视不仅产权不清,投资主体多元混乱、产业的所有权和经营权没有明确的法律界定,而且成本意识薄弱,资源大量浪费,经营意识缺乏,不懂广告经营和节目经营。20 世纪 90 年代以来确认广播电视媒介同时拥有事业和产业的双重属性后,实现了打破内部垄断、走向市场、成为独立的法人实体和传媒市场竞争主体、承担起国有资产保值增值任务的产业化改造等转变,但同时出现的媒体日益商业化而忽视公共利益的现象。这一现象至今没有得到有效的管理和遏制。

传统社会管理的特征之一是简单地强调社会控制和政府单一地分配社会资源。公共管理是指那些不以营利(不以追求利润最大化)为目的,旨在有效地增进与公平地分配社会公共利益的调控活动。公共服务是政府治理的基本内涵。在市场经济条件下,政府通过提供公共服务,用以解决每一独立的市场主体所不能解决的许多公共问题,包括公共政策、公共设施、公共安全、公共卫生等等,保证和维护正常的社会经济秩序,实现经济社会的发展协调。改善公共服务的质量和效率,提高政府管理社会生活的能力是根本途径。

在缺乏统一的管制机构和部门法的情况下,无论是作为新闻专管部门的国家广播电影电视总局、新闻出版总署,还是作为普通市场管理者的信息产业部、文化部,其出台制定市场规则,希望通过行政手段来解决市场经济发展中出现的问题,都只能导致管制错乱、市场秩序失调、无功而返。其行为只能称为"政府干预",而不能称为"政府规制"。比如关于选秀节目,国家广电总局先是在 2006 年 3 月禁止《超级女声》"想唱就唱",规定参赛选手年龄必须在 18 岁以上,举办未成年人参与的全国性或跨省(区、市)赛事等活动必须单项报批;评委

点评不搞令参赛选手难堪的责难等细节性问题。又在4月份规定《超级女声》主持人不得有倾向性、要弘扬主旋律等。2007年1月上旬，广电总局指出，现在的选秀节目过多过乱，部分节目细节低俗，要加强对此类节目的管理，在3月中旬，发文向全国规定今年内启动的选秀类活动播出时间不得超过两个半月，即75天。2007年4月，广电总局批准"超级男声"必须改名为"快乐男声"举办，要求其设计一些公益性内容，参赛曲目要积极健康，弘扬主旋律，尽可能不出现落选歌手泪流满面、亲友抱头痛哭、歌迷狂热呼叫等场面和镜头。这两类行政规定虽然对社会有益，但从管理的角度看则缺乏法律的支持，有"干涉"之嫌。类似的现象还有很多，媒介规制真正陷入到了"无法可依"的地步。

在中国，政府是媒介的所有者，实行的是政府直接投资、垄断经营的政府规制体制，媒介由政府建，领导由政府派，资金由政府拨，价格由政府定。这种规制体系使得媒体缺乏竞争活力，效率低下。因此必须改变集中管理、频繁干预的规制现状，重新建立一个完善的、合理的、有序的相互制约的媒介规制体系，对广播电视提供的公共服务和产品实施有效的监管。

进行媒介规制改革，应该坚持以下普遍原则：

第一，职权法定。媒介规制机构的职权，必须在法律规定的范围内活动，非经法律授权，便不可能具有并行使某项职权。这是对媒介规制结构的权力来源的核心要求。既然职权法定，就要求我们在没有法律、法规、规章的明确授权下，不得在规范性文件中设定、变更、调整规制机构的职权。如果法律、法规、规章规定几个单位都享有同样的职权，为了便于管理，应该将此项职权由其中某一个规制机构行使，避免职权冲突。事实上，就是必须要确立法律规制在规制体系中的最高地位。

第二，指向公共利益。政府规制是一种对公共需要的反应，规制政策的目标是为了社会的公共利益。同时，政府规制的政策目标也是一种对部门需要的反应，规制政策的目标也是为了部门利益。也就是说，政府具有公利性和自利性双重属性，但公共利益的取向目标应为其首要目标，绝对不能因为部门利益而损害公共利益。如果媒介政府规制的立法机构代表了特殊利益集团的利益，而非公众利益，或者在执行规制政策时被受规制者俘虏，完全为广播电视产业利益服务，媒介政府规制就失去了效用。

第三，保护竞争。特别是对于一些可经营性的内容，要充分利用市场的支配力，发挥"用脚投票"与"用手投票"的监督激励作用和市场中需求价格的杠杆作用去调整广播电视业的生产与运作，以达到社会资源的最优化配置。政府作用要更多地从保证公平竞争与市场秩序的方面体现出来。如,对那些虽然通过兼并组成了巨型媒介集团,却没能有效地提高媒介的赢利能力,或是由于集团规模的扩大导致了寡头型市场结构,损害竞争的现象,就必须动用购并规制等手段。

第四,保证规制政策的稳定性。要防止朝令夕改所造成的不一致性,应着眼长远,注重多期效果,保证规制政策的动态稳定性,使被规制者形成稳定预期。如果政府不能在法律或其他法规政策方面保持稳定性和一致性,就会阻碍市场竞争主体对媒介的投资,从而影响媒介市场的发展。

2. 建立独立的规制体系

广播电视媒介市场的三个特征决定了必须要对广播电视传媒业进行公共规制:第一,广播电视产品代表公共利益,对内要满足广大人民对文化产品的多层次、多样化、整体性的精神需求,只有集体行动、有组织的供给方式才能保障大多数人的文化利益,对外涉及国家文化形象、国家文化话语权。第二,广播电视产品的生产具有规模经济的特征,它的规模效益需要在一个巨额设备投资、大量产品生产和营销,以及巨大的消费受众和潜在受众基础上,才能充分体现出来,因此,政府必须要动用公共规制手段才能一方面调节资源配置,防止绝对垄断,一方面保障弱势群体的利益。第三,广电传媒产业与铁路、电力、煤气、通信等产业一样,具有网络型产业的特征。这是由其产业结构的特点决定的,由物理传输网络、节目交换网络、经济运营网络构成的网络系统是广播电视媒介提供有效服务的重要保证。

独立规制是目前现代媒介规制体系的主要模式,是成熟的市场经济的一个标志,也是保证产业竞争和有效发展的手段。其体系构成基本上包括三个方面,即法律规制体系、行政规制体系和行业规制体系。

①有关广播电视公共服务的法律法规

媒介规制应该以立法为基础来进行,通过法律设定规制的总体框架以及各规制主体的权力范围,并对各规制主体、客体的行为方式等等作出规定。未来一段时期内中国应大力推进大众传媒监管的法制化,即清理与评估现行媒介法律、法规和政策,摒弃人治、开展媒介法律编纂活动,逐步实现媒介监管的法制化,以适应"依法治国,建设社会主义法治国家"的法制建设目标。

经过多年的努力,中国初步建立了公共服务的基本法律法规体系。但作为监管体系的重要组成部分的法律规制体系还存在着很多问题,比如:规则体系缺乏统一性,不同位阶和部门的法律法规之间存在冲突,地方法规与国家法规之间存在矛盾;一些法律法规陈旧落后,不能适应新的经济和社会发展形势的要求;一个完整的法律体系应该是以专门法、综合法为主,而以专项法规与其他的配套法规为辅的有机的体系,而保障社会公共服务的专门法和保障广播电视公共服务的专项法都还处于缺失状态等等。

在建立健全大众传媒法规体系,加强中国广播电视公共服务的保障与监管方面有很多工作要做。具体说来,主要包括以下一些方面:

一是要在法律层面进一步明确政府提供基本广播电视公共服务的义务,要求政府采取必要的措施建立覆盖全社会的广播电视公共服务体系,以保障全体公民像享受基础教育、公共卫生等基本公共服务一样,得到广播电视公共服务。

二是要通过法律手段建立和完善现代公共财政制度,建立规范的财政供养制度,为公众享受广播电视公共服务提供保障。

三是要建立依法行政的理念、程序和实施机制,在法律上保证广播电视公共服务事业受到依法监管。完善相关的法律,明确政府、公民和不同形式的组织部门在提供和消费公共服务方面的权力、义务和责任。明确包括非营利组织在内的不同服务供给主体的法律地位和必要义务。

四是要在内容上对广播电视公共服务有所规定,保证其不对国家安全、社会稳定、未成年人身心健康等方面产生负面影响。

此外,法律法规执行机制不健全也是中国广播电视公共服务法制建设中的一个突出问题。这一现象的具体表现有很多,比如:监管者与被监管者之间过于密切的关系,使得监管规则很难得到有效执行;规则执行缺乏公平性,在很多领域存在基于部门、所有制或地区的歧视等等。这些与当前传媒业管办不分、政事不分和传媒机构科层制的组织结构密不可分,现有的司法体制和行政管理能力也制约了规则的执行能力。因此除了尽快进行政府职能转变和广播电视业体制上的改革,还有必要成立媒介规制执行监督机构,使其获得充分的监督权,对各种与法律法规相抵牾的行为进行纠正,以保证广播电视公共服务的质量、公平性。

当前中国法治建设正迎来良好的历史机遇。"十六大"明确提出党要从革命党真正转变为执政党。党的执政方式的自觉转化以及依法治国方略的实施,为传媒业的有法可依提供了历史性契机。党的"十七大"指出要坚持党总揽全局、协调各方的领导核心作用,提高党科学执政、民主执政、依法执政水平,保证党领导人民有效治理国家;坚持依法治国基本方略,树立社会主义法治理念,实现国家各项工作法治化,保障公民合法权益;坚持社会主义政治制度的特点和优势,推进社会主义民主政治制度化、规范化、程序化,为党和国家长治久安提供政治和法律制度保障。相信"一代人法则"将会作用于传媒法制推进的过程,在越来越开放、法制观念越来越深入人心的社会成长起来的一代人能够将这些战略构想转变为现实。

②有关广播电视公共服务的政府行政规制

政府行政规制是广播电视公共服务规制体系的第二个层面。其功能是政府运用行政手段,弥补规制手段在大众传媒领域的遗漏、不足和迟缓。

长期以来,在计划经济条件下形成了管理单位的思维定势和思维惯性,习惯于用管理宣传的思路和方式进行行业管理。在实际工作中我们常常能够看到:行业管理政策出台快而论证不够,禁令多而鼓励不够,应急多而连续性不够,变化多而稳定性不够,要求高而操作难,"一刀切"而缺乏分类指导……这些使地方广播电视管理部门无所适从,影响了广播电视行业管理的权威性。此外,我国媒介属于"多头管理",几乎每个主管部门都有自己的一套政策目标,在多重交叉后,现有的媒介政策体系就出现了"多、散、乱、差、滥"的特点,甚至不同部门之间、部门制定的政策前后之间都有冲突,而依靠行政区划媒介政策也渗透到了媒介的肌肤当中,政策触角"事无巨细、无微不至"。在具体的实行过程中,媒体常常是"上有政策,下有对策",有的仅做表面文章,有的故意对政策断章取义,有的在行政法规执行过程中任意自主附加内容,有的歪曲或曲解政策,还有的机械照搬政策,使许多行政法规、政策不仅无法落到实处,还起到了反作用。应该意识到,行政手段只有在其能力范围内才能实现其效力,即行政功能有其有限性。

要优化中国的政府行政规制,首先要明确并整合政策的"利益"基础,使国家利益、局部利益和个人利益得到统一。利益的整合包括两个基本方面:一是纵向的利益整合。主要是中央与地方之间、上级与下级之间、政策制定者与执行者之间的利益整合。实现纵向利益整合关键是克服狭隘的地方主义、部门主义和极端个人主义的思想和行为。二是横向的利益整合。主要是各地方政治体系之间、各政策执行机关之间、政府与公众之间的利益整合。通过这种整合,使个人利益、局部利益、国家利益三者得到合理配置,从而避免因利益冲突而导致政策规避,进而实现"公共利益"。

政府通过行政规制实现对公共服务的有效监管还应该遵从一些基本原则,这些原则反映了现代市场经济和法治社会的一些本质特征,主要包括:第一,公平对待提供广播电视公共服务的机构,特别是要公平对待各市场主体;第二,行政规制在实施监管时应做到监管内容清楚,监管程序完善,监管过程透明;第三,应该建立一支包括行业专家、公共管理专家、经济学家、律师、会计师、财务分析师等组成的稳定的专家队伍,为行政法规的科学性、合理性、可操作性提供智力支持,提高法规供给水平;第四,要通过立法建立相关的制度对行政部门即监管者实施监管和考核,追究相关责任,其中,建立严格的问责机制是政府管理体制改革和监管体系建设的核心任务,也是建立依法行政的现代行政管理体制的基本要求。

完善、规范政府行政规制的关键还是在于政府职能的转变。要着力转变职能、理顺关系、优化结构、提高效能,形成权责一致、分工合理、决策科学、执行顺畅、监督有力的行政管理体制。有人担心政府对广播电视的"放手"会在坚持正确的政治方向和保障思想领域的健康方面带来负面效应。过去政府主管部门习惯于对具体宣传事务、舆论导向的直接干预,其实只要转变思维方式、制度供给得当一样可以保证坚持正确政治立场和社会发展方向。重新定位的政府职能不再包括对具体节目制作业务的管理,可以以"内容创作无禁区,播出流通有限制"为原则,通过对"出口"即播出渠道的控制来解决节目制作社会化后导向的问题,比如:政府强化对频道资源的监管,控制播出机构的数量,只要不符合舆论导向的内容一律不予播出,政府提供的教育、文化、宣传报道类节目必须达到一定的播出时间等等。这样就可以通过制度来解决政府让位了的媒介如何发挥坚持正确的舆论方向,捍卫"文化国土",为建设中国特色社会主义服务的问题。而且,政府转变"控制"思路后,文化体育、广播电视、新闻出版等政府职能部门因不再涉足具体业务制作管理而具有了合并条件,地方政府的广播电视管理机构也无存在的必要,届时将会整合建立相关的管理委员会,负责广播影视乃至大众传播的政策制定、监督控制和管理工作,地方各级政府则成立相关的监督组织,负责监督广播电视或其他媒体的发布内容是否符合中央的政策、法令及社会伦理道德规范。这样才能使广播影视或传媒集团冲破行政区划的壁垒,获得充分的发展空间;使政府提高效率,能够腾出精力为产业发展提供良好的政策和法律环境,以实现广播电视产业和社会公众的长远利益。

③有关广播电视公共服务的行业规制

国际新闻界首创社会责任论的《一个自由而负责任的新闻界》,其中第五章的标题就是"自律",开头写道:"本委员会反复表明我们的信念:新闻界应该自觉承担起为公众利益服务的责任。在其他一些领域中,职业团体为此目的而组织起来,犯错误的成员受到该团体内部的惩戒。"当下,中国媒体素养有所降低,新闻寻租现象严重,媒介公信力严重下降。因此需要重视新闻行业性规制,提高行业素养和职业伦理道德,重视新闻专业主义精神的培养。

行业规制是建立在团体成员共同的理念和追求的基础之上的。一般来说,一种行业的专业化程度较低,其职业行为才需要更多的外部控制,而非来自内部的压力。而专业化程度较高的行业,它的职业角色通过职业理念和精神的内化而形成,从而每个个体能够在从业的过程中自觉担当社会道义和服务公众的责任。如,所有新闻从业者都认为自己的天职是披露真相,都认为说假话、欺骗、隐瞒事实是不齿于人的,从而成为团体管束成员的一项准则。和其他行业一样,新闻业也有自己的行业协会。新闻业的协会,既有区域性的也有国际性的。行业协会都有各自的准则。几乎在所有的新闻协会准则中,都强调新闻从业人员和媒体的职业道德的重要性,如1923年美国报纸编辑协会制订的《新闻规约》就将"责任"一词放在首位。

党的定"十七大"强调,要坚持国家一切权力属于人民,从各个层次、各个领域扩大公民有序政治参与,最广泛地动员和组织人民依法管理国家事务和社会事务、管理经济和文化事业。因此,除了行业协会的行业规制外,还可以根据中国的情况,可以由政府牵头,发展诸如广播电视公共服务的消费者保护组织等,以实现规制机构监督的社会化。

以上阐述了在中国建立现代媒介规制体系,发展公共广播电视服务的一些基本原则和努力的方向,但是规制体系建立健全的实际过程却要复杂得多。中国法制建设滞后,执法程序人为扭曲,尽管采用宪政管理形式,但实际上选择的仍是具有人治特征的管理模式,在经济运行与社会管理过程中,起决定作用的往往不是法律、规则而是领导的批示和会议动员。所谓"黑头(法律)不如红头(文件)"、"红头(文件)不如无头(批示)"的现象,正是这种情况的生动体现。规制框架的可靠和效能,随着国家的政治社会制度而发生变化。要想在众多规制程序中取得绩效,必须使下面三个补偿机制对行政活动的制约到位:一是对规制者选择活动的实质约束,二是对规制系统的变更的正式或非正式的约束,三是实施约束的制度。① 因此,关键还是要建立同制度相适应的媒介规制体系,这一规制体系的建立也同样需要我们变革现有媒介制度包括与其相关的其他政治制度。在放松管制的趋势下,在经济性管制领域鼓励公平竞争和产权多元是不可或缺的,但是过分依赖于此而忽视制度禀赋本身也会使得规制设计失去

---

① 孙宽平:《转轨、规制与制度选择》,北京:社会科学文献出版社2004年版,第182页。

效能;在社会性管制方面依然应当强化,特别是强化规制与内容质量和公共电视体系相关议题。

五、改革原有的电视台、电台、广电集团,确立广播电视公共服务机构

20 世纪 80 年代中期以来,鉴于中央政府对社会福利的投资能力有限,民政部率先提出了社会福利社会化的口号,并随之演进为市场化、产业化。接着,教育、卫生、体育等部门也相继提出了类似的口号,文化部门包括广电也不例外。事业单位的发展方向从此被导向企业化模式,其直接后果是公共服务付费的非政府化,付费的责任由政府向私人用户转移,部分公共物品的提供方式过分市场化。

广播电视服务与内容具有公共物品的性质。目前进行的传媒改革正是在这一认识下展开的,即区别媒介中的可经营性部分和非可经营成分,实现二者的剥离,从而真正实现政事分开、产事分开、政产分开、管办分开的目标。这样一来,长期实行的"制播合一"体制将逐步打破,节目"自产自销"的经营模式将会根本改变。非新闻类的节目生产将逐步走向市场,节目的供求关系将逐步由计划管理向市场调节转变。作为依法经营的企业实体,媒介集团和其他社会制作机构将成为产业供应链上的"龙头",以获取经济利润为目标,专门从事内容的生产、经营活动,独立承担社会经营风险和资产保值、增值的责任。正在进行的集团重组工作,虽然着力于打造市场主体,但仍有相当大的扶助成分。因此对于传媒集团的来说,必须意识到目前进行的重组也只是其发展进程的一个阶段,迟早都要学会在没有垄断特权庇护下的市场化生存。

而另一方面,新闻产品生产部门所控制宣传领域的核心资源便是非可经营性成分。其形式主要是"台",它的定位更趋向于播出机构,但仍旧可以保留新闻类节目制作班底,其功能立足于宣传导向和公益服务,资金主要来源是视听费和广告。作为事业的"台"按公共事业进行组织,并按国家法律的规定独立经营业务。政府除了对公共广播电视系统的播出内容实行监管,有明确的审查制度以外,还应对广告内容及其播出数量、播出方式等有明文规定。换句话说,事业"台"可以追求经济利益,但应以保证宣传导向和公益服务服务为基本前提。

具体的操作过程中,一方面是弄清楚可经营性资产及其剥离问题,另一方面在实施可经营性资产剥离时,还应该做好业务和人员的剥离,否则,实施资产剥离是无意义的。

第一步是根据节目的性质进行剥离。广播电视节目可区分两类:商品性节目和非商品型节目。可以说,除新闻节目以外的其他广播电视节目都是商品,均可以走向市场。同节目性质相适应,电视台(或称电视节目播出公司)设总编室、制作部(新闻节目制作)、人事部、财务部、经营部,其业务是负责新闻宣传和电台电视台各频道节目的购买和播出的安排以及广告播出的有关业务。根据业务对人员进行定岗、定编,其原则是少、精、高(效率高)。

在根据节目性质进行剥离的基础上再实行机构剥离。首先,要科学界定中国现行电视台的机构构成,明确它不是指单一的电视节目播出机构,而是一个既生产节目、营销节目,又播出节目的综合性电视产业结构;其次,要明确未来的电视台只执行电视节目的播出任务,除新闻节目制作外,不承担任何商品性节目的制作;最后,未来的广播电视节目制作部门是一种多层次的,要经过由集中到分散再到集中的发展过程。所谓多层次是指有国营的节目制作公司,也有民营的节目制作公司,还有相当多隶属于其他媒介(比如报纸、期刊),社会组织(如青年团组织、社会团体等)、大型物质生产部门、新华通讯社、学校、音像出版社等,都可以制作电视节目。

可经营性资产剥离是一个过程,不能一步到位。根据电视媒介二重性的理论,在剥离过程中要兼顾正确的导向性和经营资产的赢利能力,为此应坚持逐步剥离的原则。并做好以下工作:尽快建立新闻宣传机构和完善新闻宣传管理机构的职能;明确电视台走向市场的原则和步骤;明确电视台实现可经营性资产剥离后的中心任务是新闻宣传;明确可经营性资产剥离后的电视台的主要职能是播出电视节目,其主要收入是广告播出时段收入和销售电视节目的收入,除此之外不再从事其他经营活动;明确电视节目制作公司是一种完全市场化的产业公司,它同电视台只是电视节目的买卖关系;广播电视产业集团虽然是一个联合体,但是广播电视产业集团是一个独立的实体,可以开展多种经营。

六、提供优质的广播电视公共服务与内容

广播电视公共服务与内容是公共服务体系最终产出的公共物品,它主要由政府组织广播电视公共服务机构制作,向所有公民平等提供。目前中国广播电视公共服务与内容供给上主要存在两个方面的问题:

一是广播电视公共服务产品有效供给不足。从国际经验看,人均GDP超过1000美元之后,人们对各种公共服务的需求开始进入高速增长期。随着我国的经济发展和社会进步,人民群众对精神文化的需求不断增加,对文化产品的思

想性、艺术性、实用性也提出了更高的要求。而当前广播电视节目雷同、服务单一的问题比较突出，与公众的需求形成很大反差，供求矛盾日益突出。

二是广播电视公共服务和产品分配不均衡。除了总量不足，分配也存在失衡问题。弱势群体得到的广播电视公共服务严重不足，尽管国家十分重视"村村通"等工程的建设，但无论是硬件设施还是节目内容都远不能满足弱势群体对公共服务的基本需求。类似"节目是办给谁看的"的反思从侧面折射出弱势群体与强势群体在享受广播电视公共服务方面存在的巨大反差。

中国的广播电视业改革必须以能够向所有公民平等提供高质量、多样性的广播电视公共服务与内容满足人民精神文化需求为前提，具体来说，包括以下几方面的要求：

一是保证每个公民不受身份、地域和经济状况的限制，都能够享受到广播电视的基本服务。政府作为公民名义上的代理人承担对广播电视的管理，就有义务保障公民平等地享受广播电视服务。从中国目前的现实情况来看，达到平等意义上的公共广播电视服务主要存在两个方面的困难：一方面，市场化使媒介从业者在某种程度上将具有完整权利的公民变为消费者，由此带来一系列基于人口统计学的所谓"受众细分"方式，在这一过程中公共服务的体系实际上被消解，取而代之的是平等的公众享受公共服务的不平等。另一方面，计划经济和工业化建设时代为解决交易费用过高而形成的地方财政分权制度使得广播电视系统的财权和事权过度下放，市场化到来后，这种制度安排带来了地区间广播电视事业发展的严重失衡，富裕地区和贫困地区的公民同等享用公共信息服务的权利得不到保障。因此，必须通过有效的制度供给，使得中国的广播电视公共服务主要由政府组织广播电视公共服务机构提供，但同时可以由依法经营的企业实体、媒介集团和其他社会制作机构的节目作为补充和竞争，以实现全体公民平等共享公共服务的题中之意。

二是作为党的喉舌，要宣传党的政策方针，同时反映公众舆论，传递人民心声。公共利益实质是某一群体的共同利益，是各种利益主体共同利益，表现为社会利益、国家利益。在中国，国家与社会之间没有尖锐的矛盾，我们通常所说的公共利益、社会利益、共同利益都是代表最广大人民群众的根本利益。公共广播电视的首要任务是宣传党的政策和方针，作为党和政府的喉舌，其功能是为人民服务、为社会主义服务、为全党全国工作大局服务。同时，还要反映舆情、引导舆论，传递人民心声。人民作为历史活动的主体，通过理性与行为选择并展示自己的利益，不仅具有历史的客观性，而且具有价值判断和政治评价的意义。按正当利益改变外部世界,充分实现人自身的主体性要求,构成了民意的历史和社会基础。人们在选择价值目标和理想时,逐渐形成了公共舆论,体现了人类文明的追求。从总体上看,只有积极、主动地反映民意,才能有力地推动社会进步。

三是要力求提供高质量的广播电视节目和服务,保证节目的广泛性和多样性,满足人民精神文化需求。广播电视公共节目和服务要力求避免娱乐化和低俗化,致力于为公众提供具有一定价值内涵、有引导性、高品质的节目产品。它应在节目和服务品质上表现出竞争力,而不是沦入收听率或收视率的竞争和比较之中,而是与其他性质传媒机构的服务形成竞争和对比关系,从而导致行业整体服务质量标准的产生和不断的提升。

四是要为所有公民服务,特别不能放弃为被市场忽视或边缘化的群体服务。公共广播电视是面向全社会,为全体公民服务的,因此它必须要提供尽可能多元化、多样化的节目内容,不仅要满足主流阶层的需求,也要满足其他阶层特别是少数群体、弱势群体等社会成员的信息需求和表达要求。如中国有庞大的农村人口,又正在快步进入老龄化社会,广播频率关注、覆盖和服务农村人口、老龄人口等人群的问题不可忽视。

五是要为公众提供教育机会,通过传播民族文化,增强民族凝聚力。广播电视公共节目和服务肩负提供教育、传播民族文化的重任。因此,广播电视公共服务的内容一方面作为社会教育体系的一个重要组成部分,要配合学校、家庭等其他教育主体共同提升整体公民受教育水平;另一方面要通过积极的努力保护和继承中华优秀传统文化,繁荣和发展社会主义先进文化。

第 四 章

构建中国广播影视公共服务体系的
实践与政策研究

第一节　中国广播电视公共服务概况

一、中国广播电视公共服务实践发展历程

中国广播电视公共服务的发展，与中国经济、政治体制改革同步，经历了计划经济体制下的政府包办模式（主要特征是国家全额财政拨款），双轨制模式下的广播电视产业功能与公共服务功能失衡阶段，进入了积极探索构建市场经济体制下的广播电视公共服务体系阶段。可以说，政府包办模式为现阶段中国广播电视公共服务体系的建构奠定了一定的基础；而从 20 世纪 70 年代末和 80 年代初开始的、在中国广播电视业进行的"事业单位，企业化运营"的双轨制运营模式，使中国的广播电视走上市场化、产业化的道路，广播电视商业模式迅速上位，公共服务出现萎缩，产业功能与公共服务功能失衡，甚至出现个别媒体或者机构片面追求经济效益而轻视社会效益的现象，为我们在探索构建市场经济体制下的广播电视公共服务体系提供了宝贵的经验和教训；而从 90 年代末启动的以广播电视"村村通"工程、"西新工程"为代表的构建广播电视公共服务体系的探索，由于契合了中国现阶段以公共服务型政府为目标的政府行政管理体制改革，得到了政府的大力推动。

1998 年，为解决广大农民群众听广播、看电视难的问题，党中央、国务院决定启动广播电视"村村通"工程。截止 2005 年年底第一轮工程结束，中央和地方财政累计投入资金 34.4 亿元，基本解决全国 11.7 万个行政村和 8.6 万个自

然村共9700万农民群众收听收看广播电视的问题。^①

"西新工程"是为了响应江泽民同志的号召,解决西藏、新疆等地区群众听广播看电视难的问题,加强对西部地区的广播电视有效覆盖。有关部门从资金、技术和人力各方面采取有效措施,切实加强西部地区的广播电视条件。

党的十六大提出"积极发展文化事业和文化产业","国家支持和保障文化公益事业"。2003年10月,胡锦涛同志提出,要"根据新形势下社会主义文化建设的特点和规律,按照文化事业和文化产业的发展要求,不断推进文化体制和机制创新,支持和保障文化公益事业,增强文化产业的整体实力和竞争力"。中国共产党第十六届中央委员会第三次全体会议通过《中共中央关于完善社会主义市场经济体制若干问题的决定》,明确提出"深化科技教育文化卫生体制改革",正式将文化领域分化为公益性文化事业和经营性文化产业两部分。分离事业产业成为广电提高体制机制创新能力的重点。

2003年12月,国家广播电影电视总局出台《关于印发〈关于促进广播影视产业发展的意见〉的通知》(广办发字[2003]1407号),要求区别广播影视公益性事业与经营性产业,公益性广播影视事业由政府主导。

在划分公益性事业和经营性产业的发展模式基础上,在国家大力支持文化公益性事业发展的大格局下,广电系统开始明确提出建构符合中国实际的市场经济体制下的广播电视公共服务体系。

2004年12月在海南省博鳌举行的全国广播影视工作会议上,国家广电总局党组明确2005年为"农村服务年",要求把建立农村公共服务体系作为广播电视服务"三农"的重中之重,旨在有重点地促进农村广播影视公共服务的发展,努力开创农村广播影视发展的新局面。"农村服务年"紧紧围绕建立健全农村广播影视公共服务体系,结合广播电视"村村通"工程、"西新工程"、农村电影放映工程的建设,大力提高农村广播影视人口有效覆盖率,让广大农民群众能够享受到、享受好基本的广播影视服务,让党和政府的声音更快、更好地传入千家万户。

2006年1月,李长春同志在广电总局召开的"村村通"现场办公会上明确要求:"十一五"期间,在农村的重点就是解决广播电视"村村通"。

2006年十届全国人民代表大会四次会议通过的《国民经济和社会发展十一五规划纲要》,在第十二篇《加强社会主义文化建设》中,专门把广播电视"村村

① 朱虹:《广播电视村村通:农村文化建设的一号工程——答新华社记者问》,朱虹:《广电政策与未来走向》,河南大学出版社2007年8月版,第127页。

通"工程和"西新工程"列为公共文化建设重点工程。在"村村通"工程中,国家计划全面实现 20 户以上已经通电的自然村能够听到广播、看上电视。"十一五"规划还明确继续实行"西新工程",进一步加强西藏、新疆等地区广播电视设施建设,扩大覆盖范围,提高收听收看质量,增强播出传输安全保障能力。

二、现阶段中国广播电视公共服务的特点

在党和政府的关心和扶持下、在广电系统的共同努力下,广播电视"村村通"工程和"西新工程"进展顺利。同时,随着中国文化体制改革的深入以及党和政府对农村文化建设投入的不断加大,广播电视公共服务开始"以点带面",从单一工程整合成系统工程,以"村村通"和"西新工程"为主体工程,切实抓好安全播出工程,积极丰富广播影视公益节目。总体而言,现阶段我国广播影视公共服务具有如下特征:

(一)普及性

广播电视"村村通"工程和"西新工程"实现广播电视全国覆盖,让广大农村、边远地区、少数民族能收听收看广播电视,保证若干套广播频率和电视频道覆盖全国。

(二)均等化

2006 年《中共中央关于制定国民经济和社会发展第十一个五年规划的建议》第一次提出"基本公共服务均等化"概念,标志着中国社会发展的内在逻辑已经由"效率优先"转变为"公正优先",注重公平已成为社会的主要问题。公共服务均等化建设体现了以人为本的理念和公平正义的发展理念,认为公民无论住居在城市、乡村,无论是富裕、贫穷落后都有平等享受国家基本公共服务的权利。

广播电视"村村通"工程、"西新工程"等项目,旨在实现基本广播电视公共服务的均等化。正如英国 BBC 前执行长查理斯·柯兰指出的:"基础性建设,不只是物质层面的,它还包括了一个理念,亦即平等、不偏不倚的态度,这种理念事关根本,实乃过程中必须遵守的一项义务。"①

(三)政府主导

中国社会主义市场经济体制正处于完善时期,经济社会的全面转型推动了政府转型的加速。构建公共服务型政府是我国政府转型的目标选择,其核心内

---

① 查理斯·柯兰:《统理 BBC》,冯建三译,(台湾)远流出版社 1992 年 11 月版,第 138 页。

容是建立和完善公共服务体制。①

广播电视公共服务作为必要的公共资源,是政府应该承担的基本责任。虽然目前在公共服务领域引入市场机制已经成为共识,但这并没有削弱政府的责任,只是公共服务投入方式的多元化探索。因此,即使在公共服务供给多元化的格局下,政府仍然是最后责任人。从 2003 年以来的中国广电改革的基本思路就是分离公益性事业与经营性产业,进行分类管理。公益性广播影视事业由政府主导,建立公共服务体系,强化政府推动和扩大投入力度。中央和地方各级政府作为公共服务供给的主体,根据人、财、物划分权利和义务。

（四）"以点带面"

"以点带面",实施重大广播电视公共服务工程。以"西新工程"、广播电视"村村通"工程为重点,推动农村广播电视公共服务体系的逐步完善;同时,加强安全播出工程和丰富广播影视公益节目工程的建设,推动广播电视公共服务体系的建设和完善。

第二节 构建广播电视公共服务体系实践与政策内涵

一、广播电视"村村通"工程

（一）广播电视"村村通"工程概况

1998 年,为解决广大农民群众听广播、看电视难的问题,党中央、国务院决定启动广播电视"村村通"工程。到 2005 年广播电视"村村通"第一轮工程结束,中央和地方财政累计投入资金 34.4 亿元,基本解决全国 11.7 万个行政村和 8.6 万个自然村共 9700 万农民群众收听收看广播电视的问题。② 根据第一轮工程实施效果,2006 年党中央、国务院决定按照"巩固成果、扩大范围、提高质量、改善服务"的要求,继续实施 20 户以上已通电自然村广播电视"村村通"工程。

迄今为止,广播电视"村村通"工程已经完成了第一第二阶段的建设,进入到第三阶段的建设,工程建设取得了非常大的成绩。2008 年,提前一年半实现"十一五"中央广播电视节目农村无线覆盖目标,对转播中央一套广播节目和中

① 刘厚金:《我国政府转型中的公共服务》,中央编译出版社 2008 年 8 月版,第 176 页。
② 朱虹:《广播电视村村通:农村文化建设的一号工程——答新华社记者问》,朱虹:《广电政策与未来走向》,河南大学出版社 2007 年 8 月版,第 127 页。

央一套、中央七套电视节目的 6065 部电视、调频和中波发射机进行了更新改造和维护,其中,新增、更新 4751 部发射机,中央一套广播节目、中央一套和中央七套电视节目无线覆盖率分别达到 84%、82% 和 68%,覆盖人口分别达到 10.7 亿、8.9 亿和 11 亿,覆盖质量明显提高。2008 年 6 月,我国第一颗直播卫星"中星 9 号"发射成功,奥运会期间进行了 4000 户"村村通"用户的技术试验,技术测试效果良好。[①]

(二)广播电视"村村通"工程政策内涵

1. 政府主导,层层落实

(1)政府主导

早在广播电视"村村通"工程启动之前,国家广播电影电视总局就已经将扩大广播电视人口覆盖率作为广播电视事业发展的重点,覆盖的重点在农村,特别是老少边穷地区。广播电视"村村通"工程启动后,立即受到从中央到地方的各级政府和广电部门的高度重视。

1999 年 1 月 18 日,广电总局下发《关于认真学习贯彻李岚清、温家宝同志重要批示的通知》(广发办字[1999]24 号),转发李岚清同志于 1998 年 12 月 31 日和温家宝同志于 1999 年 1 月 5 日分别对广电总局《广播影视简报》(第 28 期)"依靠高新技术,调动系统和社会积极性,加快实施'村村通广播电视'"一文上作出了重要批示。李岚清批示,希望"各部门、各地区的同志都支持这项事业,使其得到落实";温家宝批示,号召"广电部门和各地及有关部门通力合作,从各地实际出发,区别不同情况,制定切实可行的规划,有计划、有步骤、扎扎实实地推进这项工作"。

2004 年 7 月《国务院办公厅转发广电总局等部门关于巩固和推进"村村通"广播电视工作意见的通知》(国办发[2004]60 号)中,国家号召各地区、各有关部门要从认真贯彻"三个代表"重要思想,树立并落实科学发展观和正确绩效观的高度,充分认识实施"村村通"工程的重要意义和作用,加强组织领导,加强协调配合,落实职责任务。

在"十一五"规划中,党中央、国务院高度重视农村文化建设,中央领导亲自参加整体部署,为作为新农村文化建设的一号工程的广播电视"村村通"工程提供新的发展契机。胡锦涛总书记在中央经济工作会议上的讲话、温家宝总理在全国人代会上的政府工作报告也提出"不断提高广播电视村村通水平"的要求。

---

① 张海涛:《加快我国高清、数字电视和移动多媒体广播电视发展》,《广播电影电视决策参考》2008 年第 12 期。

各省(区、市)委书记、省(区、市)长(主席、市长)将广播电视"村村通"工程列为"德政工程"、"民心工程",是为人民群众办实事的项目。各地区、各有关部门从认真贯彻"三个代表"重要思想,树立并落实科学发展观和正确政绩观的高度,充分认识实施"村村通"工程的重要意义和作用,加强组织领导,加强协调配合,落实职责任务,把"村村通"工程作为加强社会主义精神文明建设,促进全面建设小康社会的重要战略任务,纳入国民经济和社会发展规划的农村基础设施建设项目,建设好、利用好、管理好,切实巩固成果,确保党和政府的声音传入千家万户,确保收到实效。

(2)层层落实

2004年3月,广电总局召开了由14个省、自治区广电局参加的"村村通"广播电视工作座谈会,会议认为:"大部分省区建立了省、地(市)、县三级'村村通'维护体系,每年能落实一定的维护经费,基本做到设备小毛病不出乡、大毛病不出县、换设备不出省。"①

在2005年的全国广播电视"村村通"宁夏工作现场会上,提出要学习宁夏"自治区、市、县三级管理,市、县、乡镇、村四级服务"推动广播电视"村村通"顺利进展的经验,并在全国推广,完善"村村通"省、州(市)、县(市、区)、乡(镇)四级广播电视管理服务体制。以技术服务体系为例,省级负责对全省"村村通"工程建设的技术指导、业务培训和设备维修工作。州(市)、县(市、区)、乡(镇)负责行政区域内"村村通"设施的运行维护和管理。各地要建立健全以州(市)或县(市、区)为中心,乡(镇)为基础,面向农户的农村广播电视公共服务体系,努力提高服务水平。

2006年9月,国务院办公厅下发了《关于进一步做好新时期广播电视"村村通"工作的通知》(国办发〔2006〕79号),作为指导新时期广播电视"村村通"工程的纲领性文件,明确了各级政府在推进"村村通"、构建广播电视公共服务体系中的职责和任务,明确了新时期"村村通"工作的各项目标任务、具体要求和工作措施。同年10月国家发展和改革委员会、财政部、国家广播电影电视总局联合召开全国广播电视"村村通"工作电视电话会议,要求各地认真贯彻国办发〔2006〕79号文件要求,加强领导、明确职责、落实政策,切实做到"五个纳入",确保新时期"村村通"工作的顺利实施:要把广播电视"村村通"纳入各级党委、政府工作的重要议事日程,纳入各级政府经济社会发展和社会主义新农

---

① 国家广播电影电视总局办公厅:《印发〈"村村通"广播电视工作座谈会会议纪要〉的通知》(广办发计字〔2004〕71号),2004年3月8日。

村建设的总体规划,纳入各级政府公共财政支出预算,纳入各级政府的扶贫攻坚计划,纳入干部考核的内容。

2. 加大财政投入力度,探索多元化的财政机制

自"村村通"工程启动以来,中央财政和地方财政、广电总局及各级广电部门、相关公共部门一直在增加财政投入力度,并积极探索有效的财政机制,从单一的财政投入走向整合财政投入、发行国债、税收优惠、吸引其他渠道资金等多元化的财政机制。

(1)加大政府财政投入力度

1998 年,"村村通"工程启动之初,广电总局明确提出:各级广播影视部门要积极取得当地党委、政府的重视与支持,争取把"村村通广播电视"目标纳入各地经济与社会发展规划,与各地实施的"扶贫攻坚"计划、"小康文化工程"等结合起来,广泛动员联合各方面的力量,推动广播电视事业的发展,确保"村村通广播电视"目标的实现。同时,根据各地经济发展状况和广播电视覆盖情况,从当年开始,广播影视部的广播电视扶贫资金将主要支持中西部地区用于国家级贫困县、边境县的广播电视覆盖。

2004 年 3 月广电总局办公厅《印发〈"村村通"广播电视工作座谈会会议纪要〉的通知》(广办发计字[2004]71 号)总结部分已经实现"村村通"的地区出现"返盲"现象的主要原因,指出:"贫困地区的'村村通'维护经费没有得到当地财政的支持;采用集体接收方式的村,在维护、管理等方面存在较多问题。"

2004 年 7 月,《国务院办公厅转发广电总局等部门关于巩固和推进"村村通"广播电视工作意见的通知》(国办发[2004]60 号)针对一些已经"村村通"的地区"因为日常维护费用得不到保障、设备损坏得不到及时修复、少数因经济条件较差实行集中收看的行政村的收看场地、管理人员和电费得不到落实"而出现不同程度"返盲"的现象,明确:"村村通"工程运行和维护经费原则上由地方各级人民政府分级负担。中央财政将对纳入"西新工程"实施范围的新疆、内蒙古、宁夏回族自治区和青海、甘肃、云南、四川省藏区"村村通"工程维护经费给予适当补助。发改委、广电总局安排专项建设资金,对中部地区国家扶贫开发工作重点县和西部地区给予必要支持。

2006 年 9 月,《国务院办公厅关于进一步做好新时期广播电视"村村通"工作的通知》(国办发[2006]79 号)要求继续加大对"村村通"工程建设的资金投入,再次明确各级政府在财政投入方面的职责:省、市两级政府负责解决 20 户以上已通电自然村"盲村"收看收听包括中央和省级的 4 套以上的广播节目、8

套以上的电视节目的"村村通"工程建设资金,并切实落实修复"返盲"设施资金;省、市、县级政府分别负责解决转播本级广播电视节目的无线发射转播台(站)的机房和设备的更新改造资金。中央政府负责组织"村村通"卫星平台建设,对中部地区国家扶贫开发工作重点县、贫困人口集中分布地区、革命老区、少数民族地区和西部地区"村村通"工程建设给予一定资金补助,对全国县及县以上转播中央第一套广播节目、中央第一套和第七套电视节目的大中功率无线发射设备的更新改造给予一定补助。

2007 年,国家广播电影电视总局与财政部联合下发加强全国农村中央广播电视节目无线覆盖工程建设任务,通过中央财政转移支付下达建设及维护专项资金 25 亿元;针对 20 户以上已通电自然村"盲村"建设,国家下发对中、西部地区的 5 亿元补助资金;在实施"村村通"直播卫星上行平台建设过程中,前期投入 0.65 亿元资金。

(2)财政机制多元化

中国广播电视"村村通"的财政机制不断完善,各级政府和相关公共部门从单纯的财政投入,转向财政投入、发行国债、税收优惠、吸引社会资金探索市场机制等多种手段相互配合的财政机制。

由于"村村通"除了可以满足偏远贫困地区农民听广播看电视的需要,还可以拉动国内市场需求,从 1999 年开始,国家计委从国债中播出专款给予资助,至 2003 年年底国家共安排国债资金和中央预算内投资 7.2 亿元。① 国家发改委和广电总局每年下发广播电视"村村通"工程建设中央预算内专项资金(国债)投资计划,并要求各地充分调动各方面积极性,认真落实配套资金。

2007 年 1 月 18 日,财政部、国家税务总局联合下发《财政部、国家税务总局关于广播电视"村村通"税收政策的通知》(财税〔2007〕17 号),明确:对经营有线电视网络的单位从农村居民用户取得的有线电视收视费收入和安装费收入,三年内免征营业税;另外,对经营有线电视网络的事业单位从农村居民用户取得的有线电视收视费收入和安装费收入,三年内不计征企业所得税;对经营有线电视网络的企业从农村居民用户取得的有线电视收视费收入和安装费收入,扣除相关成本费用后的所得,三年内免征企业所得税。

除此之外,广播电视"村村通"工程从启动开始,便积极吸纳社会资金、探索合理有效的市场机制。

---

① 《480 亿国债资金在哪? 发改委公布运用情况》,http://www.xinhuanet.com,2005 - 07 - 09

2006 年《国务院办公厅关于进一步做好新时期广播电视"村村通"工作的通知》(国办发[2006]79 号)提出,在新一轮广播电视"村村通"工程中,在国家广播电视机构控股 51% 以上的前提下,鼓励其他国有、非公有资本投资参股县级以下新建有线电视分配网和有线电视接收端数字化改造。

3. 因地制宜,采用灵活的技术方案实现广播电视"村村通"

从"村村通"工程启动之初,国家就强调各地要因地制宜,研究具体技术方案,消灭"盲村",扩大对农村地区的有效覆盖。

1998 年 10 月,国家广播电影电视总局发布《关于广播电视节目盲村、盲乡申请设置卫星地面接收设施收听、收看中央和省广播电视节目事》(明电[1998]581 号),明确:凡列入广电总局要解决的广播电视节目盲村、盲乡计划中的村或乡,申请设置卫星地面接收设施收听、收看中央和省广播电视节目的,各级广播电视行政部门要作为特殊任务尽快予以批准,并办理各有关手续。

1999 年,为配合"村村通"工作,我国"鑫诺 1 号"直播卫星建立了"村村通"直播卫星平台,向分布在中西部地区 14 个省(区、市)国家级贫困县的 9355 个接收点传送中央台和省台节目。但是受当时的经济技术条件限制,设备投入少,技术起点低,农村广播电视建设还处于较低水平,广播电视覆盖还存在"盲区",一些农村地区还存在收听收看广播电视节目套数少、质量差的问题;再加上长期以来的资金投入不足、设备陈旧老化、日常运行维护经费缺乏等原因,难以保证村村通、长期通。[①]

国办发[2006]79 号文件明确,加强农村广播电视节目无线覆盖是新时期"村村通"工程的重要内容,把"村村通"工程的范围从过去的"盲村"扩大了整个农村地区,并且把无线作为农村广电公共服务的主要手段,由各级政府提供设备更新和运行维护资金,保证农民群众打开电视机、收音机,就能免费接收到广播电视节目。

2006 年,全国农村中央广播电视节目无线覆盖工程全面展开。经过各级广电部门积极努力,截至 6 月底,大部分更新发射机已经开播,其中,北京、河南、宁夏、浙江、海南、湖南、青海、内蒙古等 8 个省(区、市)和大连、宁波两个计划单列市已完成全部建设任务。现在离奥运会开幕只有一个月的时间了,未完成建设任务的省区要进一步加大工作力度,全力以赴抓紧工程建设,确保在 7 月底

---

① 沈永明:《渐进佳境的"村村通"电视接收系统——兼谈中星 9 号直播卫星的接收》,《卫星电视与宽带多媒体》2008 年第 12 期。

前全面完成建设任务,让广大农村群众能够看到北京奥运会节目。[1]

2007 年广电全系统进行了新中国成立以来规模最大的一次无线发射台站情况普查,共核查了全国 31 个省(区、市)及新疆生产建设兵团的县级以上现有的无线广播电视发射台站 4589 座,基本摸清了中央第一套广播和中央第一套、第七套电视节目在全国的覆盖情况。

2007 年 4 月 9 日,国家广播电影电视总局和财政部在安徽联合召开全国农村中央广播电视节目无线覆盖工作会议。会议主要任务是贯彻落实国办发[2006]79 号文件和 2007 年 1 月 8 日中央领导同志主持召开的"村村通"专题工作会议精神,全面动员部署全国农村无线覆盖工作。财政部落实经费 30 亿元,在 2008 年 6 月底前对全国转播中央第一套广播和中央第一套、第七套电视节目的 3325 座无线发射台站、6177 部电视、调频和中波发射机进行更新改造和运行维护。[2]

2007 年 11 月,国家广播电影电视总局和财政部联合发布《广电总局办公厅财政部办公厅关于进一步加强和推进"村村通"中央广播电视节目无线覆盖工程建设的通知》(广办发计字[2007]164 号),再次强调:加强农村中央广播电视节目无线覆盖是新时期广播电视"村村通"工程的重要内容,是构建农村公共文化服务体系的重要组成部分。各地广电系统要进一步加强组织领导,严格按照合同支付货款,按时完成附属配套设施的招标和建设,加强沟通配合,加强监督检查。

同时,按照 2007 年 1 月 8 日"村村通"专题工作会确定的关于 20 户以上"盲村"采用直播卫星进行覆盖的要求和国办发[2006]79 号文件精神,广电总局围绕"村村通"直播卫星建设,做了大量的准备工作。为了确保卫星传输安全,广播科学研究院自主创新,及时研制了直播卫星传输标准(ABS - S)。这是新中国成立以来我国广电系统第一次自主研发的、拥有完全自主知识产权的卫星传输标准。该标准在接收性能等方面优于目前通用的卫星传输标准,并且与现有其他卫星采用的传输标准不兼容,使"村村通"用户无法接收到其他卫星上的节目,可以显著提高"村村通"直播卫星接收的安全性。与通信卫星相比,直播卫星只覆盖本国范围,并且频率高、功率大、接收天线小,方便用户接收。在

---

① 张海涛:《在全国广播电视村村通工作会议上的讲话》,《广播电影电视决策参考》2008 年第 7 期。

② 资料来源:《国家广电总局科技委七届四次会议召开》,《卫星电视与宽带多媒体》2007 年第 4 期。

国家发改委的大力支持下,广电总局无线局完成"村村通"直播卫星上星节目平台建设,利用直播卫星可以传输包括少数民族语言节目在内的中央和省级四十多套广播电视节目,为广大农村群众提供高质量的广播电视服务。①

2007 年 8 月,中办发[2007]21 号文件再次强调:"在巩固已有成果基础上,按照《国家"十一五"时期文化发展规划纲要》要求,进一步明确责任,加大力度,因地制宜,讲求实效,以消灭覆盖盲区和增强覆盖效果为重点,采取地面无线、直播卫星和有线网络等方式,扩大对农村广播电视的有效覆盖。"

2008 年 6 月"中星 9 号"发射并投入使用。根据相关规划,在"十一五"期间,针对无线广播电视转播台站信号覆盖不到的中西部地区,如国家扶贫开发工作重点县、贫困人口集中分布地区、革命老区、少数民族地区等"盲区",即解决 20 户以上已通电自然村的"盲村"广播电视信号接收的问题,将主要采用直播卫星方式。

(三)广播电视村村通工程下一步建设任务

1. 加强领导

作为把党和政府的声音传入农村千家万户的政治工程、社会主义新农村文化建设的一号工程,各级广电部门要高度重视、加强领导,把广播电视"村村通"工作放在突出位置,作为当前和今后一段时间广播电视事业建设的一项重点工作抓紧抓好抓实,做到组织领导、任务落实、人员落实和责任落实。

2. 积极建设

第一,认真制定年度建设方案。国家将按照"十一五""村村通"规划确定的 20 户以上已通电自然村"盲村"分年度下达建设任务,各地根据国家下达的建设任务编制本省(区、市)年度建设方案。

第二,积极落实建设资金。目前国家"十一五""村村通"建设补助资金已经落实。各级广电部门要积极向当地党委、政府汇报"村村通"工作,抓紧落实地方资金,确保广播电视"村村通"工程的顺利实施。同时,要严格落实国家支农、惠农的有关政策,不得在"村村通"工程建设中加重农民的负担。

在消灭"盲村"的过程中,也要警惕由于资金缺乏导致的"返盲"现象。目前由于某些贫困地区县乡财力不足、财政贫困,用于广播电视事业建设的资金筹措非常困难,导致广播电视"村村通"工作还存在起点低、入户率低和"返盲"等问题。针对这个问题,各级政府要积极落实相关资金,争取杜绝"返盲"现象。

① 张海涛:《在全国广播电视村村通工作会议上的讲话》,《广播电影电视决策参考》2008 年第 7 期。

第三,认真组织工程建设。在工程建设中,各级广电部门要充分发挥职能作用,认真组织,周密部署,扎实推进。各省(区、市)要指导督促市地、县级广电部门,严格执行相关政策法规。

3. 加强监督

强化监管,发现问题、堵塞漏洞,确保工程建设资金合理有效使用、工程建设质量和实施效果。要对工程建设进行全方位的监督,进一步完善制度,严格纪律,强化资金的管理和使用,确保把国家和地方政府投入的每一分钱都用在"村村通"建设上。要严格招投标程序,建立健全工程建设责任制。要进一步加强对工程建设的督促检查,建立逐级信息反馈机制,定期上报工程建设进展情况,及时了解和解决工程实施中出现的问题。

4. 做好宣传

各地各级广电部门要做好广播电视"村村通"工程的政策宣传工作,通过广播、电视、报纸杂志、张贴公告等多种形式进行广泛宣传,要宣传到村、宣传到户,让广大农民真正了解国家的政策,切实把好事办好。

5. 加强部门合作

广播电视"村村通"工程经过十年的建设,已经从一个部门行为升级为国家行为。广播电视"村村通"工作涉及面广、政策性强,需要广电部门和各个其他部门特别是发改部门的协调、配合。国家发改委对"村村通"工作高度重视,大力支持,"十一五"期间将安排34亿元补助资金。各级广电部门也要加强与发改部门的沟通联系,积极主动向发改部门汇报工程建设方案、资金需求,尽可能多地争取地方资金投入;积极主动向发改部门汇报工程建设进度和资金使用情况,配合发改部门加强对"村村通"专项资金使用的监督管理,确保专款专用。此外,还要积极配合发改部门做好"村村通"工程的验收工作。

二、西新工程

(一)"西新工程"概况

2000年9月16日,江泽民同志就加强西藏、新疆等边远省份的广播电视覆盖作出了重要指示。根据中央的部署,"西新工程"开始实施。国家广播电影电视总局和各级广电部门把这一工程作为一件大事来抓,在有关地方党委、政府和中央有关部门的支持下,投入大量资金,新建扩建了一大批发射台。

从2000年9月起,"西新工程"的实施范围包括了西藏、新疆、内蒙古、宁夏四个自治区和青海、甘肃、四川、云南四省的藏区以及福建、浙江、广西、海南和吉林延边部分地区,涵盖国土面积超过 498 万平方公里,占全国总面积的 51.9%。①

2001 年以来,通过广播电视"西新工程"的推进,西部和少数民族地区长期以来电视事业基础薄弱的现状得到了改进,电视信号覆盖进一步加强,民族语电视事业也得到了加强和巩固。仅 2005 年,广电总局就批准西藏昌都、山南、日喀则等 6 个民族地区新增藏汉双语电视业务,使其电视"空白点"问题得到解决。②

2002 年初,江泽民同志在国家广播电影电视总局考察"西新工程"建设情况时,高度肯定:广电总局和全国广电系统的同志们,认真贯彻落实中央部署,在有关部门和地方党委、政府的支持下,周密部署,精心施工,克服种种困难,在西藏、新疆等边远地区成功实施了大规模的广播覆盖工程。经过一年多努力,这些地方广播覆盖的局面发生根本改变,实现了把党和国家的声音传入千家万户的目标。③

"西新工程"使"新疆、西藏等西部 7 省区的广播电视覆盖能力比过去提高了三倍","每个地市能听到、看到 2~3 套中波广播、调频广播和无线电视节目,每个县能听到、看到 2~3 套调频广播和无线电视节目,边远地区能收听到中央和地方的短波广播 10 个频率左右。'西新工程'还大大增强了少数民族语言广播影视节目译制播出能力。中央人民广播电台新开办的第八套节目,用 5 种少数民族语言播出,每天播音时间增加了 20 个小时。西藏、新疆、内蒙古、四川人民广播电台共新开办 9 套民族语言广播节目,每天播音时间共增加 98 小时"。④

（二）"西新工程"政策内涵

在"西新工程"的推进过程中,工程整体项目逐步由阶段性的、突击性的工程建设,通过创新体制机制,转向建立确保"长期通"、"户户通"的长效机制。

————————

① 李春利:《"村村通"、"西新工程":温暖传向千家万户》,《光明日报》2006 年 3 月 31 日。

② 朱虹:《辉煌的成就 灿烂的未来——答中国国际广播电台记者问》,朱虹:《广电政策与未来走向》,河南大学出版社 2007 年 8 月版,第 138－142 页。

③ 《江泽民总书记在国家广电总局考察"西新工程"建设情况时的重要指示》(2002 年 2 月 1 日),国家广播电影电视总局办公厅:《广播影视工作重要文件汇编 2002 年》。

④ 朱虹:《实施广播影视三大工程 推进社会主义新农村文化建设——答人民日报、新华社、中央电台、中央电视台记者问》,朱虹:《广电政策与未来走向》,河南大学出版社 2007 年 8 月,第 93 页。

1. "讲政治、抓落实"，思想认识到位

从全局和战略的高度，"讲政治、抓落实"，将广电部门的认识，提升转变为社会各界的共识，特别是争取各级党政领导和相关部门的重视和支持。"西新工程"不仅仅是一项扩大西部地区广播电视覆盖的技术工程，更是"确保政令畅通、构建公共文化服务体系、维护人民群众基本文化权益"的"德政工程"、"民心工程"。

2. 中央部署，层层落实

"西新工程"是遵照江泽民同志重要指示精神，由党中央、国务院领导同志直接部署的一项重要工程，得到有关部委和省区政府的大力支持。2002年2月，江泽民同志亲临广电总局考察"西新工程"，充分肯定第一、二阶段工作取得的成绩，并作了重要指示："加强西藏、新疆等边远地区的广播电视覆盖，对于促进这些地区的经济发展、社会进步、民族团结、社会稳定，具有十分重要的意义。要坚持不懈地转好西部地区广播电视覆盖工作，巩固已有成果，进一步让党和国家的声音传入千家万户，让中国的声音传向世界各地。"①

为此，中央成立国家"西新工程"领导小组和工程指挥部；同时，各级政府分别成立"西新工程"领导小组和工程指挥部，做到层层签订目标责任书，落实建、管、用职责。

3. 加强监督机制

广电总局从财政、效果等多个方面，对"西新工程"进程监督、评估，确保"西新工程"顺利、长期运转。

根据《财政部 国家广电总局 国家电力公司关于印发〈西新工程有关经费问题〉的通知》（财教〔2001〕40号）、《财政部 国家广播电影电视局关于印发〈西新工程专项资金财务管理暂行办法〉的通知》（财教〔2001〕136号）和《广播电视事业单位财务制度》等相关文件，由财政部、国家广播电影电视总局核定相关经费标准（人员经费、公务费、设备购置费、业务费、修缮费、其他费用等）以及广播台站人员数量（按照发射机"三满"播出要求），并采用"专项电费"结算方式。同时，根据上述文件，按年度审核"西新工程"有关经费使用情况。

另外，为了保障"西新工程"的长效机制，广电总局将对"西新工程"的效果进行评估，查找薄弱环节，整合各方资源，研究进一步加强少数民族节目的制作能力、扩大有效覆盖以及完善调度指挥的措施和方案。

---

① 《江泽民总书记在国家广电总局考察"西新工程"建设情况时的重要指示》（2002年2月1日），国家广播电影电视总局办公厅：《广播影视工作重要文件汇编2002年》。

（三）"西新工程"下一步发展重点

"西新工程"是一项长期的政治任务和民心工程。在"十一五"期间，"西新工程"要重点加强西部少数民族地区和边境地区广播影视基础设施建设，增强西部和边境地区民族语言广播影视节目的译制制作能力。广播影视部门将进一步办好少数民族语言广播电视节目，提高节目的时效性、针对性和亲和力。在增强译制制作能力、增加播出时间的基础上，进一步扩大覆盖范围，提高覆盖质量，让少数民族同胞能够听懂看懂广播电视节目，真正让党和政府的声音传入少数民族地区千家万户。

三、安全播出工程

作为当前和今后一段时间广播影视发展主要任务之一，构建广播电视安全播出体系，确保广播电视安全传输，是广播电视系统及各级播出机构的一项重要政治任务。广电总局反复强调，广播电视部门各级领导都要从政治的高度，充分认识广播电视宣传工作的重要性，牢固树立政策意识和责任意识。

（一）安全播出工程概况

2002 年以来，中国广播电视安全播出形势发生了重大变化，境外敌对势力对中国广播电视传输覆盖系统进行了有组织、有预谋、全方位、大范围、持续疯狂的攻击破坏，次数达 400 多次。在党中央、国务院的正确领导下，全国广电系统紧急动员、紧急部署、全力以赴、及时应对、有效防范，取得了决定性的胜利，开创了安全播出的新局面。[①]

2003 年，全国广播电视系统有效抵御了"法轮功"前后 27 次对"鑫诺"卫星的攻击，成功应对了"亚洲 2 号"卫星技术故障造成的重大灾难，出色完成了安全播出任务，受到了中央领导的充分肯定。[②] 中国广播电视系统在与"法轮功"邪教组织的斗争过程中，初步建立了广播电视安全播出保障体系，积累了比较丰富的斗争经验，具备了一定的应对突发事件的能力。

2006 年，全国广电系统通力合作、共同努力，确保了重大节日、重要活动、重

---

① 张海涛：《深入学习贯彻十七大精神 推动我国广播影视科技和事业大发展——在科技委八届一次会议暨全国广播影视科技工作会议上的讲话》（2008 年 2 月 19 日），国家广播电影电视总局办公厅：《广播影视工作重要文件汇编 2008 年》。

② 张海涛：《把握机遇，求真务实 全力推进广播影视向现代媒体转变——在广电总局科技委七届一次会议暨全国广播影视科技工作会议上的报告》（2004 年 2 月 19 日），国家广播电影电视总局办公厅：《广播影视工作重要文件汇编 2004 年》。

点时段的安全播出。辽宁、山西、内蒙古、上海、安徽、福建、贵州、宁夏、甘肃地球站以及无线局呼市地球站共 10 个地球站全年没有发生技术事故和人为责任事故。山西卫视节目全年无停播事故,辽宁、黑龙江、浙江、江西、广西、重庆、贵州卫视节目全年停播事故时间小于 1 分钟。无线局安全播出创历史最高水平。目前,广电总局和 31 个省都制定完善了安全播出应急预案,建立了监测机构,初步建立了卫星、有线、无线广播电视监测网,全国有 12 个省份成立了专门的安全播出调度指挥机构。①

2008 年,中国广播影视安全保障能力显著增强,经受了雨雪冰冻、地震、奥运会等突发和重大事件的严峻考验。

2008 年发生的两起特大自然灾害,对广电系统安全播出造成了严重威胁和影响。全国广电系统面对自然灾害的考验,启动应急预案,最大限度地降低自然灾害对广播电视安全播出的影响。

2008 年,北京奥运会期间,全国广电系统紧紧围绕保证奥运会安全播出这一主题,紧急动员、周密部署、全力以赴,从安全播出的基础设施建设、制度建设和队伍建设入手,健全工作机构,完善应急机制,一手抓安全防范,一手抓安全运行,全面提高安全保障能力。② 各级广电部门通力协作,采取有效措施,堵塞漏洞,加强管理,制定完善了多项措施,狠抓工作落实,圆满完成奥运期间安全播出任务。全国广电系统上下一心、团结协作、众志成城、不辱使命,确保了奥运转播工作的高水平完成。以中央电视台为例,专门制定《2008 北京奥运会中央电视台电视报道技术运行工作手册》,涉及奥运播出各个环节,考虑到了各种突发情况,使央视的奥运安全播出保障工作更加规范化、更加精细化。根据相关数据,8 月 8 日至 24 日,中央电视台全台开路频道播出 8604 小时节目,安全事故率为 2.24 秒/百小时,其中奥运转播报道总事故 20 秒,占全部事故 193 秒的 10.36%。付费频道无播出事故。③

2009 年初,中国广播电视安全播出再次经受考验。2 月 9 日,"中星 6B"卫

---

① 张海涛:《统一思想,形成合力 推动广播影视科技和事业发展上一个大台阶——在总局科技委七届四次会议上的讲话》(2007 年 1 月 17 日),国家广播电影电视总局办公厅:《广播影视工作重要文件汇编 2007 年》。

② 张海涛:《站在时代的高起点上,推动我国广播影视科技和事业建设又好又快发展》,《广播电影电视决策参考》2009 年第 1 期。

③ 《中央电视台奥运报道实现安全播出和多项技术创新》,国家广播电影电视总局网站,http://www.sarft.gov.cn/articles/2008/08/27/20080827151039730158.html.2008 年 8 月 27 日。

星突然发生故障,从 10 时 59 分 56 秒开始,在该卫星上传输的中央电视台、中国教育电视台和 23 个省的卫视等共 150 套电视节目全部中断 47 分钟。从 11 时 47 分 03 秒至 13 时 11 分 17 秒,中断的 150 套电视节目全部陆续恢复播出。与此同时,由于中央广播电视节目还同时通过"鑫诺 3 号"卫星和国家广电专网传输,因此在卫星故障期间,全国各地接收中央广播电视节目没有受到影响。

目前,中国"广播电视安全播出的管理水平、技术水平和队伍素质有了质的提高,已从过去的各自为战、被动应对,转变为协同作战、主动防范,已从过去的主要靠人海战术,转变为主要依靠高新技术"①。

"十一五"期间,国家广播电影电视总局明确将进一步加强广播电视安全播出保障能力、初步建成安全保障体系列为广播影视工作的主要目标。

(二)安全播出工程政策内涵

1. 讲政治、顾大局

安全播出是广播电视的生命,是广电技术部门最大的政治、最硬的道理、最根本的任务。② 因此,要从讲政治、顾大局的高度,从确保国家政治安全、文化安全、信息安全的高度,高标准、严要求地做好广播电视安全播出工作。

2002 年 9 月党的"十六大"前夕,适逢市(地)、县(市)广播电视播出机构职能转变工作正在进行,为了确保党的"十六大"宣传的安全播出,广电总局下发《关于在推进市(地)、县(市)广播电视播出机构职能转变工作中切实做好维护稳定确保安全播出的通知》(广发社字〔2002〕971 号),要求各省、自治区、直辖市广播影视局(厅)要遵照积极稳妥的原则,切实做到人心不散,队伍不乱,播出安全有保障,节目质量不下降。

2. 建立、健全全国广播电视安全播出指挥调度体系

在继续完善广电总局安全播出调度指挥中心的同时,积极加强了地方安全播出调度指挥机构的建设,使中国安全播出系统从过去的被动、局部防御进入了主动、快捷、全面防范的新阶段。

广电总局下设安全播出调度中心,其主要职责为:(1)建立全国广播电视安全播出保障体系并监督运行;(2)汇总上报全国广播电视节目及境外卫星电视

---

① 张海涛:《深入学习贯彻十七大精神 推动我国广播影视科技和事业大发展——在科技委八届一次会议暨全国广播影视科技工作会议上的讲话》(2008 年 2 月 19 日),国家广播电影电视总局办公厅:《广播影视工作重要文件汇编 2008 年》。

② 《张海涛出席北京地区安全播出工作例会》,国家广播电影电视总局网站,http://www.sarft.gov.cn/articles/2008/01/28/20080505171154450850.html . 2008 年 1 月 28 日。

监管平台播出情况;(3)组织协调重大宣传活动期间的广播电视安全播出工作;(4)制定紧急状态下,确保中央广播电视节目安全播出的技术方案和调度流程;(5)在紧急状态下,对全国广播电视传输覆盖网的运行管理和资源统一调配,并协调与党中央、国务院相关部委的有关事宜;(6)承办总局领导交办的任其他事项。

目前全国广电系统已经建立了省、地、县三级贯通的安全播出指挥调度体系,各级广电部门均成立了安全播出指挥部,20个省正式成立了省级安全播出调度指挥机构。与此同时,还建立了与指挥调度机制相适应的技术支撑平台,构筑起监测、告警、通讯、预警系统等为一体的全国安全播出调度指挥网络,实现了中央对全国广播电视安全播出的统一指挥、统一调度,形成了上下沟通、指挥有力、调度灵活、配合紧密的整体系统。[1] 此外,在没有建立指挥调度系统的省区,要抓紧落实组织、机构、人员和经费,保证尽快完成本辖区内省市县三级贯通的调度指挥组织机构,并正常开展工作。

3. 调整安全播出管理方式

国家广播电影电视总局根据《广播电视管理条例》(国务院228号令)、《广播电视设施保护条例》(国务院295号令)、《国家突发公共事件总体紧急预案》、《广电总局办公厅关于印发〈国家广播电影电视总局突发事件总体应急预案〉的通知》(广办发保字[2007]197号)等相关法案,进一步完善安全播出应急预案和应急协调方案。

2008年初发生的低温雨雪冰冻灾害,使贵州、江西、湖南、湖北等19个省广电设施遭到严重破坏。全国共有690个高山无线发射台站遭受严重的雪灾影响,高压供电线路、信号传输线路、机房及配套基础设施受损严重,直接经济损失累计达14亿元,全国有346个台因灾害严重导致全台停播。[2]

为确保中央政令畅通和广播电视安全播出,广电总局接到各地的灾情报告后,立即启动灾害应急预案,先后发布《广电总局办公厅关于全力抗击雨雪冰冻灾害 确保广播电视安全播出的紧急通知》(广发计字[2008]16号)和《广电总局关于进一步做好抗击雨雪冰冻灾害 确保春节期间广播电视安全播出的紧急通知》(广发[2008]15号),向全国各省、自治区、直辖市广播电视安全播出

---

[1] 国家广播电影电视总局科技司:《广播电视安全播出概况》,《2008中国广播电视年鉴》,中国广播电视年鉴社2008年10月版,第37页。

[2] 张海涛:《站在时代的高起点上,推动我国广播影视科技和事业建设又好又快发展》,《广播电影电视决策参考》2009年第1期。

指挥部和重要播出单位发出预警信息,要求各级广电部门提前做好防灾救灾准备,受灾地区要全力做好抗冰救灾工作,最大限度地降低自然灾害对广播电视播出的影响。湖南、江西、贵州、安徽、湖北、广西等省份各级广电部门在当地党委、政府的领导下,奋力抗灾,全力抢修,保证了绝大多数台站的安全播出,充分发挥了广播电视的宣传引导、应急指挥等重要作用,为抗灾救灾以及灾后恢复重建工作作出了突出贡献。①

2008 年 5 月 12 日,四川汶川发生 8.0 级强烈地震,给灾区广播电视播出传输覆盖网造成巨大损失。甘肃、陕西、云南等省也受到地震影响。灾区共有 183 个播出单位的设备、设施、机房受到不同程度的损失,其中受灾严重的 32 个区市县的 86 个播出单位设施损毁严重,造成播出中断,16 个市县广播电视处于全部瘫痪状态。其中,四川省青川县、北川县等 11 个市区县的广播电视遭受毁灭性的破坏。②

地震发生后,国家广播电影电视总局发布《广电总局关于做好抗震救灾工作确保广播电视安全播出的通知》(广发[2008]59 号),启动安全播出应急预案,采取紧急措施,加强对四川灾区的广播电视覆盖工作。截至 2008 年 7 月 22 日,受地震影响播出的 86 台站,除北川县城需要搬迁重建外,其他均已恢复播出。③

4. 加强安全播出技术措施和基础设施建设

近年来,在国家广播电影电视总局的统一规划之下,各地加强安全播出技术措施和基础设施建设,主要包括:更换中央地球站和省级卫星地球站的上行传输设备,提高了抗干扰能力;加强卫星传输和有线电视前端监测技术措施,全国地市级以上有线电视前端配置了预警装置;进一步完善了星网结合、互为备份的传输体系和境外卫星电视节目监看体系;加强有线、无线防范和重点单位、设施的安全保卫,打击破坏广播电视设施行为。

2007 年 8 月 1 日至 31 日,国家广播电影电视总局紧紧围绕确保党的"十七大"的安全播出,按照中央部署,在全国范围内进行卫星广播电视转星调整工作,圆满完成所有节目转星、地球站上行并发和两千多万个卫星接收设施的调

① 《广播电视安全播出迈上新台阶》,国家广播电影电视总局网站,http://www.sarft. gov.cn/articles/2008/04/02/20080402090841660340.html. 2008 年 4 月 2 日。

② 张海涛:《站在时代的高起点上,推动我国广播影视科技和事业建设又好又快发展》,《广播电影电视决策参考》2009 年第 1 期。

③ 同上。

整,从技术上解决了卫星节目安全传输问题。以全国卫星广播电视转星调整为标志,中国广播电视安全播出水平上了一个新台阶。

5. 加强队伍建设

为了提高广播电视一线技术维护人员的政治意识、责任意识和大局意识,强化安全播出意识,全国各级广电系统抽调相关单位的技术骨干、认真组织开展大规模的安全播出培训,使其全面了解广播电视安全播出工作的总体要求和方针政策,熟悉安全播出方面的工作流程、操作规范、技术要求和维护要求,提高日常维护、事故判断、应急处理及运行管理方面的能力,全面提高技术维护水平和安全播出保障能力。

(三)安全播出工程重点问题

1. 国际舆论斗争尖锐复杂

"法轮功"、西方敌对势力对我西化、分化和渗透的势头不会减弱,广播电视安全播出形势严峻,任务艰巨,责任重大。各级广播电视部门要进一步做好同"法轮功"邪教组织及其他敌对势力进行长期斗争的思想准备,杜绝麻痹思想和畏难情绪。

2. 频道(率)多、播出时间长

有线电视技术、卫星直播技术出现以后,广播电视频道、频率迅速增多。同时,为了繁荣广播电视内容,加上各地卫视竞争激烈,各个电台电视台纷纷增加播出时间,有些台实现24小时播出。在这种情况下,出现白天维护时间越来越少,有的频道甚至没有分秒。原来各地电视台利用周二全天停播进行检修,后来减少为半天,甚至出现有些频道根本没有检修时间。

3. 台内数字化、网络化

台内数字化、网络化改造,将促使广播电视安全播出工程上一个新的台阶。台内数字化、网络化改造,使媒体资源的管理实现由分散到集中,网络共享将极大地提高了媒体资源的使用率。但是,网络安全也给中国广播电视安全播出工程提出了新的巨大的挑战。

4. 卫星技术

中国目前租用多颗转播卫星或直播卫星用于广播电视信号传输,卫星技术给安全播出提出了重大的挑战。2009年初,"中星6B"转播卫星的突然发生故障导致150套电视节目停播47分钟,加上此前发射的"鑫诺2号"事故,说明中国卫星广播电视的播出中还存在薄弱环节,卫星传播技术为中国广播电视安全播出事业带来新的挑战。

四、丰富广播电视公益节目

(一)中国广播电视公益节目概况

大力发展公益节目,致力弘扬高雅艺术和民族文化是中国电视的自觉行动。近年来,关系未成年人健康成长的少儿节目、关系中国农村发展的农业节目等公益性电视频道在数量和质量上都有了显著的提升。2001 年至 2006 年新增的 51 套专业化、对象化电视频道中,80% 的频道定位为少儿、动画、农业等。现已开播的 29 套少儿频道和 3 套动画上星频道,为未成年人的健康成长创造了一条电视媒体的"绿色通道",取得了良好的社会效益。中国中央电视台面向全国观众开播了音乐频道、戏曲频道,地方电视台也开办了大量相关栏目节目,营造了干净、高雅的电视荧屏。①

从 2006 年开始,中央电视台掀起了一股"公益高潮",新闻频道、经济频道等充分发挥主流媒体优势,涌现出大量公益题材的节目,如"慈善 1＋1"、"春暖 2007"、"圆梦行动"等等,在社会各界引起强烈反响。随后,一些致力于以娱乐节目"立台"的地方媒体也开始涉足公益。

(二)丰富广播电视公益节目政策内涵

1. 坚持正确舆论导向,坚持广播电视的公益性质

广播影视公益节目要坚持正确的舆论导向,坚持"三贴近"即贴近实际、贴近群众、贴近生活,为构建社会主义和谐社会营造良好的舆论氛围。

在 2007 年"全国电视台台长论坛"上,60 家电视台的台长共同发起了北京宣言,承诺各级各类电视台都要坚持正确舆论导向,坚持电视的公益性质,坚持为广大群众服务的宗旨,把中国电视台的节目办好,作为引领社会、促进发展的一个重要工具。

2. 丰富广播电视公益节目

(1)公益广告

2003 年 9 月,国家广播电影电视总局发布《广播电视广告播放管理暂行规定》(广电总局第 17 号令),规定:广播电台、电视台每套节目中每天播放公益广告的数量不得少于广告总播出量的 3%。

2004 年,广电总局发布《关于加强制作和播放广播电视公益广告工作的通知》(广发社字[2004]364 号),规定:(1)各级广播电视播出机构要以"三个代

---

① 朱虹:《辉煌的成就 灿烂的未来——答中国国际广播电台记者问》,朱虹:《广电政策与未来走向》,河南大学出版社 2007 年 8 月版,第 138 页。

表"重要思想为指导、坚持"三贴近"原则,努力丰富公益广告的题材、品种和样式,每年制作和播放一批思想性、艺术性和观赏性俱佳的公益广告。(2)各级广播电视播出机构每天均应在每个自办频率、频道中播放不少于其广告播出总量3%的公益广告,其中在黄金时段的每小时内播放不少于三条的公益广告;在特殊时期或特定情况下,国家广电总局可要求全国各级广播电视播出机构在指定的时段(间)播放特定的公益广告;公益广告不计入播出机构广告播出总量。(3)建立全国优秀广播电视公益广告备播节目库。(4)建立优秀公益广告创作引导和激励机制。(5)做好优秀公益广告评奖工作。广电总局每年将会同有关部门组织优秀公益广告评选活动,对制作出优秀公益广告的机构和个人予以表彰和奖励。

(2)农村广播电视节目

各级广播电视系统积极增加广播电视为农村服务的资源总量,逐步开办农村频道、频率,增加农村节目、栏目和播出时间,各县和涉农区广播电视台加强以服务"三农"为重点,积极为农民提供方便、快捷的公共文化和资讯服务。

1998年12月,国家广播电影电视总局、文化部联合下发《关于贯彻落实农村电影放映"2131"目标的通知》(广发影字[1998]822号),明确:广电总局电影局继续每年扶持拍摄10~12部农村实用科教片;扶持拍摄12部直供农村发行放映的故事片。

2000年6月,国家广播电影电视总局、文化部联合下发《印发〈关于进一步深化电影业改革的若干意见〉的通知》(广发影字[2000]320号),指出,要实施补贴政策,鼓励为农村群众多拍多放好片;鼓励拍出更多的具有实用、推广价值的科教片。

2003年9月,为贯彻落实温家宝总理关于"抓紧落实,让电视农业节目早日进入农村千家万户"的批示精神,农业部、国家广播电影电视总局联合下发《关于实施中央电视台第七套农业节目"进村入户"工程的通知》(农市发[2003]13号),要求:有线电视已经覆盖的农村地区,有线电视网络中必须保证传送中央电视台第七套农业节目;有条件的农业主产区的平原和丘陵地区可采取无线电视手段覆盖;"'村村通'广播电视"卫星平台覆盖在向自然村延伸过程中,要解决中央电视台第七套农业节目的接收问题。

2006年10月27日,《广电总局关于推进广播电视对农频道(率)规范发展的意见》(广发[2006]45号)颁布。该《意见》认为,当前中国广播电视对农频道(率)总量偏低,质量有待提高,难以适应农民群众日益增长的精神文化需求和加强社会主义新农村建设的客观要求。该《意见》要求,各级广播电视机构要根据中共中央办公厅、国务院办公厅《关于进一步加强农村文化建设的意见》(中办发[2005]27号)的精神,按照坚持从实际出发、注重效果、自主自愿、分类指导、逐步开办的原则:扶持对农类节目的发展;逐步增加对农节目的制作量(率)和播出时长;不断提高对农节目的实用性、贴近性和可看(听)性,合理有效地安排播出频道和时段;有条件的农业大省或有条件的省级广播电视播出机构在现有频道(率)数量不变的基础上可以开设对农频道,对农类节目总量不低于频道全天播出量的60%;开办对农频道(率)的广播电视机构应该充分认识频道(率)的公益性和社会效益,增加投入,减少频道(率)经营创收压力,有关行政主管部门要将对农频道(率)的开办、覆盖纳入本辖区农村公共服务体系建设范围。

(3)少数民族语言节目

1996年2月,为解决少数民族地区电视事业发展经费困难、节目来源不足的状况,广播电影电视部下发《关于支持少数民族语言电视译制工作的通知》(广发办字[1996]70号),明确:各少数民族地区广播电视行政管理部门,要重视少数民族语言电视译制工作,尽可能增加译制经费,要有一位主管宣传的领导同志负责少数民族语言电视的译制工作,由总编室或相应部门具体组织协调;中央电视台、各地方电视台以及广电系统所属影视制作经营机构,向已开办少数民族语言频道的电视台提供其拥有版权的电视剧和电视节目时,暂不收取译制版权费和播出费。

"十一五"期间,"西新工程"将重点增强边境地区民族语言广播电视节目的译制制作能力,广播影视部门将进一步办好少数民族语言广播电视节目,提高节目的时效性、针对性和亲和力。在增强译制制作能力,增加播出时间的基础上,进一步扩大覆盖范围,提高覆盖质量,让少数民族同胞能够听懂看懂广播电视节目,真正让党和政府的声音传入少数民族地区千家万户。

(三)警惕公益节目"泛娱乐化"倾向

中国广播影视的"公益高潮",到2007年达到一个高峰。2007年,几乎每个电视频道都有公益节目,公益节目已逐渐成为国内荧屏的重要内容。随后,学者和业界开始出现反思。

华东师范大学媒体传播学院严三九教授发表《2007年中国电视公益节目发

展报告》，认为，以媒体为主导、相关公益慈善机构、企业和个人共同参与的电视公益节目，已成为 2007 年传媒界的亮点。同时，他也对某些公益节目的"泛娱乐化"倾向表示隐忧，认为有必要加以正确引导。电视公益节目目前仍存在许多不足。一些公益节目过于重视以明星为卖点，有可能助长媒体及社会的泛娱乐化倾向，不利于社会公益意识的提高。因此，"以娱乐助公益"的做法，需要谨慎引导。许多公益类节目为了吸引观众"注意力"，导致"苦情、煽情"过多，但这并不是长久之计。公益节目要关心的应该是真正的社会热点、难点，是公众以及困难群体共同关心的问题，而单纯地"苦情、煽情"，并不能引导观众采取积极向上的生活方式。

对于广播电视决策者而言，如何通过相关政策、法规对公益节目进行管理，及时发现问题、解决问题，在丰富公益节目的同时，端正公益节目的内容导向，是现阶段值得关注的一个领域。

第三节 广播电视公共服务政策的现实与超越

一、政策现实

与目前中国广播电视公共服务体系实践相配套的政策也具有现实目标明确、注重体制机制创新和政府绩效导向的特点。

（一）现实目标明确

中国广播电视公共各项主体工程都有明确的基本目标和分阶段的具体目标。在各项工程的基础上，党和国家又从战略层面上明确构建和完善广播电视公共服务体系的总体目标，并将这个目标纳入文化公共服务体系的范畴。

以广播电视"村村通"工程为例，该工程的基本在于解决广大农民群众听不到、听不好广播，看不到、看不好电视的问题，在全国范围内对已通电行政村和自然村进行广播电视传输覆盖的基础建设，采用多种技术手段，以地面无线传输为主、有线和卫星传输方式并重，实现广播电视（主要是中央台和省广播电视节目）的全国有效覆盖。这个基本目标又根据工程规划和具体进程，由三个阶段的具体目标来实现：

1. 第一阶段具体目标

1998 年到 2003 年，为广播电视"村村通"工程的第一阶段，该阶段的具体目标为在 20 世纪末基本消灭广播电视的收看收听盲点，基本实现"村村通"广播电视。

1998 年广电总局党组明确提出:要把事业发展的重点放在扩大覆盖上,把覆盖的重点放在农村,争取到本世纪末,基本消灭广播电视的收听收看盲点,基本实现"村村通"广播电视。要积极采取有线接入、多路微波、无线差转等各种手段,加快地面接入网建设,加强转播工作,扩大广播电视有效覆盖,争取 1998 年至少有三分之一以上的省(区、市)基本消灭收听收视盲点,基本实现"村村通"广播电视。

在 2000 年全国"村村通广播电视"工程(福建)验收现场会上,国家广播电影电视总局明确要求:

(1)对已经实现"村村通"的,要认真履行政府职责,严格按照有关规定做好验收和巩固工作,以巩固促发展,确保"村村通"为"长期通"。

(2)对尚未"村村通"的,要采取多种技术手段和有效措施,确保年底前全部完成任务。

(3)要切实加强对"村村通"工程的资金使用、设备选择与分配、安装调试等各个环节的监督检查,严防坑农事件发生。

(4)要把"村村通"作为事业发展的一项长期任务,在基本实现行政村"村村通"的基础上,进一步做好"听好、看好"、"听丰富、看丰富"的工作,并着手自然村"村村通"的资料准备和方案制定。

截止到工程第一阶段完成,中国已经完成 11.7 万个已通电行政村"村村通"工程建设。

2. 第二阶段具体目标

从 2004 年到 2005 年,为"村村通"工程的第二阶段,该阶段的重点在于完成"十五"规划的相关目标,"重点解决新通电行政村和 50 户以上已通电自然村'村村通'工作。"①根据相关规划规划,"十五"期间,广播电视"村村通"工程立足重点抓好三个方面的工作:

(1)对已经完成"村村通"任务的行政村,要进一步加强技术管理工作和日常检查维护,确保"天天通""长期通";

(2)尽快制定全国农村特别是西部地区新通电行政村"村村通"的实施方案,落实建设资金,着手设备采购、安装等任务;

(3)积极推进已通电自然村的"村村通"工作。

---

① 《国务院办公厅转发广电总局等部门关于巩固和推进村村通广播电视工作意见的通知》(国办发[2004]60 号),2004 年 7 月 21 日。

截止到第二阶段结束,广播电视"村村通"工程完成 10 万个 50 户以上已通电自然村"村村通"工程建设。

3. 第三阶段具体目标

进入到"十一五"规划时期,中国广播电视"村村通"工程也进入第三阶段,其基本目标为:计划用 5 年的时间,基本解决广大农村群众收听收看多套广播电视节目难的问题,改变农村广播电视覆盖滑坡的局面,促进城乡广播电视协调发展;全面实现 20 户以上已通电自然村"村村通"广播电视,全面加强农村广播电视无线覆盖。

2007 年 8 月,《中共中央办公厅、国务院办公厅关于加强公共文化服务体系建设的若干意见》(中办发[2007]21 号),将新一轮广播电视"村村通"工程列入实施重大公共文化服务工程的首要任务。

(二)注重体制机制创新

为了实现上述目标,在中国广播电视公共服务的实践过程中,各级政府和相关部门注重体制机制创新,探索推动中国广播电视公共服务发展的长效机制。

1. 财政机制:"两条腿走路"

财政资源缺乏一直是困扰中国广播电视公共服务体系正常运转的重要因素。因此,要改变资金筹措困难的现状,需要"两条腿走路":确保和加强政府财政投入;积极探索广播电视公共服务的市场机制。

(1)确保和加强政府财政投入

2006 年,国务院办公厅发布了《关于进一步做好新时期广播电视村村通工作的通知》(国办发[2006]79 号),明确要求:继续加大对"村村通"工程建设的资金投入,按照分级负责的原则,加大"村村通"建设资金投入。"村村通"工程建设和运行维护经费由各级地方政府解决。广电总局新闻发言人朱虹就《〈关于进一步做好新时期广播电视村村通工作的通知〉有关问题答中国政府网问》中,也明确提出,广播电视"村村通"是公益性事业,是政府主导的义务性的基本服务,由国家和政府组织实施,建设资金主要由国家承担。

为了扩大农村广播电视覆盖,保证农民群众基本的文化权益,国家对广播电视的投入达到前所未有的高度。为实现全国农村中央广播电视节目无线覆盖目标,仅 2006 年和 2007 年中央财政就安排补助资金 30 亿元,对全国 6000 多部转播中央广播电视节目无线发射台站给予资金补助。为解决边远农村地区广播电视覆盖问题,国家耗费巨资发射了广播电视专用直播卫星,保证"盲村"

群众能够收听到看到广播电视节目。据统计，从 2002 年至 2007 年以来仅中央对广播电视的拨款就达到 155 亿元。地方政府也拨付了大量资金,用于广播电视"村村通"和广播电视基础设施建设。中央财政将对转播中央广播电视节目的无线发射塔站的设备更新改造和运行维护给予补助,这是新中国成立以来广播电视无限覆盖政策的重大调整;地方财政也在将广播电视公共服务项目纳入地方经济社会发展和社会主义新农村建设的总体规划,纳入财政支出预算。[①]

（2）积极探索影视公共服务的市场机制

中国广播影视公共服务在发展过程中,逐步形成供给主体和生产制度安排多样化的格局。这种机制探索在电影公共服务方面取得了成绩,值得广播电视公共服务方面的借鉴和学习。以农村电影放映工程为例,探索出了一条适合中国国情的"企业经营、市场运作、政府买服务"的农村电影改革发展新思路。

从世界范围看,在公共服务领域,打破政府机构作为公共服务唯一提供者的垄断地位,引入其他组织和供给模式,创造服务中的自由选择和竞争,引入市场竞争机制和商业管理工具,成为了一个普遍的改革趋势。[②]

2. 强化问责和监管机制

即使是研究公共服务决策问题的公共选择理论,也是基于"经济人"这个经济学上最基本的行为假定,认为与私人经济部门活动的"经济人"相同,任何公共活动的参与者也都有使自己行为利益最大化的倾向,没有行为主体的公共利益是不存在的。

纵观中国改革三十年的历程,无论在哪个领域,都会出现"部门权力肢解公共权力,部门利益肢解国家利益,各个区域之间、各个部门之间以及区域与部门之间的竞争和矛盾也处于激化和升级的状态"[③]。当然,在广播影视公共服务领域,也不例外。如果缺乏有效的监管,权力寻租或者故意忽视不符合本部门利益的公共服务项目等现象不可避免。

因此,建立、强化和健全有效的问责和监管机制,确保广播影视公共服务目标的实现,显得尤为重要。随着公共部门改革的推进,监管职能的分离逐渐变得十分重要,建立适用于公共部门、非营利组织和营利组织的公正、公平、公开的监管框架,对于吸引其他主体进入公共服务领域,形成公平竞争的市场环境具有十分重要的意义。① 这个监管体系主要面向两个层面:第一,对公共服务中的市场力量的监管;第二,对传统的政府(公共部门)直接生产的方式,采用"政府内监管",适度分离政策制定、服务提供和服务监管职能。

(三)政府绩效导向

广播电视公共服务由于其政府主导的特点,各项工程都具有政府绩效导向,其中尤其以两大主体工程为最明显。以广播电视"村村通"工程为例,2004 年 7 月《国务院办公厅转发广电总局等部门关于巩固和推进村村通广播电视工作意见的通知》(国办发〔2004〕60 号)中,国家号召各地区、各有关部门要从认真贯彻"三个代表"重要思想,树立和落实科学发展观和正确绩效观的高度,充分认识实施"村村通"工程的重要意义和作用,加强组织领导,加强协调配合,落实职责任务。2006 年 10 月,国家发展和改革委员会、财政部、国家广播电影电视总局联合召开全国广播电视"村村通"工作电视电话会议,要求各地认真贯彻《关于进一步做好新时期广播电视村村通工作的通知》(国办发〔2006〕79 号)文件要求,加强领导、明确职责、落实政策,切实做到"五个纳入",确保新时期"村村通"工作的顺利实施:要把广播电视"村村通"纳入各级党委、政府工作的重要议事日程,纳入各级政府经济社会发展和社会主义新农村建设的总体规划,纳入各级政府公共财政支出预算,纳入各级政府的扶贫攻坚计划,纳入干部考核的内容。

从现阶段看,中国广播电视公共服务体系政策的上述三大特征,为积极、稳妥推进中国广播电视公共服务各项工程的建设起到了非常重要的作用。但是,也要看到现阶段政策的局限性,其中在最主要的局限性恰恰在于对广播电视"公共性"的内涵理解上。从目前的公共服务实践来看,中国广播电视的公共性追求还主要停留在基本服务的"普及性"和"均等化"上。

二、超越:对"公共性"的进一步追求

(一)中国广播电视政策范式变迁

如果从广播电视发展模式变迁的角度看,新中国成立后,广播电视的发展可以分为三个阶段。随着这三个阶段的发展变迁,中国广播电视政策范式也经历了相应的发展变迁。

第一阶段,即 1978 年以前的计划经济时期的事业发展阶段,这个时期媒介属于非营利性质的事业单位,着重强调媒介作为党和人民的喉舌的性质,突出

---

① 黄云鹏:《公共服务监管研究——以中国教育、医疗监管为例》,经济科学出版社2008 年版,"前言"。

宣传教育功能。这一阶段的媒介政策是事业发展范式，即以媒介的"政治属性"为导向，关注媒介的舆论喉舌功能。

第二阶段，即1978年到2003年的媒介经济属性的探索和发展阶段。为了解决阻碍媒介事业发展的财政匮乏的难题，以"事业性单位、行政性管理、企业性经营"的命题开始了媒介市场运营的探索，并逐步从单个媒体的市场化商业运作上升到整个行业的产业化探索。引入市场机制的媒介行业，业内竞争激烈。加上在此期间中国加入WTO，面对WTO可能给媒介业带来的机遇和挑战，政府和业界的忧患意识大于乐观情绪。可以说，在"内困外压"之下的中国媒介业，"做大做强"成为这一时期的主题。这一阶段的媒介政策是产业发展范式，在这个阶段，在媒介的"政治属性"和"经济属性"的双重导向下，舆论喉舌功能和媒体本身的经济利益成为媒介政策同时关注的目标。

第三阶段，即2003年以后的事业、产业科学发展阶段。党的"十六大"提出"积极发展文化事业和文化产业"，提出区分公益性事业和经营性产业，以求分别根据事业和产业的发展特点区别对待、平衡发展。根据党的十六届三中全会的精神，要"促进文化事业和文化产业协调发展"，公益性文化事业单位要深化劳动人事、收入分配和社会保障制度改革，加大国家投入，增强活力，改善服务。经营性文化产业单位要创新体制，转换机制，面向市场，壮大实力。第三阶段的媒介政策是产业事业平衡发展范式。在这个阶段，在媒介的"政治属性"和"经济属性"之外，"公共性"也进入媒介政策讨论视野，媒介的政治属性与公共性一起，共同构成媒介的事业性。媒介政策目标相对多元，媒介的舆论喉舌功能、媒体产业的经济利益、社会各阶层的媒介权益以及国家文化战略安全等因素都被纳入政策目标体系。

可以看到，伴随着中国广播电视发展模式的变化，相关政策也经历了范式转变的过程。在新的政策范式的探索过程中，中国广播电视政策秉持党管媒体、国有制主体、依法行政等基本原则，政策目标呈现相对多元化趋势。经过60年的发展和三次范式转变，中国的媒介政策体系是一个逐步进化的过程，其最终目标当然是建立一个系统化、规范化、合理化的政策体系。

但是，媒体是各种社会力量斗争的场域①，政治力量与经济力量往往比其他社会利益团体更能够操纵媒介政策，其势力渗透到政策议题形成、制定、实施和评估等诸多环节。当然，"不同国家之间政党和利益集团与媒体的关系不能用单一的模式来解释，这种关系是由整个社会权力关系的动态模式所决定的"②。

① 汪晖、许燕：《"去政治化的政治"与大众传媒的公共性》，《甘肃社会科学》2006年第4期。
② 同上。

目前,中国的实际情况是,在政府与传媒关系上,政府是强者,传媒业必须服从政府;而在公众与传媒关系上,传媒却是强者。①

因此,政策目标的多元化趋势并不必然说明广播电视政策体系已经趋于完美。政策目标的多元化趋势只是政策体系趋向科学化和合理化的第一步,至于如何完善,还仰赖于政治体制改革的进一步深化以及社会各方的共识和互动。或许,我们可以援引美国传播学者简·冯·库伦伯格(Jan van Cuilenburg)和丹尼斯·麦奎尔(Denis McQuail)所描绘的传播政策元素框架,以期为未来的广播电视政策体系发展提供可能的借鉴与参考(见图4-1)。

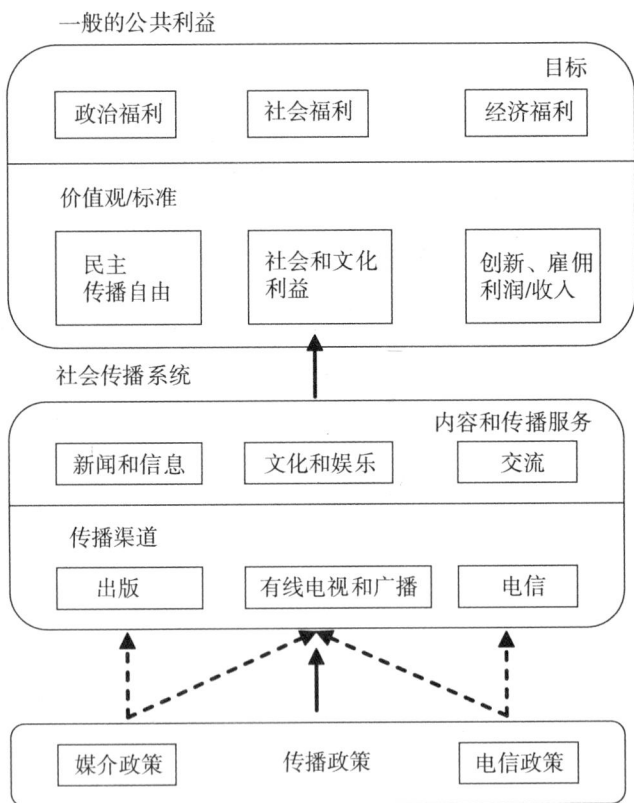

图4-1 国家传播政策元素②

---

① 李良荣:《公共利益是中国传媒业立足之本》,《新闻记者》2007年第8期。

② Jan van Cuilenburg、Denis McQuail,沈菲译:《媒介政策的范式转变:一种新的传播政策范式》,《媒介研究》2004年第1期。

（二）公共频道：一种实践

1999年9月，《国务院办公厅转发信息产业部国家广播电影电视总局关于加强广播电视有线网络建设管理意见的通知》（国办发[1999]82号）明确规定："大力推广公共频道。在县级广播电视实行三台合一的基础上，由省级电视台制作一套公共节目供所辖各县电视台播出，从中空出一定时段供县级电视台播放自己制作的新闻和专题节目。"

随着广电总局等主管部门的一系列政策付诸实施，结果是中国除几个边远省份外，大多数省都于2002年7月1日准时开通了公共频道，没有完成的也必须于年底开通。这样一来，县级正式停止办台，宣告以往长期"四级办台"体制的结束，中央台、省台、市台三台鼎立的新格局形成，"公共频道正好继承了县级台的功能"。①

但是，公共频道的实践可谓并不成功。学者孙五三在其研究乡镇级的电视台的相关文章中写道："1999年中央政府要求县（市）电视台每天只能在省台开办的公共频道中播出两个小时自己制作的新闻和专题节目。由于这一政策必然造成县市电视台广告收入锐减，根本无法支持已有的设备和人员配置，因此被认为实际上是要把县市电视台置于死地，进一步否定了四级办电视政策。这一政策显然受到地方政府的强烈抵制。在我所调查的地区，没有一家县市电视台执行了这一政策，而省、地两级广电局也无意对县市电视台施加压力。三年之后，公共频道政策偃旗息鼓。"②

（三）重新认识传媒"公共性"

在公共频道的实践中，国家广播电影电视总局对频道提出四个基本的定位要求：公共性、公益性、政策性和服务性。

2003年中央推行文化体制改革，将包括广播电视业在内的文化业分为公益性事业和经营性产业，从国家政策层面正式开始了对广播电视"公共性"的重新认识与实践。

2005年以来，中央在一系列的重大会议中提出和逐渐完善了"公共文化服务体系"概念和理论，广播电视公共服务体系建设被纳入公共文化服务体系，从部门行为上升到国家行为。

党的"十七大"报告明确提出，"保障人民的知情权、参与权、表达权、监督

---

① 杨晓强：《对公共频道四个市场的认识》，《西部广播电视学刊》2002年第6期。

② 孙五三：《一个镇电视台的生存战争——新的制度安排是怎样产生的》，《新闻与传播评论》，2005年卷。

权"。"人民依法直接行使民主权利,管理基层公共事务和公益事业,实行自我管理、自我服务、自我教育、自我监督",从而扩大人民民主、发展社会主义民主政治。这无疑为中国电视等大众传媒发挥其公共性职能提供了政治上的保障。①

应该看到,现阶段中国广播电视对"公共性"的践行,绕不开两个基本概念的界定与阐释。

1. 公益性事业

随着媒介体制改革的深入,为解决由于媒介产业化进程带来的产业功能和公共服务功能失衡的问题,提出将"公益性事业"和"经营性产业"剥离,为中国广播电视公共服务体系建设奠定了事业基础。

但是,这种做法的现实操作的困难在哪里? 根据官方解释,区分公益性广电事业和经营性广电产业主要有三项标准:第一,政治标准,服务和活动是否直接关系主流意识形态的统治地位、舆论导向、国家安全、公共安全、社会稳定和国家根本利益;第二,经济标准,服务和活动是否以赢利为目标、是否按照市场方式进行运作;第三,公共标准,服务和活动是否为满足人们普遍的公共需求,面向社会提供公益服务。② 在这样的标准下,就出现了在某些地方性广电系统中,保留某一个频道的某一档新闻节目(通常是时政新闻)作为"公益性事业",而在其他节目时间里,放开手脚去经营产业。

如何使"公益性"事业的概念在操作层面上更清晰化、具体化,将关系到广播电视公共服务体系的可持续发展。

2. 公共利益

公共利益的界定问题不仅是中国广播电视公共服务政策制定过程中面临的难题,也是困扰中国立法实践和法学理论的难题,而且在西方各国的法律实践和研究中也面临着同样的问题。甚至有专家学者提出明确或清晰界定公共利益的出发点或愿望都是良好的,但却并不现实。因为公共利益在不同的领域会有不同的表现形式,现实生活纷繁复杂,而从所有的具体现实的生活中抽象归纳出一个明确的公共利益,是任何一部法律或政策在技术上无法实现的。

但是,探究公共利益为我们认识公民权、政府治理以及公共服务带来的丰

---

① 胡正荣、李继东:《中国电视公共性的自觉之路——中央电视台 50 周年纪念》,http://www.huzhengrong.cn

② 朱虹:《关于区分公益性广电事业和经营性广电产业的思考》,朱虹:《广电政策与未来走向》,河南大学出版社 2007 年 8 月版,第 222 页。

富性,其价值远远胜于试图确定这一概念的边界时所遇到的困难与歧义性。①
而且对公共利益采用什么样的思考方式决定了政府相应的决策行为,同样什么
样的公共服务的价值趋向也取决于相应的公共利益观。②

在中国,长期以来的一个主导观念是,国家利益、政党利益和人民利益三位
一体,形成公共利益。

首先,它掩盖了现代政治学上"公民权利决定公共权力的原则"。"近代民
主制度产生的一个重要原因就是要对国家权力(公共权力)和公民权利进行界
分,并且将两者的关系上升为宪法和法律的调整范围。"③这种对于公共利益的
混乱界定,容易导致"一些机构或部门以公共利益之名行部门区域利益之实而
侵犯公民私权"④,在广播电视公共服务领域,也存在"媒介寻租"⑤现象。其实
恰恰是由于"寻租"现象的存在,进一步加深中国的广播电视媒体在 20 世纪 90
年代末出现的过度商业化的状况,从而导致媒介产业功能与公共服务功能的失
衡,特别在农村地区和老少边穷地区出现广播电视公共服务匮乏的现象。

第二,它忽视了现阶段中国社会利益分层和阶层分化的现实。"我国现代
化的社会阶层结构雏形已经形成",根据对政治、经济和知识资源的占有情况,
可以将当代中国社会划分为十大阶层,即"国家与社会管理阶层、经理人员阶
层、私营企业主阶层、专业技术人员阶层、办事人员阶层、个体工商户阶层、商业
服务业员工阶层、产业工人阶层、农业劳动者阶层、城乡物业、失业、半失业者阶
层"⑥。"这些利益群体和利益阶层,正逐步形成特定的'利益集团',并不同程
度地对地方政府决策施加影响。"⑦这个现象使中国广播电视公共服务领域长期
以来存在的中央与地方的条块关系更加复杂化。典型的如广播电视"村村通"
工程中直播卫星覆盖手段(中央)与有线数字电视覆盖手段(地方)的冲突。

---

① [美]珍妮特·V.登哈特、罗伯特·B.登哈特著,丁煌译:《新公共服务:服务,而不
是掌舵》,中国人民大学出版社,第 64-65 页。

② 胡正荣、李继东:《广播电视公共服务、政治理念与社会实践》,http://www.huzhen-
grong.cn。

③ 熊文钊:《大国地方——中国中央与地方关系宪政研究》,北京大学出版社 2005 年
版,第 120 页。

④ 《卷首语》,《南风窗》,2002 年 12 月。

⑤ 胡正荣:《媒介寻租的背后》,《新闻周刊》2003 年第 42 期。

⑥ 陆学艺:《当代中国社会阶层研究报告》,社会科学文献出版社 2002 年版。

⑦ 程浩、黄卫平、汪永成:《中国社会利益集团研究》,《战略与管理》2003 年第 4 期。

第 五 章

北京市广播电视公共服务体系与标准建设研究

第一节 北京市广播电视公共服务体系
建设面临的形势与问题

一、全球化语境下中国广播电视面临的新形势

1. 全球化语境下中国广播电视面临的宏观形势

（1）政治形势:民主化

国际政治格局:和平与发展依然是主旋律,对立和冲突此起彼伏。20 世纪 90 年代以来,冷战结束后,以苏联解体为标志,传统的国际关系发生重大转折,两个世界大国、三个世界的格局被打破。美国独霸世界,成为唯一的超级大国。而欧盟、阿盟、东盟等的崛起使得世界政治格局不断呈现多元化、多极化的态势,传统的军事外交的冲突又引能源、环境等的争夺而被赋予了新的意义和内容。民族、宗教等问题也成为世界各国和各地区之间政治斗争的焦点性问题。

国内政治格局:改革开放三十多年来,中国共产党逐渐从革命党向执政党转型,逐渐认识到以经济建设为中心,强国富民,走中国特色的社会主义道路。建设小康社会,落实以人为本的科学发展观,成为现阶段指导性的纲领。

广播电视传媒在推进国际国内的政治民主的进程中无疑将扮演着日益重要的角色。

（2）经济形势:一体化

世界经济以信息革命为先导,信息经济、知识经济等日益成为其主导形态,

因此导致了全球经济发展的"马太效应",经济发展的不平衡导致巨大的贫富差距,这也是导致各种国家与地区矛盾的核心问题。

国内经济发展状态也是如此,以加入WTO为标志,中国经济已不可逆转之势走入了全球经济一体化的征程。所谓"中国威胁论",就是中国经济快速发展带来的全球经济重新洗牌的一种自然反应。

作为信息经济、知识经济重要构成部分的广播电视,不仅在经济发展中扮演着"弄潮儿"的角色,也必然成就一个庞大的新兴产业计划。

值得关注的是,当前世界经济的格局正在发生着剧烈的变革,从华尔街开始爆发,席卷全球的金融海啸,不仅对世界的经济运行产生了严重的影响,而且意味着广泛影响全世界长达数百年的新蒙昧主义思潮或迷信的破产!

旧蒙昧主义是指,在文艺复兴之前的中世纪欧洲罗马教廷以他们的价值观所塑造的宗教迷信和教会教条统治整个欧洲和世界的时代。随着地理大发现、文艺复兴和工业革命,欧洲摆脱了旧蒙昧主义的统治。然而,随着"西方中心论"或"欧洲中心论"的确立,新蒙昧主义登场了,并在20世纪达到巅峰。以福山的《历史的终结和最后的人》为代表,"历史终结学说"宣称:"美国模式的自由民主制度乃是人类意识形态发展的终点","是人类最后的一种统治形式"。作为一种曾经被灌输给世界人民的历史观和文化观,新蒙昧主义成为笼罩在世界的一种根深蒂固的盲目崇拜和迷信。如今,新蒙昧主义在金融海啸的巨浪打击下颠覆瓦解,这预示着在全球经济一体化的今天,走自己的路,塑造本土特色发展模式的必要性和重要性。

(3)文化形势:多元化

作为人类精神生产的核心,文化既具有人类性特质,又具有民族性特质,也具有地域性特质。发达国家借助强势的政治经济力量在倾销和推行自己的文化价值,实施着文化帝国主义的侵略。而经济政治弱势的国家和地区则在这种文化全球化的进程中日益被边缘化。从终极的意义上讲,人类创造的所有的文化财富都应该值得尊重,文化的多样性恰如生物的多样性,是人类赖以生存的精神基石。中国在逐渐崛起的进程中,愈发感受到提升文化软实力的重要意义,感受到维护人类文化多样性的重要意义。在传统与现代,中国与外国,主流与非主流,引进和输出等多种文化关系中,探索建构多种合理文化生态的可能性。

广播电视传媒作为当代最具影响力的文化样式,在建构健康的文化生态方面占有着举足轻重的地位。

（4）社会形势：分层化

新的政治经济文化格局导致了社会阶层的分化日益复杂。依据民族、宗教、受教育程度、性别、收入状况、生活品质、职业状况等将社会分化为日益复杂的群落。从这个意义上看，奥运会的口号"同一个世界，同一个梦想"的理想恰恰应征了社会生活当中不平衡的生活状态，因此当今世界的价值观、特别是伦理观、道德观发生了空前的变化。

作为大众传媒的广播电视，在沟通社会各阶层、各群落的关系，规范社会的行为，建构积极的社会伦理价值观、建构和谐社会扮演着不可替代的角色。

2. 新媒体语境对中国广播电视的影响

随着数字技术、通讯技术的发展，IPTV、网络电视、手机电视、移动电视、户外大屏等新媒体样式相继出现，一个新媒体所营造的语境快速形成。新媒体一方面对传统媒体产生了极大冲击，改变着传媒的格局与生态；另一方面也对社会生活各个领域产生着极大冲击，创造着新的社会生活景观。毫无疑问，新媒体的影响力还将不断加速提升，对政治、经济、文化、社会以及科技都会产生重要影响。

（1）新媒体语境的五种影响

①政治影响。新媒体以其强大的技术优势、互动优势改变着舆论流向，进而干预、改变着区域、国家乃至国际政治格局。近年来，由新媒体引发的热点话题频频触及政治层面，如孙志刚事件、"宝马事件"等。这种影响力不仅在于对国内政治的影响，也表现在对国际政治的影响上。例如，前段时间发生的"金晶事件"、"家乐福事件"、"CNN 事件"……种种事相表明，新媒体强大的传播优势、舆论流向上发生的作用将越来越大，对国内国际政治的影响也将越来越大。

②产业影响。这种影响至少有三个方面：一是对资金链的影响，新媒体成为了投资热点，百度、巨人等网络公司在美国纳斯达克成功上市，新浪、搜狐等传统门户网站和新兴的网站吸引了大量风险资金，许多大型企业纷纷对移动通信以及对 IPTV、手机电视给予投入。新媒体的无限可能性，给世界各国的投资商，特别是风险投资商带来了巨大商机。二是对产品链的影响，新媒体利用技术优势，在相关产品的前端、中端和后端，不断延伸出新的产品类型，甚至是相关的产业，从而使产业链更加丰富、完善，进而拥有更广阔的市场空间和市场前

景。三是对贸易的影响,新媒体促进了各种文化品的广泛传播和迅速传播,但同时也带来诸多问题,诸如网络音乐和视频下载引发的文化版权争端,这些都对国内国际文化贸易带来新的变化。

③文化影响。第一是对文化消费的影响。新媒体以其独特的媒介交流方式和娱乐体验方式,改变着人们思维方式,主导了新的文化消费,创造了新的文化消费产品,包括网络语言、网络视频、网络红人等。第二是对文化趣味的影响。新媒体的自由度、互动性及参与交流的广泛性,使得当下的文化趣味日益娱乐化、流行化、大众化。第三是对文化产业的影响。文化产业的精髓就是物质的精神化和精神的物质化,而这种转化最终都将落在"体验"上。新媒体传播的即时性、无限性和伴随性恰恰能为人们实现多层次多类型的体验提供可能和便利,并成为文化产业实现的重要介质。无疑,新媒体为文化产业的发展注入了新的活力和强大的动力。

④社会影响。从媒介发展历史来看,每一次新兴媒体的诞生和革命,都同时造就了新兴媒体的一代人,如"报纸的一代"、"广播的一代"、"电视的一代",新媒体必然催生"新人类"。现在也自然会产生手机和网络的一代,不仅如此,新媒体还将极大地改变人们的生活方式,改变人与人的社会关系,划分出不同的社会阶层和社会群落,当然也会不可避免地带来社会问题,诸如网恋、网瘾、暴力、色情等不健康内容的传播等,对社会的道德、良知都是一个严重的挑战,尤其是对青少年的健康成长可能造成负面影响。

⑤科技影响。新媒体依托信息网络的高度融合,以信息网络、计算机、人机交互等领域内的新技术为推动力,对未来报纸杂志、广播电视等传统媒体的生产制作、播出和接受将产生重要影响,促使传统媒体的技术指标、产品类型不断更新换代、升级,以适应新的竞争需求。与此同时,新媒体的发展也将为新的科技革命带来更多的机会,在新媒体的使用、延伸和拓展的不断完善过程中,许多新的科技领域和产品将相伴而生。

(2)新媒体对广播电视的挑战和冲击

①广播电视受众的关注度明显下降。目前,新媒体正在非常强力地瓜分广播电视的受众市场,2008年中国网民已经达到2.44亿,成为世界上最大的网民区域,新一代年轻人主要的信息和娱乐通道是新媒体,广播电视的视听率整体明显下降。

②广播电视的内容体系日显其封闭。广播电视不论是内容生产还是内容

传播,在线性的时空状态下的呈现,远不及新媒体状态下的自由度和个性化。在信息资讯和娱乐等传统优势领域,传统广播电视对受众的吸引力已开始转向新媒体。

③广播电视市场份额急剧减少。广播电视所占有的市场不论是广告还是付费,都正在被新媒体瓜分和占有,尤其是各种风险投资似乎更眷顾新媒体。受国家相关政策等因素的制约,许多资本难以进入传统媒体,这也使广播电视的产业发展遭遇瓶颈。

④广播电视体制机制趋于老化。在几十年的运行中,广播电视形成了成型的体制与机制,对庞大的广播电视从业者的管理以及广播电视生产运营、传播的管理,成本极高,内耗突出,负担沉重。由于新媒体没有传统媒体的积淀,轻装上阵,充满活力。

二、北京市广播电视公共服务体系建设面临的新形势

1. 建设广播电视公共服务体系是北京市广播电视全面贯彻落实科学发展观,推动广播电视科学发展的必然选择

中共"十七大"确立了科学发展观的战略指导方针,表明中国经济社会发展步入了科学发展的新阶段。推进广播电视公共服务体系建设是实践科学发展的战略任务和重要体现。科学发展观的核心是以人为本,这要求广播电视公共服务的建设要以满足和保障人民基本文化权益作为根本定位。科学发展观的第一要义是发展,这要求广播电视公共服务要不断提高服务水平,满足人民群众不断增长的精神文化需求。科学发展观的基本方法是统筹兼顾,作为首善之区,北京市在广播电视公共服务体系建设中面临着统筹中央和首都、城市与农村、不同城区之间等多方面的利益关系,其中着重解决城乡之间的不平衡问题,这是实现全面协调地发展的关键所在。科学发展观要求全面协调可持续发展,这要求广播电视公共服务要协调事业和产业发展,促进公共服务和市场服务和谐发展,建构广播电视公共服务的长效机制。

2. 建设广播电视公共服务体系是北京市构建和谐社会、加强首善之区建设的现实需要

当前,中国正在进入一个重大的发展机遇期和矛盾凸显期,存在着城乡发展差距过大、区域不平衡、外来人口等一系列共性问题,导致了资源不均衡、机会不均等、权利不均等,使得北京市广播电视公共服务均等化的实现变得尤为复杂,这迫切需要建立一个覆盖城乡、结构合理、发展平衡、网络健全、运行有

效、惠及全民的广播电视公共服务体系。通过信息传播,及时发布党和政府的方针政策;通过关注公共利益,贴近民生,沟通民意、化解矛盾,从公共服务和市场服务两个方面满足人民群众日益增长的精神文化需求,起到凝聚核心价值,巩固共同理想,培育精神文明,促进文化认同的积极作用。因此,建设广播电视公共服务体系,既是北京市构建和谐社会的重要举措,也是加强首善之区建设的现实需要。

3. 建设广播电视公共服务体系是中国广播电视属性的必然要求,是广播电视产业和事业均衡发展中维护人民群众广播电视基本权益的重要保证

2008 年是中国电视 50 周年,在长达半个世纪的发展中,中国广播电视的发展取得了举世瞩目的成就。从 20 世纪 90 年代后期开始,中国广播电视开始采取事业产业的双轮驱动发展方式。在确保宣传导向的前提下,产业诉求得到了较大的满足,广播电视的经营性服务得到了较大发展,形成了宣传、事业、产业三位一体的体制格局。但是,随着产业的过快发展,原先较为稳固的广播电视公共服务受到不同程度的影响,广播电视公共服务面临的最大问题是城乡区域发展不平衡,城市广播电视资源相对丰富,网络建设发达,新媒体、新技术的应用和推广较快,百姓收听收看权益得到较好体现;但是农村面临着基础设施建设薄弱,覆盖不足,收视质量和数量差距较大,对象化节目严重不足,尤其是弱势群体缺乏足够的关注。因此,通过广播电视公共服务体系的建立,促使广播电视适应并反作用于社会主义市场经济基础的良性发展,促使坚守传媒属性中的喉舌功能,实现广播电视产业和事业均衡发展,从而实现和维护人民群众基本文化权益。

4. 建设广播电视公共服务体系是北京市推动社会主义文化大发展、大繁荣的重要途径

推动社会主义文化大发展大繁荣,是党的"十七大"对新时期文化建设提出的更高要求和新的任务。作为当代最具影响力的文化样式,广播电视需要在时代的高起点上推动文化内容形式、体制机制、传播手段创新,解放和发展文化生产力;要运用高新技术,创新文化生产方式,培育新的文化业态,加快构建传输快捷、覆盖广泛的文化传播体系。

与国内其他区域相比,北京市肩负着建设首都的首善职责,也拥有独特的区域优势:国际性大都市的文化消费需求,汇聚全球和全国的文化资源和人才,快速发展的文化创意产业。这些构成了推动北京文化大发展大繁荣的坚实基础和强劲动力。在这种形势下,北京市广播电视公共服务体系建设无疑将面临

着新的要求:完善广播电视公共服务体系建设,加快建设布局合理、覆盖全市的基础设施网络;改进广播电视公共服务手段,加大内容供给,以优秀的舆论引导人,以优秀的作品鼓舞人;加强基本文化权益保障,推进城乡广电公共服务均等化,创新体制机制,创新服务手段,实现好、维护好、发展好首都人民的基本文化权益。因此,探索具有中国特色、首都特色、时代特色的广播电视公共服务体系,是推动广播电视大发展大繁荣的重要内容,是北京市推动社会主义文化大发展大繁荣的重要途径。

三、当前北京市广播电视公共服务体系建设面临的主要问题

1. 城乡广播电视发展不平衡,农村广播电视公共服务基础薄弱,广播电视公共服务总体水平较低

当前,北京市广播电视公共服务面临的主要问题是,城乡广播电视公共服务体系建设总体水平偏低,区县之间发展不平衡,水平差距较大,农村成为广播电视公共服务的薄弱地带。一是农村广播电视公共服务基础薄弱,农村广播电视有效覆盖水平不高,信号覆盖、信号质量、用户覆盖之间存在着收听收看效果的差异。二是城乡之间频道资源配置不尽合理。比如城镇有线网络频道资源丰富,平均可以收看到16套调频广播,120套以上数字电视节目;而农村大多数用户只能收听4套广播中短波广播,收看8套电视节目,远远不能满足农村大众的文化需求。三是在传输覆盖网络的升级改造、正常运转与维护方面缺乏长效机制,长期通任务艰巨,制约了城乡广播电视公共服务的可持续发展。

2. 广播电视公共服务内容生产总量偏少,有效供给不足;布局合理、运转高效的有效机制尚未形成

在现有广播电视内容生产的格局中,属于公共服务类的节目生产总量偏少、有效供给不足,布局合理、运转高效的内容生产有效机制尚未建立起来。具体表现为:(1)在运行机制方面,广播电视公共服务内容生产处于一种"自发"状态,广播电视公共服务内容生产的分类、定位缺乏明晰的界定与区分,制作播出机构对于应承担公共服务的权利义务也不清晰。(2)在产品格局方面,广播电视公共服务内容生产不均衡,新闻宣传总量不足,突发公共事件的应急反应机制尚未有效建立,具有普适意义的公共服务类节目,尤其是面向老年人、未成年人、残疾人、农民工等特殊群体的公共服务内容比较缺乏。(3)在资源配置方面,广播电视公共服务的频道与时段资源数量偏少,且分布不均衡。(4)在运行

投入机制方面,公共服务类节目与频道的运营模式尚未突破广告盈利的主导模式,像北京电台城市服务管理广播频率这样具有较强公益色彩的频率,依然要靠广告经营来补足资金缺口。

3. 广播电视公共服务保障体系有待完善,缺乏法律法规和相关政策的保障;科学发展、和谐发展、可持续发展的长效机制尚未建立

健康并富有活力的广播电视公共服务需要建立健全一个长效机制来加以规范和保障,包括政策法规体系、资金投入机制、日常管理运作机制以及监管、评估、考核体系等。然而目前广播电视公共服务的保障体系还有待完善:一是现行广播电视的相关政策法规对于广播电视公共服务职能、服务目标、实施方式缺乏明晰和具有现实指导性的规定。广播电视公共服务混杂于广播电视的整体传播行为之中,缺乏有效的剥离,低收入群体的利益缺乏有力保障,媒体机构承担公共服务的权利义务尚不清晰,缺少必要的法律和政策的保障。二是广播电视公共服务的财政预算投入机制还未建立。三是科学评价广播电视公共服务效果的评估体系尚未建立,收视率和广告经营贡献率还是主要的评价指标,公益性定位与市场经营之间的关系尚未理顺,不利于公共服务类节目的生存与发展。

4. 现有广播电视管理体制制约作用不容忽视,亟须深化体制改革,推动体制创新

随着广播电视公共服务理念的不断深化,体系建设的推动不断加大:一是在现有广播电视管理体制中,宣传管理、行政管理、经营管理三种制度力量交织运行,不同程度出现了企事不分的错位与越位,影响了广播电视公共服务运行机制的效率和效益实现。二是不同层级责任主体与实施主体的职责定位还比较模糊,影响了广播电视公共服务体系的整体性建构。三是在建立以政府为主导、社会参与的格局方面,对传统体制的路径依赖比较明显,开放创新的力度不够,迫切需要深化体制改革,推动体制创新。

在这样的形势下,广播电视公共服务如何保证党和政府的声音传到千家万户,确保舆论导向和信息安全?如何解决事业与产业不协调问题,确保公益性定位不受冲击?如何保护公共利益和民情民生,确保知情权等基本权益的保障?如何保护国家文化、塑造民族文化,避免市场失灵的不作为?如何使得新科技的发展成果惠及人民?这些现实问题都是中国、北京市建设广播电视公共服务体系必须面对、亟须谋求解决的。

第二节　北京市广播电视公共服务体系
建设的基础、理念与目标

为了更好地继承奥运精神,功固奥运成果,北京市提出了后奥运时期建设北京的三大理念——人文北京、科技北京、绿色北京。三大理念是实践科学发展观,推动首都发展的新思路。当前,从发展阶段、发展条件、内部动力和外部环境看,北京市广播电视公共服务体系建设正处于一个有利时机,在新的起点上,实现新发展,做出新努力,满足新期待,这是北京市广播电视业贯彻实践科学发展观的新要求、新使命。

一、新起点

1. 北京市经济实力快速增长,为广播电视公共服务体系建设奠定了坚实的经济基础

近年来,北京市经济发展持续保持较快的增长势头,产业结构和布局进一步优化,地方财政已经连续 13 年保持 20% 以上的增长,人均 GDP 已达到中等发达国家水平,首都经济呈现出速度与结构、质量、效益相统一的发展格局,迈上又好又快的发展轨道。经济实力的快速增长,为建设更加稳定和谐的社会公共服务体系奠定了重要的经济基础。广播电视"村村通"工程一直被北京市政府列入为民办实事项目、新农村建设的折子工程之一,投入逐年递增,政府的经济实力与投入比例,对于北京市广播电视公共服务体系建设起着决定性的推动作用。

2. 奥运契机带动了北京市公共服务体系建设的大发展,为广播电视公共服务体系建设提供了有力的政策支持和经验借鉴

2008 年奥运会和残奥会的成功举办,大幅提升了北京市公共服务的综合保障能力、服务水平、服务质量和服务效率,尤其是公共文化的基础设施建设成效显著。公共财政体系进一步完善,逐步形成确保公共服务投入的稳定增长机制,"十一五"时期,北京市社会公共服务设施建设的投资总资金将达到 851 亿元,其中政府投资达到了 487 亿元[①];就业、交通、卫生、教育等行业积极探索创新公共服务的提供模式,提高服务效率;加快城市优质社会公共服务资源向农村转移速度,覆盖城乡、合理布局的公共服务体系初具规模;这些都为北京市广

---

① 张工主编:《2007 北京市社会发展蓝皮书——让社会公共服务惠及市民》,中国大百科全书出版社 2007 年 9 月版,第 17 页。

播电视公共服务提供了有力的政策支持、资金保障、经验借鉴。

3. 北京市广播电视产业健康快速发展，为广播电视公共服务体系建设提供了强劲的产业驱动力

北京广播电视产业规模持续扩大，资产总额逐年攀升，截止到 2009 年底达到 347.8 亿元，比 2008 年增长 5.9%，呈现出健康快速发展的态势。一是广播电视制作机构规模进一步增加，截止到 2009 年底，广播电视节目制作经营机构累计 1004 家。从业人员 1.85 万人，具备了较强的公共文化服务提供能力。二是经营收入大幅增长。2009 年广播影视全年创收收入 109.55 亿元，同比增长 21.5%。在全国广播电视行业中居于领先地位。三是收入结构进一步优化。在创收收入中，广告收入占 41.4%，比 2008 年所占比重下降 9.4 个百分点；国内外影视节目销售收入 15.16 亿元，增长 51%，比 2008 年增加了 2.7 个百分点。四是数字化全面推进。北京市有线电视数字化转换由试点向全市推开，2009 年达到 190 万户，传输电视节目 121 套、广播节目 16 套。五是新媒体发展迅速。平台不断增加并逐步完善，北京人民广播电台移动多媒体广播（DAB）已正式播出 16 套广播节目和 6 套电视节目；北京广播网开通了在线点播频道，搭建起了综合网络互动社区平台。北京电视台网络电视（北京宽频）在实现 10 套节目网上直播的基础上，提高了互动功能，实现了与传统媒体的互惠互补。市场规模进一步扩大。北广传媒集团移动电视累计安装终端 2.5 万台，地铁 13 号线、八通线的批量安装全面完成；城市电视新签约 1200 多家单位，终端累计 1.1 万台。完成 20 块奥运城市文化广场电视大屏幕建设。六是网络视频发展较快，全市持有《信息网络传播视听节目许可证》的机构已有 13 家，其中 7 家为系统外单位。北京市广播电视产业的健康快速发展，为广播电视公共服务体系建设提供了产业驱动力。①

4. 北京市广播电视公共服务基础设施和平台建设取得新突破，内容提供能力显著增强，为广播电视公共服务体系建设奠定了发展的基础

北京市广播电视公共服务体系的基础设施建设成果显著，已经基本实现村村通、户户通，提前 4 年完成"十一五"规划目标，目前止处于由以扩大规模为主向以提高质量、增加技术含量为主转变。北京市广播电视公共服务的内容提供能力正在形成，市一级广播电视的制作播出机构注重品牌建设与公益属性的有

① 该组数据综合参照了北京市广播电影电视局网站（2010 年 5 月 28 日）、国家广播电影电视总局发展研究中心编著：《2008 年中国广播电影电视发展报告》，新华出版社 2008 年 3 月版。

机结合,推出一系列社会、经济效益兼具的频率频道、栏目和活动,发挥城市服务管理广播、交通广播的品牌效应,强化汛情预警、交通疏导等与群众生活密切相关的公共信息服务,受到公众欢迎。区县广播电视播出机构充分发挥贴近基层、贴近群众的优势,紧紧围绕新农村建设、"和谐社区"建设等重大课题开办节目,收效明显。广播电视公共服务的载体正在向数字媒体发展,广播电视公共服务的载体正在向数字媒体发展,北京电台城市服务管理广播频率,依托移动多媒体广播开通了公众信息服务平台;北广传媒开通了数字电视《北京党建》平台,进一步强化城市电视平台的公共服务功,为强化广播电视公共服务功能,创新服务方式进行了有益探索。

5. 公共服务、公共文化服务、广播电视公共服务理论研究逐步深化,为北京市广播电视公共服务体系建设提供了理论支撑与指引

公共服务体系建设是一项长期、复杂、艰巨的系统工程,政策性强、影响力大,需要严密的政策理论体系支撑。公共服务、公共文化服务、广播电视公共服务正在成为一个新的研究领域,一方面,来自院校科研机构的研究人员对公共服务、公共文化服务、广播电视公共服务的理念、原则、宗旨、目标、路径等具有根本性的问题进行了理论层面的多元分析和研究,并且陆续形成了以《基本公共服务与中国人类发展》、《公共服务创新》、《文化蓝皮书——中国公共文化服务发展报告(2007)》、《中国传媒产业发展报告(2007—2008)》等著作为标志的一系列理论著述成果。与此同时,来自行业内部的研究机构也相继展开了专题调研,其中,国家广电总局发展研究中心推出了《2008年中国广播电影电视发展报告》,进行了"广播电视覆盖方式协调发展研究"、"广播电视'村村通'长效机制研究"、"广播电视'村村通'长效机制研究"、"广播影视公共服务评估指标体系研究"多项专题研究。另外,浙江、四川、福建等地的广电部门也积极着手开展公共服务政策的研究,推出了一批具有鲜明地域特点和借鉴意义的调研报告和政策建议。这些理论研究的成果都将对北京市广播电视公共服务体系建设的制度安排、建设规划提供有力的理论参考和借鉴。

二、新理念

1. 现代广播电视公共服务体系的理念确立

北京广播电视公共服务体系建设将以"现代"为核心,立足北京市情,充分彰显具有中国特色广播电视公共服务的生命力;立足当前文化大发展大繁荣的时代需求,充分彰显鲜明的时代特点;立足于北京建设首善之区的城市区域定

位,充分彰显首都特色的现代性、引领性。

(1)从建设定位看,现代广播电视公共服务体系是与"人文北京、科技北京、绿色北京"三大理念相适应的,与北京市作为国家首都、国际城市、文化名城、宜居城市的总体定位相适应的,与繁荣、文明、和谐、宜居的城市发展目标相适应的,具有适应性和前瞻性。

(2)从建设标准看,现代广播电视公共服务体系有别于历史上广播电视提供的公共服务,是应用现代传播技术、现代传播网络、现代服务理念、现代服务方式的服务体系,具有时代性与引领性。

2. 现代广播电视公共服务体系建设的指导思想

高举中国特色社会主义伟大旗帜,坚持以邓小平理论和"三个代表"重要思想为指导,认真落实党的"十七大"精神,深入贯彻科学发展观,以人为本、惠及全民,统筹兼顾、协调发展,扶助弱势群体,以政府为主导,鼓励社会参与,着力提高广播电视公共产品的供给能力和服务水平,创新广播电视公共服务的体制机制、内容形式、服务手段,建立健全长效机制,加快构建与完善北京市现代广播电视公共服务体系和标准。

三、新目标

北京市现代广播电视公共服务体系建设的目标是:加快建立起导向安全、结构合理、发展均衡、网络健全、产品丰富、运营高效、服务优质、覆盖城乡、惠及全民的现代广播电视公共服务体系,满足北京市人民群众听好看好广播电视的基本文化权益。

具体包括:

1. 北京市现代广播电视公共服务体系标准化建设

确立科学的网络建设标准、内容生产标准、服务质量标准、效果评估指标等,构建和完善城乡一体、传输快捷、覆盖广泛的现代广播电视公共服务传播网络,增强有效覆盖。

2. 北京市现代广播电视公共服务内容生产与传播机制建设

创新运营机制,加强内容建设,建立和创新形态多样、布局合理、运转高效的广播电视公共服务内容生产与供给机制,增强有效供给;加强载体建设,探索和建设技术先进、终端多元、集成创新的广播电视公众信息服务数字化平台,增强有效传播。

3. 北京市现代广播电视公共服务体系保障机制建设

建立健全一个科学发展、和谐发展、可持续发展的长效机制,包括政策法规体系、资金投入机制、日常管理运作机制以及监管、评估、考核体系等，加以规范、促进和保障。

四、新规划

为了满足当下需要，着眼未来发展，分阶段、分层次逐步实施，北京市现代广播电视服务体系建设规划将以2009—2050年(中华人民共和国100周年)作为时间跨度。

1. 基础完善阶段(2009—2010年)

计划在"十一五"的后期的两年中，巩固完善北京市现代广播电视公共服务体系的基础建设，研究制定广播电视公共服务相关政策。

(1)巩固完善北京市现代广播电视公共服务体系的基础建设。加强渠道建设，启动农村广播电视"新三通"工程，扩大有线电视网的农村覆盖，加强广播电视无线台的建设与维护，提高无线覆盖的水平，扩大无偿收听收看广播电视的覆盖范围，形成市、区县、乡镇、村四级维护保障的长效机制。

(2)研究制定广播电视公共服务相关政策。建立广播电视公共服务类节目制作和播出的扶持与补偿机制，重点扶持面向弱势群体的内容生产，逐步整合资源，培育广播电视公共服务的品牌节目、栏目，为将来确立专门的广播电视公共频率/频道奠定基础。

2. 快速发展阶段(2011—2020年)

计划到"十三五"期末的十年时间里，主要推进北京市现代广播电视公共服务体系的系统性形成。

(1)加快现有服务网络建设，形成现代广播电视服务网。协调发展卫星、无线、有线等传播覆盖手段，加快建设城乡一体的有线数字网络，实现有线广播电视户户通。

(2)整合培育广播电视公共服务的频道资源。培育广播电视公共服务的品牌节目、栏目，形成广播电视公共服务类节目生产和持续供给的有效机制，保障广播电视公共服务产品总量的稳步增长。政府投入购买1~2个公共服务频道资源，免费向公众提供中央台与北京市开路播出的广播电视节目。

(3)建立新闻快速反应机制，形成以广播电视播出机构为主的多媒体公众信息服务传播平台。发展新媒体，连接网络、移动等多媒体接收终端，建设传播政务信息、民生信息等公众信息的数字化、多媒体共传网络，保障公众的知情权。

3. 全面提高阶段(2021—2050年)

从建党100周年到建国100周年,中国达到更高小康水平。北京市将建立起覆盖广泛、城乡一体、双向互动的现代发达的广播电视公共服务体系。

(1)建成覆盖广泛、城乡一体、双向互动的广播电视公共服务数字化传播网络,充分保障人民群众听好看好广播电视的权益,满足多样化需求。

(2)广播电视公共服务内容生产形成高效有序的产业链和良性循环运转的格局,充分保障广播电视公共服务的自觉、自主与正常运行。

(3)通过立法,制定地方性法规《北京市广播电视公共服务条例》,依法保障广播电视公共服务。

第三节 建设北京市现代广播电视 公共服务体系的主要任务

为了实现广播电视业的协调发展、和谐发展、可持续发展,确保广播电视公共服务的导向性和安全性,惠及全民的普适性和广泛性,服务的均等化和便捷性,北京市现代广播电视服务体系与标准建设的主要任务有四个方面:

一、建设城乡一体的现代广播电视公共服务网络

由于长期投入不足,农村广播电视基础建设一直较为薄弱,"当前,基础设施薄弱是广播影视无法实现基本公共服务均等化目标的根本原因。"[①]因此,北京市广播电视公共服务体系建设的首要任务,是解决城乡广播电视公共服务不均衡问题。

党的十七届三中全会提出,中国正在进入着力破除城乡二元结构、形成城乡经济社会发展一体化新格局的重要时期,确立了大力加快城乡一体化发展进程,基本建立城乡经济社会发展一体化体制机制的改革总体思路。在这一战略思想的指引下,北京市广播电视公共服务网络建设应确立城乡一体化的新思路。

广播电视城乡一体化公共服务网络的建设关键在于农村,为此,课题组提出:在继续完善新一轮广播电视"村村通"工程的基础上,大力推进实施农村广

---

① 张海涛:《深入学习贯彻十七大精神推动我国广播影视科技和事业大发展——在广电总局科技委八届一次会议暨全国广播影视科技工作会议上的讲话》(2008年2月19日)。http//www.sarft.gov.com.cn.

播电视"新三通"工程,大力推进农村有线网络建设,构建城乡一体的数字化有线广播电视网络,提升农村广播电视公共服务体系建设水平,充分体现北京市广播电视公共服务体系建设的"现代性"、"先进性"。

1. 农村广播电视"新三通"工程基本内涵

本着协调发展、重点推进的原则,巩固农村广播电视综合传输覆盖工程建设成果,推动技术改造和网络升级,实现地面无线数字覆盖、卫星覆盖为基本保障,以有线广播电视数字化网络为主体,建设全市城乡用户统一共享的有线广播电视的综合服务平台,构建城乡一体、覆盖全面、惠及全民的现代广播电视公共服务传播网络,实现农村广播电视"新三通"——有线数字广播电视村村通、户户通、长期通,切实保障首都城乡群众听到看到广播电视的基本文化权益。

2. 现实基础与可行性分析

(1)传输技术:有线广播电视网络性能突出

无线覆盖与卫星覆盖是实现"村村通"的基础手段,保障农村广播电视公共服务均等化的重要方式,主要用于覆盖远郊山区的农村居民收听收看广播电视。从传输效果看,无线覆盖受到发射功率大小,以及雪灾、沙尘等自然灾害因素的影响,传输信号和收视质量易受干扰。卫星+闭路的"村村通"系统主要是增加传输节目套数投入较大。比较而言,有线网络传输信号质量好,抗干扰性强,安全性高。

(2)频道资源:有线广播电视网络频道资源优越

从传输频道资源数量看,无线和卫星覆盖目前主要提供4套广播、8套电视节目,无法收看北京电视台地面频道。数字化后,地面无线网络的频率资源相对丰富些。直播卫星传输的频率信号可以达到40套广播频率、40套电视频道。

有线广播电视网络不仅可以满足58套模拟数字节目的传输播出,数字转换后频道数增容到100套以上,可以大幅增加农村地区节目传输数量,尤其是北京台的地面频道。

(3)网络功能:有线广播电视网络具有自我"造血"功能

作为公共设施,无线网络和卫星"村村通"系统自身不能产生效益,基础设施建设、日常运转中的设备更新与技术升级等维护工作都必须完全依靠各级财政投入。因此,无线和卫星主要用于公共覆盖,满足基本的广播电视公共服务,网络功能需要"输血"才能维持。

有线广播电视网络在城镇拥有广阔的用户市场,是市场经营性主体,具有自我"造血"功能,可以建养互补。在有线网络整合后,作为北京市唯一一家有线广播电视网络运营商,有线广播电视网络完全有能力承担公益性的广播电视公共服务,以公益有偿服务扶持义务性基本服务,形成经济效益和社会效益的双赢。

(4)现实基础:北京市有线广播电视网络建设基础工程稳步推进、空间广阔。

据课题问卷调查①发现,有线传输的方式已经成为百姓收视的主要方式,占到了71%。通过互联网收看电视节目的比例仅次于有线电视(见图5-1),约有93.3%的被调查者中觉得应该让北京农村地区的市民收看到和城区市民一样多的电视节目。

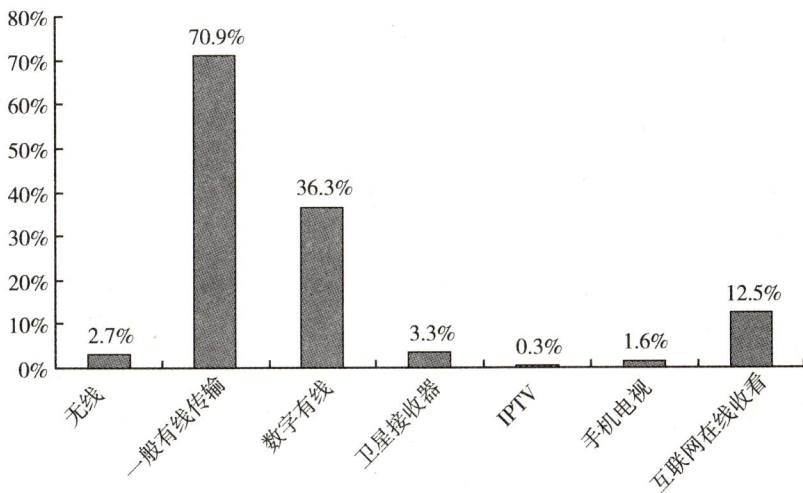

图5-1　北京市受众收看电视方式

截止到2009年底,北京市有线电视用户(注册)为413.5万户,有线广播电视入户率达到85.90%②。截止到2007年底,郊区县所有的乡镇都已经连通有

---

① 该调查为课题专项开展的社会问卷调研,其目的是围绕北京地区受众对北京广播电视公共服务体系的需要展开调研,经确认,有效问卷样本数量为400份。调查着重了解如下问题:北京受众收听广播收看电视的行为现状如何;北京受众对广播电视公共服务的了解;北京受众接受不同类型公共服务信息的习惯;北京受众对目前广播电视公共服务节目内容的看法;北京受众对今后广播电视公共服务的期待和要求。调查详细数据请参见课题子报告《北京市广播电视公共服务受众调查报告》。

② 北京市广播电影电视局网站,(2010年5月28日)。国家广播电影电视总局发展研究中心编著:《2008年中国广播电影电视发展报告》,新华出版社2008年3月版,第405页。

线网,3900 个行政村中已有 3300 个村实现了有线电视"村村通"[1],有线广播电视网络传输干线总长 12.62 万公里[2],接近《北京市"十一五"时期广播影视发展规划》中规定的"到 2010 年有线电视实现行政村基本覆盖"[3]的发展目标。

另据课题组调研发现,一些发达地区,如上海、浙江等省都已将有线网络作为公共服务网络的主导推进。

(5)发展空间:数字化引领农村有线广播电视网络从传统网络向新一代网络转型。

有线网拥有百万兆带宽、容量大、频道资源丰富、可以双向、互动、智能,提供电子政务、新闻资讯、社会教育、文化娱乐、交通旅游、生活信息等公众信息服务。目前,北京歌华有线公司已经在多数行政村接入了有线调频广播,大力推进了农村电子图书室、文化资源共享工程、党员信息教育网、政府信息网的"多网合一",大幅提高了对农文化服务的能力,确立了广播电视网在农村文化建设和信息化建设中的主导地位。可以预期,数字化后的农村有线网络可以建成以数字广播电视网为核心,接入宽带通信、下一代互联网,形成三网融合的双向交互式公共服务平台,打造和谐新农村。

3. 农村广播电视"新三通"工程建设的具体任务

(1)推进无线、卫星传输体系的技术改造和网络升级,确保基础覆盖,确保传输质量,提高广播电视"村村通"水平,确保"户户通"。

一是健全政府分级财政投入机制,市级公共财政主要负责基础设施建设、设备更新与技术改造;区县级财政主要保障日常维护经费,乡镇级财政负责落实乡镇与村一级管理维护人员费用,形成三级政府、四级管护的有效机制。二是推动网络升级与技术改造,提高无线和卫星覆盖的传输性能和覆盖能力。

(2)多方投入,合力加快推进有线网向农村延伸,逐步实现有线"户户通"。

按照政府补贴、市场运作、公益服务、低价使用的原则,大力推进有线网络在农村的延伸。

---

[1] 国家广播电影电视总局发展研究中心编著:《2008 年中国广播电影电视发展报告》,新华出版社,2008 年 3 月版,第 367 页。

[2] 国家广播电影电视总局发展研究中心编著:《2008 年中国广播电影电视发展报告》,新华出版社,2008 年 3 月版,第 405 页。

[3] 《北京市"十一五"时期广播影视发展规划》,见北京市广播电视局《"十一五"时期广播影视发展规划汇编》,第 105 页。

①加大财政投入,政府与有线网络运营商共同推进有线网铺设进程。

采用卫星＋闭路方式的"村村通"网络建设标准虽然已经具备与有线网联网的技术基础,但是由于地处偏远,有线网络覆盖建设成本较高。因此,加大财政投入,光缆铺设工程由市财政与有线网络运营商共同投入,加快推进有线网与"卫星＋闭路"系统的联网工作,从根本上解决有线网络"户户通"。

②制定补贴政策,推动有线广播电视进村入户。

一些已通有线网络的行政村,光节点到村却不能入户,"最后一公里"的问题原因主要是村民们交纳初装费和收视费存在困难。

针对这一问题,需展开有线电视"户户通"扫盲调查,采取相关补贴政策,保障"户户通"有线广播电视。一是制定补贴政策,由区县财政、乡镇财政按适当比例,补贴用户初装费,鼓励有线网络入户。二是制定灵活的有线广播电视收费标准,农村有线电视的收视费标准低于城市水平,农村困难群体继续采取减免收费的政策。

(3)建立健全长效机制,保障与促进农村广播电视公共服务综合水平提高,实现广播电视"长期通"。

①完善农村广播电视公共服务管理体制。

具体包括:一是完善政府主导、分级负责的农村广播电视公共服务管理体制,建立健全以县为中心、以乡镇为基础、面向农户的农村广播电视公共服务体系。二是创新广播电视公共服务区县建管主体,强化区县广电机构的公共服务职能。区县广电机构是农村广播电视公共服务的重要承担者和实施者,决定着农村广播电视公共服务的水平和质量,应给予政策扶持和财政支持。

②建立农村广播电视公共服务财政预算投入机制。

具体包括:一是将农村广播电视公共服务专项资金列入公共财政预算,各级地方财政收入,每年都要有一定的比例保证用于农村广播电视公共服务,并随着经济发展持续增长。二是建立分类投入细则。无线设备和"村村通"卫星系统的建设、管理、运行、维护以及设备更新改造的费用由各级政府财政预算分摊,有线网络的推进和数字化可以采取政府和网络运营商共同承担,实行低价有偿推进。

③建立农村广播电视公共服务的运行保障机制。

具体包括:一是建立农村广播电视网络覆盖维护运行机制,包括供电保障、安全传输、道路维护以及防御冰雪等灾害性天气等。二是完善提高市、区县、乡镇、村四级服务保障水平。三是建设乡镇标准化的广播电视公共服务站,选配与培训一支基层专业维护服务队伍,确保农民收听收视质量。

二、建立和创新广播电视公共服务内容生产与供给机制

内容生产是广播电视的核心竞争力,是广播电视公共服务的重要支柱。

关于目前广播电视公共服务节目内容,调查发现,调查者对地震信息的传播表示了积极的肯定,说明重大灾害性事件、政策等信息的及时传播在广播电视公共服务中的重要性。同时,较高比例的受访者普遍认为:公共服务类节目太少,现有的公共服务类节目在反映群众的意见和呼声方面还比较薄弱,农科节目等对象化节目太少,导致较浓的商业味和低俗化(见图5-2)。

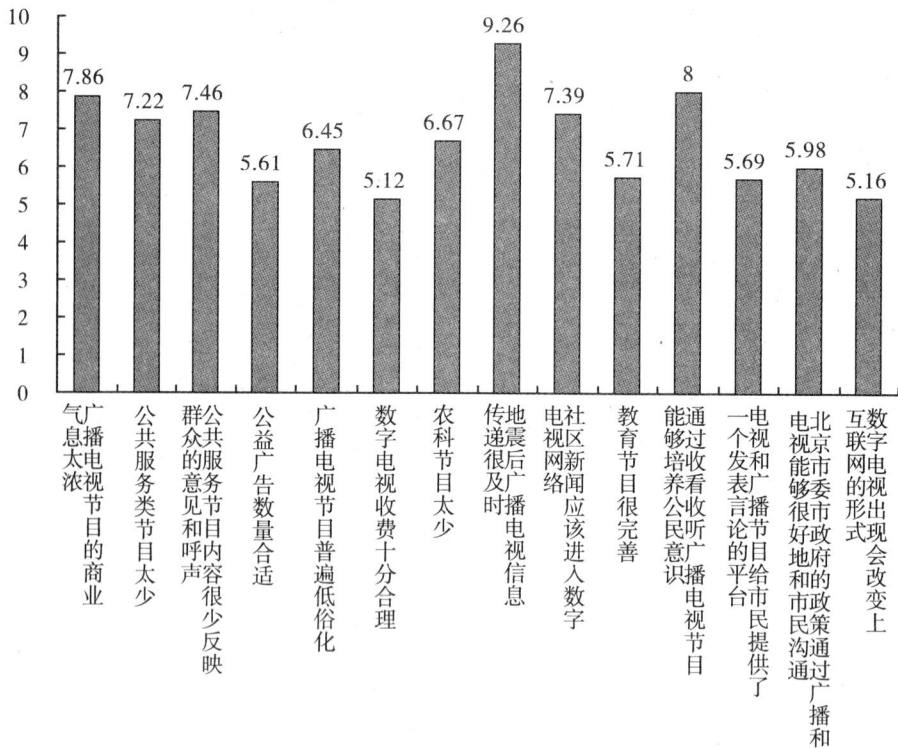

图5-2 北京市受众对当前广播电视节目的评价

因此,对应着人文北京的建设要求,广播电视公共服务的内容生产要不断提高主流化和权威性,要突出公益性定位和服务色彩,瞄准国际前沿,推出思想性、艺术性和观赏性俱佳的精品力作,这是提高北京市广播电视公共服务核心竞争力、影响力的关键所在。

所以,建立和创新北京市广播电视公共服务的内容生产与供给机制,有利合理配置广播电视公共服务的制作与播出资源,扶持面向特殊群体的广播电视内容生产;有利于促进推动教育、科学、文化等公益性内容生产,保障北京市广播电视公共服务产品总量稳步增长,品质逐步提高,有效供给增强。

1. 基本内涵

本着均衡供给、重点扶持的原则,整合播出广播电视的制作与播出资源,扶持面向农民、未成年人、残疾人等特殊群体的节目生产;培育广播电视公共服务频率/频道,建立和创新形态多样、布局合理、运转高效的广播电视公共服务内容生产与供给机制,加大广播电视公共服务产品供给总量,以丰富多彩的节目内容满足首都城乡群众听好看好广播电视的需求。

2. 具体建设任务

(1)建立扶持与补偿机制,加大广播电视公共服务类节目的总量。

①增加信息公开度,加大面向社会公众的突发事件、社会新闻与公共信息的传播服务,以正确的舆论引导和信息服务满足公众知情权需要。

调查数据显示,在对各类信息的需求程度上,突发重大事件成为百姓最关注的信息内容。其余如天气预报、市政府的新政策、时政、生活、社会等公共信息的关注度均处于较高的水平(见图5-3)。

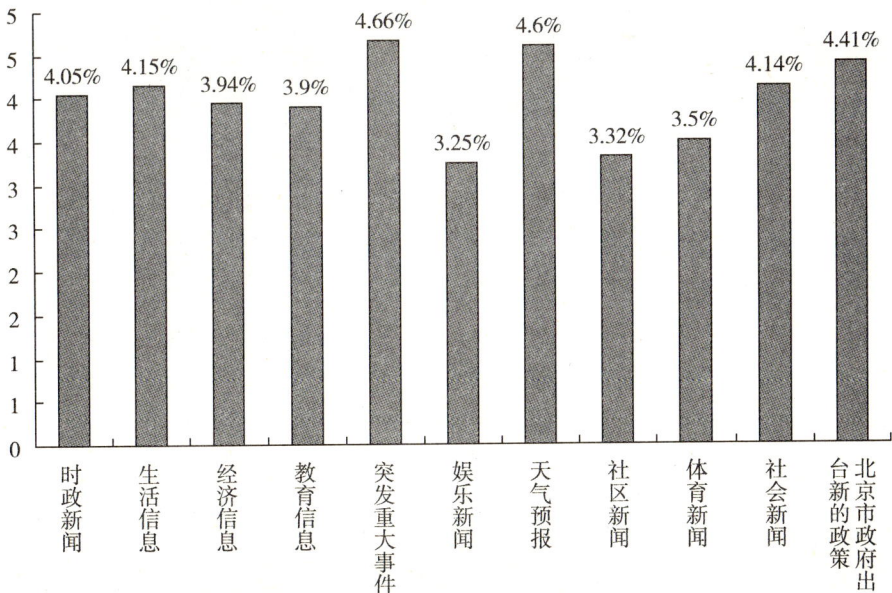

图5-3 北京受众对各类信息的需求程度图

②扶持公益类栏目的生产与播出,重点扶持面向农村、农民工、残疾人等特殊群体的对象化节目与栏目,扶持表现首都文化遗产、文明风尚的精品力作。采取以奖代补的方式,由政府根据节目生产与播出效果予以相应的奖励性补贴。

(2)整合频率/频道资源,逐步培育形成广播电视公共服务频率/频道。

当前公共服务类节目分散在不同频道/频率,不仅总量小,影响力弱,而且不方便百姓收听收看。因此,需要整合广播电视公共服务类节目的制作和播出资源。调查显示,71.3%的受访者认为目前广告或娱乐节目长度需要加以限制,赞成设立公共服务类频率或频道的受访者约占到了46%,31%的受访者觉得立法规定公共服务类节目的播出时段是一个可以采用的保障方式(见图5-4)。

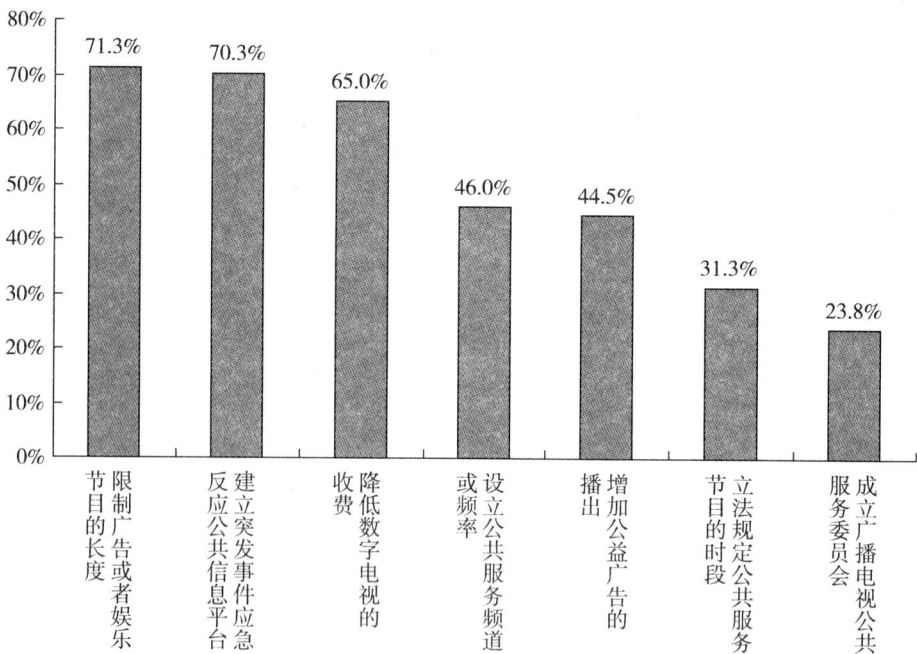

图5-4 北京市受众对未来公共服务类节目内容的需求

因此,课题组建议:

- 逐步将公共服务类节目、栏目集中到相关频道;
- 规定在受众主要收视时间段公益性节目的播出时段与播出频率;
- 逐步培育形成1~2个公益性定位明确、节目品质优良、吸引力强的广播电视公共服务频率和频道。

第一,定位方面:广播电视公共服务频率/频道,应以"沟通、服务,共建和谐"为主题,加强党和政府与市民的沟通、在及时宣传政策法规、真实反映社情民意、沟通化解矛盾、提供信息服务等方面发挥积极作用,搭建了党和政府与市民之间真情互动、常态服务、高效务实的沟通交流平台,打造北京广播电视公共服务的品牌。

第二,运营方面:创新公共服务频道的运营模式,由市公共财政重点扶持,播出机构共同投入建设,确保公益性定位不受到经营性定位的冲击。

第三,评价方面:不以收视率和广告经营贡献率为主,而以社会效益、公众满意度作为主要评价指标,明确规定公共服务类节目/栏目的数量与播出频率。

(3)进一步完善广播电视公共服务类节目制播分离机制,形成高效有序的产业链和良性循环的生产格局。

事关国家文化安全、社会稳定、民生发展的舆论信息由播出机构独立制作,确保权威性供给。以知识性、服务性内容为主的节目生产,采取社会性供给,通过政府采购、委托生产、项目外包等方式,探索"形成公共服务供给的社会和市场参与机制"[1]。

三、北京市广播电视公众信息服务平台建设工程

渠道和载体是广播电视公共服务链条的最后一个环节,也是最重要的终端,直接决定着大众获得广播电视公共服务的质量和效果。

以数字化为核心的技术变革引领着广播电视技术快速升级,提升了广播电视传播力和影响力;也孕育催生了移动电视、网络电视、手机电视等多样化的新媒体形态,可谓机遇与挑战并存。

从科技发展的趋势看,开放与融合正在成为当今科技发展的主流,数字技术正在加速消融广播电视与通信网络、互联网络的边界,三网合一的潮流势不可挡。因此,为了使公众享受到广播电视数字化的发展成果,以更便捷丰富的广播电视公众信息服务保障知情权,充分体现北京市首善之区的引领性,广播电视要积极发挥内容优势、覆盖优势、传播优势,主动拓展新的信息传播渠道,"抢占新阵地,不断延伸发展空间,增强发展活力,占领信息传播制高点"[2]。

---

① 《胡锦涛强调建设服务型政府——政治局进行第四次集体学习,胡锦涛强调创新行政管理体制》,《新京报》,2008 年 2 月 24 日。http://www.thebeijingnews.com.

② 王太华:《在 2008 年全国广播影视局长会议上的讲话》(2008 年 1 月 27 日)。http://www.sarft.gov.com.

问卷调查发现,认为在公共场所应该设立或者储存广播设备,以备地震等突发事件发生后能够第一时间获得政府权威信息的受访者比例非常高;同时,受访者普遍认为多媒体传播公共服务信息是一个发展趋势,提高广播电视交互功能的开发,是提高公共服务效率的重要步骤(见图5-5)。

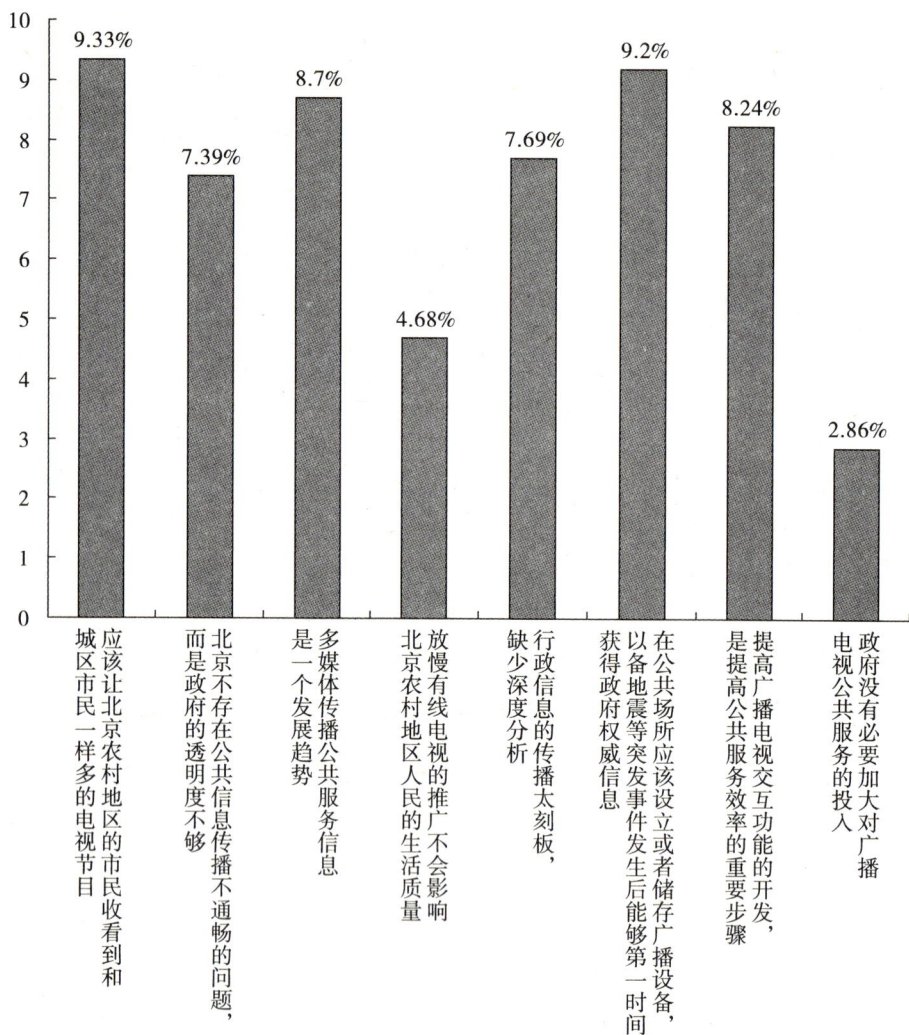

图5-5 北京市受众对未来广播电视公共服务的要求

因此,北京市广播电视公共服务应以开放、合作、共享的新理念,发展多样性终端,推进全方位数字化,实现广播电视实现"模拟—数字","单向—双向",

"固定—移动"的转换,搭建公众信息服务新平台,充分体现北京市首善之区的引领性与科技北京的内涵。

1. 基本内涵

本着开放合作、自主创新的原则,加强移动电视、手机电视、网络视听节目等新媒体建设,拓宽广播电视公共服务的传播载体和终端,集成创新,以播出机构为主搭建技术传播平台和内容处理系统,建立突发事件快速反应机制,建设多媒体联通、全网络覆盖的数字化广播电视公众信息服务平台,增强广播电视公共服务的公信力、传播力、影响力。

2. 功能定位与基本构成

(1)功能定位

北京市广播电视公众信息服务平台是内容服务与传播载体的结合、传统媒体与新媒体的结合,日常信息传播与突发事件应急反应的结合,是覆盖最广泛、网络最发达、受众最广泛的舆论宣传与信息传播的主阵地,贴近民生的公众信息权威发布平台,突发事件应急反应的联动播出平台,城乡一体、关注民生、沟通政府与百姓的互动服务平台。

(2)基本构成

广播电视公众信息传播平台终端包括:

城乡固定接收的家庭广播电视公众信息服务平台:电视、网络;

城乡固定接收的公共场所广播电视公众信息服务平台:楼宇、户外大屏、商场、码头、车站、航站楼等;

城乡移动接收的广播电视公众信息服务平台:数字广播电视、移动媒体(包括手机广播电视、公共交通工具移动电视等)。

3. 可行性分析

(1)加强公共信息传播是知情权保障的重要体现

随着政府信息公开条例的发布,信息透明度的增加,公众对于知情权越来越重视。维系社会稳定的灾害预警、公共事件、政务公开信息、食品卫生、医药健康、社会保障等民生密切相关的公众信息,是满足广大人民群众参与社会生活,表达个体愿望,实施舆论监督权利的重要体现。目前公众信息的总量越来越丰富,但是却零散分布在不同的传播平台中,而且在传播的时效和便捷性与公众的需求之间还有较大的距离。

(2)数字技术发展与信息传播方式变革

数字技术、网络技术的快速发展催生了新的文化生产方式和传播方式,孕育出新的文化样式和业态,推动了信息传播的传播方式发生变革。一是快捷性,信息发布可以实现实时播送;二是交互性,传受双方可以双向传播与即时反馈;三是智能化,数字内容具有良好的数据检索和搜寻功能,信息接收更加具有选择性。

（3）新媒体的规模化发展与信息传媒网络的立体构建

新媒体构成的立体户外信息传媒网络已经显现了不容低估的规模,但是存在着分众传播的传播劣势,没有建立联网的播出平台。而广播电视公众信息服务平台就是扬广播电视的内容优势,借多媒体的载体便利性,建立一个多媒体联网播出的平台,方便大众随时随地接受公众信息。

（4）传统媒体与新媒体的合作共赢

广播电视公众信息平台并没有挤压新媒体的产业发展空间,两者在公共信息传播方面的合作反而是互相借力、互相促进、优势互补、资源共享。

新媒体拓宽了广播电视传播渠道和载体,广播电视丰富了新媒体的内容资源,新媒体的技术平台可以顺利实现广播电视信号的多重转换,内容上借助新媒体的多元化终端,广播电视可以面向不同人群提供分众化的内容服务,传播形态更加多元、互动,形成一个多媒体集成综合的立体传播网络和大媒体传播平台。

4. 创新优势

北京市广播电视公众信息服务平台,既发挥了广播电视在内容生产、信息传播、网络覆盖方面的传统优势,又突出了数字电视交互、双向、智能的技术优势,进行广播电视公共服务平台建设的集成创新。该平台整合了传统广播电视与新媒体,建立了多媒体、跨平台、广覆盖的现代广播电视公共服务体系,实现了两大突破,体现出多样性、参与性、便利性的特点,迅速、便捷。

（1）以平台建设的方式,构建了海量的内容资源管理系统和内容集成交换分发平台,创新了广播电视公共服务的方式和手段。

数字化多媒体公共服务平台通过开放式链接方式,搭建了广电行业的信息服务与政务信息、社会公共信息的共享平台和内容资源管理系统。该平台具有双向、互动、智能的技术优势,可以面向公众提供内容集成交换分发服务,从而有可能满足特定区域信息需求,建立公共信息服务平台,成为社会舆情和文化传播的重要阵地。

（2）以集成创新的方式,实现了传统媒体与新媒体的联合,体现了广播电视公众信息服务的迅速、便捷。

按照"以信息化推动数字化,以数字化促进信息化"的总体思路,北京市广播电视公众信息服务平台突破了单一媒体的局限,使公众信息的传播不受固定接收机的限制,在楼宇电视、IP电视、户外大屏以及手机电视等移动终端上,公众可以随时随地以最便捷的方式接收或查询丰富的公共信息,彰显出广播电视在未来三网融合趋势中在开放合作、发挥优势、主动站位,获取空间的发展思路。

5. 具体建设任务

(1)技术层面:全面推进有线传输网络全方位数字化,开发服务功能,提升服务水平。

①全面推进有线广播电视数字化,按照"政府领导、广电实施、社会参与、群众认可、整体转换、市场运作"的思路,加快推进北京市有线广播电视数字化。

②积极开发数字化有线网络的服务功能,构建公众信息资源管理系统和内容集成分发交换平台,提供信息综合处理业务。

③加快有线网络的双向改造,提升有线网络水平,逐步提供交互式公众信息搜索、查询、点播服务。

(2)积极推进地面广播电视数字化网络建设,为多媒体平台建设提供技术支持。

合理规划地面数字电视频率,建立地面数字电视系统,构建和完善覆盖全市城乡的地面数字电视网,兼顾固定与移动,为多媒体平台建设提供网络支持和技术支持。

(3)加快广播电视制作播出机构的数字化、网络化改造,形成完整的技术链和产业链。

加快推进播出机构的数字化、网络化改造,推进采集、制作、播出、存储、应用一体化,探索建立满足多种播出方式、多种接收终端需求的节目内容平台,以及适应智能化、自动化、专业化、信息化的技术新体系,加快广播电视自身的数字化、网络化进程,为建设多媒体信息传播平台提供技术支持。

(4)建立新的运行机制,引导、规范和协调广播电视公众信息传播平台建设。

明确广播电视与新媒体共建公众信息服务平台的组织框架、运行体系、协调机制、应急方案等内容。

①建立突发事件信息传播应急反应机制。

②确立广播电视公众信息服务平台的运行协调机制。

第四节 北京市现代广播电视公共服务体系与标准建设的保障措施

一、推动广播电视公共服务政策法规建设

目前,《广播电视传输保障法》已经列入国务院重点立法项目,《卫星电视广播地面接收设施管理规定》(国务院 129 号令)立法解释也正在论证中。这些法规的确立将对确保国家信息安全和广播影视传输安全、维护广大人民群众基本文化权益、推动广播电视公共服务体系建设起到重要作用。

配合国家立法的进程,北京市广播电视公共服务体系建设也需要制定地方性法规,进一步明确北京市广播电视公共服务的目标、原则、组织与运行体系、保障机制等内容。

1. 启动立法建议,制定《北京市广播电视公共服务条例》

地方性法规《北京市广播电视公共服务条例》将根据国家广播电视立法的主导精神,结合北京市建设广播电视公共服务体系建设的实际需要和发展目标,就广播电视公共服务的责任主体、实施主体、提供方式、财政投入、保障措施等方面做出明确清晰的规定。

2. 制定相关扶持保障政策

政策扶持,包括税收减免政策、财政投入政策,困难用户补贴政策等。

(1)对于无力支付广播电视公共服务基本费用的困难用户,制定困难帮扶政策,对城乡低保、残疾人等困难群众,重点给予帮扶救济,确保弱势群体平等享有广播电视公共服务。

(2)对于实施主体,承担公共服务的广播电视制作与播出机构,实施公共服务优惠政策,制定用电、税收减免、财政补贴等优惠扶持政策。

二、完善广播电视公共服务组织体系

广播电视公共服务组织体系包括广播电视公共服务的责任主体和实施主体。

1. 明确责任主体职责

责任主体是公益性事业单位,即各级政府设立的广播电视管理机构,需要进一步明确职责,建立行政问责制度,健全监管制度。

2. 建设实施主体的合理格局

实施主体则是由管理机构与社会机构共同构成。要通过有效地参与机制的建立，促进以政府为主导、以公益性事业机构为主体、其他社会组织共同参与格局形成。

第一，强化市一级广播电视播出机构的公共服务能力。

第二，建设区县广播电视制作与播出主体。作为公共服务的终端，支柱，应该发挥区县广电机构的基层服务功能，提供区域性、对象化、专业性的节目。

第三，培育社会中介服务组织，发挥行业协会在行业组织、协调、引导、自律和服务方面的作用。

三、建立和完善广播电视公共服务资金投入机制

1. 完善广播电视公共服务公共财政预算投入机制

应将北京市广播电视公共服务主体工程建设、体系运行管理维护的所需投入资金列入市、区县、乡镇政府财政预算，预算资金的增幅与同级财政支出的增幅保持同步，确保广播电视公共服务获得持续稳定的财政供给。

2. 设立北京市广播电视公共服务专项资金

该专项资金采用补偿、奖励、服务采购等方式，面向广播电视公共服务实施机构与用户。

第一，对于困难用户，进行初装费、收视费补偿。在无线覆盖区域，对于无法购买广播电视接收设施的用户，可以免费赠送基本广播电视接收设施。在有线网络覆盖区域，对于无法交纳基本收视费用的困难用户，减免相关费用，保障均等享有收视权益。

第二，对于广播电视公共服务实施主体，根据服务质量和效果，进行奖励与服务采购，包括农村等困难地区覆盖任务重，经营收入少的广播电视播出机构进行以奖代补。

四、建立北京市广播电视公共服务的标准体系

标准建设是广播电视公共服务科学发展的重要内容，通过对广播电视公共服务的网络建设、内容提供、组织管理、评估体系等全方位的标准化建设，确保北京市广播电视公共服务的水平和质量的全面提高，以合理的投入产出比率确保最佳社会效益，实现全面、协调、可持续发展。

广播电视公共服务的标准体系内容包括：

1. 广播电视公共服务网络建设标准

包括农村广播电视"新三通"工程的有线电视网络建设标准;农村广播电视无线覆盖标准、卫星接收设备建设标准;广播电视公共服务网络的数字化标准等。

2. 广播电视公共服务的管理服务标准

包括管理机构的绩效标准、资金投入产出标准、实施机构的服务标准等。

3. 广播电视公共服务节目的生产与提供标准

包括节目资源与频道资源配置标准、内容品质标准、传播效果标准等。

4. 广播电视公共服务的评估标准

包括以广播电视公共服务的质量和效果为主的受众满意度标准等。

五、建立北京市现代广播电视公共服务评估体系

评估体系是广播电视公共服务体系的重要组成部分,是保障与促进广播电视公共服务的导向安全、公平与效率的有效手段,是确保广播电视公共服务体系的良性运转和可持续发展,改善与提高广播电视公共服务质量、服务水平的重要举措。

1. 广播电视公共服务评估的基本思路

广播电视公共服务评估应以效果为导向,评估体系构成方式为质量评估与价值评估并重,以广播电视公共服务质量、价值、公平性和公众满意度为主。

2. 评估内容

(1)广播电视公共服务的传输覆盖系统

按照现有不同传输手段卫星、无线、有线分类,包括:覆盖面积、人口比例、频道/频率信号质量、节目套数、投入/产出、收费价格等。

(2)广播电视公共服务的内容生产与播出系统

按照生产、播出分类,包括:节目类型、节目时长、目标观众、播出频率、总体构成比例、播出总长、成本/产出等。

(3)广播电视公共服务的公众满意度评估系统

第一,受众收听/收视行为的评估系列,包括到达率、视听接收时间、受众忠实度、视听率、受众构成特征、观众重叠和流动、时段贡献率、播出比重与视听接受比重等指标。

第二,受众态度和社会影响的评估系列,包括专家领导评分、节目知名度、满意度、美誉度、服务价格等。

3. 评估指标与权重设计

评估指标立足于北京市广播电视公共服务的实际,以科学性和适用性为主要原则,确保评估的公正性、广泛适用性,建立相对完整、科学合理的评估指标系统,以客观指标、主观指标、成本指标作为基本指标。

4. 评估组织与运行

(1)成立北京市广播电视公共服务评估委员会

由北京市广播电视局召集,由政府、专业人士、公众代表三方共同组成评估委员会,其职能是对政府负责,负责制定北京市广播电视公共服务评估方案,并委托权威媒介调查公司对广播电视公共服务体系建设标准、质量、效果实施评估,按年度公开发布评估报告。

(2)建立公众反馈评价数据管理系统

公众反馈评价是智能决策系统中的相关反馈技术在广播电视公共服务中的应用,通过各类传输途径采集和聚合公众反馈信息,对公众反馈评价进行分析挖掘,及时调整广播电视公共服务系统的结构、功能配置、业务与内容,实现更高的服务有效性。

第 二 部 分

境外广播电视公共服务
理论与实践研究

第 六 章

英美等世界主要国家公共广播电视的理念与实践概述

第一节 公共广播电视理念、特性及其条件

公共广播电视(Public Service Broadcasting, PSB)的概念和制度源自欧洲,在西方的语境中,它既不以营利为目的,也不直接受国家的控制,其存在是提供公共服务(public service)。公共广播电视是公众的公共广播电视组织,视每位受众为公民。公共广播电视机构鼓励受众了解并参与到公共生活之中。公共广播电视机构促进人们增长知识、扩展视野,并能更深入地了解世界和他人。

联合国教科文组织(UNESCO)认为,公共广播电视既不以营利为目的也不为国家所有,它将商业压力和政治干涉排除在外。通过公共广播电视,公民获知信息、接受教育、并享受娱乐。当多族群的利益、节目的多样性、编辑的独立性、适当的资助方式、责任和透明度有保障之时,公共广播电视可以起到民主基石的作用①。

由于欧美与中国各有其历史文化脉络,当下又有着差异较大的政治、经济结构,所以,需要将公共广播置于欧美政治、经济框架和语境下去观照,尤其在公共广播电视的理念与基本准则部分。

---

① http://portal. unesco. org/ci/en/ev. php – URL_ID = 1525&URL_DO = DO_TOPIC&URL_SECTION = 201. html

一、公共广播电视

公共广播电视被界定为是大家会面的地方,那里欢迎所有公民,大家受到平等对待。公共广播电视被认为是教育和用来传递信息的工具。不论人们的社会和经济地位高低,所有人都能接触到这个工具,并且它对任何人都有意义。委托给它的职责范围并不限于信息和文化的发展,公共广播电视也要诉诸人们的想象力并提供娱乐。但是,公共广播电视这么做的同时也很关注节目的品质,品质使得公共广播电视区别于商业广播电视。

由于不是商业广播电视,公共广播电视不受利润驱使,它应当大胆、富于创新、敢于冒险。一旦它创制出优异的节目类型或构思出妙想,公共广播电视就能为其他广播机构定下基调并用高标准影响它们①。一般认为公共广播电视发轫自英国广播公司(British Broadcasting Corporation, BBC),有些人认为BBC"可能是这个世纪最好的一个促进社会民主化的手段"②。20世纪二三十年代是公共广播的初创期,其时法西斯主义在欧洲西部兴起,共产主义思想在其东边漫延,欧洲人面临着社会动荡和意识形态的角力,而公共广播电视体系的创建正是希望能保护广播业免于被滥用,并发挥社会矫正器的潜在功能③。

下文试图阐明公共广播电视区别于其他广播电视的各方面特征。包括其基本准则,特殊使命的委任,独特的资金来源结构,别具一格的节目呈现,以及与西方社会公众特殊的关系。这部分的目的在于呈现公共广播电视存在的理由及其组织机制(organizational model)。

下面将从简单的历史回顾开始,将公共服务模式置于国家模式和商业模式的对比之中,以更好地理解公共广播电视初现之时能够立足的原因。这些原因与委派给公共广播电视的特殊任务息息相关。尽管广播电视业的发展历经众多变化,这些特殊使命如今仍委派给公共广播电视机构。随后将分析公共广播

---

① 有学者论证,英国广播公司为英国广播新闻业设定了标准,影响了商业广播机构(如没有公共服务职责的天空新闻频道)的新闻报道品质。见 McNair, B. *News and Journalism in the UK.* 4th edition. London：Routledge. 2003。

② Anthony Smith, quoted by Graham Murdock & Peter Golding, Common Markets：Corporate Ambitions and Communication Trends in the UK and Europe. *The Journal of Media Economics*, Vol. 12, No. 2, 1999, p. 122.

③ Jauert, P. & Lowe, G. F. Public Service Broadcasting for Social and Cultural Citizenship：Renewing the Enlightenment Mission. *Cultural Dilemmas in Public Service Broadcasting*. Goteborg：NORDICOM. 2005. p. 13.

电视的基本准则,以及它的委任与独特资金来源。然后具体涉及公共广播电视的节目、组织管理、行政问责以及该如何评估公共广播电视。

二、公共广播电视存在的必要性

当声音广播(radio)作为一种新的传播技术出现的时候,对于该由谁对广播(broadcasting,包含声音广播与电视)负责,运营的经费该如何筹措,国家在广播系统中该扮演的角色,广播该用于什么目的等问题,并没有一个固定答案。基于对这些问题的认知产生了三种模式:商业模式、国家模式与公共服务模式。公共服务是对前两者不足之处的补充。

在美国,多番争论过后,人们相信如果私人企业主愿意为听众带来他们想听的节目,那么广播交由他们来运转,则公众的利益就会得到更好的满足。支配美国其他商业领域的自由市场原则也用在了广播领域。自由市场原则认为,受众和私人广播机构的利益可以通过供求关系来实现。广播经费的主要来源是广告,它能保证任何时候私人广播机构都能满足公众的需求。广告主在电台播出广告并缴纳广告费,而广告费率的高低与播出机构所能到达的受众数量直接相关。这种认识并没有考虑受众是否满意义,并且假定,受众开机就意味着他们对节目感到满意。

这种商业模式与两种认识紧密相关:其一,美国信奉自由市场,对市场调节机制能很好地应对消费者口味深信不疑;其次,人们相信大众传媒可以告知民众,有巨大的影响力,所以,对国家掌控大众传媒有着强烈的抵触情绪。他们认为国家直接介入广播领域是危险的。

而在有的国家,人们不信奉市场调节机制,他们信任国家。在那些国家,为了发挥广播的社会干预功能,国家模式逐步发展起来。尽管国家模式也能对私有广播体系进行管制,但是在这种模式下,广播常被直接纳入政府的职责范畴之中。这种集中的、垄断的广播模式基于这样的观念:为了自己的目的,国家可以通过使用媒介获得其正当性。

虽然公共服务模式源自早年一些人对无线电广播服务的设想,该模式同样也是基于不信任——不相信市场机制能够实现某些特定目标,也不相信国家能达成这些目标。这些目标通常被归纳为:告知、教育和娱乐,它们仍旧适用于现今西方的公共广播电视。要实现公共广播电视的这些目标,就需要有乐于为公民、文化和民主服务的公共机构。有学者认为,公共广播电视的合法性和合理性基于广播权具有公共属性,所以要与商业权力和政府权力相对"绝缘"。公共广播电视作为制度,其目的是为了对抗商业权力或者政府权力对电波广播权的独断把持,自诞生之日起就是社会权力制衡的一种制度安排,它的存在价值和作用意义远远超出了广播行业本身。①

在有些国家,人们难以相信公众利益能够在商业模式中实现,因为私人企业主追寻的是利润。它在一定程度上能满足消费者需求,但市场并非万能的,何况消费者与公民不是同一个概念;同时,人们对政府心存疑虑。由于广播是一个与思想和表达相关的领域,在社会、文化和政治层面上有潜在影响力,人们并不希望国家直接介入。在英国,国家模式和公共服务模式的差别通过一个很简单的观念体现出来——"一臂之遥"(an arm's length),国家和公共广播电视机构保持"一臂"的距离。政府并不直接将广播纳入自己的职权范围,而是将广播委托给一个为了公共利益行动的机构,这个机构享有充分的自主性,以防受到政治或科层的干扰。

公共服务模式基于这样的理念:无论是市场还是国家,都不能充分实现广播的公共服务目标,也不能为公众的利益采取行动。事实上,公共利益既不符合私人的利益,也跟政治权力的利益不相吻合。

上述三种模式都出现在无线电广播的早年,并在电视出现后继续取得不同程度的成功。自撒切尔和里根上台以来,新自由主义②逐渐在欧洲和北美占据显要位置,在广播领域,当20世纪90年代国家模式在欧洲衰落后,商业模式已经占据了支配地位。而面对加剧的商业环境,尤其面对由于数字化带来的频道数量的激增,公共广播电视现在正漂浮不定③。

三、公共广播电视的特性

在这里要指出,国有广播电视体系不能被认为是公共广播电视体系。经常会有将国有广播等同于公共广播电视的误解。这是由于,世界上很少有国家有

---

① 邓炘炘:《我们为什么需要公共服务广播》,《传媒透视》,香港:香港电台,2006年3月号。

② Neoliberalism,一种政治经济哲学,自20世纪70年代以来在国际经济政策上扮演了越来越重要的角色,直到最近的金融危机。它强调自由市场机制,反对国家对经济的干预,支持私有化,主张减少对商业行为和财产权的管制,反对最低工资等劳工政策。

③ 这方面的论述很多,关于公共服务广播电视在欧盟受到的压力和批评及新的应对措施可见:Coppens, T. Fine – tuned or Out – of – Key? Critical Reflections on Frameworks for Assessing PSB Performance. *Cultural Dilemmas in Public Service Broadcasting*. Goteborg: NORDICOM. 2005. pp. 79 – 99.

真正的公共广播电视体系,而大多数国家都有国有广播电视体系。而且,当国有广播电视与商业广播电视比较时,前者会更多地以公共服务为导向,这就使人们混淆了公共广播电视和国有广播电视两个体系。

国家控制的广播电视体系确实发挥了一些公共服务的功能,但是,因为它们由政府控制,它们不同的筹资模式,以及在节目和管理上缺乏自主和中立,所以,不能将其等同于公共广播电视①。因为它们并不具备真正的公共广播电视所要具备的条件。

公共广播电视的存在基于特定的准则。中国在发展自己的广播电视公共服务的时候,可以根据自己的历史文化政治条件,借鉴这些准则。这些准则早在欧洲出现多频道和专业频道之前就被界定了。虽然媒介碎片化是现今时代的一个特征,但是这些准则依旧是公共广播电视存在的根本。也是用来判断公共广播电视是否发挥其预期功能的因素。

(一)准则

从公共广播电视出现至今,普遍性、多样性与独立性一直是其基本准则。此外,当公共广播电视与商业广播电视并存于欧洲媒介版图的现在,还需要再加上第四个基本准则:

1. 普遍性

在一国范围之内,公共广播电视必须能到达每个公民。既然是公共服务,不论公民社会地位与收入高低,公共广播电视都一视同仁。普遍性准则促使公共广播电视机构对一国范围内的所有人进行广播,并努力能被尽可能多的人所使用。但是,这并不意味着公共广播电视要像商业广播电视那样,应该设法提高所有时段的收视率,而是它应该努力使播出的节目作为一个整体(不是单个节目)被所有人所接受。这不只是信号覆盖和接收的技术问题,还要确保每个人都能明白和理解公共广播电视机构播出的节目。公共广播电视节目必须是"受人欢迎的"(此处不是从负面角度使用这个词),它所提供的公共论坛不能只限于某些群体。既然推广文化是公共广播题中应有之义,它就不能像是一个少数族裔的聚居区,出入其中的只是一开始就入住其中的那些群体。

2. 多样性

公共广播电视提供的服务必须是多样的,多样性与普遍性互补。多样性至

---

① Banerjee, I. & Seneviratne, K.(eds.)(2005) *Public Service Broadcasting*: *A Best Practices Sourcebook*. UNESCO. Available at: http://unesdoc.unesco.org/images/0014/001415/141584e.pdf

少体现在三个方面:节目类型、目标受众、节目主题。不论是新闻节目还是轻松的节目,公共广播电视必须通过提供不同类型的节目来反映公共利益的多样性;公众中的不同群体对公共广播电视的服务有不同的期待,而某些节目可能只是针对公众中的一部分群体。因此,公共广播电视并非通过每一个节目,而是通过播出的所有节目及其多样性以到达尽可能广泛的人群;公共广播电视通过其节目主题的多样性,以对公众中的不同利益群体作出反应,通过这种方式,公共广播电视可以对当前社会问题有一个全面完整的反应。有些节目是特地为年轻人而制作,而有些则是为老年人,还有些是为其他的群体。所以,多样性和广泛性互为补充。最终使得公共广播电视吸引所有人。

3. 独立性

公共广播电视是一个观念自由表达的论坛,信息、意见和批评流通其间。但是,只有当公共广播电视不受商业压力和政治影响而保持其独立的时候(因此才有自由),这个论坛才是可能的。事实上,如果公共广播电视机构提供的信息受到政府的影响,公众可能不会再信任它;同样,如果公共广播电视为商业目的而制作节目,那么人们就难免困惑——为什么国家要求人们资助的公共广播电视所提供的节目与私人广播电视机构所提供的相差无几? 这就带出了下面第四个准则。在有些国家,公共广播电视要与私有的商业广播电视在市场中竞争,下一个准则就尤其重要。

4. 独特性

这个准则要求公共广播电视提供的服务区别于其他广播电视的服务。通过公共广播电视节目的品质和特性,公众必须能够识别公共服务与其他服务的差异所在。要达成此目的,并不只是制作其他服务不感兴趣的节目类型,不只是针对其他服务忽略了的受众,也不只是涉及被忽略的话题。要达此目的,就不能排斥任何节目类型。这个准则会给公共广播电视机构带来新意,创造新的机会、新的节目类型,并在视听领域领先一步,成为其他广播电视网效尤的对象。

(二)委任与使命

多数公共广播电视服务被委以三重任务:信息、教育与娱乐。然而,很多私有广播电台电视台长期以来也提供信息和娱乐节目。但不能就此断定,今天公共广播电视机构唯一的责任就是教育。要将公共广播电视被委以的三重任务或使命,放在公共广播电视所担当的角色及其存在之根本的准则这一大框架下去理解。如前所述,公共广播电视必须换个思维做事。这三大使命有几个相关的目标:通过有趣的和有吸引力的节目,使公民对各种问题了然于心,并使公民获得新知。

在不同的国家,其他特定的使命也可能会委任给公共广播电视。比如,强化国族认同就经常是公共广播电视被授予的使命。但是,这样做需要十分审慎。要避免委任给公共广播电视机构易引发争论的角色,以免其可信度受到削减。强化公民的归属感是可以的,但是宣传一种特殊的或者政治上过分操弄的身份认同则不妥。公共广播电视机构的独立性必须始终有保障。在有些国家比如澳大利亚,就通过《传播法案》特别保障了其公共广播电视机构的编辑独立性。

立法、宪章与授权的调查范围用来确定委托给公共广播电视机构的任务,但是,提纲挈领地确定好任务非常之重要,要避免过分细致与苛求的细则。如此,节目制作者方能得享自由,有了自由,则对公共广播电视内容制作者至关重要的自主才有保障。比如在英国,广播电视机构与负责委任的大臣签署协议之后,皇家宪章开始生效。宪章规定了英国广播电视公司的目标、内部管理机制与资金来源。宪章通过强调品质、信息中立与节目多样性等方面的标准来概括性地规定英国广播电视公司的任务。

(三)经费来源

哪种经费来源对公共广播电视比较有利?这个问题非常重要。因为不同的经费来源可能会加强、也可能削弱公共广播电视机构落实其委任和使命的能力。

执照费(付费后获得视听许可,是一种与接收者的物权相关的税收)作为公共广播电视的经费来源已经有较长的历史。就政策而言,最初执照费是作为获得广播接收许可的一种支付方式,演变至今,执照费成了接收公共广播电视所支付的费用,或是作为支持公共广播电视的一种特别捐赠或者税收[1]。执照费作为经费来源有三个明显的优势[2],首先,执照费使得公共广播电视的费用直接来自其消费者;其次,这促使公共广播电视机构与受众之间建立起共同的和互惠的责任感;第三,因此这能使公共广播电视机构不受政府和广告主的控制和

---

[1] European Broadcasting Union, *The Funding of Public Service Broadcasting*. Report of the Legal Department. 2000. p. 10.

[2] Newcomb, H. (ed.) License Fee. *Museum of Broadcast Communications Encyclopedia of Television*. pp. 956 – 957. 转见 Picard, R. Audience Relations in the Changing Culture of Media Use. *Cultural Dilemmas in Public Service Broadcasting*. Goteborg: NORDICOM. 2005. p. 278.

影响。因此,执照费是筹措经费较理想的方式。

接收执照费确实是欧洲公共广播电视机构最普遍的经费来源,但是执照费并非公共广播电视机构唯一的经费来源。而其在经费总额中所占比重各有差异。英国广播公司(BBC)曾委托麦肯锡咨询公司进行关于四大洲20个国家公共广播电视机构的详尽研究,该研究显示,英国广播公司、瑞典电视台(Sveriges Television, SVT)、挪威的 NRK 均有超过95%的经费来自执照费;而西班牙的RTRE、葡萄牙的RTP,执照费大约占总收入的50%左右。欧洲多数公共广播电视机构仰赖由执照费、广告收入以及来自国家或其他途径共同组成的混合经费来源①。在欧洲之外,有很多国家并不收取接收执照费,而代之以来自公共资金的补助金。例如加拿大和澳大利亚的公共广播电视,其经费来自国家的普通资金(general fund,不指定用途的资金)。事实上,不同国家间公共广播电视的资金来源的差异很大。像英国广播公司、瑞典电视台、日本放送协会(NHK,日本公共广播机构)那样大部分经费来自执照费其实并不多。

受众支付执照费使得他们和公共广播电视机构建立起了一种纽带。然而,随着20世纪七八十年代以来商业广播电视引进入欧洲,基于商业目的的媒体内容增多,受众逐渐向消费者转变,受众支付的不再只有公共广播电视的接收许可费用,有线电视、卫星电视、数字广播等等都成了消费者需要支付费用的商业服务。广播电视领域付费服务的增多,强化了消费者的权益,也影响到了公众对接收执照费的认知。在双轨制的大环境下,商业广播电视机构与受众之间基于市场的关系,淡化了公共广播电视机构与公众之间原先联结的纽带②。

总体而言,公众资助与商业资助同为公共广播电视的资金来源正变得越来越普遍。近年来,很多公共电视传播机构开始对广告解禁,或者播出更多的广告,它们或开办新的付费服务,或者通过完全商业的行为以资助它们主要的公共服务。

鉴于公共广播电视的存在就是要保护这个文化领域免受商业压力的牵制,对于公共广播电视而言,商业筹资途径是否可取很值得考量再三。最简单的回答可能是:只要它不干涉公共广播电视责无旁贷的公共服务义务,这种商业筹资方式还是可取的。然而,这个答案又是最现实的,特别是来自广告的收入部分。在发达资本主义国家,随着新自由主义的盛行,新保守主义者不断削减公

---

① McKinsey & Co, *Public Service Broadcasters Around The World*:A McKinsey Report for the BBC, 1999. London:BBC. 该报告后来刊于《McKinsey Quarterly》1999 年第 4 期。

② Picard, R. Audience Relations in the Changing Culture of Media Use. *Cultural Dilemmas in Public Service Broadcasting*. Goteborg:NORDICOM. 2005. p. 277.

共电视的开支,不少公共电视只好接受广告,却因此失去公众信任并招致反对者的抨击,最后又不得不陷入依赖广告的恶性循环①。因此,对商业筹资方式的需求不可过度依赖,使其成了公共广播电视机构主要的着眼点并因此改变了节目的特性。例如在新西兰,由于公共电视台多年接受商业资助,它们的公共属性已经受到严重破坏,不论如何努力也难以赢得公众的信任②。

此外,在竞争激烈的环境中为了确保生存下来而不得不极力争取广告收入,也会给公共广播电视带来伤害的。这很容易诱使公共广播电视偏离公共服务的义务,并制作与私有的广播电视机构雷同的节目。BBC 委托麦肯锡咨询公司进行的比较研究显示,广告收入占其总收入比重越高,公共广播电视机构的特色就越不明显③。同时,此研究还指出,通过执照费筹资保障了公共广播电视机构稳定的财政基础。与此相回应,有研究显示,西班牙的 RTVE 和意大利的 RAI,广告占它们收入的相当大比重,跟西欧和北欧的公共广播电视机构相比,它们的节目与商业广播电视机构的节目区别更小④。

BBC 委托的研究总结了对公共广播电视的资金来源至关重要的几点特征:

筹措的资金必须充足。这样公共广播电视才能与商业性的广播电视相抗衡,而不致被挤到边缘。

经费筹措必须独立于商业和政治的压力。这也是视听执照费发挥价值之所在,因为有其自主特性,筹资不受政府或经济波动带来的大环境的影响。

经费来源必须是可预知的。这样,公共广播电视的稳定性和维持多年的品质才能获得保障。如果没有一个保障公众出资稳定性的机制,筹资就会成为影响或控制公共广播电视机构的手段。

最后,为了避免政治论战,筹措的金额应该依照广播电视机构成本的增加而提高⑤。

---

① 罗伯特·麦克切斯尼:《富媒体 穷民主》,北京:新华出版社 2004 年版,第 335 页。

② 同上。

③ McKinsey & Co, *Public Service Broadcasters Around The World*: A McKinsey Report for the BBC, 1999, London: BBC.

④ Hibberd, M. The Reform of Public Service Broadcasting in Italy. *Media, Culture & Society*, 23, 2001. pp. 233 – 255.

⑤ 在很多代议制国家,不论执照费还是公共津贴,金额的多少以及增减都需经过多方论证。而议会中的不同派别对公共广播电视有时意见并不一致,尤其是 20 世纪 80 年代以来,新自由主义在北美和西欧逐渐获得其合法性,社会福利政策发生很大变化,加之不同利益团体的游说,该议题很有可能演变成政治论战。

其实,并不存在一个完美的公共广播电视筹资方案。然而,与委任给公共广播电视机构的任务和使命一样,为确保资金来源符合公共广播电视机构存在的准则,最重要的是保证其独立自主,以不受政治与商业压力之影响。

四、自由与行政问责之间的张力

在当前资本主义体系内普遍实行的代议民主政体中,公共广播电视需要独立于政府,同时,由于公共广播电视使用了稀有的频谱资源,它也要接受行政问责,这两者公共广播电视都是必需的。这两方面看似针锋相对,又都不可或缺,该如何调节?这个问题很复杂。英国学者加汉姆将其总结如下:

公共广播电视机构免于国家控制,后者不受欢迎;同时它要确保必要的行政问责,后者是人们想要的。将两者结合是个悖论。当然,在实践过程中,把两者结合起来等于做无用功,所以在结构与问责的落实之间需要一个平衡。[①] 如何保持平衡才能使公共广播电视依旧还是公共广播电视?

正是在这个语境中,"一臂之遥"的原则才如鱼得水,此原则可用作成立公共广播电视组织及处理其与政府关系的指导性原则。

(一)公共广播电视组织

确保公共广播电视充分的自主性,首先就要在其管理结构中区分两种层次的管理:一方面是日常事务管理,另一方面是大体方针和长期决策。

通常董事会负责大体方针,比如,批准通过公共广播电视机构的预算和政策。首席执行官则负责日常事务,其职责涉及人力和物力,还有节目方面的决定。为了避免公共广播电视的日常事务受到政治干涉,首席执行官只对董事会负责。而后者通常就该机构的总体状态向政府当局报告。一定程度上,在首席执行官和政府之间,董事会及其主席起到了缓冲的作用。在澳大利亚,澳大利亚广播公司(Australian Broadcasting Corporation, ABC)董事会甚至有保护公共广播电视机构自主性和完整性的义务。

如果任命公共广播电视官员的行为成了争权夺利的举动,则努力区分首席执行官和董事会的职责就失去意义了。如果任命是依照意识形态的相近或者作为给政治朋友的一种回报,那这种任命恰恰会侵蚀公共广播的信誉。管理人员需珍视对公众对公共广播电视机构的极度信任。经验、广播领域的知识以及

---

① Garnham N. , quoted in UNESCO, Public Service Broadcasting : The Challenge of the Twenty – first Century, Paris, UNESCO (Reports and Papers on Mass Communication, No. 111), 1997, p.64.

为了公众利益采取行动的能力是在公共广播电视机构获得职位必须具备的条件。在有些国家,通过设置一些机制来保障公共广播电视机构的自主性和可信性。比如在德国,各个州的公共广播电视机构的董事会由该州的广播委员会任命,而该州的广播委员会主要由来自不同的政治、宗教、经济和文化团体的非政府代表组成。同时,该州广播委员会还选出各州公共广播电视机构的执行长官。在英国,BBC的主席和董事会成员虽然是由首相任命,但是它的首席执行官则由他们自己任命。实际上,首席执行官管理这个组织的运作,负责公共广播电视日常事务的管理,并只对董事会负责。

另一方面,要确定公共广播电视官员委任的时间长短和解职的条款,以免他们受到政府变动或政治风向变化的支配。必须清晰地阐明解除董事会成员或首席执行官职务的理由,以避免解职的任意和武断。

所有这些措施都有助于公共广播电视与政府保持一定程度的自主性。然而,公共广播电视机构很显然也需要就其大体情况向政府部门汇报。具体要向谁汇报?又如何汇报?

(二)行政问责

由于不同国家之间政治文化的差异,政府可以通过各不相同的途径提供给公共广播电视程度不一的自主性,尽管后者的确保还得通过行动。所以构想一种各地皆宜的理想体系还是困难重重。但是,行政问责的目的在于使公共广播电视与政府的关系尽可能地透明并阻止政府的任何干涉企图。

理论上,应该只有一国的议会可以定期(通常一年一次)对公共广播电视机构问责,而不是政府的行政部门来问责。根据公共广播电视机构呈递的年度报告,公众的代表(在代议民主制国家,议会的议员就是公众的代表)应该可以评价它在此期间的总体表现和对公共资金(纳税人缴纳的税)的使用情况。但是实际情况却是,大多数时候公共广播电视机构的官员与政府的行政有关部门直接接触,来达到自己的目的。然而,如果这种非正式的接触过于频繁,就违背了"一臂之遥"的管理精神,并可能会破坏公共广播电视的让人信赖之处。

许多国家也有负责管制和指导广播电视业行为的机构。如果这个机构被立法者赋予管理和监督全部或部分广播电视和电信体系,那么这个机构也能在政府和公共广播电视机构之间发挥缓冲作用。其实,它可以担负起评测公共广播电视机构对其职责的完成情况。在加拿大就如此,加拿大的管理部门向公共广播电视机构发放牌照,并且它还不断就公共广播电视机构履行其职责的方式方法给出各种评价并决定是否收回牌照。在法国也如此,通过公共广播电视网的年度报告,法国视听高级委员会(CSA)评估它们如何履行法律赋予或者相关部门委托给它们的责无旁贷之义务。

有些公共广播电视机构在过去几年开始采用新做法,试图与他们的公众建立更紧密的联系。例如在加拿大,加拿大广播公司(Canadian Broadcasting Corporation, CBC)设置了申诉委员的职位,专门用来接收公众对 CBC 的投诉。该官员独立于 CBC 的节目制作人员和管理人员,直接对公司的总经理负责,并通过总经理向公司董事会负责。有了这样的设置,申诉委员就能知晓公众对 CBC 新闻报道的看法,公众也能够传达他们对该广播电视机构新闻报道的批评。这也是一个公共广播电视机构对公众履行责任的途径。

最后要强调,必须避免过多的部门对公共广播电视机构进行行政问责。这会使公共广播电视机构处于尴尬的境地——各部门的指示可能互相矛盾,并促使公共广播电视机构为了满足每一个部门,变得对谁都不负责。

(三)评估。

通常,评判公共广播电视机构的整体表现需要考虑到两个要素:完成委任使命的情况,公众的满意程度。

不用说公共广播电视机构必须遵循普遍性和多样性准则,在可适用的地方,独特性准则也应该有同样待遇。如果一家公共广播电视机构只有人口中的一小部分接收,或者广播电视机构在一段时期内遗弃了特定部分的人群,它们就不再履行担当公共论坛的义务。是否有特定的受众被公共广播电视机构所忽视?新闻节目、公共事务节目、针对年轻人的教育节目或针对多数公众的纪录片、文化节目、综艺节目,这些都是我们乐意看到由公共广播电视提供的节目,是否公共广播电视机构提供了所有这些不同种类的节目?这些节目的编排时段是否能使其到达大多数的公众?简言之,公共广播电视机构是否通过节目中履行了其义务?

虽然目前很多公共广播电视机构的核心领域仍是公共广播电视,但有些机构通过其他商业性的活动补贴公共服务所需,所以,对其评估要细心考量。鉴于欧盟各成员国具体广播电视实践的差异,对公共服务的职责构成难有统一认可的标准。针对此,有学者提出估量公共广播电视表现的不同标准[1](见表6-1),值得我们参考。

---

① Jakubowicz, K. Bring Public Service Broadcasting to Account, *Broadcasting & Convergence: New Articulations of the Public Service Remit.* Goteborg:NORDICOM. 2003. p. 159.

表6-1　公共广播电视在不同业务范畴的不同评估标准

领域	核心的公共服务	额外的、带来收益的非公共服务
节目	公共广播内容(类型、品质、多样性)	市场吸引力
财务	成本效益、生产效率	收益增长、绩效、利润、公平贸易原则(没有使用来自公共资金的津贴)
受众	受众满意度、赞同、对接收所花时间的评价、公共广播电视被看成是必需品并体现了受众所付资金(接收执照费)的价值	市场份额、适用于广告和营销目的的受众构成
技术	存在于所有重要技术平台	积极使用所有适当的技术平台来提高利润和市场份额

公共广播电视机构不是商业广播机构,要使它与其义务相称,对它的评估就要有别于商业广播电视的评估机制。仅以收视收听率来评价并不妥。尽管收视率在制定商业广播电台电视台广告费率时很有用,但是,用它来衡量公共广播电视机构履行其委任和使命的表现则不合适。因为公共广播电视机构的目标并非在任何时段都吸引尽可能多的受众,不能仅仅使用这个标准来衡量其受众。比如,收视率并不能体现受众的多样性。一家收视率很高的电视台,可能任何时段吸引到的都是相同的观众群。尽管公共广播电视机构理应对全体公众广播,但是,不能期待它们吸引听众或观众中的大部分,因为,它们的节目有时候是特意仅仅为公众中的一部分制作的。在评判公共广播电视机构的表现时,到达率——公共广播电视在一个特定时间段内所到达的受众数量及其多元性,是有用得多的衡量标准。

以上是对源自欧洲并在世界处盛行的一种广播模式——公共服务模式,从其特征,其特征的体现,保持其特征所需要具备的条件等角度,对公共服务模式的理念和准则进行阐述和分析。

第二节　公共广播电视的内容

一、公共广播电视的内容标准

对公众而言,公共广播电视的特性和优点最终体现在内容上。那么,公共广播电视应该提供什么节目? 它提供的节目与商业广播电视有什么区别?

不可能要求所有的公共广播电视机构采用同样的节目模式。比如,在电视领域,财力雄厚的公共电视机构可以制作成本高昂的根据古典名著改编的电视剧,而其他公共电视机构却无法负担。所以,就每一个公共广播电视机构的特定情况而言,某些节目类型会比其他类型更受偏爱。比如,在一个面积辽阔的国家,居住着很多不同的社群,可能那里对地方化或地区性的节目需求更大,这样的需求可能在面积小的国家不适用。此外,因为电台和电视台节目生产所需要的资源不同,公共广播电视机构的电台节目和电视节目也要有所区分。前面已述及公共广播电视的基本准则及其三重使命——信息、教育、娱乐,下文将阐述如何通过播出内容完成其使命。

(一)无偏见的、启发民智的信息

由于公共广播电视的地位,由于其受公众资助,并用来服务公众,所以对公共广播电视所提供的信息的期望值和要求都是很高的。公共广播电视机构提供的信息必须能让听众对所报道的事件形成可能达到的最为公平的见解。如果信息不是客观的,也必须至少是不带偏见的。这样的信息允许不同意见的表达,并促使公众没有偏见的洞察时事。在国家广播电视中频繁出现的宣传与一些商业广播电视台经常出现的不必要的辩论之间,公共广播电视必须诉诸受众的智力和理解力。公共广播电视机构处理其要传播的信息时,必须着重考量深入的解释和分析,以使公民们明白当前的社会问题,这样做可以强化民主生活。正是公共广播电视经常在信息领域担当参考者角色的这种能力,使公众意识到公共广播电视的功能与重要性,并进而使公众对公共广播电视产生认同。

(二)多数人感兴趣的节目和服务节目

对公共广播电视而言,信息不仅限于新闻节目和公共事务节目。信息还可以是能够使公民意识到他们自身之外的其他利益主体的所有节目,信息还可以是所有被称为"服务节目"或"多数人感兴趣的节目"的节目,那些节目经常关注人们当下感兴趣或有实用旨趣的事务。比如关注消费或法律问题,给受众提供实用的建议,探讨健康话题,宣扬社区服务,不一而足,使得公共广播电视自身成了为公众提供的一种服务。正是通过这样的节目,公共广播电视机构与人们特定的需求日趋接近。某种程度上,公共广播电视必须依据公众的需求,通过更多样的方式更频繁地提供这种实用信息。在许多发展中国家的乡村电台广播和社区电台广播就有部分节目提供这种信息。

在过去的几十年中,很多国家的社区广播电视大量增加。这些电台或电视台既不是商业台也非国家控制,它们为公共广播电视提供了前所未有的新元素,为其添砖加瓦,它们甚至可能与任何特定的利益紧密相连。由于对它们所服务的社区的需求非常敏感,社区媒体便利了公民使用广播电视系统并参与到公共生活之中。社区媒体的节目与公共广播电视的精神完全相符。

（三）影响深远的节目

文化与广播电视的关系并不简单,这个关系反映出艺术与传播之间的复杂联结。法国人的雅克·利戈说,赞美视听媒介的文化使命是一回事,如何在实践层面定义它又是另一码事①。

电台和电视台必须推广艺术与文化,播出已有的好节目和文化节目,支持创作全新的节目:戏剧、音乐会、轻音乐或综艺节目。公共广播电视也要为广大的公众提供娱乐节目,但其娱乐节目必须做得有新意,要将公共广播电视与商业媒体区别开来。我们可以期待公共广播电视机构的节目将带来深远的影响:益智节目完全可能既有信息量又能愉悦身心;广播剧和电视剧即便预算低,也能给人们提供看到他们当下感兴趣的事情的机会;如果是历史剧,则能用来告知人们过去发生的事情,因此可以让人对当下更了然于心。另一方面,我们不用夸大公共广播电视的教育使命。

（四）自己制作节目

公共电视不能只是个播出平台。公共广播电视特殊的伦理规范要求其节目必须进行精雕细琢的构思和生产。这个要求就意味着公共广播电视机构还要涉足视听产品的制作领域。尽管公共广播电视机构可以购买节目或者委托其他机构制作,然而,自己制作不仅能够保障节目充分体现广播电视机构自身的意图,而且也能确保公共广播电视机构常年保有其特需的专门人才。对新的公共广播电视机构来说更是如此,它们必须形成自己的特性,拥有自己的"标签",以区别于其他电台或电视台。

公共广播电视这种特殊的制作方式,一定程度上也体现了其对研究、革新与创造的重视。内部制作节目可以为公共广播电视机构必须保持的节目品质设立标准,也能引导其他广播机构。罗兰和特丽希记述了公共电视对探求高品质以及制作节目时采用高标准,"就公共广播电视的特质来说,无论提供什么节目,无论哪种类型,都必须是那一类中最好的,都是其所能达到的最优的品质。"②很多公共

① Jacques Rigaud, Libre culture, Paris, Gallimard (Le débat), 1990.

② Rowland Jr. W. D. & Tracey, M. Lessons from Abroad: A Preliminary Report on the Condition of Public Broadcasting in the United States and Elsewhere, Joint meeting of the International Communication Association and the American Forum of the American University, Washington, D. C. , May 27, 1993, p 23.

中国广播电视公共服务体系:目标与实践研究

广播电视机构制定了内部方针,详细说明信息和节目制作的标准。公共广播电视也要保证当它们委托别的机构制作节目时,也能符合相同的品质标准。

（五）本土的内容

不同于其他广播电视节目,公共广播电视机构播出的内容必须是本土的。并非要把外来的节目排除在外,而是要发挥公共广播电视公共论坛的功能,公共广播电视机构首先就要表达其所在的社会当下的想法和价值观。就此而言,公共广播电视机构首先就得优先考虑本土节目。同时,也须提防将高品质等同于本土内容,它俩并非总能等同。

关于本土内容,电视台比电台更需要关注。因为除了音乐以外,大部分的电台节目都是本土制作的。电视则不然,电视节目的国际市场要发达得多。某些特定的节目类型(比如科幻电视剧),直接购买国外的制作比自己制作成本更低。然而,公共广播电视机构必须自问:这些购自国际市场的电视剧对自己想要提供的节目是否必须的,这些节目与自己的使命是否一致? 大多数时候,这种节目可以作为一种补充。

二、公共服务的内容范畴

在公共广播电视的实践中,那些节目更多更好地体现了上述标准? 有研究对公共广播电视的内容进行归类。分成以下五类①:

（一）让政治透明

这是广播公共服务的主要任务,在民主政体国家主要是议会报道。很多频道投入了大量时间报道参议院和议会进程。比如澳大利亚广播网(ABC)、美国的 C - SPAN②、印度的全国电视网(Doordarshan)、英国的 BBC 等。截至 2003年,全世界有超过 60 个国家允许电视摄像机和电台麦克风收录并播出议会进程③。其中,新西兰和澳大利亚是最早的,前者在 1936 年就允许广播播出众议院进程,后者则是十年之后。

在新西兰,议会广播由该国全国广播机构新西兰电台(Radio New Zealand,

---

① Banerjee, I. & Seneviratne, K. (eds.) (2005) *Public Service Broadcasting*: *A Best Practices Sourcebook*. UNESCO. Available at: http://unesdoc. unesco. org/images/0014/001415/141584e. pdf

② 全称 Cable Services Public Affairs Network,美国公共事务有线网。

③ Mary Raine, Informed democracies: Parliamentary broadcasts as a public service; a survey across the Commonwealth countries. UNESCO/CBA, 2003.

RNZ)负责。按法律规定,新西兰电台要广播议会进程,并且现在每周要通过电台的调幅频率直播议会进程大约 17 个小时,和超过一小时的精选。新西兰电视台(TV New Zealand)的一频道(TV One)则在它的网站上播出议会的质询时间(大臣答复议员提问)部分,并且在每天新闻节目的合适位置都会使用议会视频片断。

在 1946 年议会进程广播法案及其修正案的规定下,澳大利亚广播公司(ABC)有了法定义务对参众两院的进程进行广播。由 1946 年发案而来的还有议会进程广播联合委员会,9 名成员来自上下两院,决定被报道的是哪些讨论,被报道的是众院还是参院等具体问题。

加拿大则从 1977 年开始首次直播议会辩论。1979 年,全国广播机构加拿大广播公司(CBC)获得报道议会的独家执照。一开始 CBC 有专门播出议会的电视频道,一直到 1991 年,由于预算缩减停播。现在,CBC 并不直播议会进程,只在特殊时刻直播。但是在新闻和实事节目中常有议会质询时段的画面。CBC 电台每周六上午有一档一小时的议会节目。

丹麦从 1977 年开始报道议会,是最早的欧洲国家。现在有一个专门的频道 DK4 播出议会中的所有辩论。

为了让摄像机和麦克风进入英国议会,经过了长久的斗争。一直到 1985 年,英国上议院的议员开始同意电视报道。又过了五年,下议院同意摄像机进入。今天,BBC 的全国频道 Radio 4 的深夜节目"今日"中播出议会报道。BBC Radio 会在周三正午播出"首相的询问"并在周二和周四直播议会质询环节。BBC 的电视偶尔会直播议会辩论,全天候新闻频道 News 24 会在深夜的一档节目"今日议会"中总结当天的议会进程。此外,BBC 有专门的议会频道,1992 年开播,1998 年被 BBC 接管,连续播出未经剪辑的议会进程,并且直播的议会辩论不插入任何评论,但该频道只能通过卫星、有线电视和数字地面频道才可收看。

印度是最大的民主政体国家,议会通常由电视进行直播,尤其是重要的会议场合。重要的政府告示也会进行直播。其国家广播机构全国电视网(Door-darshan)每天有一小时的议会直播时间。国有的全印度电台(All India Radio, AIR)会在其全国频道录播议会的质询环节。

南非广播公司(South African Broadcasting Corporation, SABC)有一个全国性的频道直播议会进程,能到达超过 3/4 的南非人口。议会开会期间,每周有 8 小时直播会议。

在许多其他发展中国家和欧洲小国,议会广播或者通过广播调幅频率直播,或者只播出特殊的会议。电台每日的新闻节目和晚间议会特别报道时段中会播出议会讨论精要。电视通常对特殊的辩论,或者在政府作预算报告,或者在新的议会会议开幕时进行报道。各国对议会广播都有详细的规定,比如机位、景别以及素材画面的使用等。

(二)少数族群节目

广播电视公共服务的另一重要任务是对民族和宗教上的少数群体进行广播。在多数国家,私有广播机构对这些社群进行广播并无商业利益可图,尤其是当这些社群的大部分还位处社会经济地位较低的层级。在一些国家有专门的种族或宗教频道,在一些国家则是在全国或地方性的公共服务频道中,播出"窗口展示"风格的节目。以下举三例。

英国 BBC 的亚洲网(Asian Network)。以伯明翰为基地的全国电台,主要针对在英国逐渐庞大的南亚社群。主要以谈话和音乐节目向第二和第三代亚裔广播。日间和周末以英语广播,夜间会用印度方言。

爱沙尼亚电视双语脱口秀"无眠"。爱沙尼亚政府将媒介视为将说俄语的群体和其他少数族裔整合进社会主流的重要工具。政府实施的计划包括培训说俄语的记者,用少数族裔语言进行电台广播等。公共电视播出的一档双语(爱沙尼亚语和俄语)节目"无眠"是近年最受欢迎的脱口秀之一,探讨当下最富争议的社会和政治议题,编辑邀请不同种族和公民身份的嘉宾,与两位特定领域的专家探讨热门议题。节目曾创下最高收视率[①]。

新西兰毛利电视频道。毛利人是新西兰的土著,占其人口的20%,2004年在政府资助下成立了第一个毛利人的公共电视频道。该频道的一个主要目的是教育、介绍毛利文化和历史。最受欢迎的是关于毛利建筑、食物和语言的节目。

(三)儿童节目

早期的儿童电视节目只是大型节目制作公司的一个市场分支,很少包含教育成分。公共广播电视在发展儿童节目方面起了重要作用。美国1969年开播至今的《芝麻街》就是个很好的例子,此外,澳大利亚的《幼儿园》和BBC的各种受欢迎的儿童节目在教育和娱乐儿童方面也起到了引导作用。

---

① Liisi Keedua. The role of media in the integration of Estonians and Russian speaking minorities, International Policy Fellowship Program – www. policy. hu/keedus/research. paper. html, 2003.

《芝麻街》我们比较熟悉。澳大利亚的《幼儿园》则是由澳大利亚广播公司在1966年开始制作。每天上午下午各播出一集,至今已是澳洲荧屏播出时间最长的节目。节目声明的原则是"去好奇,去思考,去感觉,去想象"。从节目开播之始,制作人就努力向观众们推广高质又好玩的教育,以及对学习的热爱。两位主持人常常是男女搭档,对小观众们讲故事,教他们唱歌和各种活动,这些都成了澳洲儿童文化的一部分。

(四)教育广播

不论过去还是现在,公共广播电视在很多国家的远程成人教育方面都起到重要作用。最成功的例子要数亚洲地区的公共广播电视频道的对农广播,尤其在20世纪70年代,在绿色革命①中起了重要作用。在发达国家也如此,近几十年,公共电台和电视已经成了成人教育的重要组成部分。

印度的"全国教室"。1984年,印度的大学教育资助委员会(UGC)联合全国公共广播电视机构全国电视网(Doordarshan),发起一个名为"全国教室"的项目。一开始透过后者的全国电视网络每个工作日播出一小时,到1999年,每周播出达20小时。现在UGC已经在印度建立了以大学为基地的制作公司组成的节目制作网络,并成立专门机构协调节目的传输。该项目由UGC全额资助,资金来自印度人力资源发展部。②

日本NHK的教育公司。该机构以其出色的儿童节目而著称,并制作初中高中课程节目。此外,在日本成人教育方面也起到重要作用。他们跟日本优秀的大学教师合作为放送大学③制作节目,这些节目通过电台和电视台播出,作为日本教育部批准的函授课程,让人们在家就能获得大学学分。另外,NHK的初级英语和商务英语很受成年人欢迎。而许多在日本的外国居民则通过"日常日语"节目学说日语。

(五)建立国族认同

公共广播电视在保护国家文化方面发挥了关键作用。如果引导得恰当,在

---

① 为了摆脱周期性的饥荒,20世纪60年代中期开始,印度政府推行了一套以增加小麦、水稻等粮食产量为宗旨,其他与粮食生产无关的因素几乎被忽略的农业政策。政策推行之初,作用立竿见影,印度基本实现了粮食自给自足,被国际社会称为"绿色革命"。通常也指通过引进高产良种、施用农药和改进管理技术而使农业生产力有显著提高的农业革新。

② Govindaraju, P & Bennerjie, I (1999), A Retrospective View of the Countrywide Classroom in India, Journal of Education Media, Vol 24, No.2, pp 103 – 116.

③ 相当于我国的广播电视大学。

建立过去认同方面也能发挥同样作用。有些人批评这么做是在宣扬种族和文化的沙文主义,有些人则称赞这么做是抵御外国文化渗透和文化帝国主义的急需的屏障。

在一次国际会议上,新西兰前广播部长史蒂夫·马哈瑞重申,在发展新西兰的国族认同上,公共广播电视作为推动力的一部分,非常重要①。

加拿大广播公司(CBC)前主席卡洛尔·泰勒,在渥太华加拿大俱乐部的一次演讲中,她将 CBC 描述成"加拿大声音的平台"。"它们是加拿大的声音……不仅在国内,而且在全世界,这些声音都应该被听到,被赞美。"她说,"如果对我们是谁、我们的故事、我们的价值何在、我们的历史没有一个鲜活的和强烈的感知的话,我们无论如何都不会是一个独立的强大的国家。而那些感知都存在于公共广播中。"

从 2003 年开始,新加坡媒体发展局发起了"本地内容委任计划",用来鼓励为当地人生产新加坡制造的高品质电视内容。制作提案一旦被媒体发展局接受,后者就会出资。这个计划通常委托当地的独立制作公司制作反映并促进新加坡身份和文化的高品质节目。

因此,加强本土制作力量,在内容和制作团队中体现出文化多样性,是通过公共广播电视建立国族认同的诀窍。

第三节　世界主要公共广播电视机构

根据不同标准可以对不同模式的公共广播电视进行不同的划分。从事过广播电视业的爱尔兰政治家穆尼曾通过一整套的标准,将公共广播电视的组织模式分成三种②:其一为整合结构,英国、西班牙和意大利就如此,BBC、RTVE 和 RAI 控制了各自公共视听业的所有领域;其二为联邦结构,比如德国,它反映了德国的政治架构,宪法将文化事务的责任授权给了联邦州;其三为片断结构,比如法国,视听产业每个部分都由一个或多个公共广播电视机构控制。而根据政治与公共广播电视领域关系的不同,穆尼又将公共广播电视作了如下划分③:其

---

① Public service broadcasting increasingly relevant, New Zealand Government press release, 21 Nov – http:// www. scoop. co. nz/mason/stories/PA0311 /S00439. htm, 2003.

② Paschal Mooney. Public service broadcasting report by Committee on Culture, Science and Education, Doc. 10029, Parliamentary Assembly, Council of Europe (12 January 2004).

③ Ibid.

一为形式上自治的体系,存在着广播电视机构的决策与政治机构相分离的机制,比如在英国、爱尔兰和瑞典;其二为政治在广播电视之中,广播电视机构的主管部门的成员中,有该国主要政党的代表以及主要政党附属社会团体的代表,比如在德国、丹麦和比利时;其三为政治居广播电视之上,政权机构有权介入广播电视机构决策,比如在希腊、意大利和过去的法国。

尽管不同国家由于经济、社会、文化、立法等方面的不同,使得公共广播电视机构存在差异,但是,仍有一些核心特征是世界各地的公共广播电视机构所共有的。很多国家的广播电视法规就体现了这些特征。这些国家在立法上确保对广播电视公共服务,值得我们借鉴。

一、加拿大

当加拿大首个公共电台在 1927 年获省政府拨款,用以提供教育电台节目的时候,该国的公共广播电视服务便告开始。

1932 年,加拿大国会通过《加拿大电台广播法案》(*Canadian Radio Broadcasting Act*),并据此创立了加拿大电台广播委员会(Canadian Radio Broadcasting Commission,CRBC),它是加拿大首家公共广播电视机构,被赋予管制并提供加拿大全境的广播电视服务。1936 年,该委员会成为官方机构,定名加拿大广播公司。1952 年,该公司的广播服务从电台扩展至电视。1958 年加拿大通过一项新的广播法案,继而成立新的广播业管制机构,加拿大广播公司便卸下其管制职能。新的管制机构负责管制加拿大境内所有电台及电视广播机构。至 1968 年,此管制机构被加拿大广播及通讯委员会(Canadian Radio – television and Telecommunications Commission, CRTC)取代。

加拿大广播及通讯委员会是独立的管制机构,负责管制及监督广播系统、电讯网络和服务运营商等事务,亦负责向广播机构发放牌照及收取牌照费①。同时它拥有类似司法的权力,负责执法行动,确保牌照发放条例得以遵守。作为牌照发放机构,该委员会须就牌照发放事宜订立政策大纲。委员会于 1995 年就过渡性数字电台牌照出台政策文件,以便推出数字电台服务,2002 年又出台新的政策文件,为推出数字电视服务拟定框架。广播及通讯委员会与政府保

---

① 在加拿大所有公共广播电视机构均由于其公共服务权限而须获有关当局签发有明确期限的牌照。公共广播电视机构须符合发牌条件才可获得续牌。广播电视牌照的发放和续期的基本条件和准则,在相关法例中已明确界定。

持一定距离,其工作不受政府左右①。委员会由最多13名全职和6名兼职委员组成,他们全部由内阁委任。委员会的经费来自政府全额拨款。

加拿大的广播电视政策属加拿大文化遗产部(Department of Canadian Heritage)的管辖范围。文化遗产部负责制定全国政策及计划,以推广有关加拿大的内容、促进文化参与、鼓励公民履行责任和积极投入公民生活以及加强加拿大人之间的联系。广播方面,该部门的职责是支持全国广播系统的发展,制定加拿大广播政策、提出立法建议,并就管制事宜向政府提出意见。

在加拿大,其公共广播电视服务长期以来主要由国家公共广播电视机构——加拿大广播公司提供。

此外,加拿大还有其他公共广播电视机构。不少省份也设有自己的地方公共广播电视机构。一些地方性社区亦获公司或个别捐款者资助,运作非商业的电台。此外,很多有线服务公司各自在其牌照许可的市场内,运作非商业的地方社区频道,公共事务有线频道(Cable Public Affairs Channel)就是这类公共广播电视机构的一例,其主要职能是播出加拿大下议院的会议程序。

(一)加拿大广播公司(Canadian Broadcasting Corporation, CBC)

1. 背景及服务

该公司成立于1936年,是在加拿大经营国家公共广播电视的官方机构。电视方面,它营运2个全国电视网、2个全天候新闻及信息电视服务以及3个专业电视频道。电台方面,它营运4个不播广告的全国电台网和加拿大北部81个地区电台,两项国际短波广播服务,以及一项数字收费音频广播服务。其节目采用内部制作,或委托独立的制作单位制作。

2. 公共服务权限

加拿大广播公司的公共服务权限在《1991年广播法案》(Broadcasting Act, 1991)中界明。CBC以全国公共广播电视服务机构的模式成立,旨在提供不同类型节目的电台及电视服务,使公众获得信息、启发及娱乐。具体而言,CBC提供的节目应:

(1)蕴含浓郁的加拿大特色;

(2)向全国及地方受众反映加拿大及其各个地区的情况,同时满足这些地

---

① 加拿大广播及通讯委员会各委员分为若干组,每组5人,负责处理一组牌照申请。每组委员与有关各方面谈,并自行研究其申请,然后向广播电视及通讯委员会呈交建议。此工作机制确保对牌照申请的处理完全独立。发牌及管理当局的独立地位和工作机制,可有效保障公共广播电视机构不受政治和商业干预。

区的特殊需要；

（3）积极推动文化的传播和交流；

（4）以英语和法语广播，并反映采用此两种官方语言的群体的不同需要及情况，包括少数人士的特殊需要及情况；

（5）致力于以英语和法语提供相同品质的服务；

（6）增进共同的国家意识及身份；

（7）在资源许可的情况下，利用最适当及有效的方法向加拿大作全国广播；

（8）反映加拿大多元文化及多种族的特性。

在 2004 至 2005 财政年度，加拿大广播公司的电视服务，占该国英语网络 6.9% 的市场份额，法语网络占 22.5% 市场份额；同一年度，其电台服务，占英语网络 9.1% 的份额，占法语网络 12.6%[①]。然而有学者指出，加拿大公共广播电视对英法双语的同等对待，实际上却造成了关于加拿大和世界的不同的、有时甚至是对立的观点，这有悖于加国公共广播电视建立的初衷。[②]

3. 主要经费来源

加拿大广播公司经费主要来自公共资金，另以广告和其他收入补足。在 2005 财政年度，加拿大国会拨款占 CBC 经费来源的 63%，广告和节目销售占 22%，其他（如有线节目收费、专业频道及利息收入）占 15%。在 2005 财政年度，国会亦向 CBC 额外拨款，以应付经常性开支及所需的营运资本。

4. 管制条例/法律文件

受《1991 年广播法案》管制。该法案确定加拿大广播公司为达至文化广播政策目标、国家利益和地区需要的公共政策的工具。该法案亦确立加拿大广播公司的独立性，可在编采、创意和节目编排方面做出决定。

另外，CBC 编辑自主权还受《加拿大人权及自由宪章》（*Canadian Charter of Rights and Freedoms*）及公司内部的"新闻标准及实务守则"（Journalistic Standards and Practices）的保障。

5. 内部监督管理

加拿大广播公司由董事会负责监督及管理。董事会的责任是：监察 CBC 的营运；监督该公司的管理；确保 CBC 与政府及有关各方能有效沟通。董事会设

---

① http：//www.cbc.ca

② Raboy, Marc & Taras, David, The Trial by Fire of the Canadian Broadcasting Corporation: Lessons for Public Broadcasting, *Cultural Dilemmas in Public Service Broadcasting*. Goteborg: NORDICOM. 2005. p 252.

有四个委员会:英语及法语广播常务委员会,人力资源及补偿委员会,管制及提名委员会,审计委员会。

董事会最多由 12 名具有不同社会背景的董事组成。董事从公民中选出,他们是各个领域(如法律、会计、商业、教育与艺术)的精英。

所有董事均由总督会同枢密院委任①,任期 5 年,期满后可续约。

公司内部的日常运作,由总督会同枢密院委任的主席及首席执行官处理。

6. 主要行政问责

(1)加拿大广播公司按下列程序对国会负责

经由加拿大文化遗产部部长(Minister of Canadian Heritage)向国会提交年报阐述公司的营运情况;委派董事及高级职员向文化遗产常务委员会(Standing Committee on Canadian Heritage)作证。

(2)按下列程序对政府负责

向文化遗产部长提交年度事务计划;每年向广播业管制机构——加拿大广播及通讯委员会呈交年度服务报告。

(3)按下列程序对公众负责

在 CBC 网站刊登各种相关政策;委任两名申诉委员,负责处理针对其节目的投诉。

(二)有线公共事务频道(Cable Public Affairs Channel)

自从加拿大广播公司停止资助辖下一个频道播放加拿大下议院的会议程序后,下议院每年须自行缴付 200 万加元,作为通过卫星传送会议程序的费用。设立有线公共事务频道的构思,就在此背景下产生了。

1992 年,由多家加拿大有线服务公司组成联合企业,建立了有线公共事务频道,确保加拿大有线服务的家庭可继续接收下议院的广播电视,并无须纳税人或有线用户缴付费用。它们投入 4600 万加元的种子资金成立创业基金,以供维持该频道的服务。有线公共事务频道在 1993 年获传播及通讯委员会发放的短期试验性广播牌照,并于 1995 年取得为期 7 年的广播牌照。2003 年,该频道的广播牌照又续期 7 年,传播及通讯委员会并且规定,大部分有线及卫星服务供应商必须提供有线公共事务频道。

该频道是一家非营利的公共广播电视机构,不播放广告。每年运作预算为 1200 万加元,上述的创业基金在该机构营运 12 年后已耗尽。目前,该频道采取

---

① 加拿大总督为英女皇在加拿大的代表,总督会同枢密院即总督依据联邦内阁的意见而做出决定。

用户付费的模式运营,每个用户收费 0.11 加元。其后,再根据有线及卫星服务供应商的用户数字,自第三年开始把收费上调至每个用户 0.12 加元。

按规定,有线公共事务频道可以播放四类内容:信息、教育、公共事务及纪录片。其播出内容中 46% 为加拿大下议院的会议过程,余下的 54% 报道加拿大最高法院的法律程序、有关公共事务的会议、政治人物传记及政治新闻节目。对于演讲或议事程序过程,该频道会全程播出,不作任何删改,讲求如实呈现,不表达自己的编辑立场①。同时,其节目必须反映加拿大的英法双语特色。如今,该频道的节目已透过有线、卫星及无线广播机构,以英语和法语向加拿大 1千万户家庭及世界各地广播②。

二、澳大利亚

(一)澳大利亚广播公司(Australian Broadcasting Corporation,ABC)

1. 背景及服务

澳大利亚广播公司前身是成立于 1932 年的澳大利亚广播委员会(Australian Broadcasting Commission),当时为设有 12 个电台的广播网络。1983 年,联邦议会通过《1983 年澳大利亚广播公司法案》,将澳大利亚广播委员会更名为澳大利亚广播公司。

澳大利亚广播公司运营 1 个播放全国及地方新闻的电视频道,及 1 个免费数字频道。该公司也运营 4 个全国电台网络和 60 个地区电台,以及三项以音乐为主的互联网服务。此外,该公司运营澳大利亚广播电台,向东亚地区及太平洋岛屿的听众提供国际短波广播服务。该公司根据与澳大利亚政府所签订的合同,以"澳大利亚广播公司(亚太区)"的名义运营国际电视服务。

澳大利亚广播企业公司(ABC Enterprises)成立于 1974 年,经营零售、消费者杂志出版和内容销售及资源租赁等业务,所得利润全数拨归 ABC 再投资于节目制作。

2. 公共服务权限

澳大利亚广播公司按《1983 年澳大利亚广播公司法案》管制。该法案第 6条载有公司的规章,清楚界定其公共服务使命。该条载明如下:

该公司的职能是:

---

① 公共事务有线频道的主持人仅介绍节目而不详述有关内容,让观众自未经剪辑的谈话中得出自己的看法。

② 见 http://www.cpca.ca

（1）在澳大利亚国内提供崭新、全面而高质量的广播服务……提供：

i. 有助建立多国家认同感的广播节目，以及新西、娱乐和反映澳大利亚多元文化的广播节目；以及

ii. 教育性质的广播节目。

（2）向澳大利亚以外的国家传送新闻、时事、娱乐和文化等广播节目，以期：

i. 让世界各地增加对澳大利亚的认识，并了解澳大利亚对世界事务的态度；以及

ii. 让居于外地或在外旅行的澳大利亚公民获得关于澳大利亚事物和澳大利亚对世界事务的态度等信息。

（3）鼓励并提倡在澳大利亚表演音乐、戏剧及其他表演艺术。

3. 内部监督管理

澳大利亚广播公司董事会负责公司的监督和管理，负责确保：该公司有效运作，为澳大利亚人民带来最大利益；该公司运作独立，行事持正；搜集信息和报道新闻的手法不偏不倚，内容准确无误，且符合新闻界认可的标准；遵守法例，符合法律上的要求。

董事会成员由政府推荐、总督委任，其成员最多可达 7 名。董事会主席任期 5 年，可连任。现任主席是管理某金融机构的专家。其他成员须富有广播、通讯或管理经验，或具备财务或技术方面的专业知识，或对文化或其他与广播电视服务有关的事务有兴趣。

公司的日常运作由现任执行委员会（管理委员会）担当，其中包括：董事总经理（Managing Director）、运行总监、企业策略及通讯事务总监、电台总监、电视总监、新媒体及数字服务总监、新闻及时事总监。其中，董事总经理由董事会委任。

此外，自 1983 年开始，澳大利亚广播公司还设咨询委员会，其职责就公司广播的节目事宜向董事会提供意见。委员会共 12 名成员，来自澳大利亚各地，能广泛代表澳大利亚多元社区，其任期通常最长为 4 年。公司每年会在电视和电台播放招聘广告，填补咨询委员会的空缺。

4. 主要行政问责

按规定，各部门总监每月须向董事会提交管理报告；公司每年向澳大利亚议会提交报告以供审核；公司账目由澳大利亚国家审计办公室审查；有关节目内容的投诉由董事会所成立的独立投诉检视委员会处理，并且投诉人士或机构可要求澳大利亚通讯及媒体局（Australian Communications and Media Authority）复核。

5. 经费来源

澳大利亚电视接收许可证在 1974 年被废除,目前澳大利亚广播公司的经费,主要来自经财政部指定、由议会拨予的款项,其余则来自澳大利亚广播企业公司商业活动的收入。

(二)特别广播服务公司(Special Broadcasting Service, SBS)

1. 背景及服务

1975 年,特别广播服务公司的电台网络启用,在悉尼和墨尔本各设有一个小型电台。1980 年,公司在这两个城市推出电视服务,并逐步扩展至澳大利亚各地。

1991 年,澳大利亚总理公布建立名为"多元文化的澳大利亚"(Multicultural Australia)的计划,其中包括立法使特别广播服务公司成为独立机构,并设有本身的规章。同年,根据《1991 年特别广播服务公司法案》(Special Broadcasting Act 1991),SBS 成为全国公共广播机构,肩负体现澳大利亚多元文化社会的特别使命。该法案规定 SBS 享有编辑自主权,不受政府影响。

特别广播服务公司宪章要求该公司"提供多语及多元文化的电台和电视服务,为澳大利亚人民提供信息、教育和娱乐,从而体现澳大利亚的多元文化社会"。目前,该公司的电台播放共 68 种语言的节目,其电视频道则播放超过 60 种不同语言的节目。1997 年,SBS 推出网上服务,成为全球使用语言最多元的网站(68 种语言)。公司旗下名为"新媒体"(New Media)的网上服务,提供超过 50 种语言的文字及音频点播服务。

特别广播服务公司另运营名数字频道"世界新闻频道"(World News Channel),专门播放国际新闻,是目前澳大利亚唯一的全新闻数字频道。

另外,SBS 的非英语电影和节目均原音播出,并配上英文字幕。

SBS 的模拟电视信号目前可覆盖 95% 的澳大利亚人口,其数字电视信号目前覆盖约 80% 澳洲人口①。

2. 内部监督管理

特别广播服务公司由其董事会负责监督和管理,其职责包括:制定公司的目标、策略及政策,并确保公司以恰当、高效率和符合经济效益的方式运作。董事会包括常务董事及 4 至 8 名非执行董事。总督委任 2 名非执行董事为董事会主席和副主席。董事需各有不同领域的专业知识,包括了解澳大利亚的多元文

---

① http://www.sbs.org

化社会,以及公司不同文化背景受众的需要和兴趣。另外,董事会中必须有 1 名熟悉员工利益的董事,负责与政府官员和工会商谈。董事的任期一般为 3 年,可连任。

公司的日常管理在董事总经理的领导下展开,董事总经理由董事会委任,任期不多于 5 年,可连任。目前的管理层包括:董事总经理、节目内容总监、新闻及时事总监、技术及传送总监、商务总监、财务总监、策略及通讯总监、人力资源经理、企业律师、受众事务经理。

另外,公司还设有社会咨询委员会,其成员由董事会委任。委员会成员须了解澳大利亚社会的多元文化,特别是要了解有关种族、原住民或托列斯海峡群岛社区①的事宜。委员会各成员的任期和委任条件,由董事会议定。咨询委员会现有 9 名成员,就社会(包括少数或新赴澳族群)的需要和意见及有关规章的事宜,向董事会提供意见。

3. 主要行政问责

公司须公布企业计划,开列公司及其附属公司的目标,概述策略和政策,预测收入和开支,并陈述服务表现指导方针和目标,以及按社会咨询委员会的建议而采纳的措施。

4. 经费来源

特别广播服务公司的经费约 85% 来自政府拨款。其余的运行预算主要来自广告、赞助和商品销售收入。

三、德国公法广播电视模式

德国的公共广播电视体系基于英国 BBC 的模式,"二战"后由占领国在德国建立。自 1984 年西德出现第一个商业电视频道以来,德国广播电视体系实行双轨制。德国的公共广播电视服务主要由其国家公共广播电视机构——德国公共广播电视联盟及德国电视二台提供。

(一)德国公共广播电视联盟②(ARD)

1. 背景及服务

ARD 创立于 1950 年,是德国地区性的公共广播电视公司的一个联合会。

---

① 罗列斯海峡位于澳大利亚最北端与新几内亚之间,该群岛由两百多个岛屿组成,其中十多个岛屿有人类永久居住。

② 德文全称:Arbeitsgemeinschaft der öffentlich-rechtlichen Rundfunkanstalten der Bundesrepublik Deutschland, 英文意为:the Association of Public Broadcasting Corporations in the Federal Republic of Germany.

公共广播电视联盟运营一项全国电视网络,称为"第一台"(First Programme,亦称第一套节目,播全国性节目)、多个地方性电视网络,称为"第三台"(Third Programme,亦称第三套节目,播地方性节目)、一个全国性的视频文字节目以及多个数字电视频道;同时还与其他广播电视机构合办多个专业电视频道。

电台服务方面,ARD 在每个州,可广播多达 5 个 24 小时地区电台节目。

互联网服务方面,经营德国公共广播电视联盟在线服务(ARD Online),提供新闻、教育和娱乐服务。

2. 公共服务权限

德国公共广播电视联盟的公共服务权限由 1991 年的德国《州际广播协议》(Interstate Broadcasting Agreement,该协议 1996 年进行了修改)界定。

1991 年《州际广播协议》由德国所有州政府缔结,并获全部州议会批准。协议就德国统一后存在的广播业双轨制(公共广播和商业广播并存)的现状,制定规章制度。该广播协议第一条指明,公共广播电视服务和私营广播须保障个人及公众意见能够自由表达,以及鼓励意见的多角度表达。联邦内各个州所设立的所有广播电视机构都肩负同一使命,就是为大众服务,提供信息、教育及娱乐节目。

3. 经费来源

德国公共广播电视联盟经费主要来自视听执照费。在德国,凡拥有可以接收广播的收音机和(或)电视机的公民,不论是否确实使用该装置,每月须支付执照费,其数额由 16 个联邦州共同协商决定(执照费费率可以变化,费率标准时效最长 5 年)。德国有一个专门的委员会——KEF①负责向州政府建议费率调整的幅度。公共广播电视公司先计算出它们所需的资金,KEF 再检查其节目的决议是否在公共广播委任的框架内做出的,以及公司是否有效控制节目预算。然后,该委员会向各州政府提交费率提升幅度的建议。费率变动须各州达成一致意见,并由各州议会通过②。

---

① KEF,全称 Komission zur Ermittlung des Finanzbedarfs der Rundfunkanstalten,意为 Commission for ascertaining the financial needs of the public service broadcasting corporations。委员会共 16 名委员,各州一名。

② 德国的两大政党社会民主党和基督教民主党对公共服务广播电视的政见不一,前者倾向公共服务,后者倾向商业广播电视,而执照费费率的确定就需州议会内占多数的两大政党达成一致,才能以多数票通过。有学者认为,德国公共广播电视电视费率的变化受党派政治的影响。见 Holtz-Bacha, Christina, Of Markets and Supply: Public Broadcasting in Germany. *Broadcasting & Convergence*: *New Articulations of the Public Service Remit*. Goteborg: NORDICOM. 2003. pp 116–117.

2004 年,执照费占 ARD 总收入的 82% ,其次为其他收入(16%)和广告收入(2%)。

4. 管制条例/法律文件

德国宪法(即"基本法")的第 5 条,保证广播电视的报道自由,为广播电视提供保障。宪法亦禁止联邦各州对广播电视做出审查。此外,亦受到州的广播法例、各州之间的协议及联邦宪法法庭的裁定所管制。

5. 内部监督管理

每家公共广播电视公司都设有类似的管理架构,即由广播委员会(Broadcasting Board)和行政委员会(Administrative Council)管理。

广播委员会负责的职能是确保意见多元化;行政委员会则负责监督公司的行政及财政。

广播委员会的部分成员由州议会选出,其他成员则由州政府、教会、工会、雇主联合会等组织团体委派。行政委员会大部分成员均由广播委员会选出,其余成员则由州政府委派,主要由 7 名或 9 名成员组成①。

公共广播电视联盟的日常运作则由广播委员会选出的董事处理。ARD 大会选出一家会员机构,任期一年,以履行经营德国公共广播电视联盟业务的责任。

6. 主要行政问责

公共广播电视联盟须接受以委任形式设立的独立委员会定期进行检视,以审核广播公司的财务报表。针对公共广播电视公司的投诉,可转交所属的广播委员会的成员处理。

(二)德国电视二台(Zweites Deutsches Fernsehen, ZDF)

1. 背景及服务

德国电视二台成立于 1963 年,是在德国所有联邦州的权限下营运的独立非营利机构,目前是德国全国性的公共广播电视机构。其电视网遍及德国每个州的首府,编辑制作力量主要在柏林。

---

① 广播委员会责任重大。1991 年德国联邦宪法法庭规定,该委员会要由能代表公众利益的成员构成,而不是特殊利益群体的成员,然而,政客们通过州议会和州政府推选自己的利益代表进入广播委员会,进而影响内容、董事和其他重要职位的产生等。有学者认为,党派政治影响了德国公共广播。见:Holtz-Bacha, Christina, Of Markets and Supply: Public Broadcasting in Germany. *Broadcasting & Convergence*: *New Articulations of the Public Service Remit*. Goteborg: NORDICOM. 2003. pp. 115 – 116.

德国电视二台提供一项经由数字平台(有线、卫星和地面广播)及模拟制式广播的全国电视服务;并与其他广播电视机构合办多个专业电视频道。

同时,德国电视二台经营一项网上服务,提供新闻、教育和其他服务。并通过流媒体和视频点播技术在互联网上播放新闻和专题节目。

自1984年德国第一个商业电视频道开播以来,德国电视二台及其他公共广播电视机构面临的竞争越来越激烈。目前,德国是欧洲最大的广告市场,德国现有四十多个不收费的公共和商业电视频道,所以付费电视在目前德国尚未成气候。在这样的媒介环境中,德国电视二台在观众中仍有很大的吸引力。2006和2007年连续两年,在所有免费收看的电视频道中,ZDF的受众市场份额居德国市场第二。

2. 公共服务权限

与德国公共广播电视联盟一样,作为一家公共电视机构,为德国各地各年龄段的观众提供信息、教育和娱乐节目是德国电视二台的职责。

3. 经费来源

与德国公共广播电视联盟一样,德国电视二台经费主要来自视听执照费。按流程,执照费先由公共广播电视机构专门成立的收费组织 GEZ 收取,收入在德国公共广播电视联盟的成员电台、电视台和德国电视二台之间分配,ZDF 的份额是 26%。

广告和赞助也是 ZDF 经费的一部分来源。按照法律规定,周一至周六20点之前 ZDF 可以播放广告,而且每天的广告总时长不得超过20分钟。但是周日和全国性的节假日不得播放广告。

在2007年,德国电视二台总收入的87%来自执照费,广告和赞助占7%,其他收入为6%①。

(三)巴伐利亚广播公司(Bayerische Rundfunk,BR)

1. 背景及服务

巴伐利亚广播公司是德国公共广播电视联盟的一个成员,也是巴伐利亚自由州的公共广播电视机构,总部设于慕尼黑。

1948年通过、1993年修订的《巴伐利亚广播法》用于界定该公司的职能。此外,《国家广播合同》协调公共与私营广播电视机构之间的关系,并载有基本的(特别是有关财务的)条例。

---

① http://www.zdf.com

巴伐利亚广播公司运营巴伐利亚电视三台,并向当地的电视和电台网络提供节目。部分节目则与其他广播电视机构联合制作。电台方面,BR 运营 4 个电台频道、1 个全天候播放新闻的电台频道以及 2 个使用数字电台或内部流媒体技术才可收听的频道。

另外,BR 也管理巴伐利亚广播交响乐团、慕尼黑广播管弦乐团和慕尼黑广播合唱团 3 个音乐团体。

2. 内部监督管理

巴伐利亚广播公司由广播委员会和管理委员会负责监督和管理,两个委员会各有分工。

广播委员会代表一般市民的利益。其职能包括选举和罢免总干事(Executive Director);批准高层职员的提名;选举 4 名管理委员会的成员;批准收支预算案和资产负债表;并就所有广播事宜(特别是有关节目策划和内容的事宜)向总监提供意见。委员会有 47 名委员,来自不同的政治、意识形态和社会团体,其中包括 1 名巴伐利亚州政府代表和多名州议会代表。按规定,政府和议会代表的人数不得超过广委会委员总数的 1/3。委员任期 5 年,可连任。各委员互选主席和副主席。委员会至少每两个月开一次会。

此外,广播委员会下设 4 个专责委员会,分别为电台、电视、财政及一般事务专责委员会,其成员由委员构成(每名委员须加入 2 个专责委员会)。专责委员会拟定议案,但决定权则由广播委员行使。

管理委员会的职能则包括:订立总干事的委任合同;代表巴伐利亚广播公司处理与总干事有关的法律纠纷;监督总干事的业务操守;审核预算草案和资产负债表;公布由总干事编制的资产负债表和运行报告。

管理委员会由 6 名委员构成,其中 2 名为巴伐利亚州议会主席和巴伐利亚行政法院主席,分别担任管理委员会的主席及副主席。另外 4 名委员则由广播委员会选出,这 4 名委员的任期为 5 年。按规定,获选为管理委员会成员后,他们必须辞去广播委员会的职务,以确保 2 个委员会分工明晰。管理委员会至少每月开会一次。

巴伐利亚广播公司的日常运作由其管理团队担当,其中包括:总干事(任期 5 年,可连任),副总干事(由管理层要员互选),节目总监(包括电台和电视节目总监各 1 名),行政总监,技术总监,法律总监。所有管理团队成员,须经广播委员会批准才可获得委任。管理层成员的任期最长为 5 年,并可续聘。罢免总干事须获广播委员会 2/3 成员同意方可通过。

3. 主要行政问责

巴伐利亚广播公司须就每类节目委任 1 名负责人,并每天播放该人员的名字至少一次。有关负责人须知悉并批准电台和电视所播放的节目内容。如播出节目中含有非法内容,他们须承担法律责任,并可能被判监禁。

须由总干事正式处理投诉。如果投诉人对有关的处理不满,可通知广播委员会辖下的电台专责委员会或电视专责委员。

4. 经费来源

巴伐利亚广播公司 84% 的经费来自用户视听费(接收电台及电视服务,月费为 17.03 欧元;只接收电台服务,月费为 5.52 欧元),13% 来自产品授权和投资,广告收益则以 3% 为上限。

该公司开支的 60% 用于电视节目、28% 用于电台节目、8% 用于工程和技术保养、4% 为管理开支。

巴伐利亚电视三台与所有地区性的“第三台”均不得播放广告。德国公共广播电视联盟的电视一台在星期日、假日或平日晚上 8 时后,也不得播放广告。在周一至周五,只准在节目与节目之间播放合计共 20 分钟的广告。节目赞助并不视为广告,故不受这些条例所限。

三、日本

(一)日本放送协会(Nippon Hoso Kyokai, NHK)

1. 背景及服务

日本放送协会(亦称日本广播协会,Japan Broadcasting Corporation)成立于 1925 年,原为国立广播机构,后于 1950 年根据日本《放送法》的条款改组为属于日本人民的广播机构,开始提供公共服务。NHK 的运作受 1950 年《放送法》管制。该法例保障日本放送协会在运作和企业结构上均具有独立性。该法例的条文适用于当地的所有广播电视机构,包括日本放送协会。

NHK 运营两项地面电视服务(NHK 综合频道和 NHK 教育频道)和三项卫星服务(NHK BS-1、NHK BS-2 和 NHK 高清电视)。该公司也运营世界电视(NHK World、NHK World Premium),为海外观众提供服务。

此外,该公司运营三个电台网络(NHK 第一台、NHK 第二台和 NHK 超短波台)。该公司也运营日本国际电台(NHK World Radio Japan),为海外听众提供服务。

NHK 国际广播部分不属于其为民众提供的公共服务,与日本的公共外交关系紧密。

2. 内部监督管理

NHK 理事会共有 12 名理事,就管理政策及运作事宜相关的所有重要事项做出决策,包括年度预算案、运行计划和基本节目政策等。理事由日本首相委任,再经参议院和众议院代表日本国民做出批准。按规定,政党干事和公务员均不得出任理事。

日本放送协会的日常运作由其执行委员会担当,其中包括主席、副主席和8 名各部门总监。

3. 主要行政问责

日本放送协会的理事会每年经内阁向议会提交预算案、运行计划和财政报告;NHK 账目须经会计检察院审核;公开预算案、运行报告和理事会的会议记录,并发表年报。

4. 经费来源

根据《1950 年放送法》,日本放送协会的经费来自接收费制度(Receiving Fee System),并禁止其播放广告。该法例规定,每个拥有电视机的家庭均须缴纳接收费(receiving fee)。根据《放送法》第 32 条规定,凡是加里装有接收设备,并能接收 NHK 信号的家庭,都需要签订接收合同并缴付接收费。但是,对家中装有接收设备但不愿接收 NHK 信号,或者设备只接收电台信号或多路广播信号的,则不受此规约限制。

四、英国

在英国,公共广播电视服务主要由其国家公共广播电视机构英国广播公司及第四频道提供。

在英国,通信委员会(Office of Communications, Ofcom①)是法定的独立管制机构,也是英国通讯业的竞争管制部门。Ofcom 曾于 2005 年发表有关公共电视广播服务的报告,该报告指出,公共广播电视服务的目的就是为英国公民提供信息,加深他们对世界的认识;激发他们对艺术、科学、人文等领域的兴趣,增进知识,借以反映和强化文化认同;使人们知悉不同的文化和较另类的观点。公

---

① 英国于 2003 年 12 月将 5 个媒体监管部门合并,成立通信委员会,属英国法定机构。其董事会成员由(民选)政府委任;其权力来自法律条例,权限也受制于法,即,其权力来自民选国会。其经费全部来自向业界征收的牌照费。每年要向英国国会呈交年报,并接受审计署审查。

共广播电视服务内容的特色是高品质、原创、革新、富挑战性、有吸引力和广泛供应。这是培育民主社会负责任的公民必要的文化目标,也是追求数量、利润和"最大公约数"的市场无法或者不愿提供的。

英国广播公司于20世纪20年代初成立,1927年开始提供公共服务,英国的公共广播即同时展开。在英国,目前有超过350家模拟和数字电台,以及超过800家电视牌照持有机构。英国广播公司电台服务占英国电台市场的66%,英国广播公司第一台及第二台电视服务的电视观众共占34%的英国电视市场。英国广播公司的事务受皇家特许宪章(Royal Charter)及该公司与文化、媒体及体育部大臣(Secretary of State for Culture, Media & Sport)签订的架构协议(Framework Agreement)管制。其他公共广播电视机构,如第四频道和社区频道,受多项广播法案和通讯法案界定的牌照发放条件和准则管制。

在广播政策制定和管制方面,英国文化、媒体及体育部(Department for Culture, Media and Sport, DCMS,简称文化部)负责多项事宜,包括政府的广播政策,并向国会汇报。文化媒体及体育专责委员会(Select Committee for Culture, Media & Sport)由下议院委任,负责探讨文化部及其相关的公共机构的开支、行政和政策。在监督英国广播公司方面,文化大臣具有若干权力,例如有权批核和复审由视听执照费资助的新服务的运作。自1927年起,文化部每10年进行一次特许宪章检视,按基准检视英国广播公司的服务是否符合目标,同时考量该公司的前景。2007年1月1日,新的皇家宪章生效。

英国广播公司受架构协议管制,同时该协议亦赋予英国电信委员会(Ofcom)对BBC的若干管制职能。Ofcom有责任确保BBC提供的各种电视和电台服务的高品质,并能吸引广大受众,并维持多元化的广播服务。

2005年2月,Ofcom发表有关公共广播电视服务的报告,提出多项建议,包括设立全新的公共服务出版者(Public Service Publisher,即非营利的公共服务内容供应方),负责向电视台、电台以及各种新媒体平台(包括互联网和手机网络)提供独特、高品质和源自英国的公共服务内容。

(一)英国广播公司(BBC)

1. 总体背景

英国广播公司(British Broadcasting Company)成立于1922年,1926年底藉《皇家特许宪章》(*The Royal Charter*)更名为British Broadcasting Corporation(BBC),宪章于1927年元旦生效,BBC开始向英国公众提供公共服务,并长期在英国公共广播电视服务领域享有垄断性的地位。

《皇家特许宪章》规定了英国广播公司的宪制地位,并界定其总体目标和职能。英国广播公司的使命是凭借优良的节目和服务,丰富人们的生活,提供优质的信息、教育及娱乐节目和服务。英国广播公司的价值观是求真、准确、不偏不倚、意见多元、编辑诚信和自主、以公众利益为依归、公平、保障隐私、保护出境无助人士、保障儿童的福利以及对公众负责。

2. 服务

英国广播公司运营 8 个电视频道,包括 BBC 第一台、BBC 第二台、BBC 第三台、BBC 第四台、BBC 24 小时新闻频道、BBC 国会频道及 CBBC 和 CBeebies(针对学前儿童)两个儿童频道。该公司也运营 5 个以模拟技术接收的电台、5 个纯以数字技术接收的电台及 BBC 国际广播(BBC World Service)。

公司设立商营附属机构,所赚取的利润,用作再投资于该公司公共广播电视服务。举例而言,BBC 国际广播有限公司(BBC Worldwide Ltd)以商业附属公司的模式成立,从事各项商业活动,包括国际节目发行、电视频道、书刊、录影带、影碟、经特许授权的产品、只读光盘、作教育及培训之用的英语教学录像、展览及直播节目等。

3. 公共服务权限

英国广播公司的公共服务权限,是依据《皇家特许宪章》,以及英国广播公司与英国政府签订的架构协议中的多项条文而界定。大体如下:

《皇家特许宪章》确立英国广播公司的公共服务一般责任,即该公司须透过话音及电视广播节目(不论以模拟或数字技术传送)提供信息、教育及娱乐服务,借以服务公众。此外,《皇家特许宪章》规定英国广播公司须定期接受外界的有效检审,包括公开会议及座谈会。

架构协议详述英国广播公司必须提供的公共服务及履行的内容责任。根据架构协议第 3 条,英国广播公司服务的一般标准必须严谨,特别是有关内容、品质和编辑自主性,并且服务内容必须涵盖各类议题,以切合听众及观众的需要和兴趣。

架构协议第 5 条阐释上述节目标准,并规定英国广播公司应尽力确保其服务符合以下准则:

提供恰当均衡的服务,涵盖各类议题;

照顾不同受众的品位和需要;

准确并不偏不倚地处理具争议性的议题;

不得以带有侮辱成分的手法处理宗教意见;

有关内容不得品味低俗或不雅,又或鼓吹/煽动犯罪或导致社会秩序被扰乱;及

不得令公众反感。

协议规定英国广播公司 BBC 须遵守高水准的总体标准,并按照协议所列明的各项要求拟定守则,就如何提供服务提出指导方针,特别是如何不偏不倚地处理具争议性的议题。就此,BBC 出版了编辑准则(Editorial Guidelines),列明各项价值观和标准,把参与创作和制作 BBC 所有内容的人士须符合的良好作业模式编成指引。

4. 内部监督管理

2007 年 1 月 1 日,新的《皇家特许宪章》生效,英国广播公司信托委员会(BBC Trust)取代原来的公司监管组织英国广播公司理事会(the Board of Governors)。

BBC 信托委员会承担策略性的监察角色。信托委员会成员包括主席、副主席和 10 名成员,他们代表视听费缴费者的利益,对收视费最终负责,体现公共利益,维护 BBC 的独立并确保 BBC 实现其独特的公共目标。主席、副主席和所有成员均由女皇听取政府的建议后做出委任,任期 5 年,可续期 5 年。如有空缺,当局会刊登招聘广告并做出委任。BBC 信托委员会的 12 位托管人各自代表英格兰、苏格兰、威尔士和北爱尔兰的利益。信托委员会成员须具备以下范畴的专业知识:广播媒体业(包括新媒体);竞争;有关运营大型机构的财务、法律、法团或管制方面的知识;管理大型的物业投资组合;英国广播公司公共目的所涵盖范畴的专业知识(包括国际事务);如何确保有关组织向其利益相关者负责。

BBC 的日常运作由执行委员会(BBC Executive Board)负责。执行委员会主要包括高层行政人员和为数相当的少数非执行董事(至少占总人数 1/3,且不少于 4 名)。执行委员会由总干事领导,或由托管会酌情决定,由非执行董事领导。执行委员会主席直接由托管会委任,其他成员则由托管会听取执行委员会辖下的提名委员会①所提出的建议后,做出委任。

为使执行委员会具备均衡的专业知识,非执行董事将按照诺兰原则②做出委任,再经托管会批准。委任年期将由托管会决定并公布。

---

① 提名委员会的成员包括总监、一名执行董事和两名非执行董事。若有需要,总监有权投决定票。

② NolanPrinciples,英国公务行为七项准则的俗称,由英国诺兰委员会于 1995 年提出,故称。七项准则包括:无私、正直、客观、问责、公开、诚信和领导能力。

5. 管制条例/法律文件

根据英国广播公司与英国政府所签订的《皇家特许宪章》和架构协议而营运。特许宪章规定了英国广播公司的法定地位，界定其整体目标和职能。架构协议则确定了英国广播公司的编辑自主，并详细列明其公共责任。

6. 主要行政问责

英国广播公司须接受国会监察，其形式是透过在上、下议院进行辩论以及由专责委员会听证辩论，审核其运作情况；每年须向国会呈交年度服务表现报告；须接受由通信委员会进行的有关公共广播电视服务的检视。

英国广播公司签订的《皇家特许宪章》和架构协议列明多项机制，以确保对该公司的行政问责符合公众的需要。〔这些机制包括相关大臣或其他政府部长能够获授权监察 BBC。例如，根据皇家特许宪章第 20（2）条，相关大臣有权规定英国广播公司须令他/她确信该公司有遵守《皇家特许宪章》的各项条文，倘若未能遵守有关条文，可撤销该特许宪章。〕

此外，BBC 亦通过发表节目宣言向公众负责，按已厘定的基准衡量其服务表现是否符合既定目标。

7. 经费来源

英国广播公司的经费主要来自拥有电视机的家庭所缴付的视听执照费，金额由文化部拟定，再经英国国会批准①。2005—2006 年度，执照费占英国广播公司总收入的 77%，其次为商业收入（16%），其余 7% 来自英国外交及联邦事务部（Foreign and Commonwealth Office）辅助拨款，以提供 BBC 国际广播部（BBC World Service）所需的经费。

BBC 国际广播部（World Service）的经费直接来自外交及联邦事务部。与 BBC 其他针对英国国民的公共服务不同，外交及联邦事务部可与 World Service 讨论节目播出时间、以什么形式播出，但不会讨论播出的内容。在决定节目内容时，World Service 须考虑英国的公共外交政策，以促进国家的利益。

（二）第四频道（Channel 4，C4）

1. 背景及服务

成立于 1982 年，是法定公营机构，负责播放有特色的节目，以反映当代英国社会的多元和复杂内涵②。在英国，它是冒升快速的公共广播电视机构，开播

---

① 目前，每个英国家庭每年须就家中装设彩色电视机缴付约 130 镑。

② 此类节目的题材包括新移民的下一代、英国的非洲裔移民及伊斯兰教教法电视台等。该频道亦播放探讨各类残障的节目，例如有关早衰、早老性痴呆及言语障碍的节目。

十年之际,在电视市场的占有率即达约 10%。

第四频道最初根据《1981 年广播法案》(*Broadcasting Act 1981*)于 1982 年开始播放节目,其时从属英国独立广播局(Independent Broadcasting Authority)。1990 年,根据《1990 年广播法案》第四频道电视公司成立,独立广播局撤销后,该公司于 1993 年承接了第四频道所承担的服务职能,并获准出售广告时段。

该公司的宗旨是提供不同类型、创新、富想象力及独特的节目,以满足如今英国人不断变化的口味。

第四频道运营一个 24 小时全国电视服务,可通过地面、卫星和有线等任何数字平台及传统的模拟网络接收。第四频道并不制作节目,而是委托英国 300多家独立制作公司制作节目,并鼓励其节目供应商在各个制作层面增加多元化的内容,同时也支持非洲及亚洲的制作公司。

另外,该公司设立一家有限公司 4Ventures Ltd,从事多项商业活动,包括收费数字频道:E4、More4 和 Film4,并自 2006 年 7 月起成为免费频道。

该公司不断扩展新媒体服务,包括以宽频技术提供公共服务,几年前就推出在线纪录片频道 FourDocs。2006 年年底又推出网络视频点播服务 4OD,节目播出后一个月内可在网上通过点播免费收看,也可以付费点播经典节目。

2. 公共服务权限

第四频道的公共服务权限在《2003 年传播法案》(*Communications Act 2003*)中界定清楚,该法案规定第四频道须:

在节目的形式及内容中展现创新、勇于尝试和富创意的精神;

满足多元文化社会的品位和兴趣;

达到社会对持牌公共服务频道的要求,包括致力提供属于教育性质的节目或其他具教育意义的节目及展现独特的风格。

3. 管制条例/法律文件

第四频道依据《1990 年广播法案》、《1996 年广播法案》(*Broadcasting Act 1996*)及《2003 年传播法案》受管制。其中《1990 年广播法案》指明,鉴于第三频道①未能照顾小部分观众的口味和兴趣,因此第四频道的节目须包含恰当比例的成分,以弥补此方面之不足,而节目的形式和内容最好具有创新及勇于尝试的精神。

此外,第四频道亦受英国通信委员会(广播业的管制机构)界定的牌照发放

---

① Channel 3,现为英国商业电视机构独立电视(Independent Television, ITV)所有。数字"3"无特殊含意,当时是为了与 BBC one 和 BBC two 区别开来。

条件所管制。通信委员会负责监察其履行牌照责任的情况,并处理所有针对其节目的投诉,包括涉及节目标准、受到不公平对待及侵犯隐私的投诉。

4. 内部监督管理

第四频道电视公司由其董事会负责监督和管理。

董事会负责通过公司的策略、批准年度预算案、确保公司守法并符合牌照管制要求和内部监控程序以及检审公司的运作成效。

董事会由主席、8名非执行董事和4名执行董事组成。董事会主席由通信委员会(Ofcom)委任,非执行董事则由Ofcom与董事会主席磋商,定出人选,经文化大臣批准后委任。所有非执行董事均被视为独立成员。董事会其他执行董事,则由董事会主席和首席执行官共同委任。董事会下设预算案、审计、酬金和新业务4个委员会。

首席执行官由董事会委任,并负责根据董事会所转授的权力管理公司,以及推行董事会通过的政策及策略。同时,首席执行官亦须确保与Ofcom及其他主要相关团体维持有效沟通。

日常运作由首席执行官及其他执行董事处理,他们须向董事会负责。

5. 主要行政问责

由牌照发放机构通信委员会管制,须接受由其进行的有关公共广播电视服务的检审。

根据《1990年广播法案》规定,须妥善备存的会计记录,并须以文化媒体及体育大臣指示的形式,拟备年度财务报表,须提交年报给文化大臣,以此向国会负责,大臣会将该份年报呈交国会的上下议院。

6. 经费来源

作为公共广播电视机构,第四频道免费使用广播频谱。第四频道的经费全部来自广告收入及其自身的商业活动。2004年,广告和赞助占该公司总收入的82%。

2003年,通信委员会对英国公共广播电视机构进行检审。得出结论,第四频道应维持其现行角色,即由商业活动资助的不以营利为目的的公共广播电视机构。然而,在未来数年它将面临激烈竞争,并须探寻其他资助方案,用来全面提供其职责范围内的公共广播电视服务。

(三)社区频道(Community Channel)

社区频道(或小区频道)由英国媒体信托基金①拥有。社区频道是目前英

---

① Media Trust,该基金属慈善机构,它通过与媒体合作,促进协助慈善和志愿者团体与社会各界有效沟通。

国唯一的既关注地方和国际社区又关注慈善和自愿者组织的频道。其宗旨是让人们重新思索周遭的世界,激发人们对有意义的事情付诸行动。

该频道于 2000 年 9 月开播,一开始每天免费播出 3 小时电视节目,主要播出慈善组织的广告和并出售慈善商品。2004 年 11 月,包括 BBC、天空广播(BskyB)、第四频道、第五频道(Five)及独立电视(ITV)在内的英国主要广播机构,签订联合声明,承诺支持社区频道。2006 年,音乐电视(MTV)、迪士尼、特纳广播等机构也加入支持行列。现在,该频道每天 24 小时免费向英国 1650 万户装有数字设施的家庭提供服务,其潜在观众可达 4100 万。[1]

目前,社区频道播出的节目有 10% 委托制作公司制作,剩余节目主要来自上述支持机构以及独立制作人和慈善团体。

社区频道资金的大半来自英国内阁办公厅的第三部门办公室(Office of the Third Sector[2]),并接受各界的捐款。

五、美国

美国广播业的发展与多数欧洲国家不同。后者先有公共服务体系的充分发展,后来才引入商业广播;而美国国会在 1927 年通过《1927 电台广播法案》(*Radio Act of 1927*),标志着商业广播在美国正式形成。因此,在美国国会于 1967 年通过《公共广播法案》(*Public Broadcasting Act of 1967*)之时,商业电台和电视台已经统治该国广播频谱有整整 40 年了。美国并未因 1967 年的《公共广播法案》设立国家公共广播机构,而是成立法定拨款机构——公共广播局(CPB),为各地的公共电视台和电台提供财政资助。

在美国商业电台通过娱乐节目培育大量听众的时候,被称为"教育电台"的美国非商业电台则将重心放在教育性和高文化品位的节目上。而与其他国家的公共广播电视机构不同,美国的教育电台很少制作能吸引大量听众的节目类型。在 20 世纪 60 年代美国联邦政府将非商业广播纳入"大社会"(Great Society)政策纲领时,就将此类电台和电视台重命名为"公共"广播。1967 年的立法影响深远,将一系列濒死的、特别设立的教育电台通过全国范围内共享节目整编为公共服务体系,激发了其活力。然而与欧洲不同,1967 年的立法并没有解

---

[1] 见 www.communitychannel.org

[2] 第三部门包括慈善组织、宗教团体、职员团体、非营利组织、非政府组织、公民社会组织等等,与 public sector(政府部门,公营机构)和 private sector(私营机构,民间企业)鼎足而立,故得名。

决公共广播电视的使命问题,该法案基本上是在告诉公共广播电视机构它们
"不会"是商业广播①。法案是在卡内基未来教育电视委员会(The Carnegie
Commission on the Future of Educational Television)的详尽报告基础上成型的。
该报告建议征收电视机税,并将收入通过信托基金转移至新成立的公共广播局
(CFP),但最后由总统签署的法案并没有这种有保障的并且与政治无涉的资金
来源;此外,虽然报告建议新成立的非营利非政府的部门独立于政治,但是法案
中声明总统将任命由 15 人组成的董事会来管理该部门,以确保每一届政府都
能对该部门的决策有实实在在的影响②。

　　美国广播电视也对公共服务的抵制由来已久。早在 20 世纪 30 年代,美
国的广播电视改革家就已不得不接受这样的事实:公共广播电视体制的建立
主要是为商业广播电视服务,公共广播电视将不得不在边缘地带寻找自己的
位置,而且还不得对商业广播电视的利益构成威胁③。1946 年,美国广播电
视的监管机构联邦通讯委员会(Federal Communications Commission, FCC)曾
出版《广播持照机构的公共服务责任》(*Public Service Responsibility of Broadcast
Licensees*)作为广播电视业改革的新方案,但是遭到美国全国广播协会(Na-
tional Association of Broadcasters, NAB)的攻击,认为此方案企图将 BBC 模式
的国家广播体系带入美国④。事实上,很少有美国的广播电视业者和政策制
定者能理解英国、欧洲和其邻国加拿大的公共广播电视体系的价值,后者在
美国被认为受政府控制,与美国广播电视的"自由"体系大相径庭,因而不被
考虑⑤。

　　表 6 - 2 所示,关于美国与欧洲价值体系的差异,有助于我们理解为何公共
广播电视在美国不发达的现状。

---

　　① Avery, R. K. & Stavitsky, A. G. U. S. Public Broadcasting and the business of Public
Servicel. *Broadcasting & Convergence*:*New Articulations of the Public Service Remit*. Goteborg:
NORDICOM. 2003. p. 138.

　　② Avery, R. K. Public Service Broadcasting and Cultural Context:Comparing the United
States and European Experience. *Cultural Dilemmas in Public Service Broadcasting*. Goteborg:
NORDICOM. 2005. p. 204.

　　③ 罗伯特·迈克切斯尼:《富媒体,穷民主》,北京:新华出版社 2004 年版,第 340 页。

　　④ Avery, R. K. & Stavitsky, A. G. U. S. Public Broadcasting and the business of Public
Servicel. *Broadcasting & Convergence*:*New Articulations of the Public Service Remit*. Goteborg:
NORDICOM. 2003. pp. 137 - 138.

　　⑤ Ibid. p. 138.

表6－2　美国与欧盟价值体系对照①

美国	欧洲
经济增长	可持续发展
物质财富	生活品质
私有财产	公共利益
独立	相互依赖
我的	我们的
活着是为了工作	工作是为了活着
神圣的核心（core）	世俗的核心（core）
同化	保持
爱国的	四海的
单边的	多边的
自治的	嵌入的（embedded）
移动性	连续性（continuity）
人（persons）	系统（systems）
有限管制	干涉性管制
有效率的（efficiency）	起作用的（effective）
消费资源	管理资源

　　美国的商业广播电视公司之所以在20世纪60年代放弃反对公共服务，主要是因为它们相信新的公共广播电视系统能够制作无利可图的文化和公共事务节目，而批评家们一直谴责商业广播电视公司忽视这些节目，而公共服务对商业广播电视正好起到弥补和替罪羊的作用②。事实上就市场表现而言，美国公共广播电视并不会对商业广播电视造成威胁。在黄金时段，美国公共电视的收视率目前大约保持3%的水平，与其历史上黄金时段的最高收视率相差无几③。尽管公共服务在美国整个广播电视体系中重要性不大，而且提供的大多

　　①　根据 Rifkin2004 年对美国和欧洲文化差异的论述，见 Rifkin, J. *The European Dream: How Europe's Vision of the Future is Quietly Eclipsing the American Dream.* UK: Polity Press. 2004.

　　②　罗伯特·麦克切斯尼:《富媒体，穷民主》，北京:新华出版社2004年版，第341页。

　　③　Bauman, Z. *Community: Seeking Safety in an Insecure World.* London: Polity Press. pp. 66－67.

是商业广播电视不愿意或者不能够提供的小众节目,但是,由于其受众大多位居社会中上层,在社会上的影响力不容小觑①。此外,最近二十多年,来自政府拨款的比例缩减,也迫使美国公共广播电视机构去吸引那些自愿捐款的人,这类捐款的数额已经超过地方公共广播电视机构预算的1/3②。

随着美国有线和卫星广播的发展,美国媒体变得"窄众化",商业媒体也在制作和播出曾经专属于公共广播电视的节目。比如,PBS已经不是唯一的提供儿童节目、公共事务节目、历史和科学纪录片的机构。迪士尼频道和尼克儿童频道也提供儿童节目,历史频道和探索频道也有纪录片,还有大量的有线电视频道在整点播出新闻和谈话节目;而深度新闻播报和严肃音乐原来主要由公共电台提供,随着XM和天狼星(Sirius)卫星电台的推出情况发生很大改变,这两项卫星电台服务都能向听众提供超过100个窄播频率,包括全歌剧频率、商务新闻频率、古典音乐频率等。只需按月支付费用,用户就可以在家或在车上收听节目。美国商业媒体的窄众"圈地"行为,迫使公共广播电视机构不得不将其服务对象越来越"浓缩"至最有可能收看和收听公共广播电视、并愿意资助他们的人群。

(一)公共广播局(Corporation for Public Broadcasting, CPB)

1. 背景及服务

公共广播局既非美国联邦政府机构,也不是其全国公共广播电视机构,它是1967年依据《公共广播法案》(*Public Broadcasting Act*)成立的私营非营利机构,旨在促进美国的公共广播电视服务,推动美国公共电台和电视台在播放教学、教育及文化节目方面的发展。该法案界定了公共广播局的法律地位、组织结构、行政问责机制、公共服务使命及一般权力。

按规定,公共广播局不得拥有电台或电视台,或与其他电台或电视台合作,也不得制作和发行节目。

作为法定机构,公共广播局负责统筹来自国会的公共电视台(多为美国公共电视网的成员)及电台(多为美国全国公共电台的成员)的拨款,以及进行与公共广播电视服务有关的研究,从而推广公共广播电视服务(包括电视、电台及

---

① 郭镇之:《数字时代的公共广播电视》,《文化产业研究:战略与对策》,熊澄宇编,北京:清华大学出版社2006年5月,第59页。

② Avery, R. K. Public Service Broadcasting and Cultural Context: Comparing the United States and European Experience. *Cultural Dilemmas in Public Service Broadcasting*. 2005. Goteborg: NORDICOM. p. 206.

网上服务）。此外，公共广播局也拨款供制作节目之用，特别是满足小众需求的节目。

2. 公共服务权限

《1967年公共广播法案》（*Public Broadcasting Act of 1967*）载明美国公共广播局的公共服务权限。美国公共广播局负责促进公共广播电视的全面发展，鼓励制作高品质、多元化、富创意、卓越及创新的节目。这些节目须提供给公共广播电视机构播放，所有节目均须恪守客观及均衡的原则，尤其是有争议性的节目。

公共广播局亦须在执行其宗旨和职能、及从事有关活动时，必须以最能确保公共广播电视机构及系统获得最大的自由度的形式进行，使其节目内容或其他活动免受干预及控制。

此外，美国公共广播局只能担当咨询的角色，不应对公共电台或电视台的日常运作施加任何控制。

3. 管制条例/法律文件

受《1967年公共广播法案》管制。

该法案规定了美国公共广播局的法律地位、组织架构、问责性、公共服务权限和一般权力。

4. 内部监督管理

公共广播局由董事会管制，负责制定政策及编定节目的优先次序。董事会设有4个常务委员会：审计及财务委员会、机构及管制委员会、行政补偿委员会、公共广播电视意识推广委员会（Public Broadcasting Awareness Committee）。

董事会由最多9名董事组成，各董事从美国公民中选出，他们需在教育、文化、国内事务或艺术方面卓有成就，其中，代表公共电台及公共电视台这两个领域的须各占其一。另外，同一政党的代表不可多于5人。董事会各成员均由美国总统委任，并经参议院确认，任期6年，可续任一届。此外，董事会的会议通常对公众开放。

董事会委任主席兼执行总裁（executive director），而其他高级行政人员则由主席兼行政总裁。

2005年4月，公共广播局董事会设立申诉委员办公室（Office of Ombudsmen），委任2名申诉委员，负责评估公共广播新闻业界的操守及复核公众投诉等工作。2名申诉委员由备受尊崇的记者担当，就新闻职业操守、平衡及客观报道等事宜撰文,并反映公众、政府官员及公共广播界对节目的意见。评审节目的决定由申诉委员做出,但只限于评审已播出的节目,而不会在播出前做评审。

公共广播局内的监察长办公室负责进行审核和调查;提倡节约、效率和效益;阻止和防止该局在节目和运作中出现欺诈、浪费和管理不善的问题。

5. 主要行政问责

(1)公共广播局按以下程序对国会负责:

以审慎及财政上负责的态度运用联邦拨款;向国会递交年度服务表现报告,陈述如何致力提供高品质、具创意的卓越节目,并确保所有节目或具争议性的节目系列,恪守客观持平的原则;还须专门就为未成年受众提供的公共广播电视服务提交年度报告;公共广播局的职员及董事可能会被国会传召作证。

(2)须就联邦拨款接受由审计总署(General Accounting Office,美国国会的调查机构)进行的审计①。

(3)按下列程序对公众负责:

收集公众对全国公共广播电视节目的质量、客观性及平衡性的意见;设立申诉委员办公室;就其节目及拨款政策进行咨询和定期检审。

另外,CPB 还须接受局内的独立监察长办公室(Office of Inspector General)的审核。2005 年 5 月,国会议员接获 CPB 违反《1967 年公共广播法案》的投诉后,要求监察长对 CPB 进行内部检查。随后,主席辞职,CPB 成立数个常务委员会,以强化机构管理和问责机制,并提高透明度。

6. 经费来源

CPB 经费主要来自美国国会的一般联邦拨款。在 2004 财政年度,财政拨款占其总收入的85%。该局每年所得的财政预算为 4 亿美元。款项会预先按三年的周期提供给该局。这个安排为 CPB 提供了稳定的资金来源,同时让公共电台和电视台有筹备时间,以供制作及购买节目。

据法例规定,该局来自联邦政府拨款中,行政费用以 5% 为上限,联邦政府拨款的95%需用作支持地方的公共电台和电视台、安排节目及改善公共广播电视系统。目前,CPB 将89%的款项留给公共电台和电视台,余下的 6% 预留作

---

① 审计总署审查 CPB 对公共资金的运用,检查是否有浪费、欺诈及未能善用公共资金的情况,并评估联邦政府推行的计划和活动。审计总署亦会向美国国会提供分析、建议及其他支持,以协助国会进行有效的监督、制定政策以及做出拨款决定。

为公共广播电视系统支援的费用。拨给电视台的款项中，25％用作竞投国家节目，以便优先提供该等节目。不同电台和电视台获得的拨款额度可能有差异，依据节目的性质及有关电台和电视台的偏远程度而定。不过，来自CPB的拨款只占公共广播电视业收入的15％，即一家公共广播电台或电视台的收入中，平均有15％来自CPB的拨款。通常，从CPB获得的拨款，与地方台缴付给其所属的全国公共电台或公共电视网的会员费大致相当。

（二）美国公共电视网（Public Broadcasting Service，PBS）

1. 背景及服务

美国公共电视网成立于1969年，是一家会员制的私营非营利组织，由分布在各地的公共电视台拥有及营运。该组织负责运营和管理连接各地方公共电视台的全国性节目传送系统。其使命是通过公共电视台、互联网和其他媒介，通过信息性、启发性和教育性的优质节目和服务，丰富美国民众的生活。通过与会员电视台的合作，为它们所在的小区带来不一样的声音。目前其会员电视台达356家①。

根据其组织章程，公共电视网不可制作节目。但是，它会拨款制作和购买电视节目，并利用卫星互联系统向会员电视台传送节目。公共电视网播出的所有节目，无论是新闻节目、纪录片或娱乐节目，均购自其会员电视台、独立制作机构以及美国和国际的发行机构。购买节目时，公共电视网会物色不同的制作机构，包括制作少数族裔喜爱的节目的制作机构②。

各会员电视台的运作均独立于公共广播网，它们会播放和制作当地观众爱看的节目。

2. 内部监督管理

董事会负责管理公共电视网，并制定公司政策。董事会由27名成员组成，其中13名行业内成员，它们是会员电视台的经理；9名非行业成员，它们代表会员台，但不是电视台雇员；4名普通董事，他们代表非商业教育电视台的牌照持有者或老百姓；还有1名是公共电视网的主席。

董事会委任主席，主席亦担任PBS的首席执行官。

为更好地对观众负责，公共电视网会员台在每个节目结束时都加上PBS的标志，向观众表明节目已得到PBS认可，并由其发行；2005年10月，PBS委任了1名

---

① http://www.pbs.org
② 公共电视网亦提供此类服务：为残障人士而设的口述影像服务和隐蔽式字幕；为低收入和低学历、英语非主要语言、家有残障子女或居住郊区的家庭而制作的教育电视节目。

申诉委员,以确保传送给会员台的电视节目均符合 PBS 规定的新闻操守标准①。

此外,PBS 的会员电视台亦须向美国公众交代如何使用公共广播局的拨款,交代途径包括举行公开会议、成立咨询委员会、账目每两年审计一次并提供财务记录。

3. 资金来源

美国公共电视网的经费主要来自会员电视台缴纳的年费和节目费、公共广播局和联邦政府的拨款以及投资收益。PBS 亦接受各机构、基金会及其他方面的捐款,这些捐款有助抵消节目制作成本,使公共电视网能够以较低价格获取广播权。

在 2005 财政年度,会员台缴付节目费占 PBS 总收入的 48%;其次为美国公共广播局及联邦政府的拨款(21%);有线和卫星电视服务供应商缴付的牌照费、专利权费、卫星服务和投资收益(16%);教育产品销售收入(15%)②。

公共电视网的会员电视台有多个经费来源:联邦政府、州政府和地方政府拨款;观众捐款;节目分销收入;美国公共广播局的拨款;教育机构的赞助。

(三)美国全国公共电台(National Public Radio,NPR)

1. 背景及服务

全国公共电台创立于 1970 年,是一个私营非营利组织,其成员是美国各地的公共电台。其使命是与会员台以伙伴形式合作,让美国公众掌握更多信息。该组织也是会员制组织,它为会员台提供节目和技术支持,并为它们向国会、联邦通讯委员会和其他政府部门争取权益。目前,其会员台达 860 多家,分布在美国每一个州③。

全国公共电台负责制作和购买电台节目,然后将节目经由卫星节目传送系统发送至会员电台。同时,它还经营国际电台 NPR Worldwide,向海外广播。NPR 节目以新闻、信息和文化类节目为主。该组织每周制作及传送逾 130 小时的原创节目,其中包括各种新闻、娱乐、音乐、谈话节目。超过 99% 的美国人生

---

① 在美国,公共广播局(CPB,拨款机构)与联邦通讯委员会(FCC,牌照发放机构)对节目内容并无权限。即,目前美国没有阻止节目播放的机制,只能在节目播出之后就违反规定的事宜采取制裁行动。

② 公共电视网的会员电视台每年须缴付节目费,以取得公共电视网的全国节目服务(National Programming Service,NPS)及其相关的播映权。全国节目服务指美国公共电视网传送给成员台的一系列主要节目,其中包括儿童、文化、教育、历史、自然、新闻、公共事务及科学电视节目。

③ http://www.npr.org

活在有 NPR 会员台服务的地区①。

会员电台可选择其希望播出的 NPR 节目。此外，会员台亦可购买和播放其他发行机构的节目，也可自行制作节目。

2. 内部监督管理

NPR 董事会职责是：制定 NPR 的管理政策和排列整体的优先次序；监察 NPR 的表现；监察其财政状况。董事会由 17 名成员组成，其中 10 位是 NPR 会员电台的经理，其余 7 位董事中，1 位为 NPR 主席，1 位是 NPR 基金的主席，另 5 名董事由普通百姓担当。2000 年，NPR 委任了一名申诉委员，负责处理公众对于其电台节目制作编辑标准的质询。

另外，NPR 的会员电台须向公众交代如何使用美国公共广播局的拨款，交代途径包括举行公开会议、成立咨询委员会、每两年审计账目一次并提供财务记录。

3. 经费来源

为维持其营运，全国公共电台从不同渠道筹集经费，除了向分布在美国各州的独立电台收取会员费和节目费外，还接受私人基金及团体的赞助，并且销售节目脚本、书籍、光盘及周边商品以增加收入。全国公共电台的收入也有来自可供申请的联邦政府资助机构的拨款，这些机构包括美国公共广播局、美国科学基金会（National Science Foundation）及美国艺术基金会（National Endowment for the Arts）。1992 年，该组织设立全国公共电台基金会（NPR Foundation），储备了一定数额的信托基金，以防 NPR 陷入财政危机。

2007 财政年度，成员电台所缴付的节目费，占全国公共电台组织总收入的 30%，拨款、捐款和赞助占 34.5%，投资收益占 25.5%②。

表6-3 世界主要公共广播电视机构比较

国家	公共广播电视机构	频道数量 T:地面频道 S:卫星频道 M:手机移动频道	频道名称	资金来源结构	支付 （执照费/总收入） 年份
英国	BBC	T:8	BBC1，BBC2，BBC3，BBC4，CBBC，Cbeebies，BBC News24，BBC Parliament	执照费	强制 （76%） 2003 财年

① *NPR Annual Report 2005*，见 http://www.npr.org
② *National Consolidated Financial Statements FY2007*，见 http://www.npr.org

国家	公共广播电视机构	频道数量 T:地面频道 S:卫星频道 M:手机移动频道	频道名称	资金来源结构	支付 （执照费/总收入） 年份
日本	NHK	T:2 S:3	NHK1，NHK2，BS1，BS2，BShi	执照费	自愿 （89.5%） 2005 财年
韩国	KBS EBS 手机移动广播电视机构	T:6 M:6	KBS1，KBS2，EBS1，EBS2，KBS－M，MBC－M，SBS－M，3 个其他的手机移动频道	执照费 广告	强制 （KBS:39.3%） 2003 财年
法国	France TV	T:4 S:1	F2，F3，F5，ARTE	执照费 广告	强制 （65.4%） 2005 财年
德国	ARD ZDF	ARD T:11 S:3 ZDF T:1 S:3	ARD，MDR，NDR，RBB，Berlin，RBB Brandenburg，Sudwestfernsehen，WDR，ZDF，ZDF Dokukanal，ZDF Infokanal，ARTE，Phoenix，KIKA，3Sat	执照费 广告	强制 （ARD: 82.5%） 2003 财年 （ZDF: 84.7%） 2002 财年
意大利	RAI	T:3 S:3	Rai1，Rai2，Rai3，Rai News 24，Rai Sport，Rai Edudational 1，Educational 2	执照费 广告	强制 （59.4%） 2003 财年
美国①	PBS NPR	356 个加盟台 784 个加盟台		捐赠拨款	自愿

---

① 数据来源:http://www.PBS.org/about/;http://www.NPR.org/about/. 2010 年 5 月28 日。

第 七 章

美国明尼苏达公共广播研究

美国广播业是世界上商业化程度最高、也是商业化起步最早的。从 20 世纪 20 年代起,一些商业机构开始将本是点对点传播的无线电技术开发成一对多的大众传播媒介,诞生了 Westinghouse Company 麾下的 KDKA 电台,其初衷就是通过播放音乐等娱乐节目来牟取商业利润,此后开办电台的商家多效仿之,逐渐形成了美国广播业的商业体制传统。这种体制不仅在现在美国广播业仍居于主导地位,而且也促使广播乃至整个信息传播市场的集中度越来越高,跨媒介、跨国界的商业媒介巨子几乎控制了整个美国广播市场,同时也极大地影响了世界广播市场。然而这并不意味着商业体制是美国广播业唯一的模式,更不能由此断定美国是一个无法产生公共广播的国度。实际上,公共广播与商业广播之争贯穿了整个美国广播业的发展历程。在广播业发轫之时,许多高等教育机构,特别是州立大学开办了许多非商业电台,到 20 年代中期高等教育机构获准成立的电台已有一百多家[①];这些非商业电台演化成了后来公共广播机构,也成为 20 世纪 20~30 年代改革商业电台体制运动的先锋,尽管这次运动在当时未能撼动美国的商业体制,但为 20 世纪 60 年代公共广播体制的建立奠定了基础;经过 50 年代争夺公共频谱的斗争,1967 年《公共广播法案》得以颁发,确立公共广播体制。尽管迄今美国公共广播存在诸多问题,比如缺乏统一的理念、没有共识和相对稳固的经济来源;而且多数美国人认为公共广播电视是美国人生活中的奢侈的、附属的和外围的东

---

① Hugh Richard Slotten. (2006). *Universities, Public Service Experimentation, and the Origins of Radio Broadcasting in the United States, 1900 - 1920*. Historical Journal of Film, Radio and Television Vol. 26, No. 4, October 2006, pp. 485 - 504.

西,甚至是主流媒介之外的一种替代品①。不过,目前在美国仍有 2500 家左右的非商业电台②,包括 National Public Radio, American Public Media and Public Radio International 等机构,值得关注的是美国公共广播具有很强的地区性,这与美国地域辽阔、文化多元、公共媒介的理念、任务以及资金来源等有很大关系。本章以明尼苏达公共广播电台为对象,试图管窥美国地方公共广播的理念、资金来源与存在的问题,并与以 BBC 为代表的欧洲公共广播体制进行比较,进而分析和探讨美国式公共广播的特质与实现广播公共服务的理念与方式,以有益于中国广播电视公共服务体系建设。

第一节　明尼苏达公共广播的理念与核心价值

明尼苏达公共广播(MPR: Minnesota Public Radio)是美国仅次于 NPR 公共广播节目制作机构——美国公共媒介(APM: American Public Media)的旗舰型电台。MPR 于 1967 年《公共广播法案》出台后成立,当时是美国唯一的经典音乐广播电台(KSJR),设在明尼苏达州克里吉维尔市(Collegeville) 的圣乔治大学(St. John's University),后来移到圣保罗市,2004 年在此基础上又组建了 APM。截至 2008 年年底,MPR 在明尼苏达州及其周边地区有 38 个地方广播网,为当地 500 万人口提供新闻与信息、经典音乐、当代音乐等节目,拥有 9.76 万名会员,是美国地区性广播网听众最多的,每周有 75 万多听众③。作为地区性公共广播电台,MPR 有其独特的价值理念。

在讨论其价值理念之前,先分析一下 MPR 的基本定位,无论是其母公司 APM 还是 MPR 自己都明确表示,MPR 是一家扎根于明尼苏达州的、独立的、非营利的和会员资助的电台④。这至少包含了以下几点:一是 MPR 是立足于和服

---

① Glenda Ruth Balas. (1999). *The Recovery of Institutional Vision for U. S. Public Media: Three Moments Purpose and Failed Resolve.* UMI Microform 9933348. Umi company. p. 1 – 5.

② American Public Media. (2009). FAQS. http://americanpublicmedia. publicradio. org/about/faqs/. 2009 – 8 – 25. 非商业电台这个概念是美国学界对所有非营利性电台的总称,基于两个基本缘由:一是因为商业机构是美国广播业的主体,二是在美国无论从理念上还是实践操作上都很难给公共广播一个明确的、正式的界定。目前的非商业电台包括一些地区、学校和社区的自愿性的电台,而狭义上的美国公共广播专指 CPB 支助的 400 个实体所开设的 800 多个电台,本文是就狭义而言的。

③ MPR. (2009). *Company Information.* http://minnesota. publicradio. org/about/mpr/. 2009 – 4 – 10.

④ Ibid.

务于明尼苏达地区,地区性是其最大的特点之一。母公司 APM 从明尼苏达州逐渐发展成为全国性的机构,直到 2004 年才开始开设了全国性的节目,以前一直从事地区性的服务,而且目前的主要听众也是地区性的,主要由明尼苏达州和南佛罗里达州公共广播台(Southern California Public Radio)构成(见图 7-1)。二是 MPR 的主要资金来源是靠会员自愿资助,不同于 BBC 的执照费。两者在缴纳的额度、性质上有很大的差异,MPR 的会员制资助额度高低、资助时间的长短完全取决于会员自身,不受任何规约的限制,更不是 MPR 董事会决定的。而 BBC 的执照费(license fee)是必须缴纳的,额度的高低是由 BBC Trust 经过与民众商讨后确定的,在一段时间内是稳定的,对所有广播听众都是一样的额度,而且有皇家宪章等规约的保护。三是 MPR 具有所有公共广播的共同特点,即独立性和非营利性,这与 BBC、NHK 等公共广播的理念是相近的。

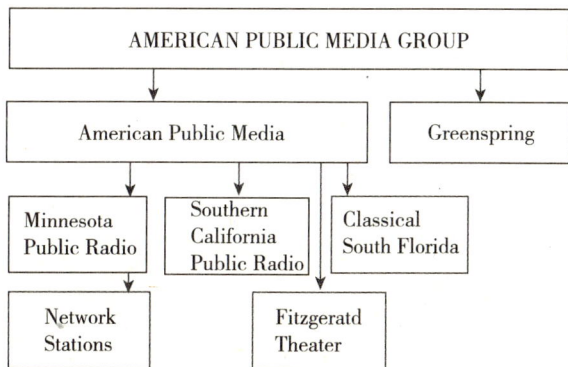

图 7-1 美国公共媒介集团(APM)的组织构成图

基于此,MPR 的理念可以归纳为以下几点:一是地区性。也就是为明尼苏达地区的听众及其社区提供公共服务,满足本地听众的个人价值和社区价值的实现。前者包括促使听众拓展视野,获取教育、信息、激励和娱乐等,享受文化艺术成果,促进自我发展。后者主要指促进社区的发展。这一点既是 MPR 理念的独到之处,也是美国公共广播的重要理念之一,与世界广播电视委员会(WRTVC)以及 BBC 等公共广播机构有所不同。WRTVC、BBC 将普适性视为公共广播的首要原则和理念,即公共广播应该为所有国民提供服务,不论公民的贫富贵贱,也不管地处何处,更不能受大多数人的喜好左右[1]。BBC 是由伦敦向

① The World Radio and Television Council. (2002). *UNDERSTANDING PUBLIC BROADCASTING*. http://www.cmrtv.org/radio - publique/radio - publique - comprendre - en. htm. 2009 - 8 - 28.

国内其他地区辐射的全国性的电台,为全英国民提供信息、教育和娱乐内容与服务,地区性内容与服务是后来不断拓展的。而 MPR 立足于明尼苏达州,为本地区的听众提供新闻、音乐等内容与服务,着眼于地区性、社区性。如果缩小到一个地区的话,MPR 的地区性理念就接近普适性原则,即为所在地区的每一个人服务。不过,MPR 强调的是听众(audience),而非公民(citizen),从这一点上可以看到商业体制的某些影响。二是互动性。MPR 鼓励其听众与电台以及听众之间通过电台、互联网、人际交流等方式共享知识与见地,以提升节目与服务水平和制作有意义和动人的公共服务节目内容,进而推动个人以及听众所在社区的发展。显然强调互动性与现代信息传播技术,特别是互联网的发展密切相关,也深受成熟的商业市场的影响。这种互动性不仅仅是一种运作层面或技术层面上的理念,更重要的涉及了公共空间、公共话语等概念。无论是 Hannah Arendt、John Dewey,还是 Carnegie commission 在论及广播等大众媒介构建公共空间的作用时[①],都强调公共空间的价值在于促使参与和保护不同的观点,而公共广播电视应承担现代公共空间角色,像古希腊的城邦,用来表达社区每个人的需求、抗议、热情与希冀,为社区群体提供发言的机会,即提供就公共事务进行公开讨论的平台。

此外,MPR 认为其核心价值有六个方面:第一,质量至上,不断进取(Dedication to quality and a commitment to continual improvement in everything that we do);第二,注重多样性,鼓励企业家精神以提升创造力,追求专业主义、多元、活力和愉快。A workplace that values diversity of experience, supports creativity by encouraging entrepreneurial spirit, and seeks to be professional, diverse, dynamic and enjoyable. 第三,在节目和服务上,奉行客观、有价值、可信、准确、有趣、理智、平衡和中肯。(A commitment to programming and services that are objective, valuable, credible, accurate, entertaining, intelligent, balanced and relevant.)第四,在听众关系的建构上,奉行理解、信任、忠诚和善意。(Dedication to building and redefining audience relationships that foster understanding, trust, loyalty, and good will.)第五,在组织成员的关系上,奉行开放和坦诚。(A relationship with our constituents that is open and candid.)第六,加强国内公共广播的发展(A commitment to strengthen public radio nationally)。这些价值理念实际上是概括了 MPR 的具体运营中所遵从的基本价值标准和判断,首条所提到的质量原则和进取精神,以及第

---

① 参见 Glenda Ruth Balas. (1999). The Recovery of Institutional Vision for U. S. Public Media: Three Moments Purpose and Failed Resolve. UMI Microform 9933348. Umi company.

四和第五条所论的与听众关系、组织成员关系,与其他媒介组织并无二致。在节目与服务上中的客观、有价值、可信、准确、理智和中肯,也是基本的新闻价值所要求的。有几点值得关注:一是强调多样性,这也是世界公共媒介所遵从的重要原则之一①,旨在反映不同的声音。二是平衡原则,体现公平和公正的重要途径。三是在商业媒介居于主导地位的美国,其公共广播的价值判断会深受市场理念的影响,比如企业家精神、有趣、愉快和忠诚度等都有市场的影子。

从 MPR 的理念和核心价值可以看出,美国地区性公共广播的一些无奈,在一个商业媒介居于主导地位条件下,既要维护作为公共广播的独立性、多元性等价值理念,又不得不关注市场需求,将节目制作得更加有趣、愉悦。尽管如此,美国地方公共广播力争保持公共广播的基本价值理念,正如 SCPR 的 President and CEO Bill Davis 在 2008 年度报告寄语中所言,在美国经济处于自 20 世纪 30 年代大萧条以来最糟糕的时候,道琼斯指数跌破 8500 点之时,以南加利福尼亚等大洛杉矶地区(greater Los Angeles region)更需要像 SCPR 地方公共广播,来告知公民、维持公民与其社区的纽带、促使公民在美国最多元化的城邦(即 SCPR)上讨论公共事务。(To keep our citizens informed. To keep individuals connected to their communities. To engage America's most diverse metropolis in an ongoing debate about the issues and opportunities that matter most.)②

就 MPR 的职责和任务而言,除了为听众提供经典音乐、新闻等节目之外,MPR 还肩负着明尼苏达州极为重要的公共服务任务:一是在州政府的支持下,MPR 通过向其他明州电台、电视台和有线网络传输信号来维护和促进 the State's Emergency Alert System (EAS 州紧急警报系统)的技术基础设施建设;承担"诱拐儿童预警系统"(the Child Abduction Warning System)的信息发布任务,向全州其他广播电视台传输有关信息;在明州政府支持下,为明州盲人和视觉障碍人士提供广播说书(the Radio Talking Book)。这进一步印证了地方性是 MPR 的首要理念,为所在地区提供公共服务是 MPR 的生存之本。

MPR 之所以有这样的理念、价值是有其历史缘由的。广播在美国诞生之初,广播也被视为是公共资源,广播应该为公共利益服务,这一点迄今都是 FCC 的规制广播市场的首要原则。不过在庞大的资本集团的游说下,公共利益很快

---

① 李继东:《英国公共广播政策变迁与问题研究》,北京:中国传媒大学出版社 2007 年版,第 68 页。

② Bill Davis. (2009). Now More Than Ever. http://www.scpr.org/about/, http://media.scpr.org/about/publicdocs/SCPR_annual_report_2008.pdf. 2009 – 8 – 28.

就被商业逻辑重新建构,即通过市场来满足每个消费者的需求就成了公共利益。当然这也与美国幅员辽阔、联邦政治体制模式有关,在英国有一个 BBC 基本能覆盖全国,而在美国则很难奏效。商业广播电视网络有 CBS、ABC、后来的 CNN、FOX 等多个公司,同样公共广播亦是如此,没有一家公司能全面满足美国各个州公民的需求,何况各个州在政治上有一定的自治权。比如南加利福尼亚公共广播(Southern California Public Radio,简称 SCPR)的宗旨就是通过为南加利福尼亚地区的公民和社区提供地方新闻等节目内容来强化多元化社区的市民精神和文化纽带,同时为本地区公民提供一个讨论各种当地和世界的公共事务、事件和文化的公共论坛(public forum)①。而且公共广播的发祥地和推动者主要集中在地方性的高等教育机构,且以中西部地区性的州立大学为主。比如威斯康星大学(University of Wisconsin)的 WHA 电台、堪萨斯州立农学院(Kansas State Agricultural College)的 KSAC、爱荷华州立大学农业与机械学院(Iowa State College of Agriculture and Mechanic Arts)等等。这些公共服务电台的设立是延续了美国大学教育的一些重要理念,美国许多公立大学、特别是州立大学是基于教育是公共资源的理念而获得赠地建立的,这些大学又称之为赠地大学(Land – Grant Universities)。而广播发展之初,亦被认为是公共资源,这些大学也就成为推动公共广播的重要主体。可以说这些大学电台对于非商业的公共广播体制的形成起着至关重要的作用,不仅仅大学里的电子工程师、物理学家为电台的建立提供了技术保障,而且大学电台塑造了广播为公共利益服务的传统②。而从 20 世纪二三十年代与商业电台争夺公共频率、50 年代建构教育电视台,直至 1967 年公共广播法案出台,这期间地方性的高等教育机构都起到了极为关键的作用。因此,地区性与教育功能是美国公共广播的一大理念和特征,后来发展到社区性,强调公共广播电视为社区服务,1967 年美国《公共广播法案》和 Carnegie commission 都明确表明了这一点。也就是说公共广播是应以地方绩效和草根民主为先,通过促使市民讨论建立解决现实问题的参与性社区③。即便是为全国的听众提供节目内容其最终目标是能为当地听众提供更高

①　Southern California Public Radio. (2009). About. http://www. scpr. org/about/, http://media. scpr. org/about/publicdocs/SCPR_annual_report_2008. pdf. 2009 – 8 – 28.

②　Hugh Richard Slotten. (2006). *Universities, Public Service Experimentation, and the Origins of Radio Broadcasting in the United States, 1900 – 1920.* Historical Journal of Film, Radio and Television Vol. 26, No. 4, October 2006, pp. 485 – 504.

③　参见 Glenda Ruth Balas. (1999). *The Recovery of Institutional Vision for U. S. Public Media: Three Moments Purpose and Failed Resolve.* UMI Microform 9933348. Umi company.

质量的节目(MPR 明确表示 We will serve audiences throughout America in order to develop programming of the highest quality for regional audiences①)。依据这个法案建立的公共广播机构 CPB 并没有自己的电台,其职能是将联邦拨款和其他收益分配给全国 860 家公共广播电台。实际上,联邦拨款在地方公共广播电台/电视台资金来源中占很小的一部分。

第二节　明尼苏达公共广播的资金来源

公共广播除了在理念、价值以及原则上与商业广播有区别之外,其资金来源、治理结构也是保证其独立性、多样性等公共广播基本原则的重要因素。MPR 的治理结构与 BBC 等公共广播机构是相似的,由代表公民(听众或会员)的信托委员会(Trustees)和负责日常管理的理事会(Officers of the Board)组成。当然亦有一些不同,BBC 的信托委员会成员是由来自财政、教育、文化、外交等社会各界的专家组成,一般由政府提名、皇家委任,任期 5 年,共 12 人。而 MPR 的信托委员会成员数额较多,现在任职的就有 26 位,对于任期的长短和人数没有相对明确的规定,且多数成员是资助电台的商业公司、公共公司的现任负责人以及大学校长等。理事会包括主席、副主席、总裁、财政部长(Treasurer)和秘书长(Secretary)。

(一)MPR 的资金来源很是多元化

2008 年度②获得的资助和营业收入为 8057.5 万美元,其中公共资助(support from public)为 64% 左右、营业收入(revenue from broadcasting activities)为 22% 左右、政府资助(support from governmental agencies)为 8% 左右、特许经营和执照费(royalties and licensing fees)为 1% 左右以及其他经营和投资收入 5% 左右(见图 7-2)。而公共资助包括很多名目,其中个人和会员资助(individual gifts and membership)占 29%、全国性包销(national underwriting)占 25%、地区性包销(regional underwriting)占 21%、社会捐赠(grants from endowments)占 10%、基金会捐赠(foundation grants)占 9%、商业和其他(business and others)占 5%,教育赞助者(educational sponsors)占 1%(见图 7-3);经营收入中也是比较

---

①　MPR. (2009). *Company Information.* http://minnesota. publicradio. org/about/mpr/. 2009-4-10.

②　美国公共广播机构的财政年度一般是从上一年的 6 月到当年的 6 月,比如,2007 年 6 月到 2008 年 6 月为 2008 年度。

多元的,包括广播活动、直播活动、执照费、投资回报以及其他收益等;政府资助中包括 CPB(近 83%)和其他政府机构资助(17%)两大部分。资金来源的多元化使得 MPR 的收入保持相对稳定,不至于命悬一线,这也是美国式公共广播的独特之处。

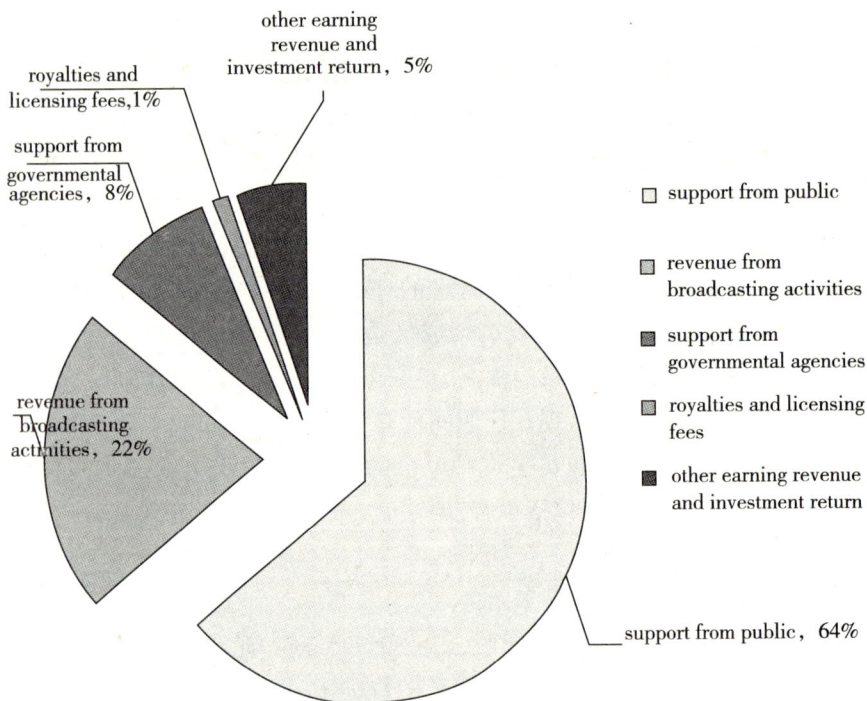

图7-2　2008 年 MPR 资金来源构成图①

(二)公共资助是 MPR 的主要资金来源

从 2003 年至今,公共资助一直占总收入的 63% 左右,其中个人和会员的资助占公共资助的 30% 左右(见图 7-4),而地方性商业机构的资助则占到 20% 左右,合计占公共资助一半。这在一定程度上保证了其独立性,不会受到某些团体或个人利益诉求的影响,特别是不会受到政府的制约,政府资助一直维持在 10% 左右,而且其中很大一部分是来源于 CPB。

———————

① 数据来源:根据 MPR2008 年年度报告绘制而成. MPR. (2008). 2008 Annual Report. http://minnesota. publicradio. org/about/mpr/finance/annual_report_2008. pdf . 2009 - 05 - 09.

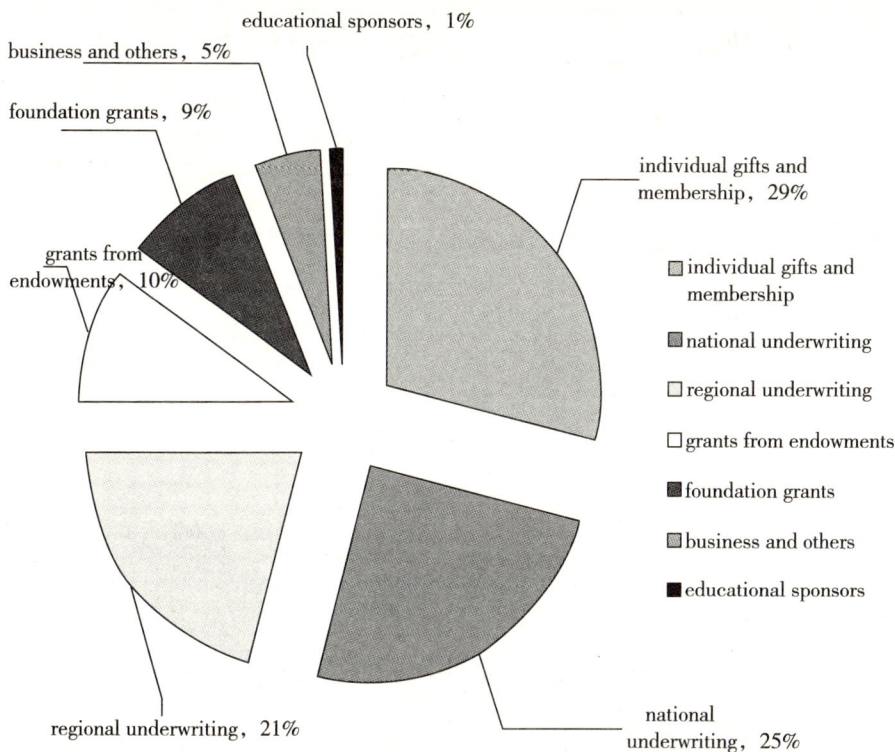

图 7 - 3　2008 年 MPR 公共资助来源构成图①

　　公共资助为主导以及多元化的资金来源收入模式是美国地方公共广播共同特点,特别是公共资助为主这一点是公共广播有别于商业广播以及维持其平稳运营和保持独立性的重要保障。比如南佛罗里达公共广播(Southern California Public Radio,简称 SCPR)2008 年度资助和经营收入为 1365.6 万美元,其中公共资助为 1224 万美元,占 93.1%,这个比例比 MPR 高 30 多个百分点。2007 年度 SCPR 的公共资助所占比例为 92%,2006 年度为 91%。而政府资助只占5.3%,营业收入为 1.7%。同样公共资助包括个人和会员资助(46.4%,会员资助 2006 年度占 48%,2007 年度为 50%)、包销 underwriting(43.6%)、基金会资助(8.4%)等多种方式。②

　　①　数据来源:根据 MPR2008 年年度报告绘制而成. MPR. (2008). 2008 Annual Report. http://minnesota. publicradio. org/about/mpr/finance/annual_report_2008. pdf . 2009 - 05 - 09.
　　②　数据来源:SCPR. (2009). Public Files. http://www. scpr. org/about/public/. 2009 - 09.

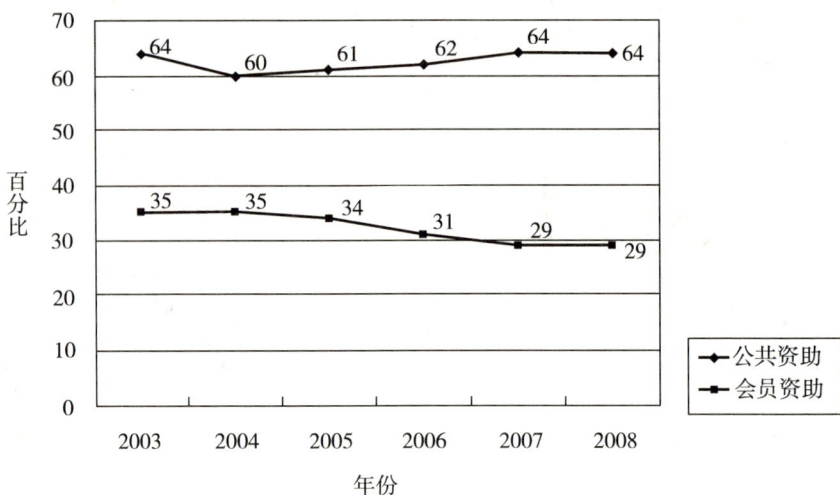

图 7 - 4　2003—2008 年度 MPR 公共资助以及会员资助所占份额演变图①

第三节　明尼苏达公共广播存在的现实问题

综上所述,明尼苏达公共广播诞生至今已近半个世纪了,形成了特有的价值理念、资金来源和治理结构模式,但也存在一些值得思考的问题。其中的一些问题具有一定普遍性,至少关乎美国地方性公共广播,乃至整个美国公共广播。

一、理念与原则问题

理念和原则问题实际上关系到如何看待广播这种资源和产供组合关系,也就是对广播资源性质、产供方式与服务对象等问题进行一些最基本的价值判断。公共广播是广播资源分配的产供组合方式之一,与商业模式、国有模式相比,首要的一点是认为广播资源是一种公共品,其分配与运用的宗旨是实现公共利益,即为一定地域范围内的所有公民提供信息、教育和娱乐内容与服务,这也是普适性原则的基本内涵。其次是广播产品与服务的供给应该由独立的公

---

① 数据来源:根据 MPR2003—2008 年年度报告绘制而成。MPR. (2008). 2003 - 2008 An-
nual Report. http://minnesota. publicradio. org/about/mpr/finance/annual_report. 2009 - 05 - 09.

共组织来承担,其运作资金也就必须源于公民,以免于政府和商业利益集团的干预,也就是独立性原则。最后是关于其服务对象的价值判断。公共广播视其服务对象为公民,而非消费者或意识形态教化对象,由此节目内容与展示方式不同于商业和国有广播,要满足公民多样化的需求与表达多元化的声音,进一步讲,公共广播应该是供公民了解和参与公共事务讨论的现代城邦。这有关系到多样性和独特性原则。这些基本原则所蕴含的核心价值是目前是世界公共广播所公认的。比照这些基本原则和理念,明尼苏达公共广播在这个层面上存在一些问题:

明尼苏达公共广播等美国地方性公共广播机构有较为明晰的价值理念,比如,地区性、互动性等,但尚未上升到原则层面。纵观明尼苏达公共广播近 5 年来的年度报告以及其官方网站,经常提到的是任务或使命(mission),而不提原则(principle)。当然这些任务中蕴含着上文论及的一些最基本的价值,不过很难归纳出其原则来。其内容不外乎三个层面:一是丰富听众的思想和滋养听众的精神(enrich the mind and nourish the spirit),二是由此提升听众的生活和拓展其视野(enhancing the lives and expanding the perspectives of our audiences),三是促进其社区发展(assisting them in strengthening their communities)。这三个方面并没有多少特别之处,甚至可以作为商业电台的使命。SCPR 的情形亦是如此,不过从其任务中能看出比明尼苏达公共广播较为明确的公共广播基本原则所蕴含的价值,其一是加强公民和文化纽带,以团结多元的社区(strengthen the civic and cultural bonds that unite Southern California's diverse communities),其二是强调其公共论坛的功能(We are a public forum that engages its audiences in an ongoing dialogue and exploration of issues, events and cultures in the region and in the world, seeking to provide greater understanding and new perspectives to the people of these communities and their leaders),涉及独立性、服务于公民等价值。MPR 和 SCPR 属于同一家公司还有这样大的差异,之所以如此,与美国公共广播所处的高度商业化的环境和其独特的发展历程有关,更与其资金来源相关。

二、资金来源问题

MPR 的主要资金来源于各种社会资助,这种资助是很多元的,但与 BBC 相比,其稳定性会受到一定的影响。在公共资助中,个人和会员资助所占比例是最多,这些个人集中在总裁、领导层和合作者的关系圈(circle),虽然有相当数量的会员,2008 年达 9.7 万人,但这种资助无疑会受到人际关系、信念和收入等多种因素的影响,具有较大的不稳定性。其次是地方和全国性的包销,而这些资助者都是地方或全国性的公司自愿资助的,这些公司的实际业绩、组织人事变动等都会影响到资助的可能性与力度。2007 年地方包销有 25 家,2008 年增加到 30 家,其中只有 11 家是两年连续资助的,比如 Blue Cross Blue Shield、Flint Hills Resources、Great River Energy、Greater Twin Cities United Way、Health Partners、Minnesota State Colleges and Universities 等,而 2006 年地方和全国性的加起来才 11 家。再者,从公共资金的构成来看,2008 年度地方和全国性的企业资助(包销)占总额的 46%,接近一半。这种资助在一定程度上与企业广告相近,这些企业包括像通用磨坊(General Mills)、美国银行(Bank of American)等,地方企业资助额度在 5 万美元以上,全国性的企业都在 10 万美元以上。

三、节目内容问题

公共广播之所以存在的另一个重要理由是节目内容的公共性,即要从多种角度、多种价值观报道公共事务,成为展示社会各个阶层的观点、看法和意见的重要平台,是讨论公共事务的公共空间,像古罗马的城邦。即从内容上要关注弱势群体、边缘群体等社会少数群体的利益以及关乎的社会各阶层的公共利益;从方式上要不偏不倚地传播社会各个阶层的声音,成为对一定区域的公共事务展开讨论的公共论坛。明尼苏达公共广播电台主要节目包括新闻、经典音乐和当代音乐等,音乐节目特别是经典音乐节目是明尼苏达公共广播最有影响的,自 2006 年秋季以来,其听众已达到 37.5 万人,也是目前美国经典音乐最大的提供者之一,而就音乐节目本身的属性来看无公共性或商业性可言,任何广播机构都可以把音乐节目作为其主要节目之一。从这个角度来看,很难辨识明尼苏达公共广播电台的公共属性。不过,音乐节目毫无疑问是明尼苏达公共广播的立命之本,迎合听众的喜好无疑是节目制作的宗旨。

值得一提的是明尼苏达公共广播的公众观察新闻〔Public Insight Journalism (PIJ)〕,主要方式是邀请社区代表或通过网络反馈对有关公共事务进行讨论,这种模式在全美公共广播电台中属于首创,在一定程度上起到了公共空间的作用。

四、结论

尽管像明尼苏达公共广播电台这样的美国地方公共广播存在一些问题,但自广播业在美国开始发展以来,地方性公共广播以独特的方式维护着公共利益,无疑成为打破商业主导广播市场一股中坚力量,在价值理念、资金来源和节目内容上为促进媒介的公共性的提升和发展提供了许多可资借鉴的经验与启示。

1. 公共媒介与广播公共服务问题

广播具有公共性,不仅是广播资源具有公共品性质,更为重要的是肩负公共空间的职能。目前,在公共服务提供上最具典范意义的仍然是 BBC,不过 BBC 及其模式的形成有其特定的地域文化和历史缘由,皇家宪章、执照费和独立的理事会的建构与 20 世纪初期国家干预主义、家长主义等有很大的关系①。而且是在广播诞生初期就确立了公共广播体制的独霸地位,后来发展都是在公共广播体制基础上的嬗变,这也就是制度变迁的路径依赖问题。而美国从广播发展之初就是商业体制居于主导地位,在这样的环境下要诞生像 BBC 一样的公共广播几乎是不可能的。明尼苏达公共广播在公共服务的供给上有其不可或缺的借鉴价值,在没有公共服务传统和体制的历史文化中,形成了地方广播公共服务供给的特有模式,节目定位与资金模式。特别是其地区性理念,诠释了在一定区域内实现公共服务的可行性。公共服务诚然具有普适性,但在疆域辽阔、文化多元的国家构建满足当地公民公共服务需求的模式,无疑更具有很强的现实价值与意义。这种情形也适应于多民族、多区域、多层次、多样需求的中国广播电视受众,特别是在一定时期内四级广播电视市场格局很难突破,由此,建构地方性广播电视公共服务体系更适合中国的实际国情。

2. 资金来源的多样化问题

明尼苏达公共广播的资金来源的多样化很值得借鉴,其价值在于:一是保证了相对的独立性,因资金来源不会集中在某一集团而受其影响或干预。二是在一定程度上保证了运营的持续性、稳定性,不至于命悬一线。进一步讲,广播电视公共服务的资金问题可以像 BBC 那样通过执照费的模式来解决,但 BBC 模式并不是放之四海而皆准的。实际上近年来关于 BBC 资金来源的多样化已成为一种趋势。由此,改变资金来源的单一结构模式成为数字化时代广播电视

---

① 李继东:《英国公共广播政策变迁与问题研究》. 北京:中国传媒大学出版社 2007 年版。

公共服务供给的关键问题之一。

3. 广播公共服务的内涵

明尼苏达公共广播给我们的另一个有价值的启示是对广播公共服务内涵的理解,公共服务的内涵会有一定的时代性和地域性,但具有普遍意义的共识。首先,广播公共服务满足一定地区、国家所有公民的信息、教育和娱乐等信息产品和服务的需求,还应肩负着提高公民个人素养和实现其社区价值。其次,广播公共服务不仅仅要推动信息传播技术普及和搞好基础设施建设,更为重要的职能应该是公民开放的讨论空间与参与性社区公共领域,起着政府与社会大众之间的桥梁作用。最后,广播公共服务不应仅仅视居民为消费者或教化的对象,而应视之为公民。

近年来,中国广播公共服务建设取得了很大的进步与突破,特别是在基本公共服务均等化方面可谓成绩斐然。不过,随着中国政治经济和社会的发展和改革不断深化,公共意识也在不断地增强,国民对于公共事务的关注度和参与度都在提高,由此,对于讨论公共事务的公共空间的需求日益凸显,广播等媒介公共服务在解决了基本公共服务供给的基础上,公共服务内涵亟须拓展。

第 八 章

台湾地区公共电视
政策变迁与问题研究

随着商业化浪潮的兴起和传播新技术的迅猛发展,媒介融合、全球化与解除管制成为近十年来传播领域的潮流。在此背景下,西方国家原有的公共广播电视发展由盛转衰,面临前所未有的挑战,公共电视生存还是消亡已成为当前学界与业界共同关注的问题。目前众多学者将目光聚焦对英国 BBC、日本 NHK 等经典公共电视模式的分析与探究上,本章运用美国学者托马斯·戴伊在《理解公共政策》中的理论架构透过公共政策学的视角探讨身处商业化环境主导的媒介生态中,中国台湾地区公共电视政策建立的原因、政策的形成及变迁历程,发展过程中的问题、对策。本章通过大量一手文献的梳理、台湾地区公共电视的媒体实践与十几位业界、学界、政界专家针对性的深度访谈,希望对台湾地区公共广播电视的关注和研究不仅是对全球传媒版图的一个完整关照,更重要的是对处于国际化接轨和产业化转型期的中国大陆地区广播电视业的重要借鉴。

第一节 台湾地区公共电视政策的形成与变迁

极权状态下的媒体被权力持有者拥有和控制,媒体反映和服务于执政党派的利益;在商业环境主导下的媒介生态中,追逐利润成为媒介公司的第一法则,多数节目因过度娱乐化而缺乏“公共性”,民主也成了一种“没有公民的”政治游戏。总之,这两种状态下,公共利益都严重受损。公共广播电视是维护和体现公共利益的一种制度安排与政策选择。台湾地区公共电视正是经历了"极权"与"商业"媒介环境后,经过了20世纪90年代经济起飞和政治民主化的快速发展,公共电视顺势而生。当然,不同于BBC、NHK等经典公共电视模式的诞生背景决定了其发展路径的独特性。台湾地区公共电视从1980年提出至1997年通过公共电视法,再到2006年公共广播电视集团的组建,近30年的探索实践与力量博弈给我们提供了一条清晰的研究路径。回顾台湾地区公共电视的发展,按照时间顺序,研究者将其分为以下两个阶段进行政策分析。

一、台湾地区公共电视政策构想、提出与形成(1980—1997年)

台湾地区公共电视的构建与形成是台湾当局的重要公共政策之一,为了对其进行科学有效的表述和分析,本部分的研究框架为美国学者托马斯·戴伊在《理解公共政策》(第十一版)(*Thomas R. Dye：Understanding Public Policy*, 11th *edition*)一书中关于公共政策形成过程模式。

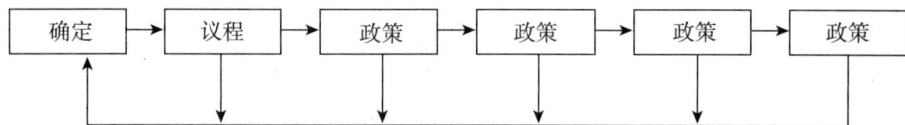

图8-1　政策流程图①

现实生活远比模型更为复杂,但是为了更好地理解公共政策的制定,尤其是考察台湾地区公共电视政策的形成与变迁,利用模型不失为一种有效的方法。本部分将按照时间顺序表述台湾地区自1980年,当时孙运璇宣布开办公共电视以来的重要事件,分为公共电视问题与构想(确定问题)、公共电视法案审议(议程设置和政策形成)、公共电视立法完成(政策合法化)和公共电视第一台建立(政策执行与评估)四个阶段,并以政策流程加以分析论述,以了解台湾地区公共电视的政策形成与变迁的历程。

1. 公共电视问题——确定问题(1980—1987年)

根据台湾学者王唯先生《透视台湾电视史》一书中的记述,台湾地区第一家

---

① Dye, Thomas R. (2004). *Understanding Public Policy*. (11th edition). New Jersey：Pearson Education Inc. p28.

电视台——教育实验电视台开播于 1962 年 2 月 14 日①,同年 10 月 10 日台湾地区第一家商业电视台台湾电视公司开播,7 年之后(1969 年)台湾中国电视公司和中华电视公司相继成立并开播,打破了台视独占台湾地区市场的历史。在其独占市场的 7 年间,"台视已经创造出和投资等额的盈余,为世界各国商业电视台所罕见的纪录。"②自此媒体的商营体制得以确立和发展,但是经历了十几年的快速发展,商业电视的弊端日益显现,学者和专家改革呼声不断,尤其是海归派在改进会议中多次建议开办公共电视,使节目趋向多元化、提升节目水准以平衡台湾地区商业电视偏失的现状。学界的呼声引起地方当局相关部门的关注。

台湾地区对"公共"相关议题的讨论源自于 1975 年国民党第 432 次中常会,通过文工会对有关电视问题提出建议和改进意见;1980 年 2 月 6 日,孙运璇在台北市木栅中小学教师自强爱国座谈会上表示:应在目前三家电视台之外,再成立一家公共电视台,负责制作没有广告的社会节目,以配合政策和教育的需要。③ 这是地方官员首次提出建立台湾地区公共电视的构想。1982 年 1 月 14 日台湾"新闻局"局长宋楚瑜审议《广播电视法(台湾地区)》第十四条之一时表示:为提高广播电视业水平,逐步发展公共电视,得自广播及电视事业之广告收入征收广播电视电波频率特许金。这是地方官员首次针对公共电视资金来源发表的意见。

1983 年台湾地区"行政院"决定办公共电视并责成"新闻局""立即成立节目制作机构"④,此决定具有两层含义:第一,地方当局开放 UHF 教育专用频道并制作公共电视节目,暂时放弃建立公共电视台的主张;第二,地方当局实行公商并营制,利用华视现有资源增设 UHF 全省播映系统,专供空中教学节目和公共电视节目之用。同年 3 月提出《公共电视节目制作中心计划草案》,确认公共电视节目内容以符合社会公益为首要目标,强调教育性、选择性、平衡性、示范性、公益性以及实验创作新品和高水准的产品,并且顾及到少数人群的需要,使各阶层观众对电视节目能有所选择,以弥补商业电视的不足。8 月 25 日,台湾地区"新闻局"草拟完成《第一阶段公共电视节目的制播计划》。此计划预定实施两年并规定了:以试办委制节目方式,每年计划制播节目 650 小时,利用三家

---

① 王唯:《透视台湾电视史》,台北:中国戏剧艺术实验中心出版,2006 年 10 月版,第 27 页。

② 吴心柳:《为什么需要公共电视》,台北:《联合报》(副刊)1992 年 4 月 14 日。

③ 赵天楫:《公共电视能为我们的社会做什么》,台北:《民生报》1983 年 11 月 27 日。

④ 张继高:《纯为公共利益服务的电视》,台北:《报学(六卷)》(第九期)1983 年 12 月 9 日,第 103 页。

电视台频道播出,无需支付播映费用;同时确定公共电视的节目及各类型节目的大概比例。计划于 10 月 18 日经"行政院"核定,随即展开筹备工作。

1984 年 2 月 16 日台湾地区"行政院"、"新闻局"公共电视节目制播小组(简称"公视小组")正式成立,主要人员由台湾地区"新闻局"人员兼任,另聘专业人员 5 人,该小组为推动台湾地区公共电视工作的主力。1984 年 3 月《公共电视节目制作中心计划草案》完成,这是台湾地区公共电视发展的具体蓝图①,对筹备工作、公共电视组成、节目制作方针、开办预算等方面都作了较为详细的规划。同年 4 月底,公视小组完成准备工作,32 个国内节目企划案完成审查辅导并进行制作;国外节目以英国广播协会的节目为主,共有 18 类节目总计 90 小时的节目录影带,分别完成审查与翻译加工的工作。5 月 20 日推出第一个公共电视节目《大家来读三字经》。播出时段由"公视小组"与三家电视台协商:第一,公共电视节目依《广播电视法(台湾地区)》与三台临时征用,原则不另支付时段费与播映费用,每台每周提供 5 小时;第二,在公视节目播出时段中,除应依规定(节目前后)允许播映广告外,中间严禁插播广告。同年拟定《(台湾地区)广播电视发展基金条例》草案,明确广播、电视事业之经营有盈余时,应提取其中百分之一至百分之十充作提高广播、电视事业水准及发展公共电视之基金。同年 5 月 5 日和 11 月 18 日,该草案于 11 月 30 日公布实施。至此,"公视小组"独立于台湾地区"新闻局"之外,成为财团法人"广播电视事业发展基金"执行机构下的一个民间组织。然而"公视小组"必须将节目播放时段寄生于三家电视台,而节目也是以外包方式交由传播公司制作的。

"公视小组"的演变分为三个阶段:"台湾'新闻局'国内新闻处公视小组"、"台湾'新闻局'公视小组"、"广电基金公视制播组"。显而易见,公视小组的重要性与地位不断提升。由台湾当局担任主角的"公视"极力试图降低其官方色彩,但是却难以摆脱台湾当局的控制。且不说前两个阶段台湾地区"新闻局"承担主要角色,其后隶属于广电基金仍难以摆脱当局的主导,因广电基金董事长由"新闻局"局长兼任,在节目制作的经费、人事等方面仍由台湾当局掌握。

2. 公共电视构想——议程设置(1987—1993 年)

"公视小组"毕竟不能等同于真正意义上的公共电视,其节目寄生于三家商

---

① 此时期的"公共电视"即为"公共电视节目",可认为是台湾公共电视的雏形。台湾传播学者冯建三认为:"公共电视节目"应要冠以"公共电视"实不恰当,若真要视为公共电视的一种实为"虾米模式"的公共电视。参见冯建三:《广电资本运动的政治经济学:析论1990 年代台湾广电媒体的若干变迁》,台北:《台湾社会研究丛刊之五》1995 年。

业电视台,仍然没有专属频道,在三台借用的时段经常被调动,损害观众收视权益,最初的公共理念、公共利益难以实现。

台湾地区的 1987 年是具有里程碑意义的一年,这一年 7 月 14 日,蒋经国宣告台湾地区解严。同年 12 月台湾地区"新闻局"首次提出《公共电视台设台计划草案》,次年 1 月,成立"公共电视台建台筹备工作小组",1990 年 8 月成立"公视筹委会",9 月筹委会召开第一次常务委员会议,成立"公共电视法(台湾地区)起草小组",1992 年 9 月《公共电视法(台湾地区)草案》在台湾地区"行政院" 2296 次院会通过并于 9 月 21 日通过审查。1993 年 3 月谢长廷及 29 位台湾地区"立法委员"提出《公共电视法(台湾地区)草案》。同年 3 月,该草案通过并备案审查。

需要说明的是,在政策的"议程设置"过程中,《公共电视法(台湾地区)草案》发生很大变化,经研究者对内容分析发现分歧,主要表现在以下三个方面:主管机关的归属、公视基金会人事结构、公视经费来源。这三个方面的差异将直接决定公共电视的独立性、客观性和自主性。

表 8-1　《公共电视法(台湾地区)草案》三方争议点概要表

版本	主管机关归属	公视基金会人事结构	公视经费来源
筹委会/学者版	不设主管机关	董事提名程序为:公视基金会董事由台湾"行政院"院长提名,经台湾"立法院"同意由台湾地区领导人任命;公视基金会应设经费稽查委员会,由董事互选 3 人组成(草案第三十四条)。	向现有 3 家电视台征收无线电波使用费作为公视最主要的财源;台湾当局与其他团体或个人的捐赠;亦可衡量情况开征有线电视的地区垄断权利金。
台湾"行政院"版	台湾"行政院"、"新闻局"(草案第三条)	董事提名程序为:公视基金会设董事会,置董事 15～19 人,由台湾"行政院"院长进行遴选(草案第十三条);监事规定:监事由台湾"行政院"院长就具有法律或会计等相关学识经验之人士遴选(草案第二十一条);董事中属于同一政党人数不得愈董事总额的 1/2(第十三条第三项);公视基金会应设监事会,置监事 3～5 人,其中 1 人为常务监事(草案第二十一条)。	台湾当局编列预算之捐赠;仅仅运用之孳息;国内外公司机构、团体或个人捐赠;从事公共电视文化事业活动之收入;代制节目之收入;其他收入。

版本	主管机关归属	公视基金会人事结构	公视经费来源
谢长廷版①	台湾"行政院"、文化建设委员会（草案第三条）	董事提名程序为：公视基金会董事由台湾"行政院"院长推荐，经台湾"立法院"同意后提请台湾地区领导人聘任（草案第十三条）监事之规定：不设监事，应设经费稽查委员会，由董事互选3人组成（草案第二十一条）；董事中属于同一政党人数不得愈董事总额的1/4（第十三条第三项）。	台湾当局应向商业台征收一定比例盈余给予公视；台湾当局编列预算之捐赠；仅仅运用之孳息；台湾地区内外公司机构、团体或个人捐赠；从事公共电视文化事业活动之收入；代制节目之收入；其他收入。

资料来源：公共电视图书馆资料②。

3. 台湾地区公共电视立法与完成——政策形成与合法化(1993—1997年)

1993年，台湾地区"立法院"开始对《公共电视法（台湾地区）草案》进行审读。只有通过"三读"此法案才能最终通过并完成立法，因此"三读"成为公共电视能否最终成立的关键。《公共电视法（台湾地区）草案》"三读"过程可谓一波三折，然终得通过，5年的共同努力得到回报。以下简述"三读"经过，以见公共电视政策形成及合法化过程。

《公共电视法（台湾地区）草案》（简称《草案》）移交立法院，为了尽快在台湾"立法院"获得通过并坚守学者版草案的公共电视精神，部分民间学者自行成

---

① 1992年台湾地区"行政院"通过的《公共电视法（台湾地区）草案》把1990年7位学者（杨日然、徐佳士、林子仪、许宗力、蔡明诚、许志雄、翁秀琪）的版本（后简称"学者版"）中，最重要的条文，如董事会组成、经费来源等条文全部改过，导致当时也担任筹委会委员的徐佳士愤然辞去委员职务。民间筹委会（亦即当时推动公视法的民间社运组织）随即商议请当时担任立委的谢长廷先生在台湾地区"立法院"审查《公共电视法（台湾地区）草案》时提出对案，这个相对《草案》，其实就是把"学者版"的条文再恢复。在此以列表的方式，清晰可见。另注：台湾地区立法程序是：针对立法草案，台湾地区"行政部门"可以提请自己的版本，假使台湾地区"立法部门"有立委也要提案，也可以，但必须先得到足够的立委人数连署，然后就可以并案（行政与立法，而台湾地区"立法院"可能不止一个版本，假使立委之间不能协调好，也可能会有不同立委支持的版本）送到台湾地区"立法院"依照程序审议。本注释源于台湾学者翁秀琪、冯建三教授访谈及邮件赐教，深表感谢。

② 同时参考1992年10月27日台湾政治大学传播学院18名专任教师联名发表《一封公开信：我们期待公视实至名归》。

立"公视民间筹备委员会"。1993 年 11 月 8 日,台湾地区"立法院"一读通过《草案》经费条文,决定征收三台年营业额的 10% 作为公视经费,此决议立即遭到三台主管及员工抗议,致朝野党派对于《草案》审议难达共识,遂致搁置。1993—1995 年,《草案》在审议进度极为缓慢。为了加快进度,1996 年 10 月,由台湾政治大学多位传播学者及民间关心公视法《草案》的团体组成了"公共媒体催生联盟",推动公视法《草案》审议。1996 年 12 月《草案》在通过二读,但仍无法完成三读。

1997 年 4 月 16 日,《草案》审议发生重大转变,国民党中央政策党政研讨会决定取消公视建台计划[①],引起社会各界普遍关注,专家学者纷纷表示支持公视。公视职工提出抗议,残障团体表示支持公视;台湾政大传播学者发表文章抗议;"公共媒体催生联盟"与"公视职工联谊会"结合台湾社会上各种关心公视的力量在法院前行烛光晚会,发起拯救公视的活动。台湾社会各界关怀公共电视建台的力量凝聚在一起,使面对存废危机的公共电视建台得到了生机。4 月 21 日,台湾地区"新闻局"对原来的方案进行了修改,提出"小而美"公共电视的方案,要点如下:第一,为减少开支不制作每日新闻,每周自制节目维持在 25 小时;第二,关于人事编制由 640 人减至 420 人;第三,经费方面,台湾当局前三年每年补助 15 亿元,第四年起降为 9 亿元,其后逐步降低台湾当局捐赠比例,最终自给自足、自负盈亏。[②]

在各方的努力和民众的支持下,1997 年 5 月 31 日晚 10 点终于通过《公共电视法(台湾地区)草案》三读,筹建 8 年的台湾公共电视台终于诞生,1998 年 7 月 1 日正式开播。通过的《公共电视法(台湾地区)》主要内容如下:第一,公视的主管机关为台湾地区"新闻局"。第二,组织方面(如图 8-2[③]):公视设立基金会,基金会设董事会,由董事 11~15 人组成,监事由 3~5 人组成。产生方式由台湾地区"行政院"提名董、监事候选人,提交审查委员会以 3/4 以上之多数同意后,送请台湾地区"行政院"院长聘任之。董事中属同一政党之人数不得逾董事总额 1/4;董事于任期中不得参与政党活动,每届任期 3 年,期满得续聘之。第三,经费来源:台湾当局编列预算之捐赠;基金运用之孳息;国内外公司机构、团体或个人之捐赠;从事公共电视文化事业活动之收入;委托代制节目之收入;

---

① 辛澎祥:《公视命脉昨被截断,建台开播计划被腰斩,公视即起停止运作》,台北:《大成报》第一版,1997 年 4 月 17 日。

② 台北:《"小而美"公共电视台计划方案》1997 年 4 月。

③ 图 8-2 图片来源:台湾公共广播电视集团(TBS)内部资料 2007 年 11 月。

中国广播电视公共服务体系:目标与实践研究

261

其他收入。① 台湾地区公共电视政策从构想、提出到最终形成经历了 18 年的时间,经过台湾当局、学界及民间团体和公众的共同参与,并经过广泛讨论,终于达成共识,通过三读完成了立法程序,路漫漫其修远兮,终于修成正果。在台湾当局形成过程中,我们清晰地发现:台湾地区的公共电视政策从比较复杂的政治干预转向了相对独立、自主的发展空间,但是经济因素的影响在随后的 10 年(1997—2006 年)变得愈来愈重要。

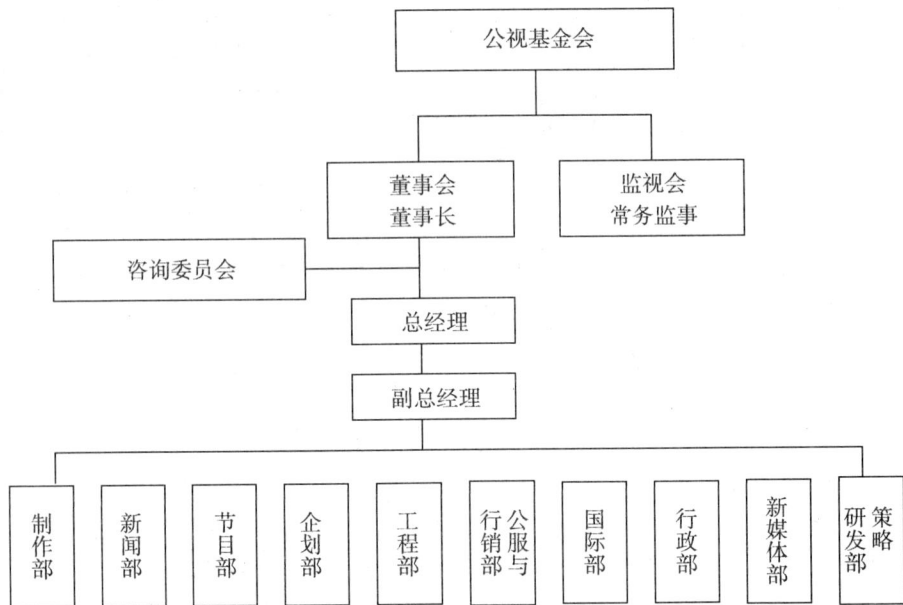

图 8-2　台湾地区公共电视台组织结构图

二、台湾地区公共电视运行与政策变迁(1997—2006 年)

台湾地区公共电视政策以 1997 年 6 月 18 日《公共电视法(台湾地区)》的制定实施为起点,至 2006 年台湾地区公共广播电视集团成立,其政策经过了 10 年的调整与演进。10 年间,公共电视政策自身逐渐完善,台湾公共电视得以发展壮大,本部分将从政策执行、政策评估与调整两个层面对公共电视政策进行考察。

(一)台湾地区公共电视台运行——政策执行与评估(1997—2006 年)

政策执行即为政策方案被采纳以后,政策执行者通过一定的组织形式将政策观念形态的内容转化为现实效果,从而使既定的政策目标得以实现的过程。关于

---

① 参见《公共电视法(台湾地区)》,台北:1997 年 7 月版,第 1267 页至第 1277 页。

政策执行,学术界形成了行动学派和组织理论学派两大流派,他们分别从两个不同角度和侧面对政策执行进行了描述。行动学派的代表人物查尔斯·奥·琼斯(Charles O. Jones)认为:政策执行是将一项政策付诸实施的各项活动,在诸多活动中,尤以解释、组织和实施三者最为重要。[①] 他强调政策执行的关键在于政策执行机关如何采取行动,以便顺利完成目标。而组织学派则强调政策执行中组织机构的作用。组织学派的代表人物 J. 佛瑞斯特(J. Forester)提出:传统的政策执行性规范理论强调政策执行机构及其人员对政策目标和政策规定的顺应行为,但是政策规划者、政策执行机构和人员的预期分析能力实际上是对政策执行成功与否起关键作用的因素[②]。组织理论学派认为,政策能否有效执行关键在于执行机构的主客观条件,即主观上要看能否理解和领会政策,是否具有执行的积极性;客观上要看是否拥有足够的资源,是否拥有足够的执行能力。事实上,两种关于政策执行的理论观点是从不同的角度进行阐述,各有道理。本研究者依据台湾公共电视政策执行的现实倾向于组织理论学派的观点,并以此为指导进行论述。

1. 台湾地区公共电视政策执行的客观环境

台湾地区公共电视政策的执行环境离不开台湾电视媒体的生存环境,简要回顾台湾电视媒体的客观生态,将有助于理解公共电视政策执行的实际情况。

1962 年 10 月,台湾电视公司的运营开启了台湾的电视时代,25 年间(1962—1997)无线电视产业由台视的一家独大到台视、中视、华视的"三足鼎立"的局面,直到 1997 年台湾民间全民电视台成立,才打破了无线电视产业三台寡占市场的局面。随着技术的发展,尤其是 90 年代以来,有线电视和卫星频道发展迅猛,卫星广电业者所提供的频道,已然成为台湾地区有线电视系统的主要节目来源。1993 年 7 月 16 日和 1999 年 2 月 3 日台湾地区有线电视法和卫星广播电视法相继颁布,台湾地区电视产业正式进入有线电视与卫星广播电视时代。依据各有线广播电视(播送)系统向台湾当局申报之 2004 年 12 月订户数数据显示:台湾地区有线电视收视户总户为 4319540 户,有线电视普及率为 60.40%。[③] 此种状况对无线电视产业的发展冲击极大,不但过去的风光不

---

① Charles O. Jones An Introduction to the Study of Public Policy. 2nd. ed. North Scituate, Mass. : Duxbury Press, 1977, p139.

② J. Forester, Anticipating Implementation: Normative Practices in Planning and Policy Analysis, in F. Fischer & J. Forester, Confronting Values in Policy Analysis: The Politics of Criteria, Beverly Hills: Sage Publications, 1987, pp. 153 – 173.

③ 《电视年鉴(台湾地区)(2003 – 2004)》,台北:2005 年版,第 37 页。

再,收视率逐年下降。传统的台视、中视、华视表现得最为明显,衰退的幅度已超过30%以上。通过"表8-2:台湾地区无线电视产业的产值估计"、"表8-3:2001—2003年台湾地区无线与有线电视广告投资金额"与"表8-4:1997—2003年台湾地区有线广播电视系统经营者数量与收入"可以看出,台湾地区无线电视衰退与有线电视强势此消彼长的情形。

表8-2 台湾地区无线电视产业的产值估计

（单位:新台币亿元）

年份	营业收入（亿元）	成长率（%）	广告收入（亿元）	成长率（%）	广告收入占营业收入比重（%）
1996	142.33	—	128.10	—	0.90
1997	147.00	0.0328	132.30	0.0328	0.90
1998	171.89	0.1693	154.70	0.1693	0.90
1999	145.76	−0.1520	123.90	−0.1991	0.85
2000	107.06	−0.2655	91.00	−0.2655	0.85
2001	101.50	−0.0519	81.20	−0.1077	0.80
2002	85.75	−0.1552	68.60	−0.1552	0.80
2003	81.20	0.0531	60.90	−0.1122	0.75
2004	93.64	0.1533	70.23	0.1533	0.75
2005	95.11	0.0157	66.58	−0.0520	0.70
2006	94.15	−0.0101	65.90	−0.0101	0.70

资料来源:台湾地区"行政院新闻局"委托研究案①。

表8-3 2001—2003年台湾地区无线与有线电视广告投资金额

媒体	广告量（新台币 亿元）			成长率（%）			市场占有率（%）		
	2001年	2002年	2003年	2001年	2002年	2003年	2001年	2002年	2003年
无线电视	115.60	98.16	87.86	−11.09	−15.08	−10.49	21.87	18.35	16.08
有线电视	161.44	223.59	257.13	−8.63	38.50	15.00	30.55	41.79	47.07

资料来源:《动脑月刊》2004②。

---

① 彭芸:《台湾地区电视产业发展与问题研究期末报告—上册》,台北:2004年版,第45页。

② 《动脑月刊》,台北:2004年第334期,第41页至第43页。

（单位：新台币亿元）

年度	1997	1998	1999	2000	2001	2002	2003
家数 （个）	0	11	32	61	63	64	64
营业收入 （亿元）	0	11.74	39.83	155.32	246.77	274.27	297.19

资料来源：台湾地区"行政院新闻局"制表。

截至 2004 年年底，台湾地区无线电视台经营业者有台视、中视、华视、民视以及公共电视等 5 家；有线电视系统业者有 63 家，卫星广播电视公司有 75 家，卫星直播服务经营者有 5 家。无线五台在 2004 年 7 月 1 日同步提供多频道数字电视服务，总计提供 14 个数字频道服务。[1] 以市场份额成长最快的有线电视为例，在台湾地区 650 万收视户当中，有线电视普及率高达 83.8%[2]，而平均每一个有线电视收视户每个月不足 20 美元费用，可收看 80 多个有线频道。因此，由于选择节目的空间很大，每个频道及节目的市场占有率也降低许多。在 1993 年以前无线电视独霸的时代，连续剧的收视率可以超过 30%，晚间新闻收视率也可以达到 20%，但是现在收视最好的节目也不过拿到 6%[3]的收视率，台湾地区电视市场竞争日趋激烈，无线电视市场份额直线下降。从 2000 年到 2003 年，无线电视的广告份额以每年 10% ~ 15% 的速度递减，这样的份额如何能支撑每天六七百万开销的商业无线电视台？当有线电视急速扩张的同时，无线电视台只剩下了 4 个，并且在定频的过程中被边缘化。无线台较有线台单位生产能力低、人力成本高，其原有的品牌优势在有线台的围攻下逐渐消失。

1998 年台湾地区公共电视诞生，在这种背景下，作为无线电视本居弱势，又没有老无线三台的品牌优势，又承担维护当地民众表达自由及知情权、提高当地民众文化及教育水准、促进民主社会发展、增进公共福祉的责任，公视的诞生就意味着选择了一条艰辛之路。

公共电视在面对收视困境之外，在党派利益争夺之间如何真正实现独立自主地发挥第四权的功能，也成必须面对的问题。随着 1987 年台湾地区政治解

---

① 《电视年鉴（台湾地区）（2003—2004）》，台北：2005 年版，第 22 页。

② Nielsen Media Research 2003。

③ 徐秋华《公营广播电视的质素研究 — 台湾公视的经验》，香港：《传媒透视》，2004 年 4 月。

严,台湾媒体环境进入开放的时代,媒体外部的政治干预得到解除,但是媒体经营仍有当局政党势力的介入。公共电视台虽然受到《公共电视法(台湾地区)》的保护,台湾当局无权干涉公共电视台的节目制作,但是依照《公共电视法(台湾地区)》第三条①,公视基金会之上还有一个主管机关台湾地区"行政院新闻局"。另外,还有经费问题。《公共电视法(台湾地区)》第二条第三项②有"递减条款",即"公共电视基金会由台湾当局依本法编列预算捐赠部分之金额应逐年递减为上一年金额百分之十,至第六年以后应为第一年台湾当局编列预算金额之百分之五十"(约新台币6亿元),公视不足的经费应自行筹募。然而,实际上公视已建有三栋大楼、八个摄影棚,其基本设施与运营规模最初是按照每年高达60亿元新台币来设计的,可是开播时却只有12亿元经费,难怪公视首任董事长吴丰山先生称"递减条款"为"植物人条款",让公共电视"不会死,但也不会有力量活"。

台湾地区公共电视与世界各国公共电视一样,随着传播新科技的发展,公共电视台已经失去了以往的优势与市场占有率。台湾地区公共电视诞生在1998年这个无线电视衰退、有线电视飞速崛起的背景下,经历了四十多年威权统治③、四十多年商业电视传统的社会,公共电视政策的执行虽然成为台湾地区"媒介乱象"的一股清流,但实力与使命的反差,使其运行之初便举步维艰。

2. 台湾地区公共电视政策执行的主观行为与评估

台湾地区公共电视肩负着"制播多元优质节目,促进公民社会发展,深植本地文化内涵,拓展国际文化交流④"四项使命,怀抱"公共服务领域的领导品牌、

---

① 参见《公共电视法案(台湾地区)》,台湾:1997年7月版,第1267页。

② 同上。

③ "回顾将近四十年间(1949—1987年)台湾当局的威权官僚政权玩弄媒介于股掌之间,完全置之于从属国家意识形态工具的地位。"引自李金铨《国家控制,科技颠覆,文化自主——台湾有线电视政治》,李金铨《超越西方霸权—传媒与文化中国的现代性》。香港:牛津大学出版社2004年版,第185页。

④ 四项使命:①制播多元优质节目:坚持节目质量,弥补商业电视台市场导向的不足。透过专业的品管机制,制作符合公视使命与观众需求的节目,真正落实公众付托。②促进公民社会发展:公视的节目政策,在于维护民众表达自由和知的权利,提高全民教育和文化水平,并促进民主社会发展,增进公共福祉。③深植本地文化内涵:以客观负责的态度,真实记录重要历史事件和观点,并介绍台湾各族群丰富的文化内涵,让民众更充分了解自己生长的土地和文化。④拓展国际文化交流:积极参与国际间各项交流活动,增进人民对本地文化与其他区域文化的认知。参见财团法人公共电视文化事业基金会《2001年(台湾地区)公共电视年度报告》,第14页。

教育文化节目的领导品牌"两个愿景①。《公共电视法(台湾地区)》第一条明确其办台主旨:"为健全公共电视之发展,建立为公众服务之大众传播制度,弥补商业电视之不足;以多元之设计,维护公众表达自由及知之权利,提高文化及教育水平,促进民主社会发展,增进公共福祉,特制定本法。"可见台湾地区公共电视不同于主要发挥第四权力功能的英国 BBC、主要服务多元化的日本 NHK、主要服务精英阶层的美国 PBS 和主要服务少数族群的澳大利亚 SBS②,而是结合台湾地区媒介现状,弥补商业电视过分同质化、庸俗化的缺陷,在文化品位、政治观点及族群面貌上展现多元均衡的特色,因此节目多注重妇女、儿童、原住民等特殊需求,内容则以教育、益智、环保、文化艺术等为主。服务弱势族群,收视率虽不能与商业电视争锋,但是部分节目仍获得到广泛好评,可以从以下几个方面的数据得以佐证:

第一,公视节目海内外评奖表现。

公共电视虽然不以得奖作为经营目标,但是得奖与品质相关联,获奖的多寡是公共电视节目质量得到肯定的一个指标。笔者仔细阅读 2001—2006 年台湾地区公共电视年度报告,统计出 6 年公共电视获奖情况列表(见表 8 - 5):

表 8 - 5　2001—2006 年台湾地区公共电视海内外入围及获奖列表

年度 奖项	2001	2002	2003	2004	2005	2006	共计
入围奖项	56	98	—③	92	145	151	>542
获奖项	26	45	46	48	55	25	245

资料来源:《2001—2006 年(台湾地区)公共电视年度报告》。

---

① 两个愿景:①公共服务领域的领导品牌:公视自我期许成为公共服务领域的领导品牌,提供自由、公开、理性与多元的公共领域,制播优质新闻、公共服务节目,结合社会资源、守护公众利益,实践公共服务的承诺;②教育文化节目的领导品牌:公视期望成为观众心中教育文化节目的领导品牌,针对每一个学习阶段的个体提供最适切的服务。公视致力于以多元视野、多样风貌,和高质量的专业技术,制作世界级的教育文化节目,提升民众教育与文化水平。参见财团法人公共电视文化事业基金会《2001 年(台湾地区)公共电视年度报告》,第 14 页。

② BBC(British Broadcasting Corporation 英国公共广播公司)、NHK (Nippon Hōsō Kyōkai or Japan Broadcasting Corporation 日本放送协会)、PBS(Public Broadcasting Service 美国公共电视台)、SBS(Special Broadcasting Service)澳大利亚特别广电服务。

③ 2003 年海内外入围奖数据本研究者未得到,故空缺。在总量统计中只取除 2003 年的另外 5 年,故为大于 542 项。

第二,节目收视率与占有率表现。

占有率是收视占有率和视听众占有率的简称,又称市场份额,指特定时段内收看某一频道(或节目)的人数(或家户数)占打开电视机总人数(或家户数)的百分比①。占有率不同于收视率②,它考虑的是在打开电视机的观众中,观看某频道或节目的观众所占比例。正因为占有率是针对开机的观众而言,是对实际观众收视选择的一次逼近考察,它更能表明特定时段某一频道或节目在收视市场上的竞争力。电视竞争归根到底是对观众的争夺,商业电视通过收视率获取利润,公共电视通过收视率可以得知其为公共服务的范围和影响,进而体现其存在与服务的价值。

通过图8-3"1998—2006年台湾地区公共电视收视率与占有率表现图",可以清晰地看到公视收视率与占有率的变化,其稳步上升表现公视在逐步得到观众的认可。但是,从另外一个角度讲,相对于台湾地区其他百余个频道而言,其竞争力明显偏弱。

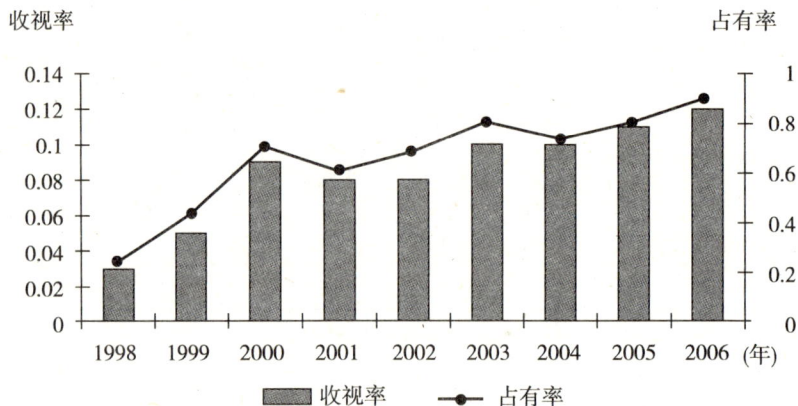

图8-3 1998—2006年台湾地区公共电视收视率与占有率表现图

资料来源:AGB尼尔森调查公司与2006年台湾地区公共电视年度报告。

第三,节目收视质表现。

收视率调查数据只能用来统计和分析收视行为选择的结果,而不能够说明观众对频道的满意程度。也就是说,电视收视率只能反映出观众收看的量,却

---

① 刘燕南:《电视收视率解析》,北京:北京广播学院出版社2000年7月版,第98页。

② 收视率只关心某一时段观看某一频道或节目的观众占总体观众的百分比,并不考虑总体观众中打开电视机的数量,它是一种绝对量的测量。

不能反映出观众收看节目之后的心理感受,只有将收视率与收视质并重才能较为准确地评估电视节目的品质,进而评估台湾地区公共电视的政策执行效果。自 2001 年开始,公共电视委托市调公司进行收视质研究,以电话访问方式,调查频道知名度、频道满意度等信息,作为节目绩效的另一指标。

通过图 8 - 4:"2001—2006 年台湾地区公共电视知名度与满意度变化图",可以清晰地看到公视知名度与满意度都在稳步上升并且维持在较高的标准分值。从微观分值来看,知名度百分比维持在 79.4%—85%,满意度维持在 79.3~84.3。可见,台湾地区公共电视收视质在一定程度上得到受众的认可。

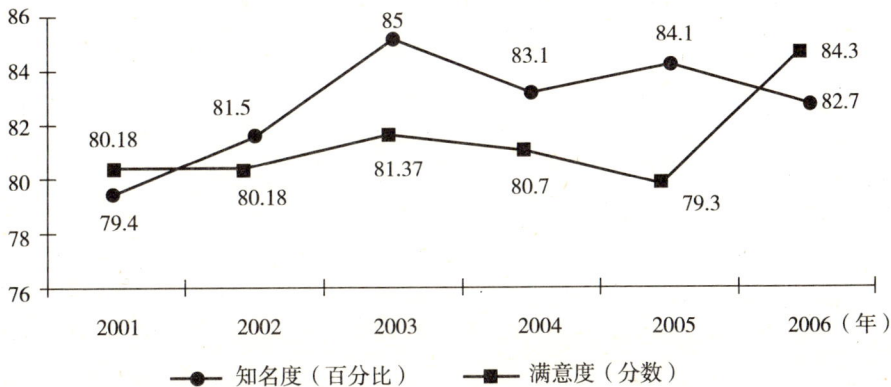

图 8 - 4 2001—2006 年台湾地区公共电视知名度与满意度变化图

资料来源:《2006 年(台湾地区)公共电视年度报告》。

第四,增益率表现。

公共电视台作为一个公共服务频道,要制作品质较高的节目,还要将节目与周边服务作为与公众沟通的平台,从而全方位实践服务公众的宗旨。因此,针对节目播出之后对观众的影响,对营销成绩、赞助成绩、网站表现、公共服务相关活动及其他推广等相关公共信息与后续服务设计"增益率"进行考量。其中小额捐款额与公视之友活动参与人数的消长是评估民众认同度的重要指标。

通过图 8 - 5"1998—2006 年公视之友小额募款达成金额"与图 8 - 6 "1999—2006 年公视之友优惠活动参与人数"的稳步增长可见公共电视观众的认可度在逐步提升。此外,根据 2006 年公视之友客服满意度调查显示,有88% 的公视之友愿意继续捐款赞助公视,而非会员有 53% 愿意捐款给公视。

全部受访者中,有接近80%知道公视需要自行募款筹措经费。可见,让会员因认同而持续赞助公视,让非会员了解公视并捐款加入公视之友,都有较大的发展空间。

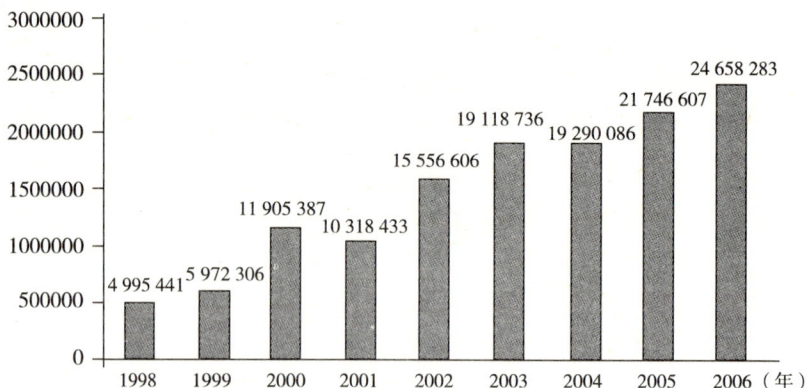

图8-5 1998—2006年公视之友小额募款达成金额

资料来源:《2006年(台湾地区)公共电视年度报告》。

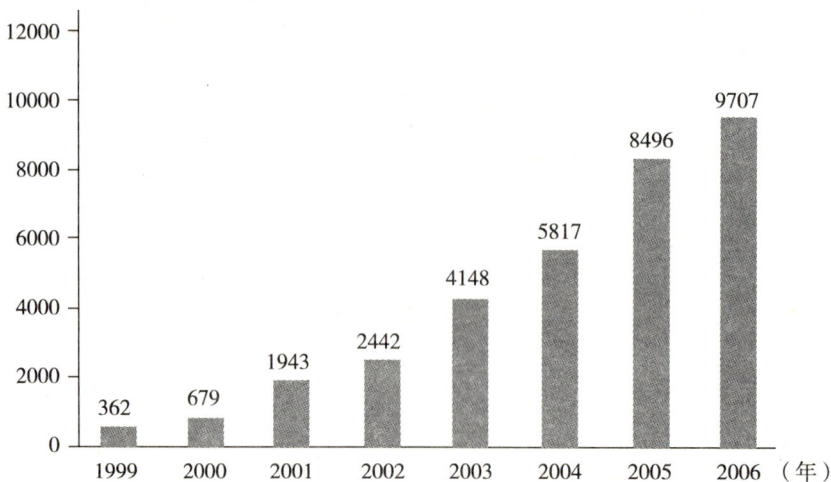

图8-6 1999—2006年公视之友优惠活动参与人数

资料来源:《2006年(台湾地区)公共电视年度报告》。

(二)从台湾地区公共电视台(PTS)到台湾公广集团(TBS)——政策调整

1. 公共电视法规(台湾地区)调整

《公共电视法(台湾地区)》于1997年6月18日制定施行,在政策执行过程中,该法规于 2001 年、2004 年先后两度修正部分条文(第二条、第二十四条及第四条),主要内容为删除台湾当局补助公视预算逐年递减的条款,将目前公视基金会使用台湾当局"国有财产"的模式明文化。

(1)经费问题

台湾地区公共电视自 1997 年运行以来,台湾当局补助经费不断紧缩成为不容回避的客观现实。环顾世界各国公共电视,经费不足已经成为面临的重要问题之一。因为随着传播科技的迅猛发展,公共电视台已经丧失了以往的优势和市场占有率,原有的市场已经被有线电视、卫星电视、付费电视等新型的传播方式所"瓜分"。在这个时代与世界背景下,1997 年 5 月 31 日完成《公共电视法(台湾地区)》在台湾地区"立法院"的三读审议,此规定"公共电视基金会由台湾当局依本法编预算捐赠部分之额应逐年递减,至第六年以后应为第一年政府编列预算金额之百分之五十以下",并通过附带决议规定"公视基金会成立第一年,依本法第二十五条规定台湾当局编列预算捐赠部分,由台湾地区'行政院'编列预算 12 亿元新台币"。1999 年下半年及 2000 年编列公视预算新台币 15.6 亿元,在逐年递减的原则下,2001 年仅编列 9 亿元。因为《公共电视法(台湾地区)》中的"递减条款①",第六年以后应为第一年台湾当局编列预算金额的百分之五十(约 6 亿元新台币),不足的经费由公视自行解决。

由于"附带决议"的规定,公共电视运行几年来,经费紧张在很大程度上制约了公共电视的发展。台湾政治大学关尚仁教授撰文指出:《公共电视法(台湾地区)》在立法过程中为顺利诞生,在经费来源所作的妥协性决议说明(附带决议第一条),使得 7 月 1 日刚开播的公共电视,面临经费不足的困境。这种情形是由于公视在筹备期间,硬件、设备与人员规模上皆按照 25 亿元经费的经营规模来规划,现在却按照 12 亿的经费维持运营,并且经费逐年递减。这被公视首任董事长吴丰山称为"植物人条款",让公共电视"不会死,但也不会有力量活"。

针对此现状,如表 8 - 6"2001 年《公共电视法(台湾地区)》修正之条文(第二条)"规定,"公视基金会由政府依本法编列预算捐赠部分之金额应逐年递减,第一年金额百分之十,至第三个会计年度为止"。虽然这种调整不能彻底改变公共电视经费紧缺的现状,但是一定程度上缓解了经费紧缺的问题。有关经费问题,其涉及的层面较多,当初立法时为了减少台湾当局的干预、尽快通过立法,致使经费一再压缩。然而压缩经费使公共电视无法取得足够的财源,很难持久经营

---

① 公共电视基金会由台湾当局依法编列预算捐赠部分之金额应逐年递减百分之十。

下去。按照当初的意愿设计公共电视经费来源的多元化,又由于经费的性质不同,会直接或间接地影响公共电视的自主性及未来发展方向。因此,公共电视几年来的运行实践使得经费问题日益凸显,"2001年《公共电视法(台湾地区)》修正之条文(第二条)"也是多方博弈、相互妥协的结果。公共电视受经费不足制约较大,随着其发展壮大、影响力增强等客观实际情况,将进行有关规定的调整。

表8-6 2001年《公共电视法(台湾地区)》修正之条文(第二条)

修正前条文	修正后条文(现行条文)	修正说明
第二条　为实现本法之目的,成立财团法人公共电视文化事业基金会(以下简称公视基金会),经营公共电视台(以下简称电台)。 　公视基金会之成立、组织及运营,除本法另有规定外,适用"民法(台湾地区)"有关财团法人之规定。 　公视基金会由政府依本法编列预算捐赠部分之金额应逐年递减,第一年金额百分之十,至第六年以后应为第一年台湾当局编列预算之百分之五十以下。	第二条　为实现本法之目的,成立财团法人公共电视文化事业基金会(以下简称公视基金会),经营公共电视台(以下简称电台)。 　公视基金会之成立、组织及运营,除本法另有规定外,适用"民法(台湾地区)"有关财团法人之规定。 　公视基金会由台湾当局依本法编列预算捐赠部分之金额应逐年递减,第一年金额百分之十,至第三个会计年度为止。	设置公共电视,实为增进公共利益之必要措施,为维持节目制播及服务公众之质量,台湾当局捐赠经费部分,宜保持适当弹性,视台湾当局财政或公视发展状况,编列适当之预算捐助,爰修正第三项文字,台湾当局每年捐赠公视经费维持新台币9亿元。

资料来源:《电视年鉴2003—2004(台湾地区)》。

(2)电视数字化发展

技术的发展推动人类社会不断向前发展,传媒技术的革新改变着人们的生活方式。加拿大著名传播学者麦克卢汉(M. MeLuhan)在20世纪60年代出版的《理解媒介》一书中"媒介即讯息"的论断曾引起广泛影响,他认为,媒介本身才是真正有意义的讯息,每一种新媒介的产生都开创了人类感知和认识世界的新方式,媒介是社会发展的基本动力。随着电视技术的发展,经过无线电、有线、卫星等传输方式变革,电视数字化将成为媒介技术变革的发展趋势。

根据发达国家经验,公共媒体在电视数字化转换、影视产业扶植以及文化海外推广等方面都扮演重要的领导角色,英国BBC、日本NHK等全球知名无线公共广电体系,依然加紧脚步,从事变革与努力,创造更多公民应得之媒体公共利益。在台湾地区，无论就广电生态或数字转换而言，台湾的电视产业均处于发展的关键时刻。社会对公共媒体充满期待，政府推动公共化、数字化的媒体政策十分明确，台湾公视对无线广播电视数字化的未来趋势，也在积极地加大投入与技术转换。未来公视将推出公民美育（文化艺术）频道、儿童少年频道、海外国际频道、境内外语频道、HDTV 频道等服务；数字建置方面将推出 DVB-H/IPDC 行动电视、无线数字第二单频网、数字数据库、数字广播频道等，期望以公共投资振兴文化创意产业，并带动数字产业发展。

因此，在政策方面，台湾地区公共电视也进行了有关规定的调整。如表 8-7"2001 年《公共电视法（台湾地区）》修正之条文（第二十四条）"，为了避免阻碍公视数字化发展技术，在"《公共电视法（台湾地区）》修正条文第二十四条"中，将原条文"公视基金会依前项第三款所投资之事业，以有限公司或股份有限公司为限，其所投资额应保持所投资事业资本总额三分之二以上"中，已将"其所投资额应保持所投资事业资本总额三分之二以上"文字删除。

表8-7　2001 年公共电视法（台湾地区）修正之条文（第二十四条）

修正前条文	修正后条文（现行条文）	修正说明
第二十四条　总经理为下列行为，应事先经董事会书面之同意： 一、不动产之取得、让与、出租、出借或设定负担。 二、发射设备全部或一部之让与、出租、出借或设定负担。 三、投资与公共电视经营目的有关之其他事业。 四、其他依本法或章程规定应经董事会同意之事项。 公视基金会依前项第三款所投资之事业，以有限公司或股份有限公司为限，其所投资额应保持所投资事业资本总额三分之二以上。 第一项第一款、第二款之行为，应由董事会报请主管机关核备。	第二十四条　总经理为下列行为，应事先经董事会书面之同意： 一、不动产之取得、让与、出租、出借或设定负担。 二、发射设备全部或一部之让与、出租、出借或设定负担。 三、投资与公共电视经营目的有关之其他事业。 四、其他依本法或章程规定应经董事会同意之事项。 公视基金会依前项第三款所投资之事业，以有限公司或股份有限公司为限。 第一项第一款、第二款之行为，应由董事会报请主管机关核备。	面对无线广播电视数字化之未来趋势，充满无数之前景与变量，需要所有相关业者共同策划与执行，以集中资源之方式，开发对最多数人具有价值之服务。为免阻碍公视数字化之发展技术，爰删除第二项后段之规定。

资料来源：《电视年鉴 2003—2004（台湾地区）》。

（3）公共资源分配

台湾地区公共电视台在具体运营层面涉及到资源分配与使用等问题,然而2004年以前制定与修订的《公共电视法(台湾地区)》并未对公共电视的资产使用、实际分配等方式进行较为明确的界定,许多亟待解决的细节问题仍然悬而未决。如下表8-8"2004年《公共电视法(台湾地区)》修正之条文(第四条)"对上述问题进行了法律界定,增列第二项规定,一方面确立公视基金会使用台湾当局"国有财产"之适法性,并同时兼顾台湾当局"国有财产"权益。但是这种调整仍然需要对相关政策议题审慎研究后,调整政策法规,切实解决资源分配与使用问题,才能促使台湾地区公共电视的理念与使命得以实现与完成。

表8-8 2004年《公共电视法(台湾地区)》修正之条文(第四条)

修正前条文	修正后条文(现行条文)	修正说明
第四条 公视基金会之创立基金,由主管机关编列预算捐助新台币一亿元,并以历年编列筹设公共电视台预算所购之财产径行捐赠设置,不受预算法第二十三条之限制。	第四条 公视基金会之创立基金,由主管机关编列预算捐助新台币一亿元,并以历年编列筹设公共电视台预算所购之财产径行捐赠设置,不受预算法第二十三条之限制。 公共电视筹备委员会设立时,因业务必要使用之台湾当局"国有财产",除依前项规定径行捐赠者外,由主管机关无偿提供公视基金会使用。但因情势变更,公视基金会之营运、制播之节目已不能达成设立之目的者,不适用之。	一、为使公视基金会对于财产之管理与使用,在法规之适用上能更臻完善,并使公视基金会永续经营,特参酌已送请台湾地区"立法院"审议之《(台湾地区)运动训练中心设置条例》草案、《(台湾地区)文学馆设置条例》草案、《(台湾地区)教育研究院设置条例》草案等体例,增列第二项规定,一方面确立公视基金会使用台湾当局"国有财产"之适法性,并同时兼顾台湾当局"国有财产"权益。 二、预算法第二十三条已修正为第二十五条第一项,爰予配合修正第一项文字。

资料来源:《电视年鉴2003—2004(台湾地区)》。

（二）从公视到公广集团。

为了处理台湾当局、台湾当局投资事业及台湾当局捐助设立的财团法人持有民营无线电视事业的股份,维护媒体自主,并提升无线电频率的使用效益,追求优质传播文化,2006年1月3日台湾地区"立法院"通过了《无线电视事业公股处理条例》法案。这一法案的出台致使老无线三台摆脱台湾当局控制,自此台湾电视产业逐步结束官控商营的历史。

根据《无线电视事业公股处理条例》第三章《公共化无线电视事业公股处理方式》的第十二条的规定如下：

一、公视基金会应整合公共化无线电视事业资源，推动无线电视数字化环境之建构，有效运用数字频率资源。

二、公视基金会应负责公共化无线电视事业播送多元、优质及符合公共利益之节目、频道，兼顾儿童、妇女、老人、残障、特定族群之权益及终身学习之目标，并重视区域均衡发展，必要时设专属频道。

三、公视基金会应负责公共化无线电视事业于儿童节目时段，不得插播广告。

四、公视基金会应负责公共化无线电视事业播送之节目、广告，不得为政党或宗教团体宣传。

五、公视基金会不得将前二条受赠之股份及其股票股利转让他人；公视基金会应将前二条受赠股份产生之现金股利及红利捐赠予公共化无线电视事业。

六、公视基金会不得规避、拒绝提供第十五条规定之数据。

七、其他为达维护媒体专业自主，追求优质传播文化，提升经营效率，创造公共化电视环境之目的所设之负担。

台湾当局释出股权的"台湾电视公司"、台湾"中华电视公司"将进行改制，民营化和公共化是改制的方向。鉴于台湾地区广播电视业的竞争已达白热化程度，若"三台"全部进行民营化，必将使已经竞争惨烈的市场雪上加霜。同时，随着公共电视的发展壮大和无线电视数字化环境的建构，台湾"中华电视公司"根据此法案改制成为了公共广播电视台，2006年7月1日同公视一起组成了TBS台湾公共广播电视集团（简称台湾公广集团）。因为此条例的颁布，台湾电视台进行了局部整合，2007年1月1日，包括为少数族群服务的客家电视台（Hakka TV）、台湾地区的原住民电视台与为海外华人服务的台湾宏观电视台（Hon - guan TV）在内的多家电视台并入台湾公广集团。从此，台湾地区公共电视基金会由一台发展为五台，从原来的"小而美"向"大而壮"方向发展。台湾地区"立法院"于2006年6月30日院会三读通过《公共广电与文化创意、数字电视发展二年计划》，这项高达44亿新台币的建置经费，这项包括高画质电视、行动电视、数字片库建置等在内的关系数字发展和产业生态环境的计划，均由公广集团负责执行。可见新组建的台湾公广集团在数字化时代承担着越来越重要的公共服务责任。

台湾地区公共电视的发展分为公共电视节目、公共电视台和公共电视制度几个方面。台湾地区公共电视从单一的电视台到公广集团是一条逐步公共化的道路,这间接说明台湾当局支持以"公共化"来改革台湾无线电视产业,股权反映"民有、民治",服务则反映"民享"的精神。整体来说,就是将台湾当局"国有商营"的电视台,纳入公共广播电视制度的框架。正如台湾政治大学翁秀琪教授所言:新组建的台湾公广集团的使命有两点:第一,平衡台湾有线电视高达85%的渗透率,第二,扩大在公共广播业的公共投资,以提升公共广播的服务和提供多元文化的价值观。

第二节　公共政策系统中公共电视的问题与对策

一、政策系统中台湾地区公共电视存在的问题

本章第一节主要以台湾地区公共电视政策为例,从政策构想、形成、变迁三个方面对商业环境主导下的公共广播电视政策系统进行了梳理、分析与论述。然而,在公共政策系统中的公共电视媒介真实的生存状态如何? 今天的台湾地区公共电视存在哪些问题,又将怎样解决? 因此,本节将从公共电视政策执行的载体台湾地区公共电视的实际问题出发,从宏观与微观两个纬度对政策环境下的问题与对策进行探讨与阐述,进而完善商业环境主导下公共广播电视政策系统的研究。

1. 资金问题

世界各国在设计公共电视体系时,为确保其非政府非营利的独立性,确保较为充裕与稳定的资金来源,都采用各种方式进行规制,如英国 BBC 的执照费模式、美国 PBS 的政府补助金模式等。可见,资金问题是公共广播电视生存与发展的重要问题之一,也是政策变迁与政策安排中的核心问题之一。

台湾地区公共电视从诞生之初的设计是以台湾当局补助金为主的模式,辅之以代制销售节目、接受民间各方捐赠的自筹收入。随着台湾地区公共电视不断发展壮大,台湾当局补助金在台湾公共广播电视集团的收入比例中逐年下降,自筹金额逐步上升,经费的压力明显增大。以公视 2006 年为例,其总收入近 15 亿元,台湾当局补助金 9 亿(约占 60%),有线电视事业发展基金捐赠9500 万(约占 6%),自筹资金①约 5 亿元(约占 43%)。2006 年合并到公广集团的"中华电视",财源完全依赖商业收入模式(尤以广告收入为主),客家台、原

---

① 自筹资金主要包括企业与个人捐赠、租金收入、影视产品与节目版权之销售收入、孳息收入、活动收入、代制节目收入及其他收入等。

住民电视台、宏观电视台则以委托公视基金会办理频道,经费由台湾当局单位编列预算。随着台湾地区公共电视的发展,公广集团日益壮大,经费问题成为政策制定的突出问题。

2. 收视率问题

任何媒介都是通过满足受众的兴趣与需求、为受众接收信息服务而实现其基本功能与目的的。商业电视通过收视率这一量化标准获得广告价值,从而获取利润;公共电视以实现公共利益与价值作为核心目标,如果公共电视也将收视率奉为圭臬,则必将影响其功能的发挥,从而与公共电视所秉持的公共价值相抵牾。为此,公共电视似乎可以远离收视率。然而,一部分公共电视专家认为:公共电视的公共价值必须展现在其对观众的影响力上,如果收看公视节目的人少,又如何展现与提升公视的效率、社会影响力与公共价值呢?

笔者查阅了 AGB 尼尔森调查公司 1998 年至 2006 年台湾地区公共电视收视率数据发现,其大致在 0.1% 左右,1998 年 0.03%,2000 年 0.09%,2003 年 0.1%,2006 年 0.12%。开始虽然稳步上升,但是数年间收视率总体偏低,这不得不令关注台湾地区公共电视的专家学者反思。或许单一的收视率指标不能作为其影响力与服务公共价值效果的评判标准,为此 2006 年公视基金会第三届董监事会通过了建构"公广集团公共价值评量体系"计划,尝试将似乎较为抽象的"公共价值"转化为客观、具体可衡量的多元评量体系,希望结合 BBC、NHK 的问责体系,从台湾目前单一收视率评体系走出另一种衡量公共媒体绩效的途径。从 2007 年上半年度公广集团公共价值评量结果来看,公视在触达率、品质、影响力、公共服务、财务与事业营运效率 5 大构面 25 个指标中总达成率为 77%,其中触达率最低,品质最高。可见收视率仍然是公共电视的软肋,尤其是台湾商业化多频道竞争激烈,加上公视本身与其他商营电视之运作宗旨大相径庭,收视率不高将成为其今后发展的制约因素。

此外,台湾地区公共电视每天一个小时的新闻节目也是导致其收视率一直较低的原因之一。设立公共电视的初衷就是建立一个不播广告的电视台,并且为了限制新闻的影响力,制定者在政策方面规定不做或少做新闻节目。但是,随着公共电视的发展需要,加强新闻节目成为必然趋势。

总之,公共电视虽然不能将收视率奉为圭臬,但是透过收视率连续几年都徘徊在低水平阶段,可以看出公共电视影响力已然受到影响。为此,公共电视给受众"有则无益、无则无害"的感觉,令少数人质疑公共电视台存在的价值。台湾地区公共广播电视集团(TBS)总经理冯贤贤女士认为:收视率已被严重污名化,若舍去商业媒体以此作为广告收入衡量标准的思维,它透露出的观众收视数、性别区隔、年纪层与地区分布等,对公视而言也是一种了解阅听人对公视意向的重要指标。她认为,对收视率的了解,可以让专业不断地成长。因此,自她上任开始,每天都与各部门节目制作人检讨前一天的节目收视率,因此公视收视率在慢慢发生转变。过去公视偶尔会被批评公务员心态,现在则每天都会把各台收视率的表现,贴在各部门的门口,让大家了解与注意,因此各部门都渐渐地开始紧张,渐渐有所改变。①

3. 治理结构问题

资金是广播电视机构及产业生存与发展的基石,而如何获取和运用资金却关系到治理结构层面的问题。媒介应该具有独立性,以便实现自由、开放的观念与资讯的充分传递与表达。因此,无论是国营与私有媒介,在结构层面应该朝向"多元化"的方向进行规制。媒介结构的基础是所有权及所有权力量如何运作的问题,不同媒介有着不同的所有权形式,而且所有权力量也可用不同的方式运作。

对于公共电视体系,一般泛称的产权所有人虚位以待,只有管理者以及政府经由民主程序所选择指派的监管人,提从公共利益的角度来制定相关决策的实际操作者。台湾地区公共电视对于任命董事会成员的程序、终止他们任命的标准都由台湾地区公共电视法作了清楚的规定。台湾公视的董事长以及总经理必须面对当局"立法院"的询问,以保证年度预算的有效运用保证力机构能够有效率地行使管理职能。为了便于公民进行监督,台湾地区公视法并明文规定公视须将重要资讯公开披露,如上网公告。针对敏感的资金运行问题,台湾公视每年都会公开发表年度报告以及年度审计报告,以便问责及监督。2006 年,台湾公共电视发展为公共广播电视集团,由单一的一家电视台组建发展为五家电视台,虽然在经费方面有所变动,台湾"中华电视"完全依赖商业收入,华视为公视基金会的控股机构,因此台湾地区公共电视的基本结构并没有发生变化,仍然是独立于台湾当局与商业的公共电视机构,只是在资金来源方面发生了变化。

当然,这种变化也导致台湾公共电视政策新的调整。因为华视在未公共化之前只受《公司法(台湾地区)》、《广播电视法(台湾地区)》等制约,现在将增加《公

---

① 资料来源于笔者对其进行的深度访谈。时间:2007 年 12 月 11 日;地点:台湾公共广播电视集团(PTS)新闻部办公室。

共电视法（台湾地区）》的限制。因此，为了更好地发挥台湾地区公共电视的作用，促使竞争和内容生产的多样性与多元化，台湾地区《公共电视法》面临新的修订与完善，以建构适合台湾地区在商业环境主导下的公共广播电视政策系统。

二、政策系统中台湾公共电视的对策

针对上节提出的台湾地区公共电视面对的三个问题，借鉴各国公共电视经验，运用公共政策的相关理论，并结合本研究者对台湾地区媒介领域的业界精英、台湾当局官员与学界教授共 17 位专家深度访谈意见，提出以下三点可能的策略。

（一）多方开源，解决资金问题

针对经费问题，英国的解决方式为加收执照费，通过成立一独立委员会来决定加收额度，并监督 BBC 经费运用。此方式可说是解决固定收入来源的最简单与最佳方式，但其主要问题则是能否获得政府或民众（民意机构）的同意。

在台湾，根据《公共电视法（台湾地区）》第二十八条与第二条之三，公视经费来源包括台湾当局捐赠、基金孳息、个人团体捐赠、文化事业活动、代制节目收入等，其中以台湾当局捐赠为主要来源。实际上由台湾当局编列额外经费的难度较高，但是作为维护公共利益、执行公共政策的媒体机构，应对电视数字化改革的新形势，争取追加部分预算仍较为可行。例如 2007 年公视就承接了两年 44 亿元新台币的"公共广电与文化创意、数字电视发展二年计划"资金。可见面临数字化转型变局，对公共电视的发展既是挑战也是机遇。

其次，除希望透过特定程序向台湾当局争取数字化专款补助外，台湾地区广播电视三法中还有部分关于公共电视财源的规定，但以往台湾当局一直未切实执行。如《有线电视法》第五十三条，规定有线电视系统业者每年应提取营业额百分之一中的百分之三十捐赠公视基金会，在有线电视业者陆续拿到正式执照的状况下，也应可确实执行。

再次，部分学者提出以"扶老携幼"的办法，解决公视资金的困难。"扶老携幼"指扶持商业无线电视台，保障其充分的广告收入，然后征收一定比例的捐款，以提"携"后起的"幼"小公共电视台。简言之，用无线电视的商机作为活水的源头为公视注入生机，使商业台与公共台得到均衡发展，以建立一个适合人性的电视环境。若走此路径，台湾当局便需顺应市场机制，建立顺势引导的政策。

最后,随着数字化转型变局的趋势,通过提供互动节目的服务,以节目养节目,向观众少量收取收视费,必能享受原本市场机制无法提供的服务,此法应能获得普遍认可。因此,在台湾当局经费有限、社会认知不高的情况下,解决台湾地区公共电视资金问题需要多方开源,创新多元化筹集资金的公共服务模式。

(二)建立竞争机制,完善公共服务

用单一的收视率指标衡量公共电视的公共服务效果显然不合实际,用收视质作为衡量标准虽然进行了很多年,但是因为评价标准较为主观,是一种由外而内的评量方式,缺少专业的自我评量标准用以作为内部质量的衡量方式,导致人们批评其"公务员心态"。为此,建立竞争机制与适合公共电视的公共价值评量体系将成为完善公共服务的必要措施。

由于受到新自由主义与商业化的影响,当今西欧的电视体系的公共性质已发生重大转变,从以公民为念,强调责任,节目制作为先、题材选择为辅的独占结构,转变成以消费者为念,强调市场经济,题材选择与制作并重,以生存营收为导向的竞争结构。可见,将竞争机制引入公共电视已经成为时代潮流。台湾地区公共电视从1998年建台到2006年组建新的公广集团,规模的扩大为建立竞争机制提供了条件。

此外,为了完善公共服务,扩大影响力,公视可以采取以下三种策略:第一,区别策略:既然公视本质上与商业电台不同,就不应在同一时段与竞争对手播同一类型节目;第二,焦点策略:既然公视以服务公众为目的,节目类型的设计和内容安排,应采焦点策略,以加深观众印象;第三,差异化策略:在节目设计、组织、资源分派和行动方案中体现与商业电视的差异,以建立独特地位和形象。同时,增加新闻节目也势在必行。在深度访谈中,公广集团总经理冯贤贤认同这种观点。她认为:新闻节目是一家电视台赖以发展和扩大影响力最显著的武器,公视就是因为其新闻节目的中立性质,而受到社会大众的肯定,才造成了公视独立与优质的印象。但毋庸讳言,每天一小时的新闻节目,的确制约了公视的影响力与公共服务职能的发挥。

(三)修改公视法规,优化治理结构

台湾地区《公共电视法》于1997年6月18日施行,在政策执行过程中,该法规于2001年、2004年先后两度修正部分条文(第二条、第二十四条及第四条),主要内容为删除台湾当局补助公视预算逐年递减的条款,将目前台湾地区公视基金会使用"国有财产"的模式明文化。

2006 年台湾地区公共电视台组建为公广集团,主要是台湾中华电视公司并入公广集团。台湾中华电视公司作为一家 20 世纪 60 年代成立的商业电视台,一直以来都在执行《公司法(台湾地区)》、《广播电视法(台湾地区)》等相关法规。现在并入公广集团,不但要受到原来法规的限制,同时要受到《公共电视法(台湾地区)》的制约。同时,华视并入公广集团使其原有的治理结构改变,需要进行公共化。但是由于台湾当局资金有限,华视的经费没有台湾当局的捐赠,需要通过广告收入自负盈亏。于是,《公视法(台湾地区)》的相关条文便不能完全适应新的公广集团。为了使台湾地区公共电视在法制的范围内发挥作用,修法工作势在必行。

在治理结构方面,公视基金会是华视的控股机构,公视与华视是两种理念迥异的媒体,合并之后虽然统一于公广集团,但是在具体运作、处事风格等方面必然存在差异。因此,优化治理结构,更好地服务公众,还要有较长时间的探索与实践。

第三节 启 示

通过对台湾地区公共广播电视政策形成与变迁的梳理与分析,并结合台湾地区媒介领域的业界精英、台湾当局官员与学界教授共 17 位专家深度访谈意见,得到以下三点启示:

一、商业化催生公共电视

1. 公视弥补商业电视不足

台湾地区公共电视诞生在商业化环境主导的台湾媒介生态中,而且是在新自由主义逐渐兴起,全球公共广播电视由盛转衰的历史时期。台湾地区公共电视为什么能够逆潮流而上并显示出蓬勃的生机,这其中体现了台湾地区媒介发展的特性,同时也显示出公共电视在商业化环境中存在的必然性。

台湾地区公共电视诞生的背景是在媒介日益商业化,从而导致电视节目庸俗化、同质化加剧,遭到全社会的反对。因此,由台湾当局牵头、媒介专家倡导兴办公共电视的呼声逐渐高涨。在长达 17 年创办公共电视的道路中,台湾地区公共电视的诞生是与政治民主化的推进携手前行的,否则公共电视很难在台湾诞生,即使诞生其道路也更艰难更漫长。这是 20 世纪 80 年代初,提出创办公共电视的孙运璇所始料未及的,起初他只是想创办一家不播广告的电视台。这种台湾当局的初衷与最终结果的不同,也是台湾地区公共电视延迟诞生的重要原因之一。

2. 公视促进社会民主发展

在大多数西方国家以及20世纪全球政治民主化运动中,公共广播电视已经成为一个基础性机构。可见,公共广播电视与社会民主之间的关系非同一般,国家越民主,其公共广播电视系统越发达。

纵观英国、日本、德国等民主国家,其公共广播电视都演绎出不同的发展模式。如果说当初台湾当局在决策建立台湾地区公共电视的初衷与最后结果有所偏离是一种历史的偶然,那么台湾地区公共电视最后的形成则是一种必然,因为台湾地区公共电视诞生的过程,正是台湾地区民主化进程最为快速的20年。尽管现在台湾地区公共电视还未发展成为英国BBC,日本NHK那样成熟的公共广播电视体制,在社会中扮演如米尔斯(C. Wright Mills)等学者所的说那种参与型民主的代理人角色,但它已然形成了自己的公共广播电视集团TBS,成为台湾地区商业化媒体环境中独具特色的媒体样态,并在为弥补商业电视台市场导向的不足而制播多元优质节目、丰富对于原住民和少数民族的报道、推动与提升国际文化交流等方面都得到社会的认可。

二、新技术挑战公共电视

1. 新技术挑战传统媒介格局

传统的观点认为,新技术的发展必然导致公共广播电视走向衰落,因为公共广播电视正是建立在传播资源稀缺的基础之上的,新技术的发明与应用能够提供大量新的传播手段与方式,从而削弱了公共广播电视的地位。这的确是公共广播电视因新技术发展面对的挑战之一。

台湾电视产业发展到今天,尤其是从20世纪80年代末到90年代末,将近十年的时间,正是台湾有线电视改写台湾地区媒体格局最为重要的十年。1993年7月16日和1999年2月3日《有线电视法》和《卫星广播电视法》相继颁布,台湾电视产业正式进入有线电视与卫星广播电视时代。依据各有线广播电视(播送)系统向台湾当局申报之2004年12月订户数的数据显示:台湾地区有线电视收视户总户为4319540户,有线电视普及率为60.40%[①]。此种状况对无线电视产业的发展冲击极大,不但过去的风光不再,收视率逐年下降。传统的台视、中视、华视表现得最为明显,衰退的幅度已超过30%以上。按照台湾著名传播学者李金

---

① 《电视年鉴2003—2004(台湾地区)》,台北:2005年版,第37页。

铨的观点,由技术带来的媒介格局的变化,实现了台湾地区社会的自由化,但并没有完成民主化①。

2. 公视在新技术时代的角色

按照美国传播学者罗伯特·W. 麦克切斯尼(Robert W. McChesney)的观点:公共广播衰落的原因不在技术而在政治,这些新技术本质上并不一定要运用于商业目的,任何社会只要它需要都能够选择多频道的公共电视系统②。台湾社会在面对由无线电视向有线电视过渡的时期,由于未采取总量控制,完全由市场决定,导致现在台湾电视频道有近百家,限于广告市场规模,电视业竞争已达白热化程度。

经历了有线、卫星新技术的应用,新世纪的台湾地区正面对电视数字化发展高潮,完全市场化的结果将重复媒介生态“昨天的故事”。面对新技术的机遇与挑战,台湾地区媒体政策的出发点应该着眼于多维视角:如多样化的节目形态、多元族群的需求、传承传统与本土文化、服务公共利益、塑造公民社会等。如前所述,台湾已经由单一的公共电视台发展到由五家公共电视台组建的公共广播电视集团,一笔价值为 92 亿新台币的特别预算,正在等待台湾地区“立法院”的批准。③ 面对数字化时代新技术的发展,公共电视必将扮演重要角色。

三、台湾公共电视政策对大陆电视政策的启示

台湾地区与大陆地区虽然在政治制度、意识形态等方面存在差异,但有着共同的历史背景、文化渊源,共同面对全球化浪潮、新技术迅猛发展的国际环境。大陆电视产业正在转型过程中,面对新的政治、经济、社会形态,从这个角度来说,台湾公共电视政策系统对大陆电视政策制定具有一定的借鉴意义。

---

① 李金铨:《超越西方霸权—传媒与文化中国的现代性》,香港:牛津大学出版社 2004 年版,第 200 页。

② [美]罗伯特·W. 麦克切斯尼著,谢岳译:《富媒体、穷民主:不确定时代的传播政治》,北京:新华出版社 2004 年 1 月第 1 版,第 334 页。

③ 这笔预算,是计划用来建立台湾的第二单频网、高画质电视 HDTV 和手机接收电视 DVB－H 的试验项目以及建立三个全新的电视频道新频道分别是儿青频道、文化与艺术频道以及类似 BBC World 的国际广播频道。源于翁秀琪教授访谈,时间:2007 年 12 月 4 日,地点:台湾政治大学翁秀琪教授办公室。

1. 大陆电视政策面临转型

大陆经过了三十多年的改革开放,社会形态发生了巨大的变化,政府职能也从统治型向公共服务型转变。电视产业的政策与发展思路的变化甚为突出:从 1983 年中共中央 37 号文件推行"四级办广播、四级办电视、四级混合覆盖"到 2001 年 17 号文件提出跨媒介、跨地区的资源与资本整合,再到 2003 年中办 21 号文件将媒介产业分为公益性事业与经营性产业两类,大陆电视产业已经从原来的单一宣传机构变为市场竞争主体。

这种不同于美国的商营体制和欧洲的双元体制的"一元体制,二元运作"的发展模式,在国际大潮流下弊端日益凸显。比如,"目前我们虽然打破了计划事业型为主的单一体制,但政府仍是公益性事业媒介的主体,只是将经营性资源推向市场,从而形成国家媒介和商业媒介并举的二元结构。在此二元结构下,对于国有媒介来说,剥离了经营性资产,媒介何以自养?若用商业运营维持生计,媒介又如何能维护公共利益?"①因此,随着政治和经济力量的不断博弈,资本在媒介的运作中扮演着越来越重要的角色。

2. 推进公共电视服务有助于大陆电视政策改革

在市场化取向改革的进程中,公民的民主意识不断提高,必然会促进广电业的产供组合模式发生变化,政府会不断地将媒介产品与服务供给过程中涉及的生产权、资源配置权和监督力交予市场和公众,从而促使政策向着更为市场化和公共化的方向发展。2006 年 1 月国务院《关于深化文化体制改革的若干意见》要求:"加大公益性文化事业投入,调整资源配置,逐步构建公共文化服务体系。"因此,公共广播电视的引入已经提上议事日程,成为大陆电视体制改革探索的模式之一。

综上所述,虽然大陆地区与台湾地区的政治生态不同,但面对经济全球化和日益发展的市场经济,在电视政策制定方面,如何协调政党利益、电视产业的经济利益、人民利益,是大陆相关政策制定者必须直面的核心问题。从此角度来看,台湾公共电视政策对正处于社会转型时期的大陆电视发展,具有重要的启示意义。

---

① 胡正荣主编,李继东副主编:《21 世纪初我国大众传媒发展战略研究》,中国广播电视出版社 2007 年版,第 5 页。

附录1：　　　　　深度访谈名单

表8-9　深度访谈名单

编号	受访者姓名	受访者身份	受访者单位	访谈日期
1	冯建三	教授、召集人	台湾政治大学、台湾媒体改造学社	2007-12-05
2	翁秀琪	教授、董事	台湾政治大学、台湾公共电视董事	2007-12-04
3	方念萱	副教授	台湾政治大学、台湾公共电视董事	2007-12-09
4	管中祥	副教授、召集人	台湾世新大学、台湾媒体观察教育基金会	2007-12-04
5	沈慧声	教授、院长	台湾中国文化大学新闻暨传播学院	2007-12-13
6	汤允一	教授、系主任	台湾中国文化大学新闻暨传播学院	2007-12-13
7	何吉森	处长	台湾通讯传播委员会内容处	2007-12-11
8	冯贤贤	制作人、经理	台湾公共广播电视集团(PTS)新闻部	2007-12-11
9	屠乃玮	曾任经理	台湾公共广播电视集团(PTS)新闻部	2007-11-05
10	吕东熹	曾任主席	台湾新闻记者协会	2007-12-08
11	程宗明	主管	台湾公共广播电视集团(PTS)策发部	2007-12-03
12	沈元斌	主管	台湾公共广播电视集团(PTS)晚间新闻	2007-11-20
13	彭椿荣	副主任	台湾中华电视公司采编中心	2007-11-20
14	伍崇韬	制作人	台湾公共电视台《尖锋对话》	2007-11-05
15	胡毋意	制作人	台湾公共电视台《公民众议院》	2007-11-07
16	于立平	制作人	台湾公共电视台《我们的岛》	2007-12-05
17	吴东牧	制作人	台湾公共电视台《独立特派员》	2007-12-05

参考文献

中文图书部分

[美]爱德华·赫尔曼,罗伯特麦克切斯尼 著.甄春亮等译.《全球媒体:全球资本主义的新传教士》.天津:天津人民出版社,2001 年.

丁和根.《中国传媒制度绩效研究》.广州:南方日报出版社.2007 年.

邓炘炘.《动力与困窘:中国广播体制改革研究》.北京:中国经济出版社.2006 年.

[美]丹尼斯·麦奎尔著,崔保国、李琨译.《麦奎尔大众传播理论》.北京:清华大学出版社.2006 年.

方汉奇、陈业劭.《中国新闻事业通史》.北京:中国人民大学出版社.1999 年.

冯建三.《广电资本运动的政治经济学》.台北:唐山出版社.1995 年.

[美]弗里德曼 著,张瑞玉 译.《资本主义与自由》.北京:商务印书馆.2004 年.

[英]格雷姆·伯顿 著,史安斌主译.《媒介与社会》.北京:清华大学出版社.2007 年.

郭镇之.《中国电视史》.北京:文化艺术出版社.1995 年.

[英]哈耶克著,邓正来 译.《自由秩序原理》(上、下).北京:生活.读书.新知三联书店.1997 年.

胡正荣主编.《21 世纪初我国大众传媒发展战略研究》.北京:中国广播电视出版社,2007 年.

胡正荣主编.《中国广播电视发展战略》.北京：北京广播学院出版社. 2003 年.

胡正荣.《媒介管理研究：广播电视管理创新体系》.北京：北京广播学院出版社.2003 年.

胡正荣、汪文斌.《世界电视前沿》.北京：华艺出版社. 2001 年.

黄升民、丁俊杰.《中国广电媒介集团化研究》.北京：中国物价出版社. 2003 年.

郎劲松.《中国新闻政策体系研究》.北京：新华出版社.2003 年.

[美]克罗图 霍伊尼斯 著，董关鹏、金城译.《运营媒体－在商业媒体与公共利益之间》.北京：清华大学出版社.2007 年.

李继东.《英国公共广播政策变迁与问题研究》.北京：中国传媒大学出版社,2007 年.

李晓枫主编.《中国电视传媒体制改革》.北京：中国广播电视出版社. 2003 年.

李晓枫.《中国电视传播管理概论》.北京：中国广播电视出版社.2004 年.

[美]罗伯特·G.皮卡德著 赵丽颖译.《媒介经济学：概念与问题》.北京：中国人民大学出版社,2005 年.

刘斌.《中国广播产业制度创新》.北京：中国传媒大学出版社.2005 年.

刘成付.《中国广电传媒体制创新》.广州：南方日报出版社.2007 年.

陆地.《中国电视产业的危机与转机》.北京：中国人民大学出版社. 2002 年.

[英]露西·金－尚克尔曼著，彭泰权译 .《透视BBC与CNN》. 北京：清华大学出版社. 2004 年.

卢现祥.《新制度经济学》.武汉：武汉大学出版社.2004 年.

[美]罗伯特·麦克切斯尼著,谢岳译.《富媒体 穷民主》. 北京：新华出版社.2004 年.

[美]罗尔斯著. 何怀宏等译.《正义论》.北京：中国社会科学出版社, 2001 年.

[美]乔姆斯基著,信强译.《宣传与公共意识—乔姆斯基文集》.上海：上海译文出版社,2006 年.

[美]R. H. 科斯(Coase, R. H.)等著,胡庄君等译.《财产权利与制度变迁》.上海：上海三联书店、上海人民出版社.1994 年.

［美］塞缪尔·亨廷顿.《文明的冲突与世界秩序的重建》.新华出版社.2002 年.

盛洪.《为什么制度重要》.郑州：郑州大学出版社.2004 年.

孙宽平.《转轨、规制与制度选择》.北京：社会科学文献出版社.2004 年.

杨俊一.《制度变迁与管理创新》.上海：复旦大学出版社.2001 年.

杨伟光主编.《中国电视论纲》.北京：中国广播电视出版社.1998 年.

［英］约翰·基恩著,邵继红、刘士军译.《媒体与民主》.北京：社会科学文献出版社. 2002 年.

［美］约翰·麦克里兰著,彭淮栋译.《西方政治思想史》.海南出版社,2003.

施天权.《广播电视概论》.上海：复旦大学出版社.1992 年.

［美］威廉·N.邓恩著,谢明等译.《公共政策分析导论》(第二版).北京：中国人民大学出版社,2002 年.

［加］文森特·莫思可著,胡正荣等译.《传播政治经济学》.北京：华夏出版社.2000 年.

徐光春主编.《中华人民共和国广播电视简史 1949－2000》.北京：中国广播电视出版社.2003 年.

郑保卫主编.《中国共产党新闻思想》.福州：福建人民出版社.2004 年.

赵玉明主编.《中国广播电视通史》.北京：中国传媒大学出版社.2006 年.

赵化勇主编.《制播体制改革与电视业发展问题研究》.北京：中国传媒大学出版社.2005 年.

［美］珍妮特·V.登哈特,罗伯特·B.登哈特著,丁煌译.《新公共服务：服务,而不是掌舵》.北京：中国人民大学出版社.2004 年.

［美］乔治·瑞泽尔.《后现代社会理论》(英文影印版).北京：北京大学出版社,2004 年.

外文图书部分

Banerjee, I. & Seneviratne, K. (eds.) (2005). *Public Service Broadcasting：A Best Practices Sourcebook*. UNESCO. Available at：http://unesdoc. unesco. org/images/0014/001415/141584e. pdf.

Collins, Richard and Murroni, Cristina. (1996). *New Media, New Policies：Media and Communications Strategies for the Future*. Cambridge：Polity Press.

Charles O. Jones. (1977). *An Introduction to the Study of Public Policy.* 2nd. ed. North Scituate, Mass. : Duxbury Press.

Chan, Joseph Man. *Commercialization without Independence: Media Development in China.* in J. Cheng et al. (Eds) (1993). *China Review 1993.* Hong Kong: Chinese University Press.

[美]戴伊.《理解公共政策(第十一版)》.(英文影印版).北京大学出版社. 2006年.

F. Leslie Smith John W. Wright David H. Ostroff. (1998). *Perspectives on Radio and Television*, Lawrence Erlbaum Associates.

Gram, A. and Davies G. (1997). *Broadcasting, Society and Policy in the Multi – media world Age.* Luton: John Labbey Media.

Hutchison, David. (1999). *Media Policy: an introduction.* Oxford: Black Well Publisher Ltd.

Jakubowicz, K. (2007). *Rude Awakening: Social and Media Change in Central and Eastern Europe.* New Jersey: Hampton.

Jerry Z Muller. (2002). *The Mind and the Market: Capitalism in Modern European Thought.* New York: Alfred A. Knopf.

John Stree. (2001). *Mass Media, Politics and Democracy.* New York: Palgrave Publishers.

Schwartz, Herman M. (2nd Ed.). (2000). *States versus Markets: the Emergence of a Global Economy.* Basingstoke: Macmillan.

Lippmann, Walter. (1955). *The Public Philosophy.* Boston : little, Brown.

Lowe, G. F. & Hujanen, T. (eds.) (2003). *Broadcasting & Convergence: New Articulations of Public Service Remit.* Goteborg: NORDICOM.

Lowe, G. F. & Jauert P. (eds.) (2005). *Cultural Dilemmas in Public Service Broadcasting.* Goteborg: NORDICOM.

McKinsey & Co (1999), *Public Service Broadcasters Around The World.* A McKinsey Report for the BBC. London: BBC.

North, D. (1990). *Institutions, Institutional Change and Economic Performance.* New York: Cambridge University Press.

Paletz, D. L. & Jakubowicz, K. (eds.) (2003) *Business as Usual: Continuity and Change in Central and Eastern European Media.* New Jersey: Hampton.

中国广播电视公共服务体系：目标与实践研究

Schubert，Glendon．（1962）．"*Is There a Public Interest Theory?*" *In The Public Interest*，ed. Card Friedrich，New York：Atherton Press.

期刊与网络等部分

党建研究杂志社.《党建研究》.

复旦大学.《新闻大学》.

国家广播电影电视总局办公厅.《广播电视决策参考》.

辽宁省哲学社会科学联合会.《理论界》

黑龙江省社会科学界联合会.《学术交流》

湖北大学.《湖北大学学报(哲学社会科学版)》

人民日报社.《人民日报》.

上海社会科学院邓小平理论研究中心等.《毛泽东邓小平理论研究》.

太原理工大学等.《山西高等学校社会科学学报》.

四川日报报业集团、四川省新闻工作者协会.《新闻界》.

台湾.《台湾社会研究季刊》.

台湾.《新闻学研究》.

台北.《新闻学研究》.

台北.《二十一世纪评论》.

武汉大学.《武汉大学学报》.

香港中文大学传播研究中心、香港浸会大学媒介与传播研究中心.《传播与社会学刊》.

中国广播电视学会.《中国广播电视学刊》.

中国传媒大学.《现代传播》.

中国传媒大学广播电视研究中心.《媒介研究》.

中国社会科学院经济研究所.《经济研究》.

中共中央党校.《学习时报》.

中共哈尔滨市委党校.《哈尔滨市委党校学报》

中共湖北省委党校、湖北省行政学院.《党政干部论坛》.

中共山西省委党校、山西行政学院.《中共山西省委党校学报》.

传播与管理研究:http://www. nhu. edu. tw/~media/

冯建三网站:http://www3. nccu. edu. tw/~jsfeng/

台湾公共广播电视集团(TBS):http://www.pts.org.tw

台湾公共电视研究发展部:http://www.pts.org.tw/~rnd/

台湾新闻记者协会:http://www.atj.org.tw/

台湾社会研究:http://www.bp.ntu.edu.tw/WebUsers/taishe/prdicals.htm

新闻学研究:http://www.jour.nccu.edu.tw

中华传播学会:http://ccs.nccu.edu.tw

中国国家知识基础设施:http://www.cnki.net

ABC 网站:www.abc.net.au

ARD 网站:www.ard.de

BBC 网站:www.bbc.co.uk

CHANNEL 4 网站:www.channel4.com

CBC 网站:www.cbc.ca

Global Policy Forum:http://www.globalpolicy.org

NHK 网站:www.nhk.or.jp

NPR 网站:www.npr.org

PBS 网站:www.pbs.org

SBS 网站:www.sbs.com.au

The Institute for Public Policy Research:http://www.ippr.org.uk

The Market & Opinion Research International:http://www.mori.com

The Market & Opinion Research International:http://www.mori.com

The National Statistics:http://www.statistics.gov.uk